新世纪研究生教学用书 · 会计系列

含

MPAcc、MAud

及MBA、EMBA财会方向

财务理论研究

（第三版）Theory of Corporate Finance

干胜道 主编

东北财经大学出版社 大连
Dongbei University of Finance & Economics Press

图书在版编目（CIP）数据

财务理论研究 / 干胜道主编 . —3 版 . —大连 ：东北财经大学出版社，2019.8

（新世纪研究生教学用书 · 会计系列）

ISBN 978-7-5654-3582-9

Ⅰ. 财…　Ⅱ. 干…　Ⅲ. 财务管理-研究生-教材　Ⅳ. F275

中国版本图书馆CIP数据核字（2019）第135339号

东北财经大学出版社出版

(大连市黑石礁尖山街217号　邮政编码　116025)

网　　址：http：//www.dufep.cn

读者信箱：dufep@dufe.edu.cn

大连永盛印业有限公司印刷　　东北财经大学出版社发行

幅面尺寸：170mm×240mm　　字数：436千字　　印张：21.25

2019年8月第3版　　2019年8月第4次印刷

责任编辑：李智慧　王　莹　赵　楠　　责任校对：合　力

封面设计：张智波　　版式设计：钟福建

定价：45.00元

教学支持　售后服务　联系电话：（0411）84710309

如有印装质量问题，请联系营销部：（0411）84710711

主编简介

干胜道，字悦之，男，汉族，1967年生，安徽天长人，四川大学商学院教授、博士生导师、博士后合作导师。1987年毕业于上海财经大学会计学系，获经济学学士学位；1990年和1998年分别获得西南财经大学经济学硕士和博士学位。一直在四川大学从事财务管理与会计学的教学和科研工作，1995年破格晋升副教授，2000年晋升教授，2003年被评为博士生导师。现任四川大学金融研究所副所长，兼任中国会计学会理事、四川省会计学会常务理事、四川省审计学会常务理事、中国民主建国会中央委员、五粮液等上市公司独立董事等职。在《管理世界》、《会计研究》、《统计研究》、《审计研究》、《财政研究》、《经济理论与经济管理》、《经济学家》、《人民日报》(理论版)、《光明日报》(理论版)等报刊发表论文500多篇，出版《所有者财务论》、《公司财务战略》、《企业融资财务》、《创业财务规划》、《企业资金安全性控制研究》、《自由现金流量专题研究》、《股东特质与企业财务行为研究》和《上市公司劳资财务分配公平测度研究》等著作27部。主持完成国家社科基金1项，主持完成国家自然科学基金项目2项，主持完成教育部课题2项。获得四川省科技进步二等奖1项，四川省哲学社会科学优秀科研成果二等奖2项、三等奖4项，中国会计学会年度优秀论文三等奖2项，四川省会计学会优秀科研成果一等奖8项，四川省财务成本研究会优秀科研成果一等奖2项，四川省社会科学界联合会社科优秀成果奖3项，并被授予“教育部新世纪优秀人才”“四川省有突出贡献的优秀专家”“四川省做出突出贡献的博士学位获得者”等荣誉称号。在学术界首次提出“所有者财务”范畴并构建了较为严密的理论体系，在财务分层监控、财务管理再造、财务质量评价、财务行为优化、财务安全控制和财务公平测度等领域取得了富有特色的科研成果。已培养博士40多名，各类硕士约300名。

第三版前言

乌飞兔走，本人从事财务管理和会计学教学已近30年，给研究生讲授“财务管理研究”及“财务管理”已20年。在教学过程中，特别感受到现有的财务理论研究方面的研究生层次教材基本围绕基础理论和财务管理三大内容——筹资、投资和利润分配展开。遗憾的是，企业投资理论相当薄弱，对企业价值贡献甚大的无形资产、人力资本等内容没有以应有的分量体现于教材中。国内目前关于财务理论研究的著作，有的基本属于个人观点或论文集汇编性质，未能全面介绍各家各派的学术观点，作为研究生教材不太合适；有的教材非常适合作为会计专业学术型研究生教材，但其欠缺对近年来涌现的相对成熟的财务学专题理论的兼收并蓄，比如财务治理理论、权变财务理论、财务预警理论、财务战略理论等，感觉到内容延伸不够。

本书力求弥补现有教材的不足，主要特色为:

1.淡化价值分配，强调价值创造。龚凯颂在《基于价值创造的企业财务管理研究》一书中提出，企业财务管理的目标应该是“企业价值创造的最大化”。他认为，我国的财务管理研究主要是一种价值分配型的研究，理论和实务都过于关注融资问题，而融资或筹资活动本身不仅不创造价值，反而要消耗价值，即付出筹资费用，因而必须通过投资活动创造的价值来弥补。本书安排的筹资内容只有一章，主要在第二章“资本结构理论”中，作为价值创造的基础来学习。投资，包括“企业投资行为理论”“营运资金管理理论”“无形资产理论”“人力资本财务理论”等各章，强调财务目标是价值创造，股利政策是价值创造的实现，业绩评价是价值创造的评判。

2.淡化个人观点，强调认识多元化。研究生教材切忌围绕个人观点展开，应充分体现各家各派的不同看法，启发研究生的创新潜能。本教材基本上按照国内外研究现状→主要争议问题→未来研究展望的思路，配合具有开放性的、启发性的思考题，启迪研究生思维，并辅以延伸阅读文献供研究生去深入钻研。

3.淡化基础理论，强调发展理论和应用理论。本书关于财务的基础理论只有一章，主要讨论了财务目标及其实现、财务本质等内容，忽略了财务职能、原则等内容，充实了体现财务二维特征的内容。财务学既有经济学属性，比如企业价值与资本结构、股利政策研究中存在诸多假设；也有管理学属性，比如不确定条件下的实体资本投资决策、发生财务困境时的财务对策等。本书对这方面的应用理论如权变财务理论、财务预警理论加以介绍。对一些发展理论如财务战略理论、财务治理理论等也设专章讨论，以开拓研究生的视野。基础理论相对抽象，离现实中的企业和资本市场比较远，但也十分重要，对总体上把握财务学的精神实质十分有益；而应用理论和发展理论相对具体，离操作比较近，是财务理论的重要组成部分。

在第三版中，我们保持着第一版、第二版的整体框架，对公司财务理论两年多来的最新发展进行了补充、完善，主要体现在公司与利益相关者财务和谐、资本结构调整中经营者财务激励与内在动力、股利分配中分配条件等方面。各章撰写者在完善内容的同时，还对参考文献加以更新。

本书的体系和内容安排带有一定的尝试性，期待同行专家和读者批评指正，以便我们继续修订和完善。

干胜道

2019年6月于成都

目　录

导　言　我国财务学发展的瓶颈与对策　⇨1

延伸阅读文献　/7

第一章　财务基础理论　⇨8

第一节　财务目标　/9

第二节　财务本质　/11

第三节　财务管理假设　/15

第四节　财务学与其他学科的界限　/16

思考题　/19

延伸阅读文献　/20

第二章　资本结构理论　⇨22

第一节　经典理论综述及主要理论模型　/23

第二节　国内研究现状及未来研究展望　/38

思考题　/43

延伸阅读文献　/44

第三章　股利政策理论　⇨51

第一节　股利政策的概念　/52

第二节　股利政策理论　/53

第三节　股利政策选择在中国的实践、研究现状与未来展望　/69

思考题　/76

延伸阅读文献　/77

第四章　企业投资行为理论　⇨82

第一节　企业投资的有关定义　/82

第二节　我国上市公司投资行为的法律环境　/87

第三节　国内外研究综述　/89

第四节　评价与展望　/100

思考题　/102

延伸阅读文献　/103

第五章 企业业绩评价研究 ⇨108
第一节 企业业绩评价的理论综述 /108
第二节 企业业绩评价专题之一——我国国有企业业绩评价体系研究 /115
第三节 企业业绩评价专题之二——企业经营业绩与经营者股权激励 /120
思考题 /126
延伸阅读文献 /127
第六章 营运资金管理理论 ⇨131
第一节 营运资金的研究价值 /131
第二节 营运资金及其管理的内涵研究 /132
第三节 营运资金管理的研究类型 /134
第四节 营运资金持有动机研究 /141
第五节 营运资金影响因素研究 /142
第六节 营运资金管理的风险及原因分析 /146
第七节 营运资金管理应关注的重点问题 /149
第八节 营运资金管理的发展展望 /155
思考题 /156
延伸阅读文献 /157
第七章 无形资产理论 ⇨161
第一节 无形资产与企业价值概述 /161
第二节 无形资产价值管理途径 /171
第三节 无形资产管理的未来展望 /178
思考题 /180
延伸阅读文献 /181
第八章 财务治理理论 ⇨183
第一节 财务治理理论研究历史回顾 /183
第二节 财务治理基础理论 /198
第三节 财务治理核心:财权配置 /203
第四节 财务治理理论研究的未来发展方向 /207
思考题 /211
延伸阅读文献 /211
第九章 人力资本财务理论 ⇨214
第一节 人力资本财务概述 /214
第二节 人力资本的筹资管理 /220
第三节 人力资本的投资管理 /225
第四节 人力资本的营运管理 /230
第五节 人力资本的分配管理 /236
第六节 未来研究展望 /240

思考题　/242
延伸阅读文献　/242
第十章　权变财务理论　⇨246
第一节　文献回顾　/247
第二节　主要研究的问题　/249
第三节　未来研究展望　/271
思考题　/272
延伸阅读文献　/273
第十一章　财务战略管理理论　⇨277
第一节　财务战略管理的发展概述　/277
第二节　财务战略概述　/283
第三节　财务战略的制定　/294
第四节　对财务战略管理发展的评论与展望　/302
思考题　/305
延伸阅读文献　/305
第十二章　财务预警理论　⇨309
第一节　财务预警研究的国内外研究现状　/309
第二节　财务困境研究主要争议问题　/316
第三节　财务预警研究的未来研究展望　/321
思考题　/322
延伸阅读文献　/322
后　记　⇨327

导 言

我国财务学发展的瓶颈与对策

财务学作为一门独立学科，初现于19世纪末，一般认为，美国财务学家格林（Thomas L.Green）1892年撰写的《公司财务》的问世为其标志。而20世纪50年代的米勒（Merton H.Miller）和莫迪利安尼（Franco Modigliani）的《资本成本、公司财务和投资理论》的出版以及资本结构理论（MM理论）的提出，则意味着财务学逐渐走向成熟和完善，标志着现代财务学的诞生。财务学在我国更是一门新兴的、年轻的学科。1998年，教育部颁布的《普通高等学校本科专业介绍》将原来的"理财学"和"资产评估"两个本科专业归并，正式设立"财务管理"本科专业，属于管理学门类下的工商管理学科的二级学科，而这个二级学科从设立到现在也仅有二十多年时间。随着我国经济体制改革的逐步深入和证券市场的发育完善，财务管理的实务经验与理论成果也在不断地丰富与发展。但是目前看来，仍有许多不可忽视的因素制约着我国财务学的发展，并成为阻碍其进一步发展的瓶颈。如何解决这些问题，成为摆在我们面前的一项非常紧迫的任务。

一、我国财务学发展的瓶颈

影响我国财务学发展的关键因素，主要体现在以下几个方面：

（一）组织支持乏力

中国是一个纵向结构的社会，在现行的政治体制环境下，任何一项事业的发展，都离不开政府和组织的支持。有了政府和组织的支持，这项事业的发展就有很大的保障；没有政府和组织支持的事业，其发展必然会受到很大的影响。从官方组织来看，在我国，会计工作隶属于财政部门管理，审计工作隶属于审计部门管理，而财务工作却没有专门的官方部门直接管理。从群众社会团体来看，会计方面有中国会计学会，审计方面有中国审计学会，而财务方面至今没有专门的社会团体。在财务界影响比较大的"中国财务学年会"，到2019年1月已经召开了24届，对财务理论和实务的发展起到了很大的促进作用，但它毕竟只是一个松散型的、会议型的组织，而不是类似“中国财务学会”这样一个正式的群众社团。因此，无论从官方还是民间来看，组织支持的乏力是制约我国财务学发展的一个不可忽视的因素。

由于没有专门的组织可以依靠，就没有课题规划、经费支持和人才培养等促进财务学发展的举措，进行理论和实务研究所需要的条件就严重不足。从现实的情况看，目前除了中国财务学年会每年举行一次财务学方面的学术会议、中国会计学会财务管理专业委员会每两年举办1～2次全国性学术研讨之外，其他能够提供交流的平台很少，这与财务学科研究的发展需要是不相适应的。一方面，一些财务工作者急需的专业理论和专业技术无处可觅；另一方面，许多财务专业人员的工作和研究成果难以发表和交流。

（二）特色定位失当

长期以来，财务学在我国没有独立的学科地位，财政、会计、金融、理财和企业管理等都想将其纳入“势力范围”。随着经济的发展和研究的深化，财务学与财政学、会计学是不同的独立学科已经是一个无须探讨的问题。但是其他一些学科，还一直想把财务学拉到它们的旗下，有的还很赤裸裸，比如直接将公司财务更名为“公司金融”，实则想把财务学变成金融学的一部分。有学者认为，金融学界把公司财务称为“公司金融”是明目张胆的盗窃行为（罗福凯，2007）。1998年以前，首都经济贸易大学等部分高校也曾举办或者试办过“理财学”专业，虽说理财学与现在的财务管理有不少内容是相同的，但是其内涵还不尽一致。

以本科生培养为例，《普通高等学校本科专业介绍》将金融学专业列为财务管理专业的相近专业，并分别规定专业培养目标。财务管理专业的培养目标是：“培养具备管理、经济、法律和理财、金融等方面的知识和能力，能在工商、金融企业、事业单位及政府部门从事财务、金融管理以及教学、科研方面工作的工商管理学科高级专门人才。”金融学专业的培养目标是：“培养金融学方面的理论知识和业务技能，能在银行、证券、投资、保险及其他经济管理部门和企业从事相关工作的专门人才。”对比这两条规定，无论是在知识和技能的培养，还是在毕业生的就业方向上，两个学科出现了太多重合，未能明确两个学科的本质特征。这样的规定，在高校的教学实践中是很难操作的。

从上述培养目标可以看出，财务学专业的特色定位是不恰当的，而一个没有特色的专业是不可能有发展前途的。不突出财务管理的专业特色，在课程的设置、内容的安排上就没有区别于其他学科特别是相近学科的特点，就会和相近专业相混淆，时间长了，或者办不下去，或者和相近专业合并。传统的财务学内容包括筹资管理、投资管理、利润分配管理和营运资金管理，但在这几部分内容中，筹资管理往往讲得过多。但正如MM理论的要旨所示，资本结构、股利分配是细枝末节之事，投资决定企业价值，价值创造是现代财务学的出发点与着力点。企业价值最大化是企业财务管理的目标，这一点已经达成共识，那么价值创造就应该成为企业财务管理的核心。财务学要紧紧抓住这个核心，无论从理论上还是从实践中突出“价值创造”的特色，而不是以证券（筹资、投资）和分配为主线。

（三）理论与实践脱节

财务管理是一门实用性很强的学科，它的理论研究和发展必须与企业财务管理的实践密切联系，这样才能真正起到理论指导实践、实践丰富理论的作用。但在我国，财务学理论和实践脱节的问题非常严重。

首先，传统财务学所要解决的三个基本问题，即筹资、投资和股利分配等，几乎都是以资本市场为背景展开的，着眼于解决公司在资本市场中的投融资及其派生出来的股利分派问题。因此，现代财务管理学实际上是以上市公司为对象的“资本市场的财务学”（李心合，2006）。在我国，上市公司在所有的公司、企业中所占的比例还是很小的，如果完全以上市公司的财务理论来指导和应用于为数众多的非上市公司，大量中小企业如何融资、如何管理资产等迫切需要解决的问题在内容上却无法体现，这样的财务理论对中国企业的适用性是可想而知的。

其次，大多数教材都假设企业已经存在、规模甚大、治理同质等，而在现实生活中，企业从生到死、从小到大、从国内经营到跨国经营、从单独经营到并购与被并购、从单一产品到多行业，“一股独大”与“股权争夺”以及上市、下市或退市等财务问题非常重要，而现有教材却缺少对这些问题的探讨。

再次，传统财务学的核心内容是筹资、投资和股利分配，但是，且不说非上市公司，就是上市公司，筹资决策、投资决策和股利分配决策，也不是日常发生和关注的事项。实际上，资产管理、预算管理、财务分析、闲置资金管理、成本费用管理、纳税筹划、价值评估和现金流管理等才是企业时时关注的经常性事项，而现有教材往往对此要么简单阐述要么根本漠视。

最后，利率变动、汇率变动、币值变动等是现代经济生活中普遍存在的现象，对社会经济的各个方面都有巨大影响，同时也给我国企业财务管理提出了许多新课题。在变化的经济环境下，企业的资金供求和资本成本、筹资方式和资本结构、投资决策和营运资金管理等——几乎所有的财务活动都与非变动环境下的决策有很大不同。但是，传统财务管理教科书却假设利率、汇率、币值不变动，这与现实生活完全不同，严重脱离实际。

（四）研究与教育滞后

由于受主观和客观因素的影响，我国的财务管理工作过去一直没有得到应有的重视，财务管理理论也十分匮乏。中华人民共和国成立后相当长一段时期内我们都是引用苏联的财务管理理论，没有形成自己的理论体系。党的十一届三中全会以来，这种状况有所改变，财务管理的重要性逐步被人们所认识，财务管理理论研究也开始活跃起来。一些财务理论研究者在社会主义市场经济理论指导下，密切联系实际，并大胆借鉴西方财务管理理论中的有用成果，对计划经济体制下形成的传统财务管理理论进行了大胆的扬弃，对构建适应社会主义市场经济发展要求的新的财务管理理论进行了有益的探索，取得了可喜的成果。但是，从总体上看，我国财务管理理论研究的步履仍然十分迟缓，无论是研究的方法和内容，还是研究的深度和广度，都还赶不上时代的步伐和财务管理实践发展的需要。

在研究方法上，我国财务界存在为实证而实证的倾向。一是盲目模仿西方模型，二是有数据无理论（李相国，2005）。许多研究基本上都是借鉴西方成熟模型，代入我国资本市场数据进行检验，这样得到的结论是否能够说明问题还需要进一步考察。另外，这些年来，有些财务管理教材削减了管理方面的内容，而数学模型占据了相当大的篇幅，使得财务管理的内容比较空泛。在研究内容上，没有及时跟上财务管理环境的变化与财务管理实践的发展，现有研究成果仍主要局限于传统领域，缺少对人力资本、知识资本等新问题的分析与探讨（王化成，2006）。随着知识经济时代的到来，企业的财务资源已经不仅仅是单一的物质资本，人力资本、知识资本、无形资产、研究与开发支出、资金安全、财务安全、可持续发展的财务支撑等构成了"泛财务资源"的重要内容。只有加强对这些问题的研究，才能使财务理论与时俱进，促进财务管理学科的发展。

除了理论研究的滞后，教育的滞后也是制约我国财务学发展的重要障碍。首先，财务管理专业的学科体系和课程设置难以令人满意，突出表现为课程庞杂、专业特色不明显，除了公共课和基础课以外，各个学校专业课基本上都是以"财务管理"一门课程主打。其次，案例教学质量不高。中国的企业和上市公司有着自己的特殊性，很多学校在案例教学中，所选案例没有尽可能地贴近我国现实，而是以运用国外案例为主，这就大大降低了学生分析中国实际问题的能力和水平。最后，对实践环节重视不够。财务管理学科极强的实践性，决定了实践教学的重要性，但是绝大多数学校普遍存在着实践教学条件有限、实践教学方式不适应实际需要等问题。有的学校没有专门的实习基地，有的学校几乎就是走马观花，让学生看一遍业务流程了事。由于实践训练不够，学生连一些简单业务（比如如何到银行借款等）的具体步骤和操作流程都不知道。

二、解决上述问题的对策

针对上述财务学发展中存在的问题，我们提出以下对策和建议：

（一）组织上找依靠

为了解决我国财务学组织支持乏力的问题，建议成立中国财务研究会，由财政部主管。作为致力于财务科学研究的群众性学术团体，它可以联结理论界、教育界、工商企业界和有关方面关心财务理论研究的人士，组织和推动财务科学研究，促进财务事业发展。有了这样一个组织，就可以组织和协调全国财务科研力量，推动全国范围的财务学术研究活动；可以总结我国财务工作经验，探讨工作规律；总结我国财务教育的实践经验，研究和推动财务专业的教育改革，建立适合中国国情、符合社会主义现代化建设事业需要的财务学科体系；可以开展国际财务学术交流和友好往来，介绍和研究国外财务理论、方法和工作经验等。通过中国财务研究会的组织、协调和支持，逐步形成并不断完善适应社会主义市场经济要求，具有中国特色的财务理论、方法体系。中国财务研究会可以编辑出版会刊，比如《财务学研究》，作为学会联结社会、进行财务学术交流活动的平台。学会经费来源可以包括按照国家有关规定收取的会员会费、政府拨款、在核准的业务范围内开展活动或服务的收入、社会捐赠和其他合法收入等。

（二）特色上做文章

资本结构理论的贡献在于严格界定了公司价值的概念，指出公司价值是以加权平均资本成本率为贴现率对公司未来经营活动现金流量贴现（DCF）的现值；同时，更为重要的是揭示了财务管理的本质——创造公司价值。此后，许多学者围绕如何发现公司价值和增加公司价值进行了长期的系列研究，相继建立的权衡理论、信息不对称理论、代理成本理论、信号模型理论、经济增加值等，不断地丰富着价值创造这一基本命题。价值创造成为企业财务管理的一个基本出发点。价值正逐步取代资本成为财务学的核心范畴。我们要紧紧抓住价值创造这个主题，来促进我国财务管理实务和财务学理论的发展。

为此，在财务管理工作中要树立价值创造观念，以价值最大化作为企业财务管理的总体目标，树立时间价值、风险价值观念，在经营管理的全过程通过最优财务决策的制定和实施创造价值。价值创造不是一次或一段时间完成的任务，而是贯穿于企业经营管理的全过程。它与企业的战略选择、资源分配、竞争与合作、薪酬制度等紧密联系在一起。价值管理不仅要求管理者确立以价值创造为前提进行决策的理念，最重要的是把这一理念融入日常管理和决策的实践。企业可以建立或改进管理流程，将价值规划、价值控制、价值评价有效地协调起来，最终把价值创造上升为企业的一种文化。

（三）结合上下功夫

随着我国财务管理实务与理论的不断丰富和发展，我们要充分地将近年来出现的许多新的观念、技术、实务经验和理论成果，有机地结合到原有的财务管理学的知识体系中去，以期使财务管理学这门实践性很强的学科能够与时俱进，保持与经济社会同步成长。我们强调三种结合：

第一，财务理论与财务实践紧密结合。要注重解决各种类型和各种环境下中国企业的现实财务问题。针对现实经济环境下利率、汇率、币值变动的实际情况，在财务管理的理论研究上，要加强这些变动对企业财务决策影响及其应对措施问题的探讨，可以作为教材中的财务专题进行安排，也可单设一门课“权变财务学”进行系统讲解。

第二，中国特色与国际惯例紧密结合。目前，不少财务管理教科书非常西化，研究者也盲从实证研究，不顾中国资本市场“新型加转轨”的特征，也不顾我国会计制度变迁的现实，模型、数据、图表充斥，甚至随意将两个因素进行相关回归分析，这种倾向是危险的。20世纪90年代后期以来，美国的实证研究开始降温，也发现实证研究有其适应性和局限性，出现“回归基础分析”（return to fundamental analysis）的趋势。我国经济体制、资本市场、会计制度、社会信用等具有自己的特殊性，教育和研究要结合中国的财务环境，借鉴国际惯例，在数学模型之外要有自己的“模特”。

第三，传统理财思想与现代财务思想相结合。中国传统的一些理财思想在市场经济下也具有应用价值，比如量入为出、预防为主、以丰补歉等思想对于合理安排财力、科学持续发展、防范财务危机等十分有用，与收益风险权衡、利用财务杠杆、人力资本投资等现代财务思想可以相容，共同为企业价值创造服务。

（四）创新中求突破

要改变现在以“财务管理”一门课程主打的现状，构建完善的财务学科体系，具体说来，包括以下三个方面的内容：

1.数理财务学

数理财务学也可以称为技术财务学，它是一门面向股东的，主要借助微观经济学的基本原理和分析方法，研究企业资本筹措和投放以及配置效率的计量问题，旨在实现股东净现金流入最大化的定量科学。它以资本市场为背景，以股东财富最大化为目标，研究在一系列假设情况下，运用基本理论来分析并规划出具体技术和方法，通过建立数理模型，解决企业投资与融资、收益与分配、资产重组与清算、并购与整合等一系列财务事项中的实际问题。在这些基本理论中，Markowitz的投资组合理论、Modigliani和Miller的资本结构理论和股利政策理论、Sharp的资本资产定价模型、Fama的有效资本市场理论、Black和Scholes的期权定价理论等，构成了数理财务学核心理论的组成部分。

2.制度财务学

数理财务学主要关注的是操作性技术方法，它只看到了企业财务行为的自然属性，但事实上，企业财务行为的社会属性是客观存在的。因此我们不仅要从技术角度，更要从制度的层面来研究财务问题。这里的制度包括财务本体性正式制度和财务关联性制度（李心合，2008）。财务本体性正式制度即直接约束企业财务行为要素的制度规范，诸如财政部制定的各种专业财务制度和散见于证券法、税法、公司法等有关法律法规中的公共财务规则。财务关联性制度包括产权制度、市场制度、社会保障制度、产业管理制度、合同管理制度等。虽然它们在性质上并不是财务性的，却对企业财务行为起约束和限制作用。在上述诸多制度中，制度财务学要紧紧抓住企业内部控制这个关键因素，研究内部控制对企业财务战略、投资管理、融资与税收管理、成本计划和预算、财务控制、业绩管理等财务行为的影响，研究采购与付款、销售与信用控制及货款催收、对外担保与捐赠、资本支出预算、闲置资金与金融化（financialization）资产管理等制度安排及风险控制。

3.权变财务学

“权变财务学”的提法是我们想倡导的，试图借鉴管理学的权变思想以解决财务理论与实践脱节问题。权变理论是西方组织管理学中以具体情况及具体对策的应变思想为基础而形成的一种管理理论，它强调在管理中要根据组织所处的内外部条件随机应变，针对不同的具体条件寻求不同的最合适的管理模式、方案或方法。数理财务学虽然对财务学理论和实践的发展做出了巨大贡献，但是，其理论推演的严密性是建立在一系列完美假设基础上的，其中包括资本市场具有完全有效性、信息完全对称、资本市场所需资金能完全供给、不存在交易费用、无税负、风险与收益相配比等。在这些假设情况下，财务主体拥有完全的财务机会集合，通过比较可以选择资本成本最小、净现值最大的财务方案（吴树畅，2005）。但是现实中这些完美假设是不存在的，我们面对的是有摩擦、市场不完全、信息不对称、存在风险条件下的财务行为问题。因此，权变财务学主要研究在现实中，当企业所处的环境发生变化时，比如汇率、利率、币值发生变动，企业的治理结构和财权发生变化（大股东增持或者减持）、突发性灾害、企业生命周期转换等财务战略改变、财务模式转换和财务政策调整问题。环境在变化，财务上必须相机应对，做好不确定性条件下的财务行为选择和财务关系协调。在变化的条件下实现企业的财务目标是权变财务学的主旨，也是真正的、贴近现实的财务管理学。

除此之外，企业财务管理中也有伦理道德问题、公平正义问题、环境保护问题，学术界有义不容辞的责任加以研究，并将道德财务（ethical finance）、公平财务（equitable finance）、环境财务（environmental finance）的研究成果与当前单一的效率财务（efficiency finance）内容汇合，形成“四E”财务框架，从而拓宽传统财务学的疆域。

延伸阅读文献

1.鲍长生，朱清.我国财务管理专业发展的定位探讨［J］.现代管理科学，2012（2）.

2.干胜道.两层三模财务学［J］.会计之友，2011（5）.

3.李相国.关于财务管理的七个理论和实践问题［J］.财会月刊，2005（7）.

4.李心合.财务管理学的困境与出路［J］.会计研究，2006（7）.

5.李心合.制度财务学研究导论［J］.会计之友，2008（1）.

6.罗福凯.财务学的边界问题［J］.中国财务学评论，2007（3）.

7.王化成，佟岩，卢闯，等.关于开展我国财务管理理论研究的若干建议［J］.会计研究，2006（8）.

8.吴树畅.相机财务论——不确定性条件下的财务行为选择研究［M］.北京：中国经济出版社，2005.

9.干胜道，陈冉，王满.“四E”财务理论框架初探［J］.财会通讯，2016（10）.

10.黄世忠.移动互联网时代财务与会计的变革与创新［J］.财务与会计，2015（21）.

11.王佩.财务管理专业发展问题的思考——美国Baylor大学访学有感［J］.中国大学教学，2015（1）.

12.李心合.企业财务理论研究：回顾、反思与前瞻［J］.会计研究，2018（7）.

13.吴世农.公司财务的研究：历史、现状与展望［J］.南开管理评论，2018（3）.

第一章

财务基础理论

引　言

财务是什么？通俗地讲，财务是各利益主体有关财产或者说财富方面的事务。因利益主体不同，财务可相应地划分为个人财务、家庭财务、非营利组织财务、企业财务等。由于企业财务的复杂性，财富增加或者说资本增值的难度大、风险大，不同于其他类型主体资金使用一次性、消费性、不循环周转的特性，一般来说，财务是企业这一主体的专属称呼，其他主体的财产或者财富（主要是资金）方面的事务管理称为理财。

财务的理论，郭复初认为按其在理论体系中的地位不同分为基础理论、应用理论和发展理论（参见《财务通论》第1页）。按照财务包括财务活动和财务关系来讲，财务理论应该包括财务活动的理论和财务关系的理论。干胜道认为，财务理论包括财务经济理论和财务管理理论，前者建立在各种假设的基础上，后者则建立在打破假设、面向现实企业的基础上（参见《企业资金安全性控制研究》前言部分）。王化成在《财务管理理论结构》一书中认为，财务理论包括基本理论（具体包括财务管理内容、财务管理原则、财务管理方法构成的概念体系）、通用业务理论（具体包括企业筹资理论、投资理论和分配理论）、特殊业务理论（破产清算财务管理、企业并购财务管理、企业集团财务管理、小企业财务管理、国际财务管理等）以及财务管理其他领域（如财务管理史、比较财务管理和财务管理教育问题）。冯建在《财务理论结构研究》中认为，财务理论体系包括基础理论、约束理论和行为理论。汪平在《会计师》2006年第11期发表的《资本成本、现金流量与理财目标》中认为，现代理财学的研究可以划分为四个层面：财务理论（解释现实、揭示本质与规律、具有预测价值）、财务规则（经验与惯例，如剩余股利分派原则）、财务政策（根据环境与条件选择）与理财行为。

财务的基础理论是对财务这一范畴内涵和外延的界定、财务规律的认识、财务性质的把握。《中国会计研究文献摘编（1979—1999）：财务管理卷》中指出，其基础理论部分包括财务概念、财务假设、财务环境、财务管理原则与方法、财务主体、财务关系、财务管理地位与内容、财务管理人员与组织机构、财务与其他学科的关系、资金概念与资本保全。本章着重介绍财务目标、财务本质等财务基本理论问题的研究状况。第二章至第四章介绍财务学的三大板块内容——筹资、投资与分配理论，第五章及以后各章是各专题板块。

第一节 财务目标

财务目标，如果从财务活动和财务关系的角度分别讨论，前者应该追求效率，即为股东创造最多的财富；后者则应追求和谐，要兼顾股东之外利益相关者的合法利益。目前学术界关于财务目标有多种观点，比如利润最大化、每股净利最大化、每股经营活动现金净流量最大化、自由现金流量最大化、市场增加值最大化、股东财富最大化等。新的提法有：在满足其他利益集团的合法利益诉求和履行其社会责任的基础上追求企业价值的最大化（刘力，2000）、实体价值与虚拟价值良性互动基础上的企业价值最大化（王凤荣，2002）。近年来，有的学者提出了利益相关者价值（财富、利益）最大化。李心合认为，传统的财务目标定位于“资本雇用劳动”逻辑，所考虑的只是财务资本的产权所有者——股东的利益，而忽视了利益相关者的不同要求。当然，对于利益相关者价值最大化也有不同的意见。白华认为，这一观点有许多弊端，特别表现在以下几个方面：

其一，目标多重化等于没有目标。利益相关者价值最大化事实上是一个多重价值目标，这些利益目标包括：满足消费者希望的低价格、高质量和优质服务；员工希望的高收入和高岗位待遇；社区希望的良好环境；政府希望的多就业、多税收；债权人希望的高利率、偿付本息的及时性；股东希望的多分红和高股价等。然而，这些目标自身又是相互矛盾的。太多的目标使得企业财务管理者无所适从。即使在企业内部，销售部门因希望有较高的市场占有率往往提出宽松的信用政策，这与财务部门希望安全的应收账款之间也会存在矛盾。满足所有利益相关者的利益诉求是财务管理者无法完成的任务。

其二，投经理人所好，增加代理成本。为什么经理人员信奉利益相关者价值最大化呢？原因在于这一目标没有提供一个可量化的考核标准，难以对经理人员形成有力的约束，更重要的是，经理人员往往以利益相关者价值为由推卸经营不善的责任，从而增加了所有者与经营者之间的代理成本。

其三，导致控制权市场的约束失败。利益相关者价值最大化理念被股东之外的其他利益相关者用来要求政府对金融市场、公司接管和控制市场加以限制，一时间人们对大股东大加排斥，却导致了以“安然事件”为代表的一系列经济丑闻的发生。利益相关者缺乏有效的控制经理人的手段，片面强调利益相关者只能导致公司治理更加失败。

干胜道在《会计师》2006年第6期发表的《解析企业财务目标三大误区》一文

中认为，两权分离下企业财务目标有可能偏离所有者财务目标，必须通过构建职业经理人市场，形成声誉机制促使经营者注重长期行为；必须促进资本市场的有效性，通过机构投资者的用手投票来约束经营者；必须建立财务总监制度，消除所有者与经营者之间的信息不对称；必须建立与股价、经济增加值挂钩的激励经营者的薪酬制度；必须构建中介和社会诚信体系等。他还认为，所有者内部控股股东与社会公众投资者财务目标可能存在矛盾，要制约控股股东不合理地从上市公司取得“私有收益”；在企业的不同生命周期，企业财务目标的实现路径存在差异。

冯建在《财务理论结构研究》一书中提出，财务管理的目标是“财务成果最大，财务状况最优”，并认为要实现企业的财务目标，应该“建立科学的筹资机制，优化资产结构，建立正确的企业收益分配机制，建立健全企业财务的约束机制”。

宋献中（1994）将财务管理的目标分为两个层次：基本目标和具体目标。他认为，财务管理的基本目标与企业管理的整体目标并无二致，即在保证社会利益的前提下实现所有者财富最大；具体目标应包括盈利能力、支付能力和经营能力。

王化成则将财务管理目标区分为整体目标和分部目标。分部目标取决于财务管理的具体内容。具体而言，企业筹资管理的目标是在满足生产经营需要的情况下，不断降低资金成本和财务风险；企业投资管理的目标是认真进行投资项目的可行性研究，力求提高投资报酬率，降低投资风险；企业营运资金管理的目标是合理使用资金，加速资金周转，不断提高资金的使用效果；企业收益分配的目标是采取各种措施，努力提高收益水平，合理分配企业收益。

龚凯颂在《基于价值创造的企业财务管理研究》一书中提出，企业财务管理的目标应该是“企业价值创造的最大化”。他认为，我国的财务管理研究主要是一种价值分配型的研究，理论和实务都过于关注融资问题，而融资或筹资活动本身不仅不创造价值，反而要消耗价值，即付出筹资费用，必须通过投资活动创造价值来弥补。创造价值解决的是效率问题，而分配价值要解决的是公平问题。没有效率，难以实现公平；没有价值创造而要分配价值，就如同涸泽而渔，不可持久。企业的财务管理是一种价值管理活动，一个完整的财务管理理论体系应该包括价值创造理论、价值分配理论、价值创造与价值分配的互动关系理论。前者包括：资本预算理论、投资组合理论、可持续的现金流量管理、投资风险管理、战略财务管理和基于价值创造的业绩评价等理论；互动关系理论包括融资及其约束对企业投资行为的影响、现金流量与投资支出关系、企业投资对融资的反向影响等。近年来，一些学者将“公平”也嵌入了财务目标的研究，试图将企业员工等利益相关者财务利益的公平兼顾与追求股东财富最大化进行适度融合，从而构建“财务双目标协调论”。

在现实中，财务管理的目标又是怎样的呢？1997年，王化成对北京、天津、河北的100多家企业财务管理目标进行了调查，结果见表1-1。

表1-1　**财务管理目标调查表**

项　目	个人观点	单位实际
企业价值最大化	84%	31%
股票价格最高	0	0
利润最大化	13%	55%
财务风险最小	3%	7%
筹资数量最多	0	7%

在我国，资本市场已发展二十多年，很多上市公司财务理念还不正确，一些上市公司经营管理能力差，在财务目标上把筹资最大化（尤其偏好股权融资）、财务风险最小化不恰当地当成财务目标，导致公司资金闲置、效率下降、资金周转速度慢。

而在美国，股东至上主义盛行，很多企业都旗帜鲜明地将股东的利益放在最高位置。以下罗列的是一些知名公司的企业（财务）目标描述。

（1）董事会和管理当局早已达成共识，即关注的首要目标是创造长期股东财富。

来源：Campbell Soup，1998年年报。

（2）我们的使命是使股东财富最大化。

来源：Coca-Cola Company，1998年年报。

（3）我们的终极目标是不断地增加股东价值。

来源：The Quaker Oats Company，1998年年报。

● 第二节　财务本质

应该说，相对于会计学，财务学无论在理论上还是在实践上都很稚嫩，需要解决的问题很多。财务的本质是其中一个特别关键的问题。学术界为此做了大量的研究，形成了以下几种主要观点：

一、货币收支活动论

这一观点在20世纪40年代的苏联比较流行，在当前财务学术界也有赞同者。其主要看法是，“财务是客观存在于企业生产经营过程中的货币资金运动（货币收支运动）”（杜英斌，1988）。确实，从现象上看，财务工作就是收钱付钱的代名词。然而，从本质上看，企业付钱并非纯粹消费，而是一种有意识的垫支行为，更准确地说是一种投资行为，是要追求价值增值的。企业的决策者是十分清楚其中的收益风险关系的，它与家庭货币收付、财政货币收支是截然不同的。从这个意义上讲，企业货币收支与非企业的货币收支只是形似，非企业的货币收支不要求较高风险下的价值增值，人们赋予其“理财”称呼（当然货币收支节余可以从事固定收益证券投资），而企业的货币收支，人们赋予其特指概念“财务”。财务所进行的价值增值具有很大的风险，事前根本无法准确计算收益。收益多少要取决于竞争环境、决策水平、管理能力等多种生产力要素。

二、货币关系论

这一观点在20世纪50年代最先流行于苏联，后来在我国有很多追随者，至今仍有部分学者坚持这种观点。代表性观点是，“企业和经济部门财务，按其本质来说，就是客观存在于生产经营中的货币关系体系”（李儒训，1989）。这一观点明显受马克思主义生产关系学说的影响。应该说，马克思的《资本论》揭示了在社会大生产中价值的产生、剩余价值的来源与分割规律。在市场经济条件下企业的生产经营过程中，确实存在着生产关系，存在着价值创造与分配。但企业财务中的关系更多的是一种公共关系，与银行、政府、投资者、供应商、客户、员工甚至社区等保持良好的关系，便于企业低成本取得资本和高回报地用好资本。当前，在财务研究中，仍然要把握好财务的两个领域，即财务活动管理和财务关系管理，不宜有所偏废。财务活动的管理事关直接提高资本生产力水平，是主题；财务关系的管理也间接影响资本生产力的解放，是前提。

与此观点类似的有分配关系论。众所周知，财务的主要任务是创造价值，分配问题是次要问题。正如MM理论的要旨所示，资本结构、股利分配是细枝末节之事，投资决定企业价值。

三、资金运动论

这一观点自20世纪60年代至90年代在我国财务学术界占据主流，是在上述两种观点基础上发展而来。代表性观点是，“社会主义工业企业财务，就是工业企业再生产过程中客观存在的资金运动，体现了工业企业利用货币（价值）形式实现产品生产、分配和交换而发生的各方面的经济关系”（邢宗江，1964）。这一观点关键是受时代局限未能明确企业的资金究竟是什么。企业的资金是资本，必须用于价值增值，不能含糊。曾经的国营企业所取得的资金一部分用于价值增值，一部分用于“办社会”不求增值，这种目标不清晰、消费与投资混用的做法，必然产生低效率。如今，国营企业变成国有企业，绝不是文字游戏，它是现代企业制度的要求，投资者明确了，非经营性资产剥离了，企业的资金全部是资本，必须要为股东创造价值。马克思说，资本只有在运动中才能增值。因此，资金运动论实际上是资本运动，它要求投入资本与价值增值之间有效率关系，即资本生产力。

与此观点类似的是价值运动论。实际上，资金运动论与价值运动论并无实质性差别。

四、财权流论

这一观点的提出者是伍中信。他认为，财权流是现代财务本质的恰当表述。而财权=财力+（相应的）权力。前者体现价值，后者体现权能。权能是什么？按照伍中信的解释，权能就是财务的资源配置职能（伍中信，2006）。价值的流动也好，价值的资源配置也罢，其目的是提高价值增值能力，与资本的生产力是密切联系的。理论上讲，不仅资本需要合理配置，财务关系也需要合理安排。财务的双重性需要兼顾，不可偏废。

五、本金投入收益论

这一观点提出者是郭复初。他认为，“财务是社会再生产过程中的本金的投入与收益活动，并形成特定的经济关系”（郭复初，1997）。郭复初所言的本金，用国际商业语言来说就是资本；收益即利润，是资本的回报或者产出；投入收益关系就是投入产出关系，即生产力要解决的基本问题。所以，下文的资本生产力论与本金投入收益论是一脉相承的。

六、资本生产力论

这一观点来自于刘博、干胜道《财务本质新探：资本生产力论》。他们认为，财务的核心要素是资本，资本具有二重性，财务也有二重性：财务管理体现技术性，财务关系体现社会性。技术性与社会性都服务于为股东创造价值，即资本要产生生产力。在价值创造过程中，风险是客观存在的。资本生产力可以从三个方面加以考察：

（一）从股东角度看，反映其投入资本的产出效果——净资产收益率（ROE）

在两权分离的现代企业制度下，由于所有者与经营者的目标函数不一致，所有者需要对经营者进行财务激励与监督。对企业的所有者来说，其投入资本得以保全和增值是关注的重点。所有者投入企业的资本，会计上称为所有者权益，财务上一般称为自有资本（计算财务指标时则用净资产这个更为简洁的称呼）。在某一期间获得的收益，是资本之产出，其中归属于所有者的是税后利润。从股东角度看，资本投入是净资产，资本产出是税后利润，资本生产力是净资产收益率，即ROE。股东对这一资本产出效率是否满意的评价标准是股东预期值。这一预期值一般根据股东的机会成本，在考虑行业、生命周期所处阶段等因素的基础上确定。经济增加值（EVA）是近年来在西方很流行的一种业绩评价方法，其原理也是用企业资本的产出扣除股东投入资本的机会成本。如果说，ROE用除法来衡量资本的投入产出，EVA则用减法来衡量资本投入产出，二者的区别在于前者计算出来以后必须另找参照物进行比较，而后者已经将参照物内化了。

（二）从经理人角度看，反映其掌控的全部资本的投入产出效果——总资产报酬率（ROA）

企业的经理人可以从所有者处获取自有资本，也可适当举债获取债务资本，财务上称为利用财务杠杆。这样经理人掌握的全部资本（其物质形态是全部资产）要大于自有资本。企业的债务资本的利息率一般是相对固定的，经理人使用这些债务资本如果创造的产出效果大于资本成本——利息率，则其差额归企业股东所有，可有效提高ROE水平。反之，如果债务资本的利用效果欠佳，则其差额由股东承担，结果导致ROE下降。直接反映经理人所掌控的全部资本的投入产出效果的指标是总资产报酬率，即ROA。全部资本的产出包括三个部分：净利润、所得税、利息净支出。总资产报酬率的评价标杆是行业平均ROA。在同行业内，企业之间的

ROA具有可比性。

（三）从项目经理角度看，反映单个项目的资本投入的产出效果——内含报酬率（IRR）

在企业生产经营过程中，经常有独立的新增项目要上马。这些新增项目需要投入的资本是可以单独考量的，相关产出也是可以单独分离的。也就是说，新增项目的资本投入产出是能够单独评价的，这也是对新增项目负责的有关经理十分关心的。由于项目投入的资本是现时的，而项目产生的收入在未来实现，这就需要采取现值技术，将未来现金流入量按机会成本折成现值。如果这一现值减去投入资本（在投入分次进行时投入资本也要折现）刚好为零，其折现率即为项目的内含报酬率（IRR）。如果IRR大于企业所上项目资本的加权平均资本成本，新项目在财务效益上就是可行的；否则，就是不可行的。

他们进一步认为，根据西方经典财务理论，企业价值等于息税前利润（EBIT）除以加权平均资本成本（WACC）。这是从企业价值角度来看待资本投入产出。因此，要提高企业价值，或者说提高资本生产力，就可以从该公式展开分析。

1.“做饼”的条件

在分母基本不变的基础上，扩大分子，可以改变分数值，从而提高企业价值。这种在现有资本成本不变的基础上单纯增加息税前利润的方法，人们称之为“做饼”的方法。采取“做饼”的方法，需要具备的基本条件是：行业具有良好的发展前景、企业具有击败竞争对手增加市场份额的能力、规模经济效应尚不够充分、降低产品成本尚有潜力可挖、品牌等无形资产可带来可观的额外利润或者具有新的利润增长点等。“做饼”方法一般在企业处于初创期和成长期采用。

2.“分饼”的条件

在分子基本不变的基础上，通过缩小分母，可以改变分数值，从而提高企业价值。这种在现有利润水平难以提高的情况下，通过降低所用资本之成本的方法，人们称之为“分饼”的方法。采取“分饼”的方法，属于一种明智的、有时也是迫不得已的方法。在产品进入成熟期以后，扩大销量可能无法实现，利润比较稳定地维持在一定水平上，此时应减少固定资产投资，调整资本结构，尽量使用相对便宜而容易实现的债务融资方式来降低加权平均资本成本，通过股票回购、高比例现金分红减少自由现金流量，维持企业较高的资本效率。

3.其他

以上是两种常用的提高资本生产力的途径。在现实生活中，可以对分子、分母同时做。比如，有效的并购可使分子、分母同时变大，如果分子增长速度远大于分母增长速度，也有可能增大分数值而提升企业价值。

近年来，一些学者开始关注企业的财务公平问题。李心合认为：在论及公司财务目标时，效率与公平的关系也是绕不开的一个话题。干胜道认为：财务关系公平问题没有解决好，反过来会影响财务活动的效率。当前企业财务关系公平处理中存在的问题主要有：代理关系、大小股东关系和劳资关系。他进而认为，财务是一门研究企业价值创造的效率与价值分配公平之规律的学科。财务公平的内涵与外延、财务公平的测度、财务公平与财务效率的相互关系、不同行业（或地区、规模、所有制等）劳资财务公平性等都是值得深入研究的课题。

西方学者也对财务管理的概念进行了界定，比如："企业财务研究企业如何筹集和管理资金"；"财务意指企业为达到既定目标的筹集资本和运用资本的活动"；"企业是一个现金流程的体系，财务是关于现金流的管理"；"财务实质上是一种为经济活动提供资金的过程"；"财务可以简单地表述为如何使一笔当前的定量现金转变为一笔未来的不定量现金的研究"。虽然西方学者对财务下的定义不是太严谨，但大多涉及这样一些基本元素：资本（或资金）、现金（或现金流、现金流量）、风险与收益（或不确定性）、时间、价值等。

第三节 财务管理假设

像会计学一样，在财务学界，也有一些学者对财务管理假设进行过探讨。王化成认为，财务管理假设分为基本假设、派生假设和具体假设。其中基本假设具有相对稳定性、系统性、实践性和概括性。他提出了理财主体假设、持续经营假设、有效市场假设、资金增值假设、理性理财假设。王广明、刘贵生（1989）认为，财务的基本假设主要包括三个方面：理财主体与自主理财假设、资金市场健全假设、连续经营假设。陆建桥（1995）认为，财务管理的五项基本假设是：财务主体假设、理性财务行为假设、不确定性假设、财务预期假设、财务信息可靠性假设。张家伦（1995）认为，财务假设是财务概念和财务程序与方法的逻辑起点，它本身是一个体系，包括财务依据假设（具体包括财务资料可选择性假设、财务关系多重性假设）、财务主体假设（具体包括法人理财主体假设、财务理性人假设）和财务可控性假设。

王棣华（1997）认为，财务假设包括独立理财主体假设、谋求价值增值假设、财务风险假设、财务关系客观性假设、利益平衡分配假设、财务环境与财务文化决定假设、财务可管理假设。

西方学者很少专门研究财务假设问题。他们一般结合专门问题来提出理论假设。比如在资本结构理论中，著名的MM不相关理论具有这样一些假设：资本市场是一个完全有效的市场，证券买者与卖者众多，无人能够操纵价格；任何投资者都可以无偿取得市场信息；投资者进行有价证券交易时，不需要支付交易费；公司和个人都能以同一无风险利率借入资金；公司的经营风险是可以衡量的，有相同经营风险的企业即处于同类风险级；投资者对每一个公司的未来的息税前利润以及其风险概率分布估计相同；没有所得税。

资本资产定价模型的基本假设是：所有的投资者都追求单期最终财富的效用最大化，他们根据投资组合期望收益率和标准差来选择优化投资组合；所有投资者都能以给定的无风险利率借入或贷出资金，其数额不受任何限制，市场上对任何卖空行为无任何约束；所有投资者对每一项资产收益的均值、方差的估计相同，即投资者对未来的期望相同；所有资产都可完全细分，并可完全变现，没有交易费用；没有任何税收；所有的投资者都是价格接受者。

另一个著名的理论——套利定价理论隐含的假设条件是：影响证券收益率的因素不止一个，而是N个因素；资本市场是完全竞争市场；实行多元化组合投资；在市场均衡时，投资组合的套利收益为零；投资者属于风险规避类型。

在现实经济生活中，经营者也好，所有者也好，都要面临税收、交易成本、风险偏好、信息不对称、利率变动（欧洲、日本采用的负利率对公司财务管理产生何种影响及如何应对值得理论界和实务界深入研究）、汇率变动、通货膨胀变化以及财政政策、产业政策、货币政策变化等各种财务环境，要运用财务管理相机应对。在内部财务控制制度设计中，要假设人有道德缺陷（否则不需要制度）、员工不串谋（否则制度成本无穷大）等。在财务经济学研究中，需要假设以方便研究一些复杂的问题，比如资本结构、股利政策、宏观经济政策与微观财务行为等。

第四节　财务学与其他学科的界限

一、财务学与会计学

财务学与会计学的学科界限在学术界一直有争议。主要有这样几种观点：

（一）大会计论

持会计管理活动论的杨纪琬等（1980）认为，会计产生历史悠久，财务产生在后；财务搞价值管理，会计搞价值核算，而算与管很难截然分开；会计分为财务会计与管理会计，而后者更近似于我国现行的财务管理学。他们主张会计包括财务，并提出“会计管理”概念以取代财务管理。

（二）大财务论

郭复初（1983）认为，“广义的财务管理包括会计，狭义的财务管理与会计并列”。广义上，财务管理包括财务计划、财务决策、会计核算、会计分析、会计检查和财务考核等；狭义上，它们之间存在既相互联系又相互区别的关系。王庆成（1981）认为，“财务管理的基本环节有：建立财务制度，制订财务计划，组织日常管理，进行会计核算，开展财务分析，实行财务检查”，也主张会计工作归属于财务管理的范围。

（三）等同论

持这种观点的学者认为，财务与会计本来就是一回事，两者难解难分，过去人为地把它们分开，是造成理论与实务中各种矛盾与冲突的根源。持这种观点的学者主张“统统合并，融为一体”（朱宅仁，1988）。

（四）平行论

持这种观点的学者认为，财务与会计各有分工而又相互联系，财务管理是搞价值管理的，会计是搞价值核算的。理论界为将财务与会计区划开来提出了多种思路：货币职能分离论（会计使用的是观念货币，即作为价值尺度的货币；而财务使用的是作为流通手段的现实货币）、质量分离论（财务管理的是经济关系，即"质"；而会计的对象是价值的数量，即"量"）、管理职能分离论（财务工作是企业的一项职能管理；而会计则属于参谋管理）、物质信息分离论（会计处理的是信息；财务处理的是实体）。持这种观点的学者认为，二者在企业的内部工作中也有紧密联系。

在西方发达资本主义国家，一般在大公司财务与会计工作会"分家"。财务的主要工作内容涉及筹措资本；投资及与投资者保持良好的关系、协助股利分配；信用和收款；保险等。会计工作主要涉及编制外部报告和内部报告；进行计划与控制；经济评价；保护资产；税务管理等。国内的一些学者认为，"从根本上讲，纳税筹划应归结于企业财务管理范畴"（宋献中，2006）。1996年，Eugene F.Brighman和Louis C.Gapenski合著的《中级财务管理（第五版）》中对财务工作的具体内容及所花费的时间精力作了统计调查，见表1-2。

表1-2　**财务工作的具体内容及所花费的时间精力统计调查表**

财务工作的具体内容	花费的时间精力(%)
（1）按内容划分	100
——财务计划与预算编制	35
——营运资本管理	32
——资本支出管理	19
——筹集长期资本	14
（2）按性质划分	100
——资产管理	58
——负债管理	42
（3）按管理对象划分	100
——短期资金管理	60
——长期资金管理	40

应该说，会计更关注利润指标，财务更关注现金流量指标。那究竟是利润重要还是现金流量重要？美国学者Bernard和Stober（1989）、Dechow（1994）、Sloan（1996）等经过实证研究，认为要根据企业所处环境与发展阶段来判断，没有绝对的标准。他们提供的观察结果是：

1.就短期而言，利润与企业价值的相关性比现金流量更大。但随着时间的延长，二者与企业价值的相关性趋于相同。

2.在企业发展的不同阶段或者在不同类型的企业之间，二者与企业价值的关系有所不同。在成熟型或经营周期较短的企业，二者同等重要；对于成长性企业，利润更重要；若企业经营周期较长，则经营现金流量处于头等重要地位。

3.利润组成内容不同，现金流量与企业价值相关性就不同。若企业利润中暂时利润（无现金流量效应的会计调整或会计变更所致）比重较大，现金流量绝对重要；当会计利润中应计成分较少时，二者的重要性就没有多少差别（汤云为等，1998）。

在企业财务日常管理中，经常会面临现金短缺问题，解决的基本思路无外乎四种：存量调整法，比如将存货、有价证券等非现金资产变现；流量调节法，增大或加快现金流入，减少或延缓现金流出，比如将原本准备购买固定资产的计划改为租入、进行产品提价等；增量调度，争取股东和债权人的新增资本注入，比如发行新的股票或进行债券融资；综合调和，比如寻找现金流充足的企业进行合并，分离出优质资产上市融资，寻找战略联盟等。

从20世纪80年代会计与财务学科关系之争，到90年代的企业管理中心究竟是会计还是财务的地位之争，学术界并未能真正厘清二者之间的关系。干胜道认为，会计与财务虽然都“算账”，但在算账中相互配合，相得益彰，呈现互补关系，不是重复算账。会计算权责发生制账，财务算收付实现制账；会计算基于过去的、业已发生的、有凭证的账，财务算“面向未来”的管理账；会计算财务活动效率账，财务算财务关系公平账；会计算显性之账，财务算隐性之账；会计算各具体会计要素之账，财务算企业价值整体之账。中国资本市场诞生之后，上市公司股权融资偏好、不分配股利现象、募集资金频繁变更用途、自由现金流量囤积导致资金周转速度迟缓、大股东掏空上市公司等一系列财务问题（并非会计问题）的出现，使得企业管理过程中确实感受到“有财可理”“有财务事项要管理”。越来越多的理论与实务工作者认识到，财务管理工作与会计工作确实存在较大差异，虽有联系但更应视为不同的管理工作。财务人员是企业的“外当家”，要做好投资者关系管理、纳税管理、赊销管理等，合理配置资金，为股东创造更多的财富；而会计人员是企业的“内当家”，提供及时、可靠、有用的信息，算好过去账，也要为企业的控制和决策算好未来账。

二、财务学与金融学、财政学、理财学的关系

近年来，中国的金融学发展迅速。一些学者试图把企业财务学纳入所谓“微观金融学”范畴。郭复初（1997）认为，财务与金融的并列关系是“产业资本与借贷资本的并列”。有人认为，金融学与财务学的研究角度是不同的，金融学是以虚拟资本融通为研究对象，研究其配置、市场规模、风险管理、投资者行为等；而财务学是以企业的产业资本（或称实体资本、实业资本）的循环周转为对象，少数企业通过发行股票、债券等与资本市场相联系，大多数企业主要与金融机构的银行信用、价值链上下游的商业信用发生资金融通，极少数企业完全以股东的自有资金运作，基本与金融体系相脱离（除了存款之外）。因此，金融学想把财务学完全包括在内是不符合学科基本规律的。如果真有“公司金融”概念，应该仅仅限于上市公司发行股票、债券、权证等金融工具进行融资，以及将闲置资金在资本市场进行各种金融工具投资方面，它无法容纳营运资本管理、财务分析、无形资产管理、固定资产投资决策、资本成本与资本结构等丰富的企业财务管理内容。

由于我国长期的历史原因，财政决定财务，国营企业没有独立的财权，完全成为财政的“钱柜子”，形成企业财务附属于国家财政的特点鲜明。随着国营企业向国有企业转变，国有企业的财权有了独立性，财政与财务的区划日益清晰，财政只有在罕见的情况下才与企业财务发生直接关系（比如财政部与国资委对上海航空公司和东方航空公司的注资），而国有企业向国资委股东上缴利润时只间接地与财政发生联系。

理财在我国古已有之，是一个泛指概念。通常将闲置资金进行储蓄、购买固定收益证券等称为理财，个人、组织、国家等都有理财活动。理财不是一个严谨的学术用语，人们更多的是在生活中使用它。在企业财务中，理财只是很少的一部分，企业必须将绝大多数资本投入到核心能力强的主业上去为股东赚取最大的利润，暂时闲置的资金可以在安全的前提下适当进行委托理财等理财活动，较长时间闲置的资金可以被用来购买持有到期的金融资产、交易性金融资产，进行长期股权投资等金融化活动，以瓜分金融业及其他行业的利润。

思考题

1. 有人将“corporate finance”翻译为“公司金融”，将“public finance”翻译为“公共金融”，得出金融包括公共金融、公司金融的结论。你如何看？

2. 如果让你在一个跨国公司中担任首席财务官，你将如何设置财务的各种岗位？

3. 不同国家因国情、体制等差异，企业的利益相关者排序有较大差异，你认为企业在财务目标上应如何考虑股东之外的利益相关者利益？

4. 有个财务管理专业的大学生到一个出口型企业面试，主考官说：公司因美元贬值导致损失惨重，你有何良策？请你帮帮他。因为他所学的都是假设利率不变、汇率不变、通货膨胀率不变情况下的企业财务管理。

5. 有人说，财务人员是企业的“守财奴”“吃闲饭的”，没有为企业创造价值。你如何反驳这种说法？

6. 在我国实务界，有财务总监、总会计师、首席财务官、财务经理等称谓，你认为这些称谓有何差异？

7. 你会对一个“甩手老板”（即将钱和公司交给别人打理，坐享其成）在财务上提些什么样的建议？

8. 在企业发展的不同阶段，企业实现财务目标的路径会有什么差异？

9. 企业上市决策在财务上要考虑哪些问题？

10. 你觉得股票的价格与公司的利润还是与经营活动现金净流量的关联性更大？

11. 你认为，纳税筹划、资产评估、企业价值评估是否应该作为企业财务管理的内容？为什么？

12. 有人说，财务的本质就是筹集资金与使用资金。你怎么看？

13. 筹资与融资是一回事吗?

14. 谈谈经济高质量发展对企业财务质量有何要求?

15. 如何看待任正非所领导的华为公司“不上市”行为和“时刻准备过冬的棉袄”理念?

延伸阅读文献

1. 白华. 质疑利益相关者价值最大化目标 [J]. 统计与决策, 2005 (3).

2. 步淑段. 财务管理理论模型 [M]. 北京: 中国财政经济出版社, 2006.

3. 丁学东, 李国忠. 中国企业财务改革 [M]. 北京: 经济科学出版社, 1996.

4. 杜英斌. 关于企业财务管理几个问题的思考 [J]. 会计研究, 1988 (3).

5. 冯建. 财务理论结构研究 [M]. 上海: 立信会计出版社, 1999.

6. 傅元略. 财务管理理论 [M]. 厦门: 厦门大学出版社, 2007.

7. 干胜道. 财务与会计: 算账中的互补关系 [J]. 商业会计, 2015 (5).

8. 干胜道. 公司财务战略 [M]. 北京: 人民邮电出版社, 2003: 86-88.

9. 干胜道. 公司财务中的公平问题 [J]. 财会学习, 2012 (5).

10. 干胜道. 解析企业财务目标三大误区 [J]. 会计师, 2006 (6).

11. 干胜道. 企业资金安全性控制研究 [M]. 大连: 东北财经大学出版社, 2006.

12. 干胜道. 嵌入公平的财务基本理论创新研究 [J]. 会计之友, 2015 (12).

13. 龚凯颂. 基于价值创造的企业财务管理研究 [M]. 北京: 中国财政经济出版社, 2009.

14. 郭复初. 财务通论 [M]. 上海: 立信会计出版社, 1997: 62.

15. 郭复初. 财务新论 [M]. 上海: 立信会计出版社, 2000.

16. 郭复初. 财务专论 [M]. 上海: 立信会计出版社, 1998.

17. 郭复初. 论财务与相关经济范畴的关系 [J]. 经济学家, 1997 (6).

18. 郭复初. 试论财务与会计的相互关系 [J]. 贵州财经学院学报, 1983 (3).

19. 郭复初. 现代财务理论研究 [M]. 北京: 经济科学出版社, 2000.

20. 郭复初. 中国特色财务理论研究 [M]. 成都: 西南财经大学出版社, 2010.

21. 雷新途. 不完备契约与财务目标状态依存及其边际修正 [J]. 会计研究, 2007 (4).

22. 李心合, 朱立教. 利益相关者产权与利益相关者财务 [J]. 财会通讯, 1999 (12).

23. 李心合. 制度财务学研究 [M]. 大连: 大连出版社, 2012.

24. 刘博, 干胜道. 财务本质新探: 资本生产力论 [J]. 现代管理科学, 2009 (1).

25. 刘淑莲. 高级财务管理理论与实务 [M]. 3版. 大连: 东北财经大学出版社, 2015.

26. 陆建桥. 试论财务假设 [J]. 四川会计, 1995 (2).

27. 毛付根，林贻武. 会计大典（第九卷）：理财学［M］. 北京：中国财政经济出版社，1999.

28. 宋献中，沈肇章，等. 税收筹划与企业财务管理［M］. 广州：暨南大学出版社，2002.

29. 宋献中. 财务管理目标与财务指标体系的构建［J］. 经济科学，1994（6）.

30. 万解秋，徐锦荣，贝政新. 企业价值提升与财务管理［M］. 上海：复旦大学出版社，2005.

31. 王斌. 利润与现金——从差异到控制［M］. 杭州：浙江人民出版社，2001.

32. 王化成. 财务管理理论结构［M］. 北京：中国人民大学出版社，2006.

33. 王化成. 高级财务管理学［M］. 3版. 北京：中国人民大学出版社，2011.

34. 伍中信. 产权会计与财权流研究［M］. 成都：西南财经大学出版社，2006.

35. 伍中信. 高级财务管理理论［M］. 上海：立信会计出版社，2002.

36. 杨纪琬，阎达五. 开展我国会计理论研究的几点意见——兼论会计学的科学属性［J］. 会计研究，1980（1）.

37. 杨淑娥. 财务管理学研究［M］. 北京：经济科学出版社，2008.

38. 杨雄胜. 财务基本理论研究［M］. 北京：中国财政经济出版社，2000.

39. 杨雄胜. 高级财务管理：理论与案例［M］. 3版. 大连：东北财经大学出版社，2012.

40. 袁振兴. 财务目标：最大化还是均衡［J］. 会计研究，2004（11）.

41. 周首华，陆正飞，汤谷良. 现代财务理论前沿专题［M］. 大连：东北财经大学出版社，2003.

42. 朱宅仁，等. 财务与会计的再探索［J］. 财会探索，1988（12）.

43. 樊行健. 公司治理与财务治理［J］. 会计研究，2005（2）.

44. 姜国华. 宏观经济政策与微观企业行为［J］. 会计研究，2011（3）.

第二章

资本结构理论

引　言

资本结构又称为融资结构，是指企业取得资金的来源、组成及相互关系。广义的资本结构是指全部资本的构成，即比例关系，不仅包括长期资本，还包括短期资本。狭义的资本结构是指公司长期债务资本和权益资本的构成比例。一般的资本结构理论研究均是从狭义的资本结构入手，分析不同的资本（债务性资本和权益性资本）对公司价值的影响。

关于资本结构的研究可以追溯到1952年美国经济研究局召开的企业理财研究学术会议。在这次会议上，美国经济学家杜兰德（Durand）提交了论文《企业债务成本与权益资本成本：趋势和计量问题》。该篇论文总结了三种资本结构理论：净收益理论、净营业收益理论和传统理论。但该论文的理论缺乏实践意义和严密的逻辑证明，因此在理论界没有得到广泛认可和进一步发展。直到1958年，莫迪利安尼（Modigliani）和米勒（Miller）在《美国经济评论》上发表了《资本成本、公司财务与投资理论》一文，在文中，莫迪利安尼和米勒提出了经典的MM理论。这篇文章不仅奠定了莫迪利安尼和米勒在学术界的地位，同时也被公认为现代财务管理理论的奠基石。

在MM理论提出之前，学者们认为资本结构对企业价值的影响是复杂难解的，对资本结构的理解没有形成一个完整的理论体系。MM理论则第一次用科学严谨的语言，在严格的假设下证明了一个观点：资本结构与企业价值无关。

然而，MM理论的证明是在非常严格的假设条件下完成的，这些假设条件与现实世界的企业真实环境情况相去甚远。因此，后继研究者沿着MM理论的道路，针对影响融资决策和资本结构形成的一些现实因素，不断放宽MM理论的各种假设，推动了资本结构理论的发展。这些理论包括财务困境理论、税差学派、权衡理论（又分为动态权衡理论和静态权衡理论）、信号模型、顺序融资理论、财务契约论、公司治理结构学派、机会窗口理论和产业组织理论等。

这些理论虽然进一步发展和完善了资本结构理论，但是关于企业在实际财务管理中如何选择最佳的资本结构，学术界未能取得一致的意见，甚至上述各种理论中的观点还存在冲突，也没有任何一个理论或模型能够将所有现有理论囊括为一体。Myers（2001）评论说："在莫迪利安尼和米勒的研究已经过去40多年之后的今天，我们对公司融资选择的理解还很有限。"同时，他还认为，现有的理论都不是可以普遍适用的，只能在一定条件下解释公司的资本结构。

● 第一节　经典理论综述及主要理论模型

一、资本结构理论概述

现代资本结构理论的起点是1958年莫迪利安尼和米勒提出的MM理论，它在理想的资本市场假设条件下得出了资本结构与企业价值无关的结论。虽然这个理想市场的假设与现实市场条件并不吻合，但是它提供了一个理想的参照体系，使得后来的学者可以通过放宽MM理论中的部分假设条件，进一步推动资本结构理论的发展。本章基本以资本结构理论的发展为脉络进行阐述（如图2-1所示）。

MM理论
- 税差学派论
- 财务困境成本论
- 权衡理论
- 融资优序理论
- 资本结构信号论
- 代理成本下的资本结构理论
  - 财务契约论
  - 公司治理结构学派
- 机会窗口理论
- 产业组织理论

图2-1　资本结构理论概况

MM理论的逻辑已经得到了广泛的认可，但是人们普遍认为MM理论的假设环境与现实之间存在较大的差距。因此，人们针对这些现实和理想之间的不同，从不同的角度进一步分析了资本结构的决定因素。对不同的侧重因素以及不同角度的分析，形成了资本结构的不同理论。

二、MM理论

MM理论的前提条件是理想的资本市场假设，这些假设的主要内容是个人和公司在金融市场中无交易成本，个人和公司申请借贷的利率相同。

理想资本市场的一系列假设具体见表2-1。

在理想资本市场的假设前提下，莫迪利安尼和米勒提出了两个主要的理论，分别是不考虑企业所得税的MM理论和考虑企业所得税的MM理论。

1.MM定理1——无所得税的MM理论

无所得税MM理论的基本内容是，在没有所得税的理想资本市场下，假定企业在确定的投资政策下，企业资本结构与企业价值无关。

表2-1 理想资本市场的假设条件

假设1	无交易费用的资本市场	买卖证券没有任何交易成本，没有政府限制，从而可以自由交易，资本资产可以无限制分割
假设2	无个人所得税	无个人所得税或对股利、利息和资本所得的课税是平等或无差异的
假设3	完全竞争的市场	市场有足够多的交易者，单个主体不能影响价格和利率结构
假设4	获取贷款上平等	个人和企业可以按照同样的利率借入、贷出资金和发行证券
假设5	投资者理性且预期相同	所有投资者都是理性的，对公司的盈利水平拥有相同的期望
假设6	没有信息成本	企业和个人的可利用信息是相同的，而且获得这些信息是免费的
假设7	无财务危机成本	企业和个人有可能发生财务危机或破产，但是不会产生相应成本

在理想的资本市场的假设条件下，债务成本和公司加权平均资本成本是不变的，并不会由于资本结构的变动而变动。如果公司增加了负债，那么权益资本成本就会随着债务比率的提高而提高，而提高的权益资本成本恰好抵消了负债筹资的低成本带来的好处，其结果就是公司的加权资本成本不会随着债务权益比例的变化而变化。从而在公司未来现金流量确定的情况下，公司的价值也会保持不变，即公司的资本结构与公司的价值没有关系。

无所得税的MM理论证明可以从两个角度进行，一是利用投资者套利行为和反证法；二是利用投资者自制财务杠杆。

假设有两个公司A和B，公司的规模、盈利能力等其他条件均相同，唯一不同的是两者的资本结构不同，即A公司拥有债务而B公司无债务。

论证：如果MM定理不成立，即A公司的价值要高于B公司的价值，那么会发生如下的套利行为：投资者会卖掉价值被高估的A公司的股票转而购买B公司的股票，并将剩余的资本投到其他领域。由于在完善的市场条件下，套利过程没有风险和交易成本，所以上述套利过程的最终结果就是投资者可以在不增加风险程度的条件下增加其投资收益。只要A公司和B公司的价值不等，这种套利行为就会一直持续下去，直到有债务的A公司的价值等于无债务的B公司的价值。

2.MM定理2——有所得税的MM理论

在存在企业所得税的情况下，无税的MM定理1就不再成立了。因此，莫迪利安尼和米勒提出了有所得税情况下的MM定理2。较之无所得税的MM定理1，有所得税的MM定理2认为企业需要缴纳所得税，并且债务的利息可以在税前作为费用扣除。

有所得税的MM定理2的结论是：负债会因利息的减税作用而增加企业的价

值，负债越高，企业的价值越大，即：

$V^n = V^m + T \times B^n$

V^m：无任何借款的规模相同企业价值；

B^n：企业债务的市场均衡价值；

T：企业所得税税率；

V^n：有负债的企业价值。

MM定理2的结论表明，企业价值与企业举债量呈线性关系，举债越多，企业价值越高。

3.对MM定理的评论

MM定理在财务经济学界引起了很大反响，引发后续众多研究的不断深入。这些后续研究主要分为两个方面，一是用实际数据对MM定理进行实证验证；二是对MM定理所依赖的完美资本市场假设进行评价。

莫迪利安尼（Modigliani）和米勒（Miller）（1967）估算了1954—1957年期间电力公用行业的资本成本，并验证了自己的结论。Stiglitz（1967）在个人借款和风险债务受一定限制的情况下，证明了企业的资本结构与价值无关。也有很多文献的经验证据表明MM定理并不成立，这些文献包括Gordon（1967）、Weston（1963）和Wippern（1966）等。

在理想环境下，MM定理的逻辑严谨性无可厚非，但其关于完美资本市场的假设与现实企业实际经营环境存在较大的差距。例如，MM定理假设个人能够与公司一起按照同样的利率借款，实际上，企业的借款利率往往要低于个人的借款利率。此外，个人对债务要承担无限连带责任，而企业对债务却仅承担有限责任，因此，个人和企业在货币市场上的地位具有明显的差别。另外，MM定理的证明要求市场不存在交易成本，而现实中套利行为所产生的收益有可能不足以弥补交易所产生的费用。此外，MM定理假设负债的增加不会改变负债的利息率，然而在实际中，随着企业负债比例的增加，企业发生财务困境及破产的可能性也会随之加大，因此，债权人往往要求用更高的利息率来弥补这种风险的增加，这显然会对MM定理的结论产生影响。

当然，MM定理所依赖的理想资本市场假设与现实世界的差异还体现在很多方面，但这并不是说MM定理是错误的。理想资本市场条件下的MM定理是我们研究非完美资本市场条件下资本结构问题的基础。

Weston（1989）认为，MM定理对于财务经济学的影响可以与凯恩斯对宏观经济学的影响相提并论，MM定理的提出，标志着现代资本结构理论的确立。随着对MM定理的不断完善和修正，资本结构理论逐步完成了从传统观点向现代理论的过渡，这是资本结构理论史上一次质的飞跃。沈艺峰（1999）认为，这种质的变化体现在三个方面：第一，从内容上看，MM定理建立在经济理论的基础上，是一般市场均衡理论在资本结构问题上的应用。可以认为，MM定理对资本结构问题的认识已经在某种程度上具有理论的系统性，这显著区别于传统资本结构理论对资本结构部分枝节的零散看法。第二，在方法上，MM定理利用了经济学的分析方法和技术，譬如套利过程与局部均衡，因此，Bhattacharya（1988）认为，MM定理永久地改变了经济分析在资本结构问题讨论上的作用。第三，对MM定理的质疑和异议，使得MM定理能够更接近世界。这些质疑绝大多数集中于MM定理所依赖的前提假设，而不是MM定理本身的逻辑推理过程。对MM定理假设条件的放宽，推动了资本结构理论的发展，并从中产生了一系列可以直接在实际中运用的理论。

三、税差学派论

MM定理认为有税情况下的负债可以带来税收抵免作用，因此负债比率越高越好。此外，关于税收对资本结构的影响还有一个重要的学派，即税差学派，该学派研究的主要内容是税收差异对资本结构的影响。这里的税收差异包括两个方面，一是由于税收种类的不同而产生税收差异，主要是企业所得税、个人所得税和资本利得税之间在税率上的差异对资本结构的影响；二是指在累进所得税制下，投资者因为个人所适用的税收等级的不同而造成的税负差异。

Farrar和Selwyn（1967）将美国税收制度结构分为四类，并解释每一类制度结构下税收对企业最优资本结构的影响。

第一类：无个人所得税和企业所得税。在这种情况下，Farrar和Selwyn（1967）认为在不存在交易成本的情况下，个人债务和企业债务可以随意互换，因此，税收对企业的资本结构不产生影响。这个结论与无税下的MM理论相同。

第二类：存在企业所得税，而不存在个人所得税。由于在存在企业所得税的条件下，利息是要在税前扣除的，所以个人负债和企业负债不再可以完全相互替代。那么在这种情况下，企业应该利用这种负债的抵税作用，即任何企业的最优负债融资策略都是应该争取更多的债务融资。这个结论与有税情况下的MM理论相同。

第三类：不存在企业所得税，而只存在个人所得税和资本利得税。这种税制几乎不存在，正如沈艺峰（1999）认为的，这种情形与现实情况相差太大，不值得分析。

第四类：既存在企业所得税，也存在个人所得税和资本利得税，这是最接近于现实的一种情况。在这种情况下，企业收益有三种方式可以转化为个人收益：一是通过发放股利，投资者缴纳个人所得税；二是转化为资本利得（比如企业回购自己的股票），投资者立即实现资本利得并缴纳资本利得税；三是转化为资本利得后，投资者推迟到稍后再实现资本利得，缴纳资本利得税。而个人最终获得的收益要基于三种税收因素之间的相互作用，Farrar和Selwyn（1967）没有得出明确的结论。他们认为，个人所得税越低，企业负债的成本就会越低于个人负债成本，假设资本利得税的增加速度低于个人所得税的增加速度，企业负债相对个人负债的优势就会逐渐缩小，最终达到一个均衡点。

Farrar和Selwyn（1967）的研究直接导致Miller（1977）提出经典的米勒市场均衡模型。Miller（1977）给出了考虑个人所得税和企业所得税两种情况下有债公司和无债公司价值之间的关系：只要个人在权益收入上的所得税税率等于个人债务收入上的所得税税率，个人所得税的引入就不影响企业的资本结构。Miller（1977）得出了三个结论：

（1）公司将发行适量的债务，以使得具有等于或低于公司所得税税率T的税收等级的个人持有债务，而税收等级较高的个人将持有股票。

（2）债务的收益率要高于可比风险的股票的收益率。

（3）处于与公司税率相等的税收等级上的个人持有债务，因此公司的财务杠杆不会改变企业的价值，即资本结构与企业价值无关。这是米勒模型得出的一个重要结论，而该结论虽然经过复杂的数学推导和证明，仍然和无税下的MM定理相同。

Miller（1977）在文章中逐步分析了破产、税收差异等MM理论所忽略的细节问题，从一般市场均衡条件科学地阐述了资本结构理论，既保持了MM定理的一致性，又进一步丰富和发展了MM定理的内容。然而，对Miller（1977）的观点同样也有很多的批评和不同的意见，诸如Modigliani（1982）认为Miller（1977）的观点走向了一个极端，其关于个人权益所得税收益低于利率的观点违反了MM定理的最初假设（沈艺峰，1999）；后来学者对米勒模型的批判（Ross，1985）也多集中在模型的假设方面。

四、财务困境成本论

债务可以通过利息费用给企业带来税收抵减作用，然而，债务同时也给企业带来了风险和压力。由于债务利息和本金的偿付是公司的法律责任，如果公司不能承担这些责任，就可能陷入财务困境，最终导致破产，届时公司资产的所有权就会由股东转交给债权人。公司对股东所承担的责任则不同于对这些债务所负有的责任，因为股东虽然期待公司发放股利，但他们并不能像债权人那样拥有法定的收益权利。

财务困境理论主要考虑负债所带来的风险，而有税的MM理论则主要考虑负债所带来的税收抵免作用，一个倡导对负债的限制使用，一个倡导对负债的着重使用。后来强调对财务困境成本和债务的税收抵免作用的权衡，以期达到最佳的平衡点。在最佳的平衡点上，公司如果加大负债，那么增加的负债所带来的边际税收减免效应不足以抵偿负债增加所带来的破产风险成本；如果公司减少负债，那么公司破产风险成本的降低又不能完全弥补负债减少所丧失的税收抵免作用。

财务困境成本包括直接成本和间接成本。直接成本包括破产时进行清算或重组所发生的法律费用和管理费用。White（1983）、Alterman（1984）和Weiss（1990）对财务困境的直接成本进行了经验估计，他们认为破产的直接成本大约是公司价值的3.1%。Ferris等（1993）认为小企业的直接成本很高，在破产初期，直接成本大约占资产的28%。

财务困境的间接成本，一般是指财务困境对公司正常经营产生的影响。比如，当公司不能清偿到期债务时，顾客及供货商（包括潜在的）就会改变对企业持续经营能力的看法，从而转向其他厂家或商家而使得公司失去市场和原料来源。Alterman（1984）认为财务困境的直接成本和间接成本通常要高于公司价值的20%。

同时，当财务困境发生时，股东和债权人之间的利益冲突被放大，这给公司增加了代理成本（agency cost）。此时，股东会采用投资于高风险项目、投资不足和转移财富等手段侵害债权人的利益。当发生财务困境时，理性的债权人预期股东可能采取各种手段损害他们的利益，因此，他们会将这部分成本转嫁给股东，例如，提高公司债券利息率或增加限制性、保护性条款。

五、权衡理论

虽然负债有抵税作用，但由于财务困境成本的存在，企业不可能百分之百地进行债权性融资。因此，权衡理论（trade-off theory）就是强调对财务困境成本和债务的税收抵免利益进行权衡，以期达到最佳的平衡点。

权衡理论最早由梅耶斯（Myers）提出。在梅耶斯和罗比切克合作的论文（Robichek和Myers，1966）中指出，由于税收原因，利息是可以从企业收益中扣减的，所以财务杠杆有助于给现有投资者增加企业的价值。但是，如果破产和重组是可能发生的或有成本，那么带给现有投资者的企业价值会变少，所以债务结构的最优水平处在同财务杠杆边际递增关系的税盾现值和同财务杠杆不利的边际成本现值相等的点上。上述结论如图2-2所示。

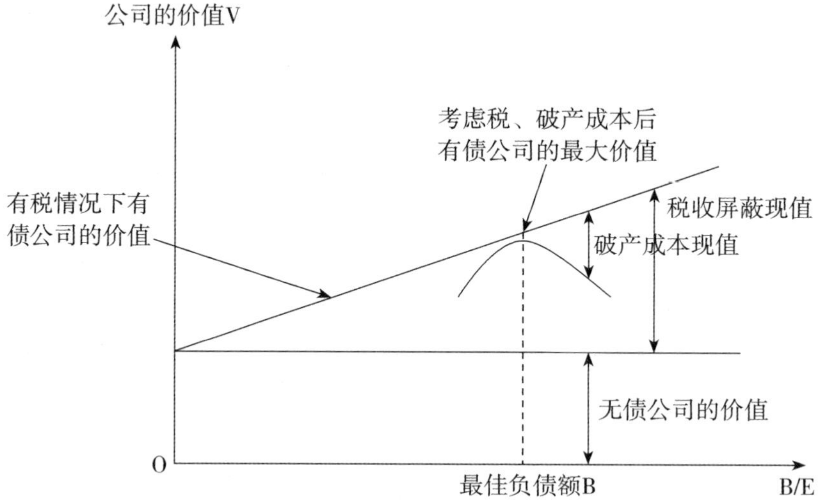

图2-2 权衡理论

Karus和Litzenberger（1973）运用状态选择模型进一步证明了Robichek和Myers（1966）提出的观点。Rubinstein（1973）从资本组合理论的角度、Scott（1976）在破产为多期间条件下均证明了最优资本结构的存在。而Masulis（1983）、Bradley、Jarrell和Jim（1984）等则从经验研究的角度验证了权衡理论。

权衡破产风险的最优资本结构理论模型解决了最优资本结构的存在性问题，它对我国企业界进行的资本结构优化有直接的指导作用。权衡理论关于公司存在最佳负债比率的结论是令人信服的，该理论可以用来解释为什么不同的行业其资本结构不同。比如，由于高科技企业中无形资产的比重较大，企业经营的风险较大，因此高科技企业的债务一般很少；而房地产企业中，有形资产的比重较大，这类企业的债务一般也较多，金融企业的负债比率也较高。但也存在例外，如权衡理论不能解释为什么像制药企业之类的公司，盈利能力强，发生财务危机的可能性很小，但其负债比率却较低的现象。

六、融资优序理论

融资优序理论（pecking order theory，又译为优序融资理论、啄食理论、顺序融资理论等）认为，当公司存在融资需求时，首先，与外部融资相比，公司偏好于内部融资，比如通过收益的积累；其次，当内部融资不能支撑其所需资金，即外部融资势在必行时，公司偏好于债务发行；再次，如果债务发行过量而外部筹资又必须进行时，公司会倾向于发行可转换债券；最后，公司才会发行普通股。因此，在融资顺序理论下，公司应该遵循内部融资、债权性融资和权益性融资这个顺序进行融资，并安排其资本结构。

在早期的工作中，梅耶斯和马基卢夫（Myers和Majluf，1984）提出，如果投资者对公司资产价值的信息不如目前公司内部人员那样灵通，那么股票就会被市场错误地定价，则企业的股东价值在市场上的定价可能是错误的。如果公司需要发行股票来为新项目融资，那么定价太低就会使得新投资者获得比新项目的净现值更多的利益，从而导致现有股东的净损失。在这种情况下即使该项目的净现值为正，也会被放弃。如果公司可以用一种有价证券来为一个新项目融资，这种有价证券的价值不会被市场如此严重地低估，那么这种投资不足就可以得到避免。比如，内部融资就不牵涉价值低估问题，所以，在这种条件下，公司认为内部融资会优于股票融资。

Myers（1984）称之为“顺序融资理论”，即公司的资本结构应该为公司新投资融资的需求和愿望所驱使，首先应该选择内部融资，然后是债务性融资，最后是权益性股票融资。

由于发行债券可以减少公司管理者的信息优势，所以相信其公司股票被低估的管理者会发行债券而不是股票，而对公司前途不看好的管理者才会发行股票。但若债券也是可以选择的，那么任何销售新股票的打算都会被投资人认为揭示了公司价值被市场高估。因此，如果能以公平的价格购买债券，股票的发行就会受到投资人的冷落，只有当债务融资的成本很高时，比如公司的负债比率达到可以预见的财务危机成本，公司才可能发行股票融资。

Krasker（1986）在容许公司选择新项目投资及相应股票发行规模的条件下，证实了Myers和Majluf（1984）的结论，并认为股票发行得越多，公司股价下跌状况及信号越差。Narayanan（1988）、Heinkel和Zechner（1990）也分别采用了不同的方法证实了Myers和Majluf（1984）的结论。同时，也有许多学者对“顺序融资理论”提出了质疑，包括Brennan和Kraus（1987）、Neo（1988）、Constantinides和Grundy（1989）等。他们认为，除了债权性融资外，公司可以通过更丰富的融资方法作为信号，解决投资不足问题，企业经理对融资偏好没有一种必然的顺序。而Flannery（1986）则认为正如Myers（2001）所说的那样，“同其他资本结构理论一样，该理论只能很好地解释一些情况，而对其他一些情况则不起作用。”根据优序融资理论的逻辑，罗斯（Stephen A.Ross）等学者提出了“三大推论”，即：公司没有目标负债权益比例（There is no target D/E ratio）；盈利能力较强的公司其债务利用不多（Profitable firms use less debt）；所有公司都偏好财务松懈（Companies like financial slack）。[①]

优序融资理论有一些重要的实证推断：第一，信息不对称会引起企业的融资决策不按照融资优序理论模式进行。股票被市场高估的公司倾向于发行股票，而股票被市场低估的公司可能放弃通过发行股票为有利可图的项目融资，因此股票发行公告导致股价下跌。第二，代理人偏好更多保留利润，会形成较多的代理人自由支配的资金，从而会加大代理成本。证券市价受信息不对称的影响越大，被市场低估的公司放弃通过发行这种证券为净现值大于零的项目融资的可能性越大，所以优序融资的结论成立。第三，不对称信息问题越严重，公司的优序融资倾向越强烈。成熟行业的公司、大公司、风险较小的公司与无形资产较少的公司的信息不对称问题不突出，因此它们进行股权融资的可能性大于高科技公司、小公司、风险较大的公司以及无形资产较多的公司。此外，由于信息披露有助于缓解信息不对称问题，公司倾向于在披露盈利信息公告之后紧接着发行股权证券，这样做有助于缩小发行公告导致的股价下跌幅度。

七、资本结构信号论

信号理论强调在信息不对称的条件下，由于内部人拥有外界投资者所不具备的信息优势，因此公司的任何理财行为，诸如投资、筹资和分配都被视作一种信号，这种信号会引导投资者改变对公司未来收益、市场价值的估计。比如，公司若要举债，则表明管理者对公司的未来业绩持乐观态度，从而对股市产生积极影响。信号理论表明，股市在进行资本结构决策时要考虑其潜在的信号作用。

最早将信息不对称理论引入资本结构研究的是Leland和Pyle（1977）。他们认为，在存在信息不对称的情况下，为了使得投资项目能够顺利进行，借贷双方必须交流信息，而这种信息的交流就可以通过信号的传递来进行。比如，掌握了内幕消息的企业家本身也需要融资项目，那么这种投资本身就是向贷方传递了一个信号，即项目本身包含好的消息。也就是说，企业家进行投资的意愿本身就可以作为表示一个投资项目质量的信号。他们同时认为，融资决策问题就是在预期价值给定的条件下使企业家对投资项目结束后的预期效用最大化，要是市场能够正确地确认投资项目的价值，那么融资决策就是企业家和投资者博弈的一个均衡过程。通过对这个均衡过程的分析，Leland和Pyle（1977）得出了如下的结论：

（1）只有当投资项目的真实市场价值超过其成本时，投资项目才会进行。

---

① 罗斯，威斯特菲尔德，杰富.公司理财［M］. 吴世农，沈艺峰，王志强，等，译.8版.北京：机械工业出版社，2009.

（2）无论投资项目的信号价值有多大，投资项目本身风险的增加或企业家对风险厌恶的增加都会减少均衡状态下企业家在投资项目中的权益比例。

（3）在任何有关投资项目的信号水平上，风险的加大会提高企业家的预期效用。

（4）给定投资项目下，项目的风险越大，债务的最优水平越低。

此外，在该领域中做出重要贡献的Ross（1977）在其提出的信号激励—模型中认为，经营者知道公司收益的真实分布，而投资者却不知道。投资者把较高的债务水平看成较好质量的信号。因为对任何债务水平，低质量的公司都有更高的预期边际破产成本，所以，低质量的经营者不通过发行更多的债券来模仿高质量公司。Ross认为，管理者是企业内幕的信息处理者，只有掌握别人所不能得到的信息，管理者才能进行负责任的决策。同时，作为企业股东的代理人，管理者的报酬与他们的决策有直接的联系，这种联系即激励方案是事先确定并为投资者所知晓的。

Poitevin（1989）从在位者公司与进入者公司之间的潜在竞争角度进行了分析，并认为债券的发行对于金融市场来说的确是好消息。Blazenko（1987）等利用经营者对风险的厌恶，从信号理论均衡角度分析了资本结构确定问题，其基本思想为：公司杠杆的增加容许经营者保留较大一部分风险股票，因为厌恶风险，较大的股票份额降低了经营者的福利，但对较高质量项目的经营者来说，这种降低的程度较小；这样，高质量公司的经营者可以通过在均衡状态下拥有更多的债务来表现这个事实。

以可转换债券为中心可以对信号模型进行实证检验。Acharya（1988）认为，之所以将可转换债券作为对信号模型进行检验的工具，主要是因为大部分可转换债券在带有可转换条款的同时追加了可赎回条款，以强迫可转换债券持有人将其所拥有的债权转换为普通股。因此，理论上认为可转换价值接近赎回和不赎回两个离散的信号。Mikkelson（1981）的研究认为，在可转换债券的赎回公告日，有关企业的股票收益是显著的负值，而且在现实的市场中，企业也常常是延迟执行赎回政策。

Harris和Raviv（1985）从信号模型角度解释说，企业管理层作为内幕人，事先已经间接地接收到有关企业前景的私人信息，因此，他们必须根据这些私人信息对现在和未来股票价格变动的影响程度进行评估，以决定是否强制转换已符合转换条件的可转换债券。而市场则通过对管理层决策的观察来揣测管理层所掌握的私人信息的内容，并通过股票价格的变化来表现他们的判断。如果私人信息对企业有利，为了避免可转换债券持有人因股票价格的可能提高而拒绝进行转换，管理层往往会推迟赎回。投资者知道管理层会如此行事，所以就把可转换债券的赎回视为管理层对企业未来前景持悲观态度的信号。因此，这就可以解释为什么在企业可赎回而不赎回时，市场上的股票价格会上升；在赎回公告日，股票收益会出现负值；股票价格下跌得越厉害，强制赎回的推迟时间就会越长。

Robbins和Schatzberg（1986）认为，在关于投资项目的信息好坏不一的不对称条件下，可赎回债券实际上被企业管理者当成一种规避风险的市场机制。企业管理者更愿意向投资者传递好消息，而不是坏消息，因为好消息可以更好地提高企业的股票价格，进而实现股东财富的最大化。企业只可能通过发行短期债券或长期可转换债券来向市场传递好消息的信号，而其他方式则容易导致有坏消息的企业模仿。有坏消息的企业可以通过制造假的前景，以期取得与好消息企业相一致的结果，然后，在企业真实情况披露时再进行调整。而可赎回债券因为有可赎回的义务，所以有坏消息的企业不便效仿。因此，相对于发行短期债券来说，发行可赎回债券更容易作为一种传递机制为风险规避型的管理者所接受，类似的研究还有Stein（1992）和Davidson（1995）等。

八、代理成本下的资本结构理论

代理成本模型（models based on agency cost）主要考虑企业中的代理关系，分析两类主要的利益冲突对企业资本结构的影响，一是股东和管理者的利益冲突，二是股东与债权人的利益冲突。前者构成企业治理结构学派的核心，后者则是财务契约论的中心内容。

代理成本模型是资本结构理论研究的一个重点内容，同时也是产生有意义结论的最成功的模型之一。Jensen和Meckling（1976）在研究中定义了两种冲突，即股东和管理者之间的冲突、债权人和股东之间的冲突。

第一，股东和管理者之间的冲突是因为股东并不是完全控制剩余收益，所以他们不能从企业的经营者行为中获得全部的利润，但是却要为这些行为负担所有的费用。比如，管理人员不尽职工作、将企业资源用于个人消费等。管理者这么做的原因是即使他们节省了这部分费用，他们也只能享受到一部分好处，管理者与股东在目标函数上出现了偏差。管理者在企业中持有的股份越多，这种低效率现象就会越少。保持管理者在公司中的绝对投资额不变，那么企业负债的增加会相应地增加管理者的股份，由此会减少管理者和股东之间的冲突。此外，Jensen（1986）还提出，由于债务需要公司以现金支付本息，减少了管理者手中用于挥霍的“自由现金流量”。因此，从这个角度讲，债务也可以缓解管理者和股东之间的冲突。

第二，债权人和股东之间之所以发生冲突，是因为债务契约会刺激股东进行次优的投资决策。如果高风险的投资最终带来了高额的回报，股东将获得其中的大部分利润；如果投资失败，因为有限责任制的存在，债权人将承担最终失败的后果。这种投资带来的后果就是债券价值的降低。但是当债券发行时，如果债权人正确地预计到股东将来的行动，股东将代替债权人承担这种代价。在这种情况下，股东从债券中能够获得的收益将会减少。这种由债券产生的、投资在减值项目上的激励成本将由发行债券的股东承担。这种效应被称为“资产替代效应”，是债务融资的代理成本。

Jensen和Meckling（1976）指出，最优资本结构是债务代理成本恰好等于债务的税收抵免收益时的企业资本结构，并给出了如下结论：

其一，人们希望债券契约条款能够防止资产替代之类的问题，例如，禁止对未涉及的新行业、无关行业的投资等。

其二，在其他条件相同的条件下，发生资产替代的机会越有限的行业，拥有的负债水平越高。例如，受管制的公用事业、金融业以及发展机会较小的成熟行业等。

其三，缓慢增长甚至负增长且经营活动又可产生大量现金流入的企业应该拥有更多的债务。因为在大量现金流入且没有好的投资项目的情况下，管理者往往会增加私人消费，增加自己的超额福利待遇，而增加债务可以减少自由现金流量的数额，增加了管理者对剩余收益的拥有比例。该理论预测诸如钢铁、化工、酿造、烟草、电视及无线电广播、木材等行业应该拥有较高的负债率。

（一）财务契约论

为解决股东和债权人之间的利益所产生的代理问题，财务契约论者认为，可以通过债务契约达到解决问题的目的。债权人和股东之间的利益冲突本质上来自股东有限责任特征，只有当存在公司违约风险时，债权人和股东之间才存在利益冲突。基于股东的有限责任，公司股权可以看成以公司资产为标的资产的看涨期权，其执行价格等于公司的债务面值（Black 和 Scholes，1973）。利用该思想，Jensen 和 Meckling（1976）提出了资产替代问题或者风险转移（risk-shifting）问题，Meyers（1977）提出了投资不足问题，这些都反映了债务融资导致公司进行次优（sub-optimal）的投资选择，都是债务的代理成本。债权人和股东之间的利益冲突来自于财富的转移，即当公司资本结构中存在负债的时候，普通股股东有充分的激励来从事有损于债权人而有利于自己的行为，比如投资于高报酬且高风险项目，由于股东有限责任的保护以及债务利率的刚性，高风险失败的风险主要由债权人承担，而高风险所对应的高收益却由股东享有。此外，股东还可以在资本结构中继续安排新的债务从而冲淡对原有债权人的利益保护。股东的这些行为直接导致了公司信用等级的降低，从而使得债权人的债务市值降低，债权人面对这种行为必然会采取措施。

从代理理论的角度分析，债权人为了保护自己的利益，会采取两种方式，一是提高债务的利率水平，以弥补这类预期的财务转移；二是在债务协议中添加保护性条款，诸如限制支付高额股利、限制新的债务、不容许出售资产、对某些种类的资产购置加以限制，甚至限制企业高层管理者的行动。保护性条款的实施会产生监控成本，限制性条款越多越严格，其监控成本越高。此外，限制性条款的增加会损害公司的自主经营能力，并带来管理者的低效率和机会主义行为，最终损害债权人和股东两者的共同利益。公司就处在这样一个权衡的境地，或者是对债权人的利益没有保护，从而导致公司承担高利率、低监控成本并且债权人对公司的经营干预较少；或者是公司的绝大多数决策都置于债权人的审查和监控之中。因此，代理问题的均衡点是债权人的利息减少额等于额外的监控和签约成本那一点。

财务契约论探讨的是股东与债权人之间的冲突。最早提起财务契约论的是 Smith 和 Warner（1979），他们首先将债权人和股东之间的财务冲突归结为股利发放、债权稀释、资产置换和投资不足四个方面，然后通过美国同业交易基金会编撰的债券限制条款进行归纳分析，得出限制性条款的设计方法以控制上述冲突以降低代理成本，并通过债券契约的设计以提高企业价值。他们认为，通过财务契约来控制债权人和股东之间的冲突能够提供契约的总价值。Smith和Warner（1979）通过对87种公开发行债券的经验研究，证实了他们的论断。

Diamond（1989）建立的模型是关于一个公司选择保障债务偿还项目的信誉问题。这里存在两种可能的投资项目：安全的有正净现值的项目和有风险的负净现值项目。其中，风险项目可能成功也可能失败，并且这两种项目要求相同的原始投资且必须通过债务融资。一个公司可能属于这三种类型的一种：一种只选择安全项目，一种只选择有风险的项目，还有一种是两种项目都选。因为投资者事先不能区分这些公司，而且，初始的贷款利率反映了他们对于公司平均可投资项目的期望。安全项目的收入足够支付给债权人（即使投资者相信该公司只有风险项目），但风险项目只有在成功的时候，其收入才能偿还债务。由于资产替代效应，当公司选择投资项目时，那些缺乏远见的企业会在股票价值最大化的诱导下选择风险项目，其将享受较低的贷款利率。因为放贷只能观察一个公司的拖欠史，所以公司可以通过不拖欠来建立只做安全项目的信誉。公司偿付其债务的历史越长，其信誉越好，贷款费用越低。所以，历史悠久的、基础良好的企业一般选择安全项目，即不参加资产替代，以免丧失良好的信誉。不具有良好信誉的新公司可能选择风险项目，如果能够幸存下去并没有发生拖欠行为，其将最终转向安全项目。因此，历史悠久的公司拖欠率低，债务成本也要比新公司低。Diamond（1989）的结论是合乎情理的，因为在其他条件相同的情况下，新公司的债务要比旧公司的债务少。

（二）公司治理结构学派

为解决股东和管理者之间的冲突所引发的代理成本问题，企业治理结构学派主要从企业控制权角度分析资本结构问题，并试图以此解释管理者控制企业所有权对资本结构的影响。比如，Harris和Raviv（1990）认为，管理者不会从股东利益最大化角度出发行事，因此，他们必须被监督，而债务正是用于监督的一种工具。债务能够使股东具有法律上的权力来强制管理者提供有关企业各方面的信息，并通过这些信息的分析来决定是否继续经营或者进行清偿。Harris和Raviv（1990）研究假定，即使投资者宁愿公司破产，管理者也总是想继续经营。他们认为，债务是赋予投资者和债权人在现金匮乏的情况下强迫破产的权力，并以此来缓解问题，而投资者通过破产行使控制权，必然伴随着相应成本，包括决策所发生的信息及法律费用。

Harris和Raviv（1990）认为最优资本结构出现在破产决策与信息成本之间的均衡。高债务水平使得拖欠行为更容易发生，因此改善了破产决策。如果没有拖欠，管理者就不会让公司破产，然而，在发生拖欠之后，投资者控制了破产决策，并且耗资去获得与该决策有关的额外信息。因为投资者根据他们得到的信息选择最佳的破产决策，所以，拖欠促使破产决策更有效。但是，由于在拖欠时要耗费资源去获取信息，因此破产越频繁，成本越高。他们预言，那些具有高破产价值（比如持有较多有形资产）和低调查成本的公司将拥有较多的债务，也更容易发生拖欠，但比破产价值低和高调查成本的公司具有更好的市场价值。高债务水平意味着破产的价值提高使得破产有可能成为更好的策略，所以信息更为有用，而高债务水平也有必要。同样，调查成本的减少也导致了更多债务。债务的增加使得拖欠的概率增加。Harris 和 Raviv（1990）还认为，处于破产中的公司，重组的可能性因清算价值低而降低，与调查成本无关。此外，他们还认为，高杠杆可能与较大公司价值、相对于预期收入的较高债务水平以及拖欠后的较低重组概率有关。

Stulz（1990）假定：即使对于投资者来说支付现金更好，管理者也总是希望将所有可用资金进行投资。Jensen（1986）认为，债务可以减少自由现金流量，资本结构由这些债务收益与债务成本的均衡来决定。Stulz（1990）也认为，债务所带来的支付不仅减少自由现金流量，同时也减少了可用于有利项目投资的现金。他所认定的最佳资本结构由避免投资减值项目的债务收益和避免投资增值项目的债务成本来权衡确定。因此，其结论与 Jensen（1986）相同，认为有好的投资机会的公司，相对于成熟、低成长和资金充裕的行业中的公司，有较低的债务水平。此外，他还认为，一般来说管理者不愿意实现最佳债务水平，但当被接管的威胁变大时，他们就愿意如此行动了。因此，在其他条件相同的情况下，被接管可能性大的公司会期望更多的负债，而有反接管措施的公司将拥有较少的债务。最终，增值投资机会产生的价值高于减值投资机会破坏的价值的公司将比情况相反的公司拥有更少的债务，其原因在于这些公司首先关注的是不要失去这些创造价值的机会。Hart 和 Moore（1990）用一种类似的方法得到了基本相同的结论。

公司治理结构学派将资本结构的研究范围拓展到所有权结构、控制权市场和企业兼并收购理论等领域，开拓并丰富了资本结构研究的视野和研究内涵。

九、机会窗口理论

资本结构理论中的机会窗口理论关注的是市场效率对资本结构的影响。该理论要求公司对融资方式和融资时机的选择要随着资本市场上权益和债权相对价值的变化而变化。

资产定价领域对资本市场有效性假说的重新实证和质疑，诱导了行为金融学（behavioral finance）的兴起。行为金融关注资本市场条件对企业融资决策的影响，即企业与资本市场的博弈。该理论认为公司管理层是理性的，而股票市场却非理性，往往对企业价值产生错误的定价（mis-pricing），由此对公司投融资行为产生重要影响。机会窗口（windows opportunity）理论关注的就是市场效率是如何影响资本结构的。

Bayless 和 Chaplinsky（1996）、Ikenberry 等（1995）诸多学者对西方企业融资选择行为与资本结构关系的经验研究结果表明，企业融资行为与资本市场融资环境密切相关。Graham 和 Harvey（2001）对 300 多家美国公司管理层的问卷调查结果表明，三分之二的企业财务主管认为“股票市场对公司股票价格的高估或低估是融资行为的重要考虑因素”。Baker和Wrugler（2002）的实证研究表明，公司往往根据资本市场条件变化选择融资时机。在股票市场高估时发行股票，低估时回购股票。

机会窗口理论提出了融资顺序（见表2-2）。

表2-2 **机会窗口理论下的融资顺序**

不同市场情况	正常情况	当股权便宜时	当股权很便宜时	当债务便宜时
融资顺序选择	（1）内部融资	（1）内部融资	（1）外部权益融资	（1）债权融资
	（2）债权融资	（2）外部权益融资	（2）内部融资	（2）内部融资
	（3）外部权益融资	（3）债权融资	（3）债权融资	（3）外部权益融资

该理论主要解释了以下现象：（1）股价低迷时权益融资活动少；（2）公司在发行股票之后有相对较低的股票回报率；（3）权益和债务发行活动有很大的波动性。

十、产业组织理论

产业组织理论主要有两类：一类探讨公司的资本结构与其在产品市场竞争时所采用的战略之间的关系；另一类研究公司资本结构与其产品或投入的特殊性之间的关系。

20世纪80年代中期以来，产品市场竞争与资本结构互动关系受到金融经济学家和产业经济学家的关注，包括财务杠杆对企业在产品市场竞争中的投资能力、产品定价行为和业绩的影响，以及行业特性和产品市场竞争结构对企业财务杠杆的影响。这类研究有助于解释不同竞争结构的行业资本结构的差异。例如，该理论认为，增长机会多的企业（比如高成长阶段的高科技企业），以及竞争激烈、经营现金流和利润急剧下降的企业，采用保守的财务政策是合理的商业选择。

Brander和Lewis（1986）是较早从产业组织角度研究资本结构问题的，他们采用了Jensen和Meckling（1976）的观点，即负债的增加使得股东会采取风险较大的策略。他们建立的两阶段寡头垄断模型说明，在产品市场具有不确定性的条件下，由于股东的有限责任，公司可以利用债务融资来获得战略优势。债务比例越高，为了追求股东价值最大化，公司通过提高产量进行竞争的动机越强。有远见的公司会预期到产品市场条件对财务决策的影响，所以产品市场条件事前就会影响公司资本结构的选择。他们认为，卖方寡头将采用更有攻击性的产品政策来增加风险，因此，为了保证在随后的古诺博弈中采用攻击性的策略，公司将选择正的债务水平。Brander和Lewis（1988）引入了破产成本，Maksimovic（1988）讨论了多期寡头垄断重复博弈模型，Glazer（1994）考虑了公司债务的期限。与以上3篇文献探讨产量竞争不同，Showalter（1995）、Dasgupta和Titman（1998）探讨了Bertrand（价格）竞争，Schuhmacher（2001）探讨了产量—价格竞争，Lyandres（2004）没有局限于具体竞争形式，而是一般性地讨论了战略替代和战略互补。

Maksimovic（1988）、Bolton和Scharfstein（1990）等的经验研究结果均表明：资本结构影响企业在产品市场上的竞争能力。Maksimovic和Titman（1991）认为，当产品市场的竞争过程中出现价格战或营销战时，利润和经营现金流入会随之下降，而财务杠杆高的企业容易最先陷入财务危机，引起客户、具有谈判地位的供应商、债权人等利益相关者出于自身风险控制的考虑采取对企业经营雪上加霜的行动。Phillips（1995）等的研究表明，在集中度高的行业，当业内主要企业因融资约束或杠杆并购而导致财务杠杆高时，财务杠杆低且现金充足的竞争对手往往主动发起价格战或营销战，降低产品利润和经营现金流入，逼迫财务杠杆高的企业陷入财务危机，降低竞争程度。

部分文献发现杠杆比例的上升削弱了公司在产品市场的侵略性，高杠杆公司的市场份额被财务杠杆相对保守的竞争对手夺取（Opler和Titman，1994；Phillips，1995；Chevalier，1995；Chevalier和Scharfstein，1996）。也有证据表明，杠杆比例的上升会增加公司在产品市场的侵略性（Phillips，1995；Khanna和Tice，2000）。Kovenock和Phillips（1995，1997）检验了公司杠杆比例的大幅上升是否影响自身和竞争对手工厂关闭决策和投资决策，结果说明重新资本化是一种能够影响自身与竞争对手投资行为的战略承诺，与Kovenock和Phillips（1995）提出的“债务的战略投资影响”理论吻合。Lyandres（2004）发现公司的杠杆比例与产品市场竞争的影响程度显著正相关。

Titman（1984）发现公司的清算可能会将成本强加于客户或供应商，比如不能获得产品或服务。当公司不采取清算措施时，这些成本将以公司产品低价的方式转移给股东，所以股东愿意在清算净利得超过加在客户上的成本时进行清算。但不幸的是，当公司投资者进行清算决策时，他们往往忽略了这些成本。Titman（1984）认为资本结构可以用来使股东选择最优的清算政策。由于公司面临破产时股东永远不希望清算，而债权人总是希望清算，因此，如果公司仅在清算所得超过客户所承担的成本时进行清算，那么对于破产要使客户承担较高成本的公司，比如计算机和汽车厂商，应该拥有较少的负债。一般来说，对于特殊和耐用商品，生产商破产所施加给客户的成本要比那些非耐用商品的生产商要高。

Maksimovic和Titman（1991）指出，即使是非耐用消费品的生产商也会存在类似的效应。他们假设消费者只能在消费产品之后才能识别其质量的好坏，那么债务的存在会使得公司在濒临破产时丧失生产优质产品的动力。因此，他们认为在其他因素相同的条件下，那些可以轻易将产品从高质量转为低质量而其客户若不购买产品就不能区分产品质量的公司将拥有较低的债务额。

债务的另一个优势就是提高了股东在与供应商交易中的谈判地位。Sarig（1998）认为，债权人承担了谈判失败的大部分费用，却只能从谈判中获得一小部分利润。因此，债务在某种程度上相当于股东与供应商谈判失败的保险。债务的增加提高了这种保险的程度，因而大大提高了股东在谈判中的地位。因为，债务能够增加企业的价值。他认为，讨价还价能力或市场可选择供应商的余地越大，一个公司就应该会有更多的债务。他预言，在其他条件相同的情况下，高度联合的公司或雇用有高度可转移技能工人的公司将拥有更多的债务。

第二节 国内研究现状及未来研究展望

自MM定理得出以来，关于资本结构的研究一直持续不断。正如Myers（1984）所言，“资本结构是个谜”。到目前为止，这个谜非但没有解开，反而更复杂了。各种理论模型从不同的角度分析了公司的资本结构问题，其在不同的假设前提下，强调不同的成本因素，得到了不同的决策选择。

中国资本市场的历史很短，从上海股票交易所成立算起，至今不过短短20多年。随着证券市场的蓬勃发展，学界开始采用现代金融学方法研究资本市场和上市公司，其中包括对上市公司再融资和资本结构的研究。现有文献对公司融资与资本结构的研究，尤其是实证研究已经取得了长足进步，研究内容包括配股和增发的折价（王汀汀、刘力，2004；朱凯、陈信元，2004），事件公告效应（李康、杨兴君、杨熊，2003；刘力、王汀汀、王震，2003；杜丽虹、朱武祥，2004；Wang、Wei和Pruitt，2004；Su，2005；徐浩萍，2005），资本成本和股权融资偏好（黄少安、张岗，2001；阎达五、耿建新、刘文鹏，2001；陆正飞、高强，2003；张峥、孟晓静、刘力，2004；陆正飞、叶康涛，2004；叶康涛、陆正飞，2004），杠杆比例的决定因素（陆正飞、辛宇，1998；吕长江、王克敏，2002；Huang和Song，2003），配股动机与公司业绩（原红旗，2003，2004）等。综述文献方面：蔡祥、李志文、张为国（2003）和陆正飞、叶康涛（2004）提供了比较详细的文献述评。

一、国内研究现状

关于资本结构的实证研究，可分为两个部分：一是研究资本结构的经济效果，诸如资本结构对企业绩效的影响等；二是分析资本结构的影响因素。目前国内关于资本结构的研究主要集中于后一部分，即对资本结构的影响因素进行经验分析。

（一）资本结构的经济效果

胡援成（2002）以1998—2000年为研究区间，运用相关分析和多元回归方法分析了资本结构与经济效益及经营效率之间的关系。其经验结果表明，负债水平与企业经济效益存在较强的负相关关系；负债水平与资金占用和使用效率以及债务期限之间不存在显著的关系。研究还发现，经济效益越好的企业，资产负债率与经济效益的相关性表现越强烈；反之则越弱。

陈小悦、李晨（1995）以沪市企业为研究对象，分析了股票收益与资本结构之间的关系。他们认为，股票的期望收益与负债比率负相关，而这也是企业选择债务融资的重要原因。

张兆国、陈华东、唐丽（2001）分析了资本结构的两种效应：财务杠杆效应和治理效应。其研究结果表明，目前我国上市公司资本结构的财务杠杆效应和治理效应均较弱。针对这一问题，他们从管理人员薪酬激励制度、国有股管理体制和强化债权人监督等角度提出了优化我国上市公司资本结构的制度安排。

（二）资本结构的影响因素研究

陆正飞和辛宇（1998）较早研究了我国上市公司资本结构的影响因素。此后，国内很多学者对我国上市公司资本结构影响因素进行了广泛而深入的研究，如吕长江（2001）、肖作平（2005）、赵冬青和朱武祥（2006）等。近年来，公司治理研究的蓬勃发展推动了对公司资本结构问题研究的深入，国内部分学者开始关注从公司治理角度研究资本结构问题。唐建新和李青原（2002）认为不同的公司治理结构影响着资本结构的制度安排，肖作平（2005）利用多个公司治理变量实证了我国公司治理结构对资本结构类型的影响，赵冬青和朱武祥（2006）发现，第一大股东持股比例对资本结构有显著的负向影响。国内学术界关于我国上市公司资本结构的研究多集中于分析其影响因素，这方面的研究总的来说角度是比较全面的，研究的结果也能够解释现实情况。根据李善民、刘智（2003）的研究结果，资本结构的影响因素研究可以分为四类，分别为融资成本、公司经营特征、内部治理环境和外部治理环境。

1.融资成本的影响

融资成本的影响可以分为债务融资成本和股权融资成本两方面的影响。陈晓、单鑫（1999）以权衡理论为根据，定量说明了中国上市公司的长期负债水平低于“最优”水平。同时以1995年9月以前上市的81家公司为研究对象，分析了财务杠杆对资本成本的影响。实证结果发现，长期财务杠杆与上市公司的加权平均资本成本、权益资本成本存在显著的负相关关系。王娟、杨凤林（2002）以及沈艺峰、田静（1999）采用了不同的样本和方法也得到了相同的结果。国内学者认为，由于上市公司很少分配现金股利，因此股权融资的实际成本很低。黄少安、张岗（2001）的研究表明，相当多的上市公司常年不分红，或者只是象征性地分红，其估算的股权融资的实际成本大约只有4.2%，远远低于债务融资成本。

2.公司经营特征的影响

公司经营特征包括公司规模、公司业绩和公司成长性等特征。

关于公司规模与资本结构研究，王娟、杨枫林（2002）以资产担保价值和总资产对数为解释变量，其研究结果表明负债率与企业规模呈显著的负相关关系。洪锡熙、沈艺峰（2000）以总资产为解释变量，得出企业规模越大负债水平越高的结论。吕长江、韩惠博（2001），陈维云、张宗益（2002），吕长江、王克敏（2002），肖作平、吴世农（2002）等也得出了相关结论。陆正飞、辛宇（1998）则认为负债率与企业规模的相关系数虽然为正但不显著。一般来说，规模大的企业信用能力强，可以比规模小的企业有更多的负债。此外，企业规模越大，越易得到政府扶持，从而享有银行信贷。因此，公司的规模与负债率应该呈现正相关关系，目前大部分的研究成果与此看法一致。

关于公司业绩与资本结构研究，陆正飞、辛宇（1998）以净利润/主营业务收入为解释变量，发现企业的获利能力与负债比率显著负相关。吕长江、韩慧博（2001）的研究也发现，随着上市公司负债率的提高，资产报酬率与每股收益都呈下降趋势。洪锡熙、沈艺峰（2000）也以净利润/主营业务收入为解释变量，但得出的结论却是企业盈利能力越强，负债水平越高。吕长江、王克敏（2002）以托宾Q为解释变量，王娟、杨枫林（2002）以净资产收益为解释变量，也得到了两者正相关的结论。

关于公司成长性与资本结构研究，沈根祥、朱芳平（1999）和肖作平、吴世农（2002）认为企业的成长性与负债率两者是负相关的。陆正飞、辛宇（1998），洪锡熙、沈艺峰（2000），冯根福、吴林江、刘世彦（2000）则认为两者之间不存在显著相关性。但吕长江、韩惠博（2001），陈维云、张宗益（2002），吕长江、王克敏（2002）则认为两者之间是显著正相关的。

3.内部治理环境的影响

黄少安、张岗（2001）研究股权融资偏好成因时发现，公司的内部人控制是由于国家股、国有法人股比重过大而内生的，再加上上市公司党委、董事会、公司经理层的职责不分，董事会中的内部董事占大多数，内部人不仅不受股东控制，而且不受市场约束。失去控制的内部人完全能够控制公司，基本上可以按照自己的意愿和价值取向选择融资方式和安排融资结构，使上市公司可以大量、低成本地套取股东的财富，却不必高效地使用这些资金。融资方式选择不受股东和市场的约束，这必然导致公司决策层偏好股权融资。

杨兴全（2002）的研究成果表明，上市公司高层管理人员持股比例较低，其年度报酬与企业的每股收益和净资产收益率之间几乎不存在相关性。在控制权收益成为经理收益主要部分的情况下，如果企业破产，经理的非货币收入就会丧失，因此保持企业不破产，以不需还本付息的配股资金代替负债资金就成为经理人员的最佳选择。同时，由于融资信号传递效应在我国还不存在，股权融资成为最廉价的融资方式，股权融资不但不会影响经理层对企业的控制，反而比债权融资更有利于经理层对企业的控制。

吴晓求、应展宇（2003）分别以民营控股公司和国有控股公司为研究样本，分析了高管人员薪酬激励模式对资本结构的影响，借以验证债务的存在是否有利于减轻经理人员自利行为所产生的代理问题。其经验证据表明，高管激励机制并没有成为能够显著影响资本结构的一个制度性因素，其原因则在于中国资本市场的特殊市场环境。

盛明泉等（2016）利用2003—2013年我国A股上市公司的动态面板数据，研究了高管股权激励对资本结构动态调整的影响。结果发现，高管股权激励强度与资本结构调整速度显著正相关；当资本结构向下调整时，股权激励对资本结构动态调整速度的促进作用会更大。

4.外部治理环境的影响

张兆国、陈华东、唐丽（2001），晏艳阳、陈共荣（2001）的研究指出，由于国家股与法人股不流通，大股东和代理人不在乎企业配股造成的价值损失，而且占有绝对控股权的国有股代表在许多上市公司都能占到董事会中的大部分席位，因此上市公司的董事会由少数大股东控制并具有绝对的决策权力。

杨兴全（2002）研究认为，在我国股票市场和国债市场迅速发展和规模急剧扩张时，企业债券市场却没有得到应有的发展，甚至急剧萎缩或徘徊不前，造成债券市场内部结构的不平衡，不利于企业通过发行债券建立合理的融资结构。

邹薇、钱雪松（2005）构造了一个两层次委托代理模型，强调了外部资本市场和内部资本市场之间的相互作用，研究表明：资本配置扭曲和资本使用效率低下的关键是外部资本市场运作不完善对企业内部管理者寻租行为的影响。

国家股与法人股的不流通也造成了外部收购者无法在二级市场购买足够的股份来接管上市公司，外部接管对管理层不能形成压力，也就更谈不上利用债务作为抵御购并的策略了（文宏，1999）。李科、徐龙炳（2009）研究认为，公司外部治理环境和资本结构对行业竞争是重要的，高负债对公司行业竞争造成了负面影响。外部治理环境对行业竞争产生了正面影响，好的外部治理环境增强了公司在行业中的竞争地位。融资约束负面影响了公司的行业竞争，但改善治理环境能够减弱融资约束的负面影响。

此外，近年来也有学者从法律环境角度探讨对资本结构的影响。黄继承等（2014）的研究表明：法律环境显著提高了企业通过增加或减少债务的方式来调整资本结构的可能性，而对权益调整方式的影响并不显著，这说明法律环境影响资本结构调整速度的主要路径是债务融资方式。

（三）最优资本结构研究

从国内的实证研究看，多数研究认为中国上市公司存在最优资本结构。郭鹏飞等（2003）通过对上市公司资本结构的行业差异的研究发现，中国上市公司存在最优资本结构，行业是其重要影响因素之一。陆正飞等（2005）通过问卷调查方式对资本结构的选择进行了研究，调查显示88%的样本公司认为应该设定一个合理的目标资本结构。屈耀辉（2006）研究发现，年度间中国上市公司资本结构调整很小，趋向或背离目标水平调整资本结构均是公司常见的行为。王志强、洪艺（2009）构建了一个综合反映影响公司资本结构决策各种因素的模型，通过两阶段回归，刻画了我国上市公司资本结构长期动态调整的轨迹，研究认为公司资本结构变化的决定性因素是目标资本结构。张志强、肖淑芳（2009）正确定义和计量了节税收益与破产成本，特别是解决了健康公司的破产成本计量问题，在此基础上推导出最优资本结构模型。

二、未来研究方向及展望

虽然目前关于资本结构的研究已经取得了许多成果，并且这些成果也能够在一定程度上解释现实问题，但是在基础理论和研究方法上还存在诸多不足，国内关于资本结构的理论和实证研究尚处于起步阶段，大部分实证研究的模型来源于国外研究成果，并不完全适合我国资本市场的实际。未来的研究方向可以从以下几个方面考虑：

（一）资本结构的动态平衡

关于资本结构的静态平衡理论目前已经很成熟，而动态平衡模型是用风险债务定价的结构化模型研究公司的动态融资行为，是对静态平衡理论的重要拓展，可以用它解释静态平衡模型难以解释的诸多实证现象。这类模型以狭义或广义的静态平衡理论为基础，利用期权定价方法，研究财务杠杆调整成本、破产成本、税盾和代理成本等因素对公司动态融资行为的影响。一些动态平衡模型内生化了投资决策、分配政策。20世纪90年代中期以后风险债务定价的结构化模型获得了快速发展（Sundaresan，2000），这为动态资本结构的研究提供了重要的技术支持。迄今为止，金融学家采用动态模型对杠杆比例调整成本、债务税盾和代理成本等问题的研究都取得了较大成功。

（二）产业特征、公司战略与资本结构

将公司资本结构与公司所在的产业特征、公司战略联系起来进行研究，目前在国内，这方面的研究较少。而Harris和Raviv（1991）认为，在资本结构理论研究中，将资本结构与产品特征、投入联系起来的模型是最有前途的。根据赵蒲、孙英爱（2003）的研究，从产业组织角度研究资本结构决策可以分为四类：一是产业特征与资本结构的关系，其中包括产业特征、产业竞争状况对资本结构的影响；二是竞争战略和资本结构的关系，其中包括产品竞争战略、永续经营战略和创新战略对资本结构的影响；三是价值链对资本结构的影响，即上游供货商和下游客户对资本结构的影响；四是产品生命周期对资本结构的影响。

（三）资本结构与行为金融理论

行为金融学是金融学、心理学、行为学、社会学等学科相交叉的边缘学科，力图揭示金融市场的非理性行为和决策规律。行为金融理论认为，证券的市场价格并不只由证券内在价值所决定，还在很大程度上受到投资者主体行为的影响，即投资者心理与行为对证券市场的价格决定及其变动具有重大影响，将决策相关人的心理活动引入到了金融理论分析中。

从行为角度研究资本结构问题主要有内部和外部两个角度：一是指内部经理人员由于认知错误或感情用事而导致的价值损失差错，称为“内部障碍”；二是指投资者和分析师的行为错误，称为“外部障碍”。

假设公司的内部管理人员是非理性的，那么通过激励机制的设定来解决代理问题的传统做法就不能完全消除管理人员非理性所造成的偏离股东价值最大化的行为。尤其是在群体决策的情况下，管理人员的非理性行为会被不适宜地放大。

投资者的非理性行为严重地影响了资本市场的有效性，国外大量的研究在基于理性的公司管理人员和非理性的投资者前提下，分析了关于投资者的非理性行为对企业投资决策的影响，其中最典型的就是本章前述的“机会窗口理论”，在国内普遍认为投资者非理性行为严重的现实背景下，从这个角度研究资本结构问题无疑具有十分重要的现实意义。

（四）资本结构与公司治理机制

公司治理机制可以分为内部治理机制和外部治理机制两个部分。内部治理机制主要包含董事会监督、大股东监督、公司薪酬激励三个方面；外部治理机制包含产品市场、公司控制权市场、债权人治理、经理人市场、会计师事务所等中介监督。

我国上市公司特殊的股权结构特征，如“一股独大”、“非流动性问题”和“所有者缺位”等，为我们研究资本结构问题提供了广泛的基础。尤其是在目前控股股东在公司治理中的作用越来越受到人们重视的前提下，研究控股股东的性质、持股数额等对企业投资行为的影响无疑是非常有现实意义的。同时，从高层管理者的薪酬激励制度、独立董事的作用和债权人在公司治理中的作用等角度分析资本结构问题也是值得尝试的。此外，李善民、刘智（2003）认为配股资金的运用、盈余管理行为及审计意见对上市公司融资方式的影响也是很好的研究角度。

（五）资本结构的治理效应

关于资本结构治理效应的研究结论并不一致，可能是由于我国特殊的制度环境、上市公司治理结构不健全以及债务融资软约束等因素造成的，并且不同行业上市公司资本结构的治理效应也存在差异。关于资本结构的治理效应，张兆国等（2006）认为资本结构影响公司治理的结果最终会体现在公司绩效的变化上，强调资本结构对公司治理和公司绩效的单向决定作用。李汉军、张俊喜（2006）注意到公司治理与公司绩效之间的内生性问题，实证了公司绩效对公司治理的反馈作用。郑家喜（2007）研究了资本结构对家族上市公司治理效率的影响。万平、陈共荣（2008）针对中小板上市公司的资本结构治理效应进行了研究。姜付秀等在《会计研究》2013年第5期发表了《CEO财务经历与资本结构决策》一文。该文将企业资本结构决策与CEO财务经历相联系进行研究，结论表明：有财务经历的CEO显著提高了公司的负债水平，加快了资本结构的调整速度，降低了资本结构偏离目标的程度。

另外，像上市公司的股东特质差异、行业竞争程度、政治关系、货币政策、国际资本流动、并购市场、债券市场发育、信用中介建设、控制权争夺等因素也会对资本结构确定产生影响，这方面的成果值得期待。流动负债替代长期负债效应、表外负债、隐性负债、不完备契约与债务结构、商业信用与银行信用及证券信用结构、可转换债券对资本结构的影响、价值链与资本结构安排、再融资结构与资本结构动态调整、过度筹资、资本结构与可持续增长协调、货币政策变化与企业资本结构动态调整、经营者业绩评价与激励机制改变对资本结构调整的影响、政治关联与资本结构及资本成本等问题也值得深入研究。

思考题

1. 中国上市公司资本结构模式与发达工业国家企业的资本结构模式有什么

不同？

2.MM理论的资本结构模型有哪些假设？在我国进行理论研究应该保留和修正哪些假设？

3.你认为哪些因素影响了我国上市公司的融资行为？

4.你认为金融理论可以有效地解释中国上市公司融资行为吗？试按照自己的思路，设计一个以行为金融理论为分析视角的资本结构研究计划。

5.中国上市企业融资顺序是否遵循融资优序定律？为什么？

6.哪些因素影响中国上市公司最优资本结构？

7.公司治理如何影响企业资本结构？

8.金融企业的资本结构有何特点？

9.试论资本结构与企业竞争力的关系。

10.如何衡量资本结构的治理效率？

11.如何看待五粮液等上市公司高资产报酬率与零带息负债率现象？

12.电力、自来水、煤气等上市公司的资本结构有无特殊性？为什么？

13.日本会计学术界有学者提出了“实际无负债”概念，即“货币资金减去有息负债大于零”。你认为这一概念与资本结构有关吗？这一概念会对企业的财务行为（比如研究与开发行为、关联交易、社会责任履行、政治关联等）会有什么影响？

延伸阅读文献

1.ACHARYA S A.Generalized Econometric Model and Test of a Signaling Hypothesis with Two Discrete Signals [J]. Journal of Finance, 1988, 43 (2): 413-429.

2.ALTMAN E A.Further Empirical Investigation of the Bankruptcy Cost Question [J]. Journal of Finance, 1984 (39): 1067-1089.

3.BAKER M, WURGLER J.Market Timing and Capital Structure [J]. Journal of Finance, 57 (2002): 1-32.

4.BAKER M, WURGLER J.The Equity Share in New Issues and Aggregate Stock Returns [J]. Journal of Finance, 2000 (55): 2219-2257.

5.BAYLESS M, CHAPLINSKY S.Is There a Window of Opportunity for Seasoned Equity Issuance? [J]. Journal of Finance, 1996 (51): 253-278.

6.BHATTACHATYA S.Corporate Finance and the Legacy of Miller and Modigliani [J]. Journal of Economic Perspectives, 1988 (4): 135-147.

7.BLACK F, SCHOLES M.The Valuation of Options and Corporate Liabilities [J]. Journal of Political Economy, 1973 (81): 637-654.

8. BLAZEMLP G. Managerial Preference, Asymmetric Information and Financial Structure [J]. Journal of Finance, 1987 (42): 839-862.

9.BOLTON P, SCHARFSTEIN D A.Theory of Predation Based on Agency Problems in Financial Contracting [J]. American Economic Review, 1990 (80): 93-106.

10.BRANDER J A, LEWIS T R.Bankruptcy Costs and the Theory of Oligopoly [J]. Canadian Journal of Economics, 1988 (2): 221-243.

11.Brennan M, Kraus A.Efficient Financing under Asymmetric Information [J]. Journal of Finance, 1987 (42): 1225-1243.

12.CONSTANTINIDES G M, GRUNDY B D.Optimal Investment with Stock Repurchase and as Signals [J]. Review of Financial Studies, 1989 (2): 445-466.

13.GORDON M J.Some Estimates of the Cost of Capital to the Electric Utility Industry, 1954-1957: Comment [J]. American Economic Review, 1967 (57): 1267-1277.

14.HARRIS M, RAVIV A.A Sequential Signaling Model of Convertible Debt Call Policy [J]. Journal of Finance, 1985, 40 (5): 1263-1281.

15.HARRIS M, RAVIV A.Capital Structure and the Informational Role of Debt [J]. Journal of Finance, 1990 (45): 321-349.

16. HARRIS M, RAVIV A. The Theory of Capital Structure [J]. Journal of Finance, 1991, 56 (1): 297-335.

17.HEINKEL R, ZECHNER J.The Role of Debt and Preferred Stock as a Solution to Adverse Investment Incentives [J]. Journal of Finance and Quantitative Analysis, 1990 (25): 1-24.

18.HIRSBLEIFER D, THAKOR A V.Managerial Reputation, Project Choice and Debt [R]. Working Paper, Anderson Graduate School of Management at UCLA, 1989.

19.IKENBERRY D, LAKONISHOK J, VERMAELEN T.Market Under-reaction to Open Market Share Repurchases [J]. Journal of Finance Economics, 1995 (39): 181-208.

20. JENSEN M C, MECKLING W. Theory of the Firm: Managerial Behavior, Agency Costs and Capital Structure [J]. Journal of Financial Economics, 1976 (3): 305-360.

21.JENSEN M C.Agency Costs of Free Cash Flow, Corporate Finance and Takeovers [J]. American Economic Review, 1986 (76): 323-339.

22.KORAJCZYK R, DEBORAH L, MCDONALD R.Equity Issues with Time-varying Asymmetric Information [J]. Journal of Financial and Quantitative Analysis, 1992 (27): 397-417.

23.KORAJCZYK R, DEBORAH L, McDONALD R.The Effects of Information Releases on the Pricing and Timing of Equity Issues [J]. Review of Financial Studies, 1991 (4): 685-708.

24.KOVENOCK D, PHILLIPS G M.Capital Structure and Product Market Behavior: An Examination of Plant Exit and Investment Decisions [J]. Review of Financial Studies, 1997 (3): 767-803.

25.KOVENOCK D, PHILLIPS G M.Capital Structure and Product-market Rivalry: How Do We Reconcile Theory and Evidence? [J]. American Economic Review, 1995 (85): 403-408.

26.KRAUS A, LITENBERGER R H.A State Preference Model of Optimal Financial Leverage [J]. Journal of Finance, 1973 (4): 911-922.

27.LeLAND H E, PYLE D H.Informational Asymmetries, Financial Structure and Financial Intermediation [J]. Journal of Finance, 1977 (32): 371-387.

28.MASULIS R W.The Impact of Capital Structure Change on Firm Values: Some Estimates [J]. Journal of Finance, 1983, 38 (1): 107-126.

29.MIKKELSON W H.Convertible Calls and Security Returns [J]. Journal of Financial Economics, 1981 (9): 237-264.

30.MILLER M H.Debt and Taxes [J]. Journal of Finance, 1977, 32 (2): 261-275.

31.MODIGLIANI F, MILLER M H.Some Estimate of the Cost of Capital to the Eletalric Utility Industry, 1954-1957 [J]. American Economic Review, 1967 (57): 1288-1300.

32.MODIGLIANI F, MILLER M H.Corporate Income Taxes and the Cost of Capital: A Correction [J]. American Economic Review, 1963 (53): 433-443.

33.MODIGLIANI F, MILLER M H.The Cost of Capital, Corporate Finance and the Theory of Investment [J]. American Economic Review, 1958 (48): 261-279.

34.MODIGLIANI F.Debt, Dividend Policy, Taxes, Inflation and Market Valuation [J]. Journal of Finance, 1982, 37 (2): 255-273.

35.MYERS S C.Capital Structure [J]. Journal of Economics Perspectives, 2001, 15 (2): 81-102.

36. POITEVIN M. Financial Signaling and the "Debt-pocket" Argument [J]. Rand Journal of Economics, 1989 (20): 26-40.

37.ROSS S A.Debt, Taxes and Uncertainty [J]. Journal of Finance, 1985, 40 (3): 637-658.

38.ROSS S A.The Determination of Financial Structure: The Incentive Signaling Approach [J]. Bell Journal of Economics, 1977, 8 (1): 23-40.

39.RUBINSTEIN M E.Corporate Financial Policy in Segmented Securities Markets [J]. Journal of Financial and Quantitative Analysis, 1973, 8 (5): 749-761.

40.STEIN J C.Convertible Bonds as Backdoor Equity Financing [J]. Journal of Financial Economics, 1992 (32): 3-22.

41.STIGLITZ J E.A Re-examination of the Modigliani-Miller Theorem [J]. American Economic Review, 1969 (59): 784-793.

42.STULZ R.Managerial Discretion and Optimal Financing Policies［J］. Journal of Financial Economics，1990（26）：3-27.

43.ZWIEBEL J.Dynamic Capital Structure under Managerial Entrenchment［J］. American Economic Review，1996（86）：1197-1215.

44.蔡祥，等.中国证券市场中的财务问题：实证研究述评［J］. 中国会计评论，2003（1）.

45.陈共荣，等.论资本结构与治理结构目标的一致性［J］. 会计研究，2003（6）.

46.陈小悦，等.上海股市的收益与资本结构关系实证研究［J］. 北京大学学报，1995（1）.

47.陈晓，等.债务融资是否会增加上市企业的融资成本［J］. 经济研究，1999（9）.

48.方晓霞.中国企业融资：制度变迁与行为分析［M］. 北京：北京大学出版社，1999.

49.冯根福，等.我国上市公司资本结构形成的影响因素分析［J］. 经济学家，2000（5）.

50.傅元略.企业资本结构优化理论研究［M］. 大连：东北财经大学出版社，1999.

51.郭鹏飞，等.资本结构的行业特征：基于中国上市公司的实证研究［J］. 经济研究，2000（5）.

52.洪熙锡，等.我国上市公司资本结构影响因素的实证分析［J］. 厦门大学学报：哲学社会科学版，2000（3）.

53.胡少华.企业债券市场发展与产权制度创新［J］. 财经科学，2002（2）.

54.胡援成.企业资本结构与效应及效率关系的实证研究［J］. 管理世界，2002（10）.

55.黄少安，张岗.中国上市公司股权融资偏好分析［J］. 经济研究，2001（11）.

56.李朝霞.中国公司资本结构与融资工具［M］. 北京：中国经济出版社，2004.

57.李康，等.配股与增发的相关者利益分析和政策研究［J］. 经济研究，2003（3）.

58.李科，徐龙炳.资本结构、行业竞争与外部治理环境［J］. 经济研究，2009（6）.

59.李善民，等.上市公司资本结构影响因素述评［J］. 会计研究，2003（8）.

60.李义超.中国上市公司资本结构研究［M］. 北京：中国社会科学出版社，2001.

61.刘汉民，等.资本结构、公司治理与国企改革——“资本结构与公司治理研讨会”综述［J］. 经济研究，2001（10）.
62. 刘力，王震.困境公司价值相关性研究［J］. 管理世界，2003（1）.
63. 刘明，等.债务融资与上市公司可持续发展［J］. 金融研究，1999（7）.
64. 刘志彪，等.资本结构与公司产品市场竞争强度［J］. 经济研究，2003（7）.
65. 陆正飞，等.上市公司资本结构主要影响因素之实证研究［J］. 会计研究，1998（8）.
66. 陆正飞，等.中国上市公司融资行为研究［J］. 会计研究，2003（10）.
67. 陆正飞.中国上市公司融资行为与融资结构研究［M］. 北京：北京大学出版社，2005.
68. 吕长江，等.上市公司资本结构特点的实证分析［J］. 南开管理评论，2001（5）.
69. 吕长江，等.上市公司结构、股利分配及管理股权比例相互作用机制研究［J］. 会计研究，2002（3）.
70. 马文超，等.货币政策、信贷渠道与资本结构［J］. 会计研究，2012（11）.
71. 纳鹏杰.中小企业融资问题研究［M］. 昆明：云南大学出版社，2005.
72. 屈耀辉.中国上市公司资本结构调整速度及影响因素［J］. 会计研究，2006（6）.
73. 沈根祥，等.上市公司资本结构决定因素实证分析［J］. 数量经济技术经济研究，1999（5）.
74. 沈艺峰，等.我国上市公司资本成本的定量研究［J］. 经济研究，1999（11）.
75. 沈艺峰.资本结构理论史［M］. 北京：经济科学出版社，1999.
76. 孙强，等.信息非对称条件下资本市场融资［M］. 北京：中国社会科学出版社，2002.
77. 孙永祥.所有权、融资结构与公司治理机制［J］. 经济研究，2001（1）.
78. 唐国正，等.利率管制对我国上市公司资本结构的影响［J］. 管理世界，2005（1）.
79. 万解秋.企业融资结构研究［M］. 上海：复旦大学出版社，2001.
80. 万平，等.中小板上市公司资本结构的治理效益研究［J］. 管理世界，2008（12）.
81. 王娟，等.中国上市公司资本结构影响因素的最新研究［J］. 国际金融研究，2002（8）.
82. 王明华.企业融资效率·融资制度·银行危机［M］. 北京：中国经济出版社，2000.
83. 王宁.我国上市公司资本成本的比较［J］. 中国工业经济，2000（11）.
84. 王玉荣.中国上市公司融资结构与公司绩效［M］. 北京：中国经济出版社，2005.
85. 王志强，等.中国上市公司资本结构的长期动态调整［J］. 会计研究，2009（6）.
86. 文宏.融资偏好与融资效率［J］. 当代经济科学，1999（6）.
87. 吴晓求.中国上市公司的资本结构与公司治理［M］. 北京：中国人民大学出版社，2003.

88. 肖坤. 中国上市公司资本结构与财务治理效应研究［M］. 北京：中国财政经济出版社，2008.

89. 肖作平，等. 我国上市公司资本结构影响因素实证研究［J］. 证券市场导报，2002（8）.

90. 肖作平. 中国上市公司资本结构影响因素研究［M］. 北京：中国财政经济出版社，2005.

91. 肖作平. 资本结构影响因素和双向效应动态模型——来自中国上市公司面板数据的证据［J］. 会计研究，2004（2）.

92. 阎达五，等. 我国上市公司配股融资行为的实证分析［J］. 会计研究，2001（9）.

93. 晏艳阳，等. 我国上市公司的资本结构与代理成本问题分析［J］. 会计研究，2001（9）.

94. 杨兴全. 上市公司融资效率问题研究［M］. 北京：中国财政经济出版社，2005.

95. 杨兴全. 我国上市公司融资结构的治理效应分析［J］. 会计研究，2002（8）.

96. 叶康涛，等. 中国上市公司股权融资成本影响因素分析［J］. 管理世界，2004（5）.

97. 曾昭武. 上市公司股权再融资［M］. 北京：经济管理出版社，2004.

98. 张昌彩. 企业融资结构与资本市场发展［J］. 管理世界，1998（3）.

99. 张永恒. 论我国企业融资结构优化与债券市场发展［J］. 财经问题研究，2000（5）.

100. 张兆国，等. 试析我国上市公司资本结构的效应［J］. 会计研究，2001（10）.

101. 张峥，等. A股上市公司的综合资本成本与投资回报［J］. 经济研究，2004（8）.

102. 张志强，等. 节税收益、破产成本与最优资本结构［J］. 会计研究，2009（4）.

103. 张宗新. 中国融资制度创新研究［M］. 北京：中国金融出版社，2003.

104. 赵蒲，等. 产业竞争、非理性行为、公司治理与最优资本结构——现代资本结构理论发展趋势及理论前沿综述［J］. 经济研究，2003（6）.

105. 郑家喜. 资本结构对家族上市公司治理效率影响的实证研究［J］. 管理世界，2007（9）.

106. 盛明泉，等. 高管股权激励与资本结构动态调整［J］. 会计研究，2016（2）.

107. 甘丽凝，等. 大型投资与资本结构动态调整［J］. 会计研究，2015（9）.

108. 何瑛，等. 管理者特质、负债融资与企业价值［J］. 会计研究，2015（8）.

109. 韩俊华，等. 控制权与资本结构调整速度研究［J］. 经济体制改革，2015（6）.

110. 韩俊华，等. 控制权与资本结构调整效率［J］. 山西财经大学学报，2015（12）.

111. 李心合，等. 债务异质性假说与资本结构选择理论的新解释［J］. 会计研究，2014（12）.

112. 陈耿，等. 信贷歧视、金融发展与民营企业银行借款期限结构［J］. 会计研究，2015（4）.

113. 刘星，等. 银行竞争、终极控制与债务配置结构［J］. 会计研究，2015（10）.

114.刘行，等.股利税与资本结构：中国的经验数据［J］. 会计研究，2015（10）.
115.黄继承，等.法律环境与资本结构动态调整［J］. 管理世界，2014（5）.
116.李心合，等.债务异质性假说与资本结构选择理论的新解释［J］. 会计研究，2014（12）.
117.徐德财，等.中国上市公司资本结构存在时间效应吗？［J］. 管理世界，2018（9）.
118.李玥，等.财务柔性对资本结构及其动态调整的影响分析［J］. 审计与经济研究，2019（1）.

第三章

股利政策理论

引 言

如果说在国外浩瀚的股利理论和实证研究文献面前，股利政策都被称为一个“谜”，那么在中国这个新兴的资本市场上，上市公司的股利政策就更是一个“谜”，因为同市场经济成熟国家的上市公司相比，中国上市公司股利政策具有更为复杂的表现形式。首先，国外成熟市场使用权益资本的上市公司必须给予股东回报，且股利政策相对稳定，而中国大多数上市公司的股利政策多变且具有很强的随意性，甚至出现公司不分配股利但股票价格逆势走高的现象。有些公司的现金分红完全冲着证监会的再融资及格线而去，现金分红变成手段而非目的。其次，从股利政策与投资政策的平衡上，按照优序融资理论，依次应该是留存收益、负债和发行新股，而中国上市公司的筹资顺序恰恰与此相反，发行新股（往往是高溢价发行）是上市公司筹资的首选，其次为留存收益，负债筹资是最后的选择。特别有趣的是，即使是那些权益比重较高、净资产收益率较高的公司，也往往不会选择负债融资，而是加入增资配股的行列，并且绝大多数上市公司即使没有很好的投资项目，或虽有一些项目却不需那么多资金，都会用足配股30%规定的上限①，好像股权筹资是没有什么成本的。最后，从股利形式的偏好上，西方成熟市场中，股票股利从20世纪60年代开始呈下降趋势（Lakonishok和Lev，1987），因为越来越不为投资者所接受，现金股利一直是股利分配的最重要的形式。在20世纪80年代中期以后，通过股票回购方式向投资者间接派发现金开始流行，但现金股利支付水平也在同期有所提高（Franklin和Roni，1995）。而在中国股票市场，陈晓、陈小悦（1998）的研究表明，股票股利在事件宣告期内可以带来超额报酬率。一些大比例送股公司，在其送股消息出台前或出台后股价大幅度攀升，正是这一研究现象的真实映照。与此形成对比的是，对于一些连续派现且股利支付率较高的公司，股价表现平平，股票长时间受

---

① 指上市公司当年配股额不得超过上年总股本的30%的规定。

到市场的冷落。盈利水平、股利政策与股价之间的关系被扭曲，上市公司高管对股价漠不关心，从而导致金融资源配置的优化功能难以实现。究竟是什么导致了中国股市与西方发达资本市场迥异的股利现象？这正是本章研究的出发点。

第一节　股利政策的概念

一、股利的概念

股利是指股东从企业所获取的利润分到的相应报酬，以股东投资额为分配标准。实际工作当中，人们常常将股利、股息和红利混用，严格来讲它们是有区别的。股息是指优先股股东依照事先约定的比率定期提取的公司经营收益；红利则指普通股股东在分派股息之后从公司不定期提取的收益（在成熟市场上，业绩优良、现金流稳定且无大的资本性支出的公司有可能每半年、甚至每个季度向普通股股东分派现金股利）。股息和红利都是股东投资的收益，统称为股利[①]。

股利从外在的形式看有资产式股利、股权式股利和负债式股利三种。

其一，资产式股利（或称实际收益式股利）。其是指将企业的资产分配给股东，作为股东的投资回报。它又有两种主要形式：（1）现金股利，即以现金形式发放的股利，我国通常称为“红利”，发放现金股利称为派现（简称“派”）或分红；（2）财产股利，即以现金以外的其他资产，如企业的产品、有价证券等发放给股东作为其股利收入。

其二，股权式股利。其是指以企业的股权份额作为股东投资的报酬。股权式股利的基本形式是股票股利（我国通常称为“红股”，发放股票股利称为送股或送红股，简称“送”），即以本企业的股票分配给股东的股利。股票股利虽然增加了股东持有的股票数量，但送股后公司股票的每股权益也相应降低，因而它实际上并不影响公司的股东权益总额，只是股东权益的结构发生了变化，即从未分配利润或盈余公积转为股本。发放股票股利通常是成长中的公司所为，可使股东分享公司的盈余而无须分配现金，从而使公司留存了大量现金，有利于公司再投资和长期发展需要。

其三，负债式股利。其是指公司以负债形式发放的股利，通常以公司的应付票据支付给股东，特殊情况下也有发行公司债抵付股利的。其实质是一种推迟支付的股利。

此外，有的学者将股票回购和股票分割也作为股利的类型。股票回购是指上市公司利用现金等方式，从股票市场上购回本公司发行在外的一定数额的股票的行为。在国外成熟的证券市场，如果债权人利益受到有效保障，遵守信息披露规范，履行必要的程序，股票回购是一种合法的公司行为。它不仅是一种极为盛行的反收购措施，而且还可以达到降低资本成本，优化资本结构，提高剩余资金利用率的作

① 沈艺峰．资金市场分析［M］．北京：中国经济出版社，1995：151．

用。股票回购和资产式股利的影响基本相同，都将同时减少公司的股东权益总额和资产总额，并改变企业的资本结构和资产结构。其区别在于，股票回购减少的是股东权益中的投入资本，是一种返本，而资产式股利减少的是留存收益，是一种还利。

股票分割又称股票拆细，即将一张较大面值的股票拆成几张较小面值的股票。股票分割与股票股利极为相似，故有的国家证券交易机构规定，发放25%以上的股票股利即属于股票分割。但股票分割对公司的资本结构不会产生任何影响，一般只会使发行在外的股票总数增加，股东权益的总额、权益各项目的金额及其相互间的比例都保持不变，即股票分割纯属提高股票市场流动性的一种技术性处理方法，既不能提高股东权益总额，又不能改变股东权益结构。

严格地讲，股票分割和股票回购都不应属于股利的范畴，而只能说是股利的衍生范畴。在实务中，人们也常将股票分割、股票回购和资本公积转增股本等具有与股利部分相似特征和类似经济后果的行为视为股利的衍生形式。

二、股利政策

支付给股东的盈余和保留在企业的盈余存在此消彼长的关系，所以，股利分配在决定向股东分配多少股利的同时，也决定了有多少净利可留在企业用于再投资。从这个意义上讲，股利政策与资本结构政策是有紧密联系的。股利政策是以公司发展为目标，以股价稳定为核心，在平衡企业内外部相关集团利益的基础上，对于净利润在提取了盈余公积后如何在分红与留存之间进行分配而采取的基本态度和方针政策。股利政策的内容主要包括五个方面：（1）股利支付率的高低，即确定每股实际分配盈余与可分配盈余的比率的高低；（2）股利支付具体形式的选择，即确定合适的分红形式：现金股利、股票股利等；（3）股利支付率增长政策，即确定公司股利未来增长的速度，它将制约着某一时期股利支付率的高低；（4）选择什么样的股利发放政策，是采取固定或持续增长的股利政策，还是剩余股利政策；是采取固定股利支付率政策还是低正常股利加额外股利政策；（5）股利发放程序的策划，如发放频率、股利宣布日、登记日、除息日和发放日的确定等。

● 第二节　股利政策理论

1961年，美国芝加哥大学的两位财务学家米勒（Miller M.H.）和莫迪利安尼（Modigliani F.）在《商业杂志》上发表了题为《股利政策、增长和股票估价》的著名论文后，引发了财务学界对股利政策理论的高度重视和全面讨论，学者们提出了许多观点迥异的理论。归纳起来，这些理论按内容可分为股利无关论和股利有关论；按照研究的市场不同可分为完全资本市场的股利政策研究和不完全资本市场的股利政策研究；按照研究方法的不同可分为规范研究法和实证研究法；按照研究的角度不同可分为税差理论、追随者效应理论、信号理论、委托代理理论和行为理论等。我们不妨按照时间的顺序去追寻前辈学者研究的足迹，看其研究的思路是如何从股利政策是否会影响股票价格逐步转移到股利政策如何影响股票价格的。

一、"一鸟在手"理论

（一）"一鸟在手"理论的含义

"一鸟在手"（bird-in-the-hand theory）理论源于谚语"双鸟在林不如一鸟在手"。该理论认为，由于股票价格变动大，在投资者眼里股利收益要比由留存收益再投资带来的资本利得更为可靠，又由于投资者一般均为风险厌恶型，宁可现在收到较少的股利，也不愿承担较大的风险等到将来收到金额较多的股利，故投资者将偏好现实的股利而非潜在的资本利得。在这种思想影响下，当公司提高其股利支付率时，就会降低投资风险，投资者可要求较低的报酬率，公司股票价格上升；如果公司降低其股利支付率或延付股利，则会增加投资者的风险，投资者必然要求较高的必要报酬率，以作为负担风险的补偿，从而导致公司股票价格下降。由此可见，"一鸟在手"理论认为股利政策与企业的价值息息相关，支付股利越多，权益资本成本越低，股价越高，公司价值越大。"一鸟在手"理论可以说是流行最广泛和最持久的股利理论，最初表现为股利重要论，即股票的价值在于投资者从持股中能得到什么，股利是目的，利润只是股东获取股利的一种中介，后经威廉姆斯（Williams，1938）、林特勒（Lintner，1956）、华特（Walter，1956）和戈登（Gordon，1959）等发展成为"一鸟在手"理论。

（二）对"一鸟在手"理论的评价

"一鸟在手"理论虽然流行时间最久，也广泛地被财务实际工作者所采纳，但它很难解释投资者在收到现金股利后又购买公司新发行的普通股现象，实际上混淆了投资决策和股利决策对股票价格的影响。赫斯（Hess，1981）尖锐地指出："在未来资本利得贴现率大于未来股利所得贴现率的情况下，戈登的论点实际上建立在高风险投资政策与低市场价值之间的因果关系之上，而非建立在股利本身的某些内在价值之上。"①所以，巴塔恰亚（Bhattacharya，1979）将其称之为"手中鸟谬误"。②如果公司发放较少的股利而将钱留下来用于投资，这些投资的未来收益具有很大的不确定性，正是因为投资决策的风险而不是低股利，市场对低股利的公司采用较高的贴现率。因此，用留存收益再投资所形成的资本利得的风险取决于公司的投资决策而非股利决策。股利支付并未改变整个公司投资的风险程度。在投资决策既定的前提下，公司股利政策变化不影响投资者在此期间的总报酬或者说与总报酬相关的不确定性。风险与股利之间的因果关系是高风险导致低股利，而不是低股利导致高风险。

股东的总财富包括收到的股利和股价增值，如果一家公司增加股利的发放而投资决策仍保持不变，则在股利上获利的投资者就会发现在股价增值上损失了以现值表示的相同数量。从长远来看，公司给予投资者的现金流量的风险最终是由公司现

---

① HESS P.The Ex-dividend Behavior of Stock Returns [J]. Journal of Finance, 1981 (September): 485-496.

② BHATTACHARYA S.Imperfect Information, Dividend Policy, and "the Bird in the Hand" Fallacy [J]. Bell Journal of Economics, 1979, 10 (1): 259-270.

金流量风险所决定的，而不是股利政策。

二、MM股利无关论

（一）MM股利无关论的结论及基本前提

MM股利无关论是由米勒（Miller）和莫迪利安尼（Modigliani）于1961年创立的。该理论建立在三个严格的假设条件之上：（1）完美资本市场（perfect capital market）假设。这是指在资本市场上任何投资者都无法大得足以通过其自身交易影响、操纵证券市场价格；资本利得与股利之间不存在税收差异；没有股票发行和交易成本；市场上存在对称的信息，公司的投资者和管理当局都可同等而无成本地获得关于未来投资机会的信息。（2）理性行为（rational behavior）假设。每个投资者都是个人财富最大化的追求者，而增加的财富是以现金支付抑或表现为所持股票资本增值并不重要，即实质重于形式。（3）充分肯定（perfect certainty）假设。投资者对未来投资机会和利润完全有把握，对公司的未来发展充满了信心。在这样一组假设条件下，MM股利无关论认为：任何特定股利支付的影响都会恰好被其他形式的融资行为所抵消，股利政策不会对企业的价值或股票价格产生任何影响，权益资本成本的高低也与股利政策无关。一个公司的股价完全视其投资决策与获利能力而定，而非公司的股利分配政策，即不存在最优股利政策，每一种股利政策都一样好。

（二）对MM股利无关论的评价

MM理论成功地利用数学模型揭示了股利政策与股票价值的正确关系，但其由于理论的假设条件过于脱离现实，致使其结论与现实情况不相吻合。

（1）不确定性。MM理论是建立在未来具有确定性前提下的，尽管Modigliani和Miller辩解说即使出现不确定性，只要在非纯理性（impure rationality）的对称市场理性（symmetric market rationality）情况下，股利政策就与股票市场价格无关。但同时，Modigliani和Miller又对不确定性的存在颇感担心，只是含糊地说主要是因为投资大众的对称不理性行为。①

（2）税率无差异。MM理论是建立在股利所得和资本利得的利率无差异的前提之下，但事实是资本利得税率远低于股利所得税率，投资者（特别是富有的投资者）在同等条件下会更偏爱资本利得。

（3）信息的对称性。管理者与投资者之间总是不可避免地存在着不同程度的信息不对称的情形。

（4）发行交易成本为零。MM理论假设新增投资所需资金可以无代价地从外部取得，资本利得可以转化为等额的现金股利。因此，当股利水平低于或高于投资者所期望的水平时，投资者可自由地出售或买入公司股票。但在现实世界中，市场交易成本却往往是相当昂贵的。

（5）投融资决策相互独立。MM理论假设将投资决策独立于融资决策，只要投

---

① Gordon M J.Optional Investment and Financing Policy［J］. Journal of Finance，1963，18（2）：264-272.

资项目的内含报酬率大于资本成本，理性的企业均会进行投资。然而事实是，企业的投资决策往往受到多种因素制约，如果企业面临着高回报的投资机会却无法从外部取得足够的资金，则降低股利分配就成为填补融资缺口、实现股东价值最大化的最好方式，这就使得投资决策与股利决策具有相关性了。

自MM理论问世以来，学术界对其理论的争论和批判从未停止过，但这也证明了MM理论的伟大贡献所在。它开辟了股利政策研究的新篇章，使人们对股利政策的探索发生了显著的变化。并且，正是其备受批评的严格的假设条件成为了现代股利理论研究的主要内容和重要线索，即如何逐步放宽其假设条件来发展研究不完善资本市场的MM理论。

三、税差理论

（一）税差理论的基本结论

当Modigliani和Miller于1961年发表经典论文后，财务学者们就开始着手研究放宽MM理论假设条件的股利政策，以使理论能更好地接近事实。他们首先选择了引进税负，放宽无税收差异的假设。

法拉（Farrar）和塞尔文（Selwyn）在1967年提出了税差理论，又称所得税理论。该理论认为，各个国家对不同类型收益征收的所得税是不同的，即资本利得所得税与现金股利所得税之间是存在差异的，如果现金股利的所得税率比资本利得所得税率高，投资者会对高股利收益率股票要求较高的必要报酬率。因此，为了使资金成本降到最低，并使公司的价值最大，应当采取低股利政策。同时，从最大化个人税后收入的局部均衡分析的角度看，在现金股利税率高于资本利得税率的条件下，不管税前收益以及个人或公司的债务额多少，税后资本利得必大于税后股利所得，故理性的投资者都更倾向于通过推迟获得资本利得型收益而延迟缴纳所得税，股东偏好资本利得甚于股利所得。根据许多西方国家的资本利得税率低于股利收入税率的实际情况，税差理论得出两点结论：（1）股票价格与股利支付率成反比；（2）权益资本成本与股利支付率成正比。按照税差理论，企业在制定股利政策时必须采取低股利支付率政策，才能使股东收益最大化。

（二）对税差理论的批判

税差理论成立的前提是资本利得所得税率低于股利所得税率，投资者可以通过延迟实现资本利得而延迟缴纳资本利得所得税，然而，实际生活中并不一定完全如此。米勒和斯科尔斯[①]（1978）指出，股票市场中的主要投资者（如免税的机构投资者和享受税收优惠的公司投资者）并不必为过高的股利收入付税。尽管税法规定股利和资本利得的税收待遇不同，但因税法中存在种种漏洞，投资者可以利用寿险合同、退休金筹划等合法手段使股利收入的实际所得税负为零，即各种各样的税收规定和避税渠道的存在使税差理论关于股利在税收待遇上不如资本利得的假设难以

① MILLER M H, SCHOLES M S.Dividends and Taxes [J]. Journal of Financial Economics, 1978, 6 (4): 333-364.

成立。1986年，马萨利斯和特鲁曼[1]在非常接近于现实的假设条件下建立了一种投资决策和股利决策的模型，结果表明延期支付股利的成本很高，以至于会诱导公司向股东支付一定数量的现金股利。另外，如果是股利支付率越低越好，支付率为零时股票价值最大，那实际中公司为什么还要支付股利，甚至某些公司总是维持较高的股利支付率呢？税差理论对此也无法解释。

四、追随者效应

追随者效应（clientele effect），也译作顾客效应或客户效应，该理论应该说是对税差学派理论的进一步发展，也可以说是广义的税差理论。该理论从股东的边际所得税率出发，认为每个投资者所处的税收等级不同，有的边际税率高，如富有的投资者；有的边际税率低，如养老基金等，由此导致他们对现金股利的偏好不同。在股票投资的过程中，股东会投资于股利政策符合他们偏好的公司，这种股东聚集在满足各自股利偏好的公司的现象就叫“追随者效应”。按照该理论的观点，公司制定的任何类型股利政策不可能满足所有股东对股利或资本利得的要求，只能吸引偏好这一股利政策的投资者前来投资，故Miller和Modigliani（1961）认为公司有动机采取适当的股利政策，以最大限度地减少每个“追随者”的税收。在具体的研究中，“追随者效应”从两种不同的研究视角，形成了静态客户模型和动态客户模型。

（一）静态客户模型

静态客户模型的假设前提是：所有的投资者都以同样方式纳税，并且资本利得税率低于现金股利税率。那么在完美的资本市场中，最佳的股利政策是不支付现金股利，因为企业通过股票回购间接对股东支付现金，可以让股东支付比现金股利更少的资本利得税。

当放宽税率不同的假设时，即当现金股利的法定税率与资本利得税率相等时，从税收角度出发，得到尚未实现的资本利得比现金股利更好的结论。原因如下：首先，由于资金存在时间价值，股票回购产生的资本利得不用立刻实现，相关税收也会因此延迟；其次，投资者拥有一个选择资本利得实现时间的期权而现金股利投资者则没有此种选择权。在更为严密的假设条件下，Constantinides（1984）认为投资者愿意为选择资本利得实现时间的期权支付成本，并称之为“纳税时点期权”。

此外，不同投资者的纳税方式并不相同，从而存在不同的股利偏好。个人股东需要缴纳股利所得税以及资本利得所得税，因此更加偏好资本利得；一些公益性金融机构的股东是免税的，可以不缴纳所得税，因此对资本利得或现金股利不应该存在明显偏好；企业法人股东由于可以避免重复纳税，所以对所获得的现金股利可以免除二次纳税义务，因此更加偏好现金股利。因此，静态模型认为，处于不同利益集团的纳税人会选择持有不同类型的股票：个人投资者偏爱低现金支付水平的股票；可以免税的个人或机构则偏爱中等股利支付水平企业的股票；购买其他企业股

---

① MASULID R，TRUEMAN.Corporate Investment and Dividend Decision under Different Personal Taxation [J]. Journal of Finance，1986（March）：311-338.

票的企业则偏爱高现金股利支付水平企业的股票。

如同普通商品的供需原理，需求会影响到股票的定价。当高、中、低股利水平的三种股票价格不同时，三个需求群体的决策与其股利偏好之间会存在偏离，因此市场中会出现套利行为。只有在三种标的股票的价格达到一致的时候，三种需求才能够处于均衡状态。所以可以认为股票价格独立于股利政策，现金股利水平的高低不能影响到股票价格和企业价值。这种推论和Modigliani和Miller的最初结论一致。

一些学者通过考察股东的边际税率和收到的现金股利数额之间的关系，来区别投资人负担的税率相同和不同时的两种静态客户模型。Blume等（1974）的研究发现，投资者的税负水平与其获得的现金股利之间存在很弱的（负）相关性，而Lewellen等（1978）则认为两者之间的相关性基本上可以忽略不计。两者的研究都不能解释为什么处于高税负阶层的投资者仍然大量持有现金股利发放水平高的股票。

虽然美国对现金股利征收很高的普通所得税，而将股票回购作为资本利得征收很低的所得税，但是大多数美国企业在发放现金股利时仍然没有规避这种税收上的不利因素。长期来看，许多企业有规律地支付现金股利而很少进行股票回购。处于高税负阶层的个人大量持有现金股利发放水平高的股票，也没有任何证据显示他们的现金股利收入比处于低税负阶层的投资者要少。而根据静态理论，企业应该能够通过将现金股利政策改为股票回购来增加价值，所以理论上不应该存在这种税负水平与现金股利收入脱节的现象。

Elton和Gruber（1970）通过分析除息日附近的股票价格来确定边际税率和现金股利之间的关系。他们认为，在除息日前后出售股票的投资者会计算究竟应该在除息日之前还是之后卖出股票。如果在除息日前能够以较高的价格将股票卖出，那么此时的纳税义务则归结于出售股票所带来的资本利得；如果在除息日后出售股票，股票价格则会因股票不再带息而下降，出售者则会得到现金股利和较低的出售收入，此时的税负义务是现金股利带来的。那么，通过直接比较税后现金股利的市场价值和税后资本利得的价值，就应该能够得到使得两种税负义务相等的股票价格。如此推导下来，当存在税负不同的投资者时，投资者所负担的税率应当和股利水平负相关。Elton和Gruber（1970）还得到了与该推理一致的实证支持。

当然，上述静态客户模型的分析中只考虑了税收因素，而忽略了风险因素。Long（1977）指出，当考虑风险因素时，投资者会通过组合不同风险程度的股票来达到期望的投资组合，而不是考虑股利政策的影响。涉及风险因素的大多数文献的研究重点都在于是否存在税收效应。

Brennan（1970）将税收因素引入CAPM模型，随后Litzenberger和Ramaswamy（1978，1980）将该模型扩展到可以进行借贷投资的情形，他们得到的结论均为：高股利的风险补偿与两税间的差异正相关。为了论证该命题，大量学者针对此结论进行了实证检验并产生了激烈的学术辩论。Black和Scholes（1974）是最早对此进行经验检验的学者之一，其结论是不论是否考虑税收因素，高、低股利政策的期望收益之间都不存在显著差异。Litzenberger和Ramaswamy（1982）又对该命题进行了经验验证，但他们得到的结论却是股利收益与期望收益之间存在着非常显著的正相关性，而且这种相关性检验在方法上还具有相当的稳健性。可见，Litzenberger和Ramaswamy（1982）与Brennan（1970）的结论一致，均认为股利政策中存在税收效应。

Miller和Sholers（1982）却认为，Litzenberger和Ramaswamy（1982）得出来的正相关结论并不是税收效应的表现，而是两种信息偏差的结果。围绕着这种正相关究竟是“税收效应”还是“信息偏差”，学术界展开了激烈的辩论，但结果仍然是各抒己见。为了确定哪种观点是正确的，Kalay 和 Michaely（2000）使用了周数据（剔除了宣告日或除权日所在的周）对Litzenberger和Ramaswamy（1982）的研究进行了检验，最后得到了与其一致的结论，从而否定了“信息偏差”在此的作用。其后，Chen 等（1980）得出了与Miller 和 Sholers（1982）以及 Hess（1983）相同的结论。他们的结论是股利收益和风险因素之间存在着正相关性，但这种正的相关性并没有通过显著性检验。Fama和 French（1993）后来也就该问题提出了一些看法，认为在使用他们所提出的三因素模型进行分析时，股利收益与期望收益之间也不存在显著的相关性。总之，目前为止还没有一个令人信服的经验证据能够证明考虑风险因素后是否仍然存在税收效应。

（二）动态客户模型

如果投资者可以进行长期、适时的投资，那么只要在支付股利时，发放现金股利的股票留在了税负最低的人手中，就可以最大程度地减少税负义务。所以只允许投资者交易一次的静态客户模型，只适合交易成本很高或者税负为零的情形，而动态模型则更切合实际。

最早提出该想法的是Miller 和Sholers（1978）。他们认为投资者可以利用大量动态的交易战略来避免纳税，并且在完善资本市场中几乎所有税收都可以通过动态的策略加以避免。他们在文中提出了以借款方式投资，利用利息的税盾效应减少税负来避税。Stiglitz（1983）还提出以“洗钱”的方式避税，由此得出了与Modigliani和Miller相同的结论，现金股利政策与企业价值无关。但实际上实现这些策略的交易成本很高，以至于很难再实证找到显著的证据。Peterson 等（1985）发现，个人投资者现金股利的边际税率大约是资本利得税率的两倍，这个发现并不支持Miller和Sholers（1978）提出的税收规避策略广泛运用的观点。由此我们可以认为这些动态避税策略由于存在过高的交易成本而并不具有实际意义。

还有一些研究将对动态策略的分析重点放在除息日前后的交易行为上。这些研究结果认为，投资者通过改变除息日前后的交易行为可以控制其是否获得已宣告的现金股利。Kalay（1982）认为，在没有额外风险以及任何摩擦因素（如交易成本）的情况下，动态套利交易可以消除税收对价格的影响。现金股利和资本利得税率相等的投资者会进行套利，在除息日前买入股票并在除息日后卖出股票。不存在风险与市场摩擦，套利行为最终会使除息日前后的价格差等于现金股利，即（P_B-）/D=

1；如果存在摩擦而没有风险，那么（P_B-）/D=1的值会落在1附近的区间，而且可以证明这个区间会随着交易成本增加而扩大。但是，Kalay（1982）没有分析除息日交易中存在风险的情况。

Michaely和Vila（1995）探讨了除息日交易风险对除息日股票报酬率的影响。他们建立了一个严格体系来描述动态均衡体系中的除息日价格含量。其结论认为，投资代理人进行交易的原因在于他们对税后现金股利与资本利得有不同估价。他们的模型解释了除息日前后交易中涉及的风险，并且认为价格和成交量的决定因素并不是套利交易，而是投资双方的均衡状态。也就是说，由于存在风险，投资者不可能进行套利，当投资供需达到平衡时也就确定了股票价格。因此，没有人会不考虑税收偏好而无限制持有股票。

Michaely等（1997）还建立了一个考虑两种交易成本以及除息日价格、交易风险的模型，验证了交易成本会减少交易量的结论。Grundy（1985）、Lakonishon和Vermaelen（1986）以及Michaely和Vila（1996）对美国、意大利、日本以及瑞典的市场交易情况进行了经验分析，其结论表明除息日附近存在显著的非正常交易量，且交易行为与股利支付量正相关，与交易成本和风险负相关，此结论与税收差别影响交易行为的观点一致。

（三）追随者效应的后续研究及评价

有关除息日研究的经验证据表明，考虑税收因素后现金股利应该降至最低，除息日前后的交易量大大高于平时的现象也说明，税收差别的确影响投资者的交易行为，这些证据也说明了纯粹的追随者效应并不存在。首先，有明确证据表明投资者间的除息日交易是由税收差异驱动的，且除息日交易量随着投资者间的税收差异增加而增加；其次，经验证据表明，在1973—1999年期间，处于高税负阶层的个人获得了大量的现金股利；最后，如果确实存在现金股利的追随者效应，那么，现金股利政策的改变会导致明显的客户转移，然而这个假设并没有得到证实。Richardson等（1986）对192家首次发放现金股利企业的研究表明，交易量的变化主要是由股利宣告行为中所包含的信息造成的，而非“客户转移”的效应。Michaely等（1995）对首次停止发放现金股利企业的股票换手率的研究结果也证明了不存在显著的“客户转移”效应，并通过检验机构持股比与现金股利的取消之间的相关性证明了现金股利的变化不会对结构产生显著影响。但Brav Heaton（1998）的研究得出了相反的结论。Perez-Gonzalez（2000）认为，税制改革会使企业的现金股利政策发生改变，第一大股东的性质以及是否存在大股东会影响现金股利政策。

上述经验证据充分提示了静态模型的经验检验不成立的原因：诸多检验都忽略了该领域里极其重要的动态交易策略；股利收益与期望收益间的正相关系数可能是风险导致的（Chen等，1990），也可能是定价因素导致的（Fama和French，1993）。Naranjo等（1998）认为，由于现金股利不会随税收改变而改变，因此即使能够发现现金股利的收入效应，也不能简单地将其归因于税收，况且在目前的经验研究中也没有相关证据。

五、信号假说

（一）信号假说的基本理论

信号假说（signaling hypothesis）也称股利信息内涵假说（information content of dividend hypothesis），几乎是与追随者效应理论同时发展起来的新学说。该学说是由以Bhattacharya（1979）、John和William（1985）以及Miller和Rock（1985）为代表的学者提出，放松了MM定理中的信息对称假设，建立了股利支付的信号（不对称信息）模型。该理论认为管理当局与公司外部投资者之间存在着信息不对称(asymmetric information)，管理当局占有更多的有关企业未来前景的内部信息，股利是管理当局向外界传递其掌握的内部信息的一种手段。如果他们预计到公司的发展前景良好，未来业绩有大幅增长，就会通过增发股利的方式向股东和潜在的投资者传达这一利好消息；相反，如果预计公司的发展前景不太好，未来盈利将呈持续性不理想状态，他们往往维持甚至降低现有的股利水平，这等于向股东和潜在的投资者发出了利淡的信号。因此，股利能够传递公司未来盈利能力的信息，从而对股票价格有一定的影响。当公司支付的股利水平上升时，公司的股价会上升；反之，公司的股价则会下降。

股利政策作为一种信息传递机制，其功能的实现需以会计信息尤其是股利分派信息的真实性为前提。为此：（1）公司要披露真实的信息，即使其对公司的形象可能是不利的；（2）成功企业的信号不能被欠成功企业轻而易举地模仿；（3）公司发送的信号必须与可观察事件具有相关性（如较高的股利支付伴随着未来更多的经营现金净流入量）；（4）不存在传递同样信号的成本更低的方法。在信息不对称的情况下，公司管理当局用于向外界传递其掌握的内幕信息的常见信号有三种：一是利润宣告，二是股利宣告，三是融资宣告。由于公司的利润可以通过会计处理来进行操纵，较为不可信，所以股利宣告是较其他形式宣告更好的一种信号发射模式。

（二）关于股利信号的实证研究

Bhattacharya（1979）运用一个两阶段模型来证实现金股利政策的信号效应。该模型假定管理层行为充分考虑了原始股东的利益，并且信号传递的额外成本是借助外部产生的交易成本。研究结论是如果企业的确有一个高收益项目，通常不需要借助外部融资来支付股利，即不需要承担这种交易成本，那么它才敢于向投资者承诺高的股利政策；反之，若高收益项目的条件不成立，企业不会轻易进行承诺。

Miller和Rock（1985）同样也构建了一个两阶段模型，他们的模型在假定企业各期的收益之间具有相关性的基础上展开，研究的结果表明由于信息的不对称，只有业绩好的公司发放足够高的现金股利，使业绩不好的公司无法模仿，股利发放才能有效传递信号。但对于引入税收因素后现金股利是否仍然是最佳的信号传递手段，他们没有给出明确的解释。

John和William（1985）提出的模型中将税收作为额外成本，研究指出，如果现金股利成本非常高，那么只有业绩真正好的企业才有实力负担这种现金股利的额外成本。John 和 William（1985）的模型避免了许多现金股利信号理论的缺陷，解释了企业不通过回购来规避税款的原因，他们认为正是税收成本才使得市场对现金股利产生一种期望。但正是这个重要的创新，也显示了其存在的不足，因为他们假设股东只有通过出售股份才能满足流动性需求，那么企业通过负债融资进行股票回购，不也可以满足股东的流动性需求吗？

在这些理论之后，产生了许多“多重信号”理论。Ambarish 等（1987）构建了现金股利、投资和股票回购的单期间模型。Williams（1988）建立了这些因素的多期间模型，并显示在有效信号传递的均衡状态下，企业仍会支付现金股利并选择风险资产投资以实现净现值最大化。Constantinides 和 Grundy（1989）研究了信号均衡状态下投资决策和回购股票、筹资决策之间的相互关系。他们认为，当投资固定时，普通债券的发行不能作为一个信号，而可转换债券的发行却可以；当投资不固定且需要进行最优决策时，普通债券的发行则可以作为一个信号。

对股利政策信息含量的研究是大多数学者研究的重点。尽管大多数学者[①]认为股利政策向市场传递了未来盈利的事前信息，但也有人[②]认为股利政策实际上传递的是以前年度的盈利状况的滞后信息，并向市场传达了以前年度利润的增加是永久的而不是暂时的信息。不过，也有学者认为股利政策传递了公司投资不足和投资过度的信号。例如，John 和 Lang（1991）对股利增加总被视为利好消息的观点提出了质疑。他们认为，股利变化的信息含量取决于公司的投资机会，如果公司的投资机会较多，股利减少传递的是好消息；反之，如果公司的投资机会减少，股利增加传递的则是坏消息。由于内部人员拥有许多关于股利变化的内幕信息，因此，观察内部人员在股利宣告前后的交易量情况将有助于正确判断股利变化的信息含量。未预期的股利增加，同时伴随异常的内部人员买入股票，则为利好，股价将上升；但若未预期的股利增加，同时伴随异常的内部人员卖出股票，则为利空，股价将下跌；如果增加股利，但内部人员交易情况正常，股价将不会变化。但对于如何界定内部人员及利用内幕信息进行交易却是运用该方法的难题。

Ambarish 等（2000）从独特的视角分析了现金股利的信号效应，即企业支付现金股利的目的是吸引掌握着更多信息的客户，如业绩好的企业倾向于吸引免税机构的投资者。企业利润平滑的原因在于，企业的免税机构股东会对减少股利的行为做出不利反应，并且现金股利与股票回购是不能相互替代的。

此外，还有学者对股利增加、减少或不变所传递的信息效果[③]，首发或停发股利的信号含量[④]，公司管理层是否有意识地利用股利政策向市场传递信息（Brickley，1983）等进行了研究，但对于股利信号实证研究的结果尚未达成共识。

---

① 如 Pettit（1972）、Aharony 和 Swary（1980）、Woolridge（1983）、Ofer 和 Siegel（1987）、Chihwa Kao 和 Chunche Wu（1994）等。

② 如 Ang（1972）、Benartzi、Michaely 和 Thaler（1997）等。

③ 主要有 Pettit（1972）、Watts（1973）、Laub（1976）、Aharony 和 Swary（1980）、Woolridge（1983）、Ofer 和 Siegel（1987）、Lang 和 Litzenberger（1989）、Woolridge 和 Ghosh（1988）等。

④ 如 Pettit（1972）、Asquith 和 Mullins（1983）、Sefcik 和 Thompson（1986）、Healy 和 Palepu（1988）、John 和 Lang（1991）等。

（三）股利信号理论的缺陷

股利信号理论研究虽取得了突破性进展，但也并非完美无缺，实证结果也不一致。总的来说，尚存在以下几个缺陷：（1）市场对股利增加做出正面反应，对股利减少做出负面反应，这种现象不仅信号理论可以解释，其他理论如代理成本理论也可以解释。（2）信号理论很难对不同行业、不同国家股利的差别进行有效解释和预测。例如，为何美国、英国、加拿大的公司发放的股利比日本、德国高，而没有表现出更强的盈利性呢？（3）信号理论解释不了为什么公司不采用其他效果相当而成本更低的手段传递信息。（4）在市场变得越来越有效、但信息手段大大提高的同时，支付股利为什么作为恒定的信号手段？（5）更重要的是，在高速成长的行业、企业，股利支付率一般都很低，如微软，而这些企业的业绩和成长性是有目共睹的，按照信号理论恰恰会做出相反的解释和预测。

六、代理理论

（一）代理成本说

MM理论假设企业形成过程中契约完全，企业是一个“黑箱”，其内部的动作是不可知的，外部投资者只能看到简单的投入和产出过程，即暗示公司经营者与股东之间的利益完全一致，经营者致力于股东财富最大化。这意味着内部人控制的公司与控股股东控制的公司的价值是一样的。这一假设成立的条件是：（1）低市场价值容易导致公司被兼并与收购；（2）完全竞争的经理市场使投资者比较容易替换不称职的管理者。如果这两个市场机制能完美地运作并没有任何费用，经营者与股东之间就不会存在利益冲突。然而，实际上这是不可能的。代理成本说就是放松MM理论这一假设而发展起来的，并成为现代股利理论研究中的主流观点。该理论对解释股利存在和不同的股利支付水平有较强的解释力。

企业中存在不同的利益集团，其对企业的经营有着各自不同的效用函数，在追求各自效用最大化的过程中必然产生利益冲突，进而在不同利益集团之间产生了代理问题。对企业股利政策影响最大的是股东、管理层以及债权人之间的代理问题，理论界关注最多的是股东与管理层之间的代理关系。

代理成本说（agency cost hypothesis）认为，股利的支付能有效地降低代理成本。特别是大额股利的发放，减少了管理层可支配的自由现金流量（free cash flow），使得公司内部资本由留存收益供给的可能性越来越小，为了满足新投资的资金需求，管理层只有寻求外部负债或权益融资，这意味着公司将不得不面临来自资本市场和新资本提供者的更多的监督与检查。这使得股利支付成了一种间接约束经理人的监管机制，大大降低了股东的监督成本，增加了股东的利益。

（二）代理成本与股利政策的实证研究

约瑟夫（Rozeff，1982）是最先将代理成本理论应用于股利政策研究的学者。他认为，股利的支付一方面能降低代理成本，另一方面能增加交易成本。公司股利发放率的确定是在这两种成本之间进行权衡，以使总成本最少。此外，经营杠杆与财务杠杆也是决定股利政策的重要因素。在其他条件不变的情况下，如果公司经营杠杆和财务杠杆相对较高，则公司对外部融资的依赖性较强。

凯利（Kalay，1982）通过对150家美国上市公司1956—1975年间的债券合约条款进行分析，探讨了债权人和股东间的委托代理关系。他研究发现，债务合同中的限制性支付条款，会潜在影响债权人财富转移的股利融资方式。实证数据表明，大多数公司实际上置存的用于日常经营需要的现金及有价证券明显多于债券合约要求的最低限额，即存在逆向财富转移现象。从长期来看，以利润最大化为目标的公司在举借新债时会修订债券合约，降低持有现金的机会成本，因此使逆向财务转移现象趋于消失。但Kalay（1982）认为股利政策和投资政策是相互依赖的，如果规定一个较低的股利支付上限，企业就有一个较高的留存收益下限，那些没有或几乎没有预期盈利项目的企业会发生过度投资成本；而对于那些经常有预期盈利项目的企业，较低的股利上限降低了其通过外部资本市场进行股权融资的要求，降低了因此产生的融资成本和代理成本。

伊斯特布鲁克（Easterbrook，1984）用两种代理成本来解释股利政策。一种是股东对经理的监督成本，即由于单个股东对企业的监督成本和收益的不对称，使得单个股东对管理人无法有效监督，如果有一个类似于债权人的企业利益相关者对企业进行监督，股东的财富就会增加。另一种代理成本与风险有关。股东会要求经理采取高风险的投资策略，理由有两点：其一是股东可以通过自身的投资组合来分散风险；其二是如果投资成功，股东可以获得全部投资收益，债权人只获得约定的本金及利息，但失败风险由债权人与股东共同分担。经理出于自身利益的考虑，不愿采取高风险的投资策略，因为经理要关注投资项目的全部风险，而股东主要关注投资项目的市场风险。如果企业经营失败，经理层专用性人力资本就会丧失，因此经理层总会选择风险小、收益低的项目。通过调整负债和权益比例可以降低风险，经理层先通过决策筹集资金，而后截留利润追加投资，降低负债比率，减少破产的风险，这与债权人借款限制条款产生的效果相似。股东如果在尽可能的限度内发放股利，提高负债权益比例，不仅可防止债权人侵占股东的利益，而且使得公司不断走向资本市场进行筹资，接受更多来自市场的监督，这大大降低了股东的监督成本。他进一步认为，以前的股利理论只能解释增加融资或者发放股利，而代理成本说能解释公司为什么在发放股利的同时又对外融资。同时他认为，如果其他条件也能促使公司不断接受资本市场的监督，则是否发放股利是无所谓的，正如成长性公司通常少发甚至不发股利一样。

帕塔等（Porta等，2000）则将代理理论与股东权益保护结合起来分析股利政策。他们建立了两个股利代理模型：结果模型（outcome model）和替代模型（substitute model）。结果模型认为股利是有效保护股东权益的结果（outcome of legal protection of shareholders），小股东可以利用他们享有的权利迫使公司发放现金股利，从而阻止内部管理人员挥霍公司的利润谋取私利。在其他条件相同的情况下，对小股东的权益保护得越好，上市公司的股利支付率越高。在小股东权益保护得好的国家，高成长性公司的股利支付率要比低成长性公司低，因为股东相信他们以后会获得更高的股利；但在小股东权益保护得不好的情况下，成长性与股利支付率之间则不存在这种关系。这种关系如图3-1所示。

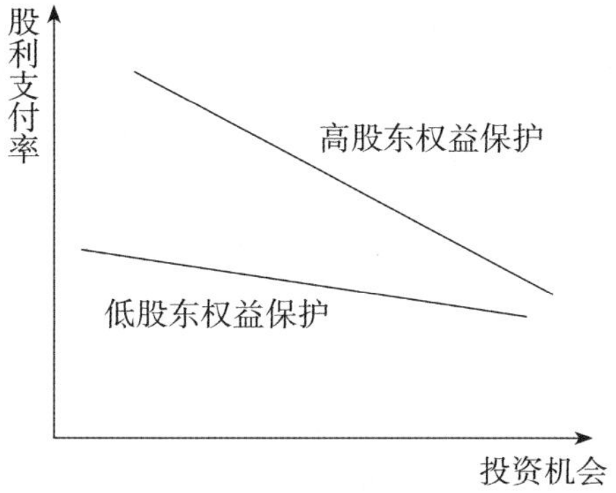

图3-1　股利的结果代理模型

替代模型认为股利是股东权益保护的一种替代品，当公司需要到资本市场去筹资时，就必须建立良好的信誉。而在股东权益法律保护较差的国家，股东没有其他可以依赖的，良好的信誉就显得更加重要。由于发放股利可减少内部人员谋取私利的资金，因而是公司树立良好信誉的一个重要途径。在其他条件相同的情况下，对股东权益的法律保护越差，则上市公司的股利支付率越高。与此类似，拥有良好投资机会的公司由于资金需求较大，也有着建立信誉的强烈愿望，因而在股东权益法律保护不好的情况下，高成长公司的股利支付率要比低成长性公司高。这种关系如图3-2所示。

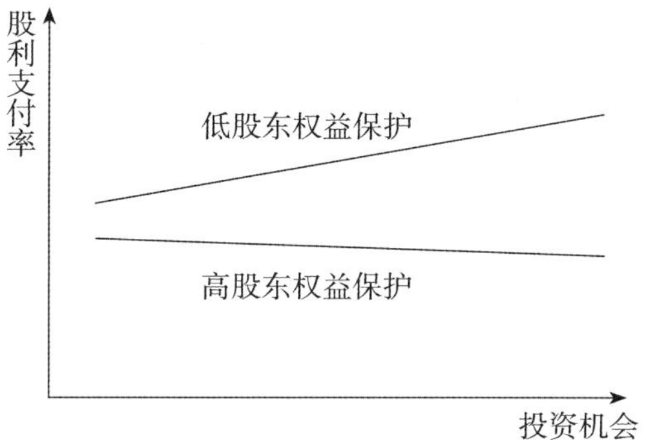

图3-2　股利的替代代理模型

此外，还有学者对股利行为是否足以形成一种机制对管理层的过度投资或者超额消费行为进行制约和监督进行了研究，如Zwiebel（1996）、Fluck（1999）和Myers（2000）等都认为管理层正是出于对个人利益的考虑才积极保持股利支付的，因为日常经营活动中的各种限制对他们存在潜在的威胁。Shleifer和Vishny（1986）、Allen等（2000）对股权集中时大股东对管理层的监督动机、作用和企业价值进行了研究，并指出，由于大股东在股利上享有税收优惠政策，现金股利已作为吸引该类投资者的重要手段。但Myers（1977）、Jensen和Meckling（1976）的研究则提出，股东也会掠夺债权人的财富，而过度支付的现金股利正是一种攫取手段。

七、考虑交易成本的股利政策理论

MM理论假设不存在交易成本，然而交易成本是市场中不可忽略的一个重要因素。投资者如果希望从股票投资中得到稳定的现金流量，其可以选择定期进行股票交易并从中稳定套现。然而，由于股票交易中实际上存在着很高的交易成本，因此发放现金股利就可能成为达成此目的的成本最低的手段，同时也是最方便、有效的手段。

但是，有关交易成本的经验证据并不支持这个论述。其一，按照交易成本的股利理论，在交易成本高、发展不成熟的市场，股利应当高于交易成本低且发展成熟的市场。但是现实世界却是英国、美国和加拿大这些股票具有高度流动性、交易成本很低的国家发放的股利率远远高于不发达市场（Bhide，1993）。而且交易成本不能解释为什么在美国市场变得越来越有效、交易成本越来越低的情况下美国公司却保持着比较稳定的股利。其二，对于中小投资者而言，交易成本很高，所以按照这一观点，中小投资者应该不会持有太多股份，并且会逐渐退出市场。然而这显然也是得不到现实数据支持的。其三，如果这一理论成立，那么市场上股利的总体水平会达到一个较高的程度。但是，Black 和Scholes（1974）提到，企业会依据股东的愿望来调整现金股利政策，那么在均衡状态下，任何企业的现金股利政策都不重要了，这显然与现实不相符。其四，将股利政策和企业筹资政策联系起来，因为企业在资本市场上发行新股的费用很高，那么当企业有大量高收益的投资机会时，而且对资金的需求超过了其履行股利承诺后剩余的内部资金，那么企业应当采用剩余股利政策，将所有现金留于企业而避免在证券市场上筹集资金，从而节省发行成本。但是在实务中，很少有公司是这样做的。

八、行为理论下的股利政策理论

Slovie（1972）的研究成果——“人类判断的心理学研究对投资决策的意义”，标志着行为金融（主要研究投资者心理因素对股票交易的影响）理论研究的开始。相应地，研究公司的管理层心理因素对财务决策、控制和分析的影响称为行为公司财务（behavioral corporate finance）。该理论认为，考虑心理因素的影响后，经典财务理论的基础——理性行为假设等都受到了挑战，导致经典财务理论不能解释公司财务管理的诸多异常现象，如现金分红的同时推出再融资方案等。行为公司财务理论认为研究公司经济现象应该从经济行为的发生、变化的内在心理机制和心理活动特点及规律入手，探索一种经济现象和其他经济现象之间的联系，建立基于信念或者偏好的模型，从而解释经济现象的本质。在行为公司财务理论中，对人的行为进行了重要的假设：（1）回避损失；（2）易于接受次优选择；（3）过于自信；（4）固有偏见。

进入20世纪80年代，以米勒、塞勒（Thaler R.）、谢弗林（Shefrin H.M.）和史特德曼（Statman M.）等为代表的学者将行为科学引进和应用于股利政策研究中，着重从行为学的角度探讨股利政策。其中代表性的观点有理性预期理论（rational expectation）、自我控制说（self-control）和后悔厌恶理论（regret aversion）。

（一）理性预期理论

理性预期（rational expectation）的概念最初是由米勒和穆特（Muth J.E.）提出的，1981年米勒将其用于分析股利政策。理性预期理论认为无论何种决策，无论市场对管理层行为做出何种反应，都不仅取决于行为本身，更取决于投资者对管理层决策的未来绩效的预期。在临近管理层宣布下期股利之时，投资者通常会根据对公司内部基于因素（如以前的股利、目前及预期利润、投资机会和融资计划等）以及外界宏观经济环境、行业景气程度、政府政策可能的变化等其他因素的分析，对股利支付水平和支付方式做出种种预测。当股利政策真正宣布时，投资者会将它与其预期进行比较。如果两者相同，即使宣布的股利比前些年增加了，股价也不会变化；如果宣布的股利高于或低于预期水平，投资者就会重新评估公司及其股价，审查预料之外的股利变动的含义，他们可能会把预料之外的股利政策作为预测公司未来收益变动的线索，也就是说，预料之外的股利含有公司盈利和其他方面的信息。总之，如果公司宣布的股利政策与投资者预期的股利政策存在差异，股价就可能发生变化。

（二）自我控制说

自我控制说（self-control）和后面将提及的后悔厌恶理论都不是以效用最大化为基础的经济模型为基石，而是以行为理论为前提的，从行为学角度解释人们为什么偏好现金股利。自我控制说认为，人类的行为不可能是完全理性的，有些事情即使会带来不良后果，人们还是不能自我控制。当他们在对未来的长远规划目标和对实现当前需要的渴求发生矛盾时，往往希望借助外在的规则来限制其对某种短期行为诱惑屈服的机会，以实现其长期发展需要，股利政策正好为他们提供了这样一种外在约束机制。投资者通过现金股利而非资本利得的形式来控制现金，这样就避免了必须消费多少的决定，同时，由于经常出售小额股票的不便利和相对较高的交易费用，在一定程度上能阻止原始资本的变现，限制了当前消费能运用的资金，也可以避免自己一时冲动做出机会主义行为。这一理论也可较好地解释为何在最终获得的现金数额相同的情况下，投资者偏好通过现金股利而不是股票出售方式来获取现金，因为两者产生的心理影响有重大差异。

自我控制理论可以解释市场整体范围内的积极股利政策，但无法解释单个企业的最优股利政策。自我控制理论也不能解释现金股利增加的积极价格反应和现金股利减少的消极价格反应，它在很大程度上是建立在个人投资者对市场价格的影响的基础上的，所以也无法解释机构投资者的行为。

（三）后悔厌恶理论

后悔厌恶理论（regret aversion）是塞勒在1980年首先提出，以卢姆斯和萨格登（Loomes和Sugden，1982）、凯内曼和特维斯盖（Kahneman和Tversky，1982）等的发展而逐渐形成的。其中心内容是在不确定条件下，投资者在做出决策时要把现时情形和他们过去遇到过的、做出不同选择的情形进行对比，如果个体认识到这样一种不同的选择会使他处于更好的境地，他就会感到后悔；相反，如果从现时选择中得到了最好的结果，他就会有一种欣喜的感觉。该理论的核心是以下三个定理：

定理1：胁迫情形下采取行为所引起的后悔比非胁迫情形下的要轻微。

定理2：没有做（failure to act）引起的后悔比做了错误的行动（failure action）引起的后悔要轻微。

定理3：个体需对行动的最终结果承担责任情形下引起的后悔比无须承担责任情形下要强烈。

比如有A投资者以收到的3 000元现金股利购买了一台电脑，另有投资者B为购买一台电脑而出售了价值3 000元的股票，随后股票价格大涨。在不考虑交易费用的情况下，虽然现金股利和资本利得是可以相互替代的，但凯内曼和特维斯盖（1982）的调查显示，对大多数人来说，出售股票引起的后悔更大一些，因为他们会设想本来可以不采取这一行动。由于投资者一般都是后悔厌恶型的，所以他们偏好现金股利。

九、股利政策选择的影响因素

公司股利政策的形成受多种因素的影响，主要有法律性限制[①]、契约性限制、公司内部的有关限制[②]和股东的意愿[③]等。确定股利政策需要考虑的因素很多，这些因素之间往往是相互联系和相互制约的关系，其影响也不可能完全用定量分析方法来分析，所以股利政策的制定很大程度上是依靠对具体企业的具体环境进行定性分析，以实现各种利益关系的均衡。不过，由于各个公司的规模、面临的环境、所处的行业不同，实在无法找到一个放之四海而皆准的股利政策。公司需要股利政策，但没有万能的股利政策。

西方对股利政策的研究多围绕以下几个角度展开。（1）股利与利润的关系。林特勒（1956）从不同产业的600家上市公司中选取28家公司，对其高层进行调查并分析得出结论：每一家公司都按照长期收益水平制定一个目标股利支付率，一般不轻易改变股利支付水平，除非公司的收益水平发生了长期的、显著的变化。公司管理层倾向于尽量维持稳定的股利政策，除非不得已，否则管理层不愿意降低或取消股利。（2）股利与投资、筹资的关系。希金斯（Higgins，1972）认为股利是利润和投资的函数，投资需求越高，股利支付率越低。法玛（1974）的研究结论恰恰与希金斯相反，他支持米勒和莫迪格利安尼的股利无关论。而格拉哈姆（Graham，1985）则认为股利必须考虑筹资决策。詹森（1976）的研究指出，成长机会与现金股利水平呈负相关关系。（3）债务契约的限制与股利。凯莱（1982）认为股东和债权人之间存在冲突，二者需要最优合约减少冲突成本，因此资本结构的变动、债务

① 如防止资本侵蚀、留存盈利规定、无力偿付债务规定、现金积累限制等。
② 如变现能力、筹资需求、筹资能力、盈利稳定性、股权控制要求、公司股本规模和所处行业等。
③ 如税负的高低、股东的投资机会以及股权稀释的影响等。

合约的变动都影响股利和投资决策。阿斯瓦斯（Aswath，1999）认为股利和股票回购造成了股东和债权人之间的矛盾，其实证研究结果表明债券价格随股利增加的宣布而降低，而当股利减少时债券价格基本不受影响，相反股票价格随着股利增加的宣布而上升。（4）公司规模与股利的关系。克拉奇利和汉森（Crutchley和Hansen，1989）、常和瑞（Chang和Rhee，1990）的研究都认为，股利发放与公司规模大小呈正相关关系，规模较大的公司因信誉较佳，融资约束小，能发放较高的股利。马哈默德等（Mahmoud等，1995）认为为了降低代理成本，大公司通常发放较高的股利。（5）行业因素。统计数据表明股利政策具有明显的行业特征，成熟产业的股利支付率高于新兴产业，公用事业公司（通常收益波动率小）股利支付率高于其他行业。艾伦等（Allen等，1986）和史密斯和瓦茨（1992）的实证研究都从不同程度上证实了这一结论。史密斯和瓦茨（1992）还进一步指出，行业的平均股利支付率同该行业的投资机会呈负相关关系，一个行业是否受到管制也是一个重要因素。不过约瑟夫（1982）的实证结果并不支持这一结果。（6）内部持股比例与股利。约瑟夫（1982）研究认为，当内部管理人员持股比例较小，外部股权较为分散时，公司应当实行高股利支付率政策，因为这样可以减少代理成本。但是索内特（Sornnate，1989）则认为从内部人员自利心来看，持股比例超高，则其财富来源大多为权益价值，因此会将盈余以现金股利形式发放来大幅度提升其财富。（7）综合调查结果。贝克等（Baker等，1985）采用问卷调查的方法对纽约证券交易所318家上市公司的首席财务官调查发放股利要考虑的因素，研究分析后得出的结论是：无论处于哪个行业，首席财务官认为决定股利政策的最重要的四个因素是：预期的未来盈利水平、以往发放的股利情况、现金储备的多少、维持或提高股价的需要。而且经营者认为在股利决策中应尽量避免变动股利支付率，尽量避免停发股利，考虑客户效应的存在。

第三节　股利政策选择在中国的实践、研究现状与未来展望

一、中国上市公司股利政策实施的现状分析

李常青（2001）将我国上市公司股利分配的现状总结为：股利支付率不高、不分配的公司逐年增多[①]、股利形式不断推陈出新、股利政策波动多变、缺乏连续性、股利分配行为极度不规范。他将这些现象归结为中国股票市场规模较小、股票长期供不应求、大股东股权滥用、中小股东缺乏股东意识和有效的外部制约。黄娟娟（2009）在其博士论文中指出，我国上市公司股利政策存在一种特殊的现象——现

① 随着证监会对上市公司股利分配立法和监管的加强，进行现金分红的上市公司家数逐年增加，且比例稳中有升。

金股利“群聚”[①]现象。首先其研究中横截面数据的分析结果显示，我国上市公司股利支付水平相当集中。在1 000多家上市公司前后14年间的3 000多次现金股利支付行为中，超过83%的每股现金股利都在0.2元以下，每股现金股利在0.3元以下的公司甚至超过了93%。其次，从时间序列上看，分年度统计的税后每股现金股利的累积百分比频数表明，各年度股利支付水平的分布也都呈现集中态势。其中，大多数年度中，支付的每股股利在0.2元以下的公司累积百分比频数超过80%，2000年、2001年和2002年甚至达到90%；在绝大多数年度中，每股股利在0.3元以下的区间已经可以覆盖接近或超过95%的上市公司。同时，从每股股利的百分比频数来看，股利支付金额主要落在（0，0.2）的区间，但各个年度的集中程度和集中金额存在差异。有学者认为这与证监会自2000年起陆续颁布的一系列影响股利支付的法律法规有关。最后，从行业分布上看，我国上市公司股利群聚现象在不同的行业有不同的表现，换句话说，不同行业上市公司的股利支付额集中于不同的支付水平，集中的程度也存在不同。作者将这些现象主要归因为管理者的羊群行为与迎合行为。对于我国股利分配中的不分配或普遍表现的分配率低，热衷于配股圈钱等现象，也有不少学者认为是股权分置、内部人控制、融资付现成本低、财务理念错误等导致的。

二、股利政策在国内的研究现状

（一）股利政策影响因素的检验

国内关于股利政策的研究主要集中于股利政策影响因素的分析。刘星（1996）首先在我国开始了相关的研究。通过调查，刘星（1996）发现，影响我国上市公司股利政策的因素可分为企业外部因素和内部因素两大类。对我国上市公司股利政策影响最大的因素有：当前盈利水平、股东对股利分配的要求、可运用的现金、保持稳定的股利支付率和预计的资本投资需求等。

原红旗（1999）在其博士论文中提出，（1）现金股利与当期盈余呈显著的正相关关系。（2）累计盈余对股票股利影响明显，累计盈余占可分配盈余的比例越高，股票股利占总股利的比例越高。大股东和散户投资者对股利有明显不同的偏好，大股东存在着通过现金股利转移现金的倾向。（3）我国公司股利决策不符合公司价值最大化原则。（4）公司规模与股票股利呈显著的负相关关系。（5）流动性并不是我国上市公司股利选择的重要制约因素。

吕长江、王克敏（1999）对沪深两市1997年度、1998年度支付现金股利的316家上市公司运用林特勒部分调整模型分析研究后得出结论：对于进行股利分配的公司而言，其股利支付水平取决于前期股利支付额和当期盈利水平及变化。吕长江、韩慧博（2001）以1997年前上市的515家A股上市公司为样本，运用Logit模型研究分析得出结论：盈利能力和经营风险是影响股利分配倾向的最主要的因素。

---

① 从国际比较上看，我国上市公司的每股现金股利的离散程度（以变异系数来衡量）平均值仅为0.77，而美国上市公司每股现金股利的离散程度平均值为3.59。相比同一时期美国的上市公司，我国上市公司每股现金股利离散程度不到美国上市公司每股现金股利离散程度的1/4，故我国股利的集中程度已经可以称为“群聚”。

赵春光等（2001）以1999年年底在深沪两市上市的210家A股公司作样本进行回归分析得出的结论是：（1）是否分配股票股利与股权集中度相关，是否分配现金股利和资产负债率相关；（2）每股股票股利与净资产收益率、每股净资产正相关，现金股利的分配与企业规模负相关；（3）现金股利与股票股利的分配还与上年是否分配现金股利以及企业规模相关；（4）每股现金股利与股票价格、主营业务利润增长率正相关，而与市盈率和是否分配股票股利负相关。

伍利娜等（2003）研究了中国上市公司的“异常高派现”现象的影响因素，其研究结论是：（1）法人股比例越高的公司、小股本企业、前十大股东中投资基金越多的企业和新上市的企业发生异常高派现的可能性越大；（2）企业如果当年派发股票股利或进行股本转增，则当年发生异常高派现的可能性越小。

谢德仁（2013）提出了企业具有分红能力的充要条件是同时拥有正的留存收益和源自自由现金流的自由现金，这两者越大，企业分红能力越强。他还提出了“庞式分红”等概念。

王文兵等（2013）从财务公平的角度提出将利润分配范畴拓展为增值额分享范畴，并通过编制增值额创造与分配表来研判股东、各利益相关者所得是否公平的设想。

除上述研究外，也有少数学者开始关注地域因素对股利政策的影响。张祎停、王志强（2015）首次从财务灵活性和成长性的视角厘清了地域因素对公司股利政策影响路径的作用机制。他们的研究表明：在受到外部融资约束的情况下，边远地区公司更倾向于通过减少现金股利发放的方式，来保留公司的财务灵活性。

（二）信号理论的检验

陈晓等（1998）通过对1995年及之前上市的86家A股上市公司首次股利公告日前后20天的超额收益率的计算分析得出结论：考虑交易成本以后，现金股利信号传递效应所带来的超额收益几乎不存在，而首次股票股利在公告日前后能够为股东带来超额收益，具有显著的信号传递效应。李常青（1999）运用随机游走模型对我国股利政策信息含量的经验分析表明，股利具有信息含量。魏刚（2000）以1992—1997年间的644个公司样本为研究对象发现，对处于信息不对称状态下的有限理性的投资者来说，股利政策作为一种信息传递机制，可以向投资者传递公司持久盈利的信息。对于追求效用或价值最大的投资者来说，他们会关心公司的股利政策。投资者通过对企业股利政策的理解与判断来修正自己对公司持久盈利的预期，从而决定其投资决策。孙小文、于笑坤（2003）从股利宣告的市场反应及股利信息的内涵两个方面分析上市公司的股利政策信号传递效应，结果发现我国股市中存在股利的信号传递效应，不同股利政策会引起不同的市场反应，但不同的股利类型对未来盈利的预期没有差别，这表明我国上市公司在股利政策选择上存在随意性。

（三）代理理论的检验

吕长江、王克敏（2002）以1997年前上市，并在1997—1999年间曾支付现金股利的231家公司为样本，从代理成本理论的角度进行了研究。他们发现，管理者股权比例的提高有助于降低公司与股东之间的代理成本，管理者股权比例越高，公司股利支付率越低，且公司股利政策与管理者股权之间存在双向因果关系，股利支付比例较高，其管理者股权比例通常较低。廖理、方芳（2004）以1 075个上市公司在2000—2002年的数据作样本，也从这一角度进行了研究检验，其得出的结论是：管理层持股对于高代理成本公司的现金股利支付有明显的提高作用，但是对于低代理成本公司的作用不明显。他们对样本进一步分类研究后指出，对于高国有股比例公司，管理层持股与股金股利支付正相关，通过管理层持股可以减少管理层与股东之间的冲突。贾凡胜等（2016）则以《关于实施上市公司股息红利差别化个人所得税政策有关问题的通知》的颁布为“自然实验”，研究资本市场对股利税调整的反应以及股利税调整对公司治理问题的影响。结果表明，《关于实施上市公司股息红利差别化个人所得税政策有关问题的通知》将提高现金分红的预期水平，从而缓解高管与股东间的委托代理问题，但却加剧了大股东与中小股东间的代理问题。

三、国外主流股利理论在中国的应用限制

国外关于股利的理论流派纷杂，观点迥异，目前处于主导地位的是利用代理理论和信号理论来解释股利政策，但这些理论对中国上市公司特殊股利政策的解释却存在一定的限制。

（一）代理理论的应用限制

在现代股利理论当中，发放现金股利是控制代理成本的一种重要手段。但在中国，特定的企业制度与市场环境，使得企业中由于代理而产生的问题非常严重，股利充当控制代理成本工具的基本条件不具备。

1.特殊的股权结构不利于解决代理问题

中国上市公司大多数是由国有企业改制而成的，尽管上市公司成为原公司的子公司，但营运模式与原来并没有大的差别。国有财产没有人格化的代表，国有股权股东很难真正去监督上市公司的管理，从资本市场上取得资金是这些公司上市的重要目的。同时，由于这部分股东的投资成本和投资收益率与股权分置改革前流通股股东存在很大的差异，这些因素造成了大股东与股改前流通股股东之间的矛盾。当这些大股东拥有了对企业的相当控制权时，大股东与中小股东之间利益的不一致使得大股东在做出股利分配决策时，没有动机选择稳定的股利水平降低代理成本。股改会在一定程度上缓和这种矛盾，但其成效的显现有赖于股改实施的效果。当前我国上市公司变化频繁的股利政策与国外稳定的股利政策形成了鲜明对比。

在市场经济发达的国家，企业内部都有相互制衡的机制。我国上市公司从形式上似乎具备了权力制衡的结构，但公司外部董事或监事很少，董事和经理人员交叉任职现象普遍。尽管2001年独立董事制度建立了，但其在职业化程度、行为能力、激励约束机制方面都还存在问题，作用无法体现，即我国上市公司内部实质上缺乏有效的制衡机制。

2.市场力量不足以监督代理问题

西方代理理论研究的市场是成熟的、有效的市场，企业发放现金股利后，投资项目所需资金要到市场上去筹集，就必须接受市场中各类投资人、中介机构和证券监管机构的监督。但在中国这些条件目前尚不具备。

首先，我国上市公司的负债比率较低，且负债结构中以短期负债为主，对银行的依赖性较低。加上我国银行自身经营机制的限制，[①]根本无力来监督企业。

其次，企业发行新股或配股筹资都要经过会计师审计相关财务报告，由投资银行进行承销或包销。但由于行业制度上的缺陷，不同规模、组织形式的会计师事务所的审计质量并没有什么差异（原红旗等，2003）。

再次，国内的信息中介市场远未形成，有关证券分析人员对企业会计信息的分析、加工还是非常粗糙的，而且这些咨询机构相当一部分是证券机构的组成部分，对企业分析的立场受到怀疑，不能有效引导投资者对企业管理活动实施有效监督。因而，监督的作用就受到了相当的限制。

最后，证券监督机构对上市公司的监督主要是从法律的角度进行的，和投资者的代理监督角度有所差别，对企业经理人某些“道德风险”和“逆向选择”行为无法有效监督。

3.解决代理问题补充措施的缺失

在市场经济发达国家，尽管有比较完善的治理结构、有效的市场和所有权与经营权的有效分离，但还是存在代理问题，所以在这些国家，为解决代理问题形成了三种补充制度，即经理层持股、股票期权以及破产和收购。

经理层持股和股票期权是对经理层的激励机制，通过让经理层享有一定的剩余索取权而在一定程度上减轻代理的不利后果。而《中华人民共和国公司法》（以下简称《公司法》）规定任何个人的持股比例不得超过公司总股份的千分之五，管理层持股比例很低，导致其薪酬基本是固定的。有效的激励机制在我国上市公司还没有建立起来。

在发达国家，经理层如果不尽力管理企业，增加企业利润，企业破产的风险就会增加，企业一旦破产，经理层在企业中拥有的利益就会失去，其声誉也随之受到损害，由于经理人员人力资源的专用性，经理层受到的损失将会很大，所以经理人员在受到破产威胁的情况下，会尽量追逐利润，从而和股东利益进行协调。在中国，虽然破产法已经实施多年，但迄今为止，上市公司还没有破产的先例。尽管《公司法》对上市资格及暂停和终止上市做了相关的规定，但上市公司还是可以通过盈余操纵避免被摘牌的风险（陆建桥，1998），或者通过资产重组（利用资产重组会计缺乏制度规范）粉饰企业经营状况和财务成果以达到相同目的（陈信元、原红旗，1998）。在我国，职业经理人市场的发育还是个长期过程。

---

①　因为上市公司基本都是各级政府支持的重点企业，银行信贷不可避免地受到行政干预的影响，对政策性贷款、行政性贷款，银行几乎没有选择的余地。此外，我国各大银行自身的问题也很严重，目前又未形成评价企业业绩的成熟的技术与指标。

至于收购兼并，在市场成熟国家，如果市场觉察出某一企业业绩下滑是由于管理效率不高造成的，就会有“猎食者”对企业进行收购、重组，继而高价出售。由于这种收购威胁的存在，使得管理人员的行为受到了很大约束。然而，在中国，绝大部分上市公司由国有股和法人股掌握控股股份，除非这些股东愿意放弃上市公司；否则，外面公司想进行收购几乎是不可能的。对流通股比例较大的公司，通过市场收购的代价是相当大的，而且很难做到绝对控股（原红旗，2004）。尽管从1997年始，中国上市公司资产重组风起云涌，但有相当多的公司是关联交易，上市公司受到类似西方被收购的威胁还非常罕见。

综上所述，由于中国上市公司特殊的股权结构、治理结构和不成熟的市场环境等现实，造成中国上市公司中代理问题极其严重，管理层不可能有通过发放现金股利来控制代理成本的动机。我国上市公司当前的股利政策正是由于代理问题没有有效地解决而形成的。

（二）信号理论的应用限制

由于会计收益容易受到经理人员的操纵，而现金股利涉及企业的经营现金流量，故在理论上，现金股利比收益更能包含企业发展的信息。但现金股利有效传递信号必须满足以下几个条件（Ross，1977）：（1）公司经理层总有传递真实信号的积极性；（2）成功企业的信号不能被不成功的企业模仿；（3）信号必须与可观察事件紧密相联；（4）不存在成本更低的传递同样信息的方法。下面就我国上市公司的情况逐一进行分析。

首先，要使经理层总有传递真实信号的积极性，那必须有一定的制约其传递虚假信息的条件。在我国，由于破产、收购、重组机制的实质缺失和市场环境的不成熟，经理谎报信息不会对企业或个人产生较大的影响，因此虚假信息处罚措施的缺失最终会导致绩差公司可以模仿绩优公司。

其次，如果股利确实能够传递信号，未来收益应当按照相同的方向增长，这种收益的增长就是和股利信号相联系的可观察事件。所以在国外的实证研究中，财务分析师是否会根据股利政策的变动修正对公司发展预期的预测占一定的比重。但中国的股票市场仅达到弱式有效（杨朝军，1997；陈小悦、陈晓和顾斌，1997），而未达到半强式有效（赵宇龙，1998），因此，股价未充分反映这一时期的全部信息，存在操纵价格的现象，股价的随意波动掩盖了由正常途径传递的有用信息对价格的真实影响，市场价格对股利宣告事件的反应和企业利用资源的效率并不一致。

最后，从剩余股利政策的角度讲，当企业存在未来增长的机会，并且只存在内部筹资的条件下，股票股利也可以成为传递信号的手段。股票股利因其发放成本更低、在实务中更容易被模仿而不可能传递未来增长的信息，故不存在比现金股利成本更低的传递有效信息的手段。另外，我国上市公司的股利政策是相当不稳定的，公司股利的变动异常频繁。从股利形式上看，连续发放同一种形式股利的公司很少；从股利占每股收益的比重看，变动幅度也很大，不少公司存在一次发放大额现金股利而以后不发放现金股利的行为。在这种情况下，即使偶然一次的现金股利再多，又能传递什么信息呢？即中国股市中不稳定的股利形式所包含的信息量和西方发达国家资本市场中稳定股利形式所包含的信息量是不同的。

综上所述，中国上市公司的运行机制、市场特点、发展阶段决定了国外信号理论对国内股利政策解释的适用性与有限性。

四、未来研究展望

过去的几十年，尽管学术界通过对公司股利政策的大量理论分析和实证研究发现，不同国家的股利政策存在一些相同的范式，股本规模、投资机会、成长性、监管制度和股权结构等都对股利政策产生影响；股利政策可以向投资者传递一些企业未来盈余的信息，也可在一定程度上降低广泛存在的代理成本。但不幸的是，人们对这些变量之间以及这些变量和股利政策的确切关系还知之甚少，甚至还有许多基本问题无法解释。富兰克费特和武迪（Frankfurter和Woody，1997）曾指出："股利支付模式是一种文化现象""无法采用统一的数学模型对所有公司的股利政策进行分析"。中国上市公司并不具备国外理论所提出的一系列前提条件，且正处于经济转型之中，但也正是这种经济环境的特殊之处给我们研究股利政策提供了新的土壤和契机。关于未来股利政策的研究和发展方向，笔者有以下一些想法：

（一）行为财务理论、政治动机与股利政策

行为财务理论是在经典理论无法解释市场中诸多异常现象的基础上得到充分发展的。行为财务理论注重对个体行为的研究，关注现实生活中实际发生了什么并试图找到这些现象之后深层次的经济学和超越经济学的解释。该理论认为，金融市场上的经济行为是社会人在相互作用的过程中，以客观的外在形式表现出来的，是对于经济刺激的主观反应。行为财务理论吸收了现代心理学的研究成果，为财务研究提供了新的方法和途径，开辟了新的研究视角。

我国证券市场尚不成熟，不仅存在普通投资者行为不理性的情况，还存在大股东、基金等机构投资者、经营者决策的非理性行为。政策导向与动机相对于经济动机往往具有压倒性的优势，这使得行为财务理论在中国有着更为广阔的应用前景。当前行为财务理论的成果主要有期望理论、过度自信理论、反应不足和反应过度理论、效用价值理论等，在运用这些行为财务理论分析中国上市公司的股利政策行为时，不仅要从投资者的非理性行为角度进行分析，更要结合国家政策和大股东、管理者的政治动机深入剖析其非理性行为的根源及其行为模式。

（二）公司治理机制、股改与股利政策

公司治理是一系列制度安排，包括公司内部治理与公司外部治理。公司内部治理包括股权结构安排、董事会治理与经理层激励等途径；公司外部治理包括资本市场监督、经理市场竞争、产品市场竞争等途径。代理理论对其中部分问题已进行了深入探讨，但关于公司治理机制和股利政策内在的很多关系还有待继续明确和深入研究，特别是我国股改后股权结构与股利政策之间关系的发展与变化方面。

王化成、胡国柳（2004）将中国上市公司的股权结构分为股权的流通性结构、股权的持有者身份结构、股权的市场分割结构和股权集中度。在股票全流通的背景下，所有的股东都可以获得相同的现金股利收益或者是来自于资本利得的收益，而且不同股东的每股成本也是一致的。然而，在股改前，非流通股股东的每股成本与流通股的每股成本之间存在着较大的差额，因此股票的非流通性造成了流通股股东和非流通股股东对股利政策的不同认识。尽管当前股权分置改革已得到了成功的推行，并已取得了一定的成效，但股改只是解决我国股市制度缺陷的开始，并未取得实质性的突破和转变。我国的股权结构中仍存在着国有股、社会法人股、管理层持股、社会公众持股等多种类别，每类股东均有自身不同的利益需求，而这些利益需求必然会通过公司治理机制反映到公司的财务决策中，其中也包括股利政策。随着改革的深入，这种关系对上市公司股利政策的选择产生何种影响值得密切关注。

此外，随着各国公司股权的集中度越来越高，股权结构中控股股东问题成为学者研究的热点。徐晓东、陈小悦等（2003）的研究表明，控股股东的存在对上市公司的治理效率产生了重要的影响，我国上市公司股东利用其在公司的控股地位，通过财务决策行为获取控制权私有收益已是不争的事实。因此他认为，在控股股东作为财务决策制定主体的前提下，必然会产生由于股利分配而引起的控股股东与中小股东之间的利益冲突，解决当前问题的关键是改变股权过于集中的现状。其实，股权的集中并不一定绝对导致大股东对中小股东利益的侵害。Faccio、Lang和Yong（2001）关于西欧和东亚国家集团关联公司股利政策的研究发现，在欧洲其他大股东的存在有利于限制控股股东对少数股东的掠夺，而在亚洲其他大股东可能与控股股东合谋来掠夺少数股东。这说明大股东多了，相互之间并不一定形成制衡关系。制衡或是共谋，这取决于国内对中小投资者保护环境的形成与发展状况。在中国特殊的政治经济发展背景下，公司治理、股改与股利政策的动态变化关系必然是股利未来研究发展的一个重要领域。

思考题

1.股利和每股收益的关系究竟如何？那些连续发放股利的公司股利政策具有稳定性吗？哪些因素决定股利的变动？股利的变动能传递未来的信息吗？

2.你如何评价MM理论的成就与不足？

3.税收政策对股利究竟产生了何种程度的影响？

4.在几个经典的股利理论中，有人说行为股利理论更适合解释中国特殊的股利现象，你是否同意这种说法，为什么？

5.股利和企业价值有没有关系？有没有最优的股利政策？如果有，考虑的关键因素有哪些？

6.公司治理对股利政策会产生影响吗？不同公司的治理结构下，是否会有不同的股利政策？不同的股东、经理层在股利发放中扮演什么角色？

7.你认为影响公司股利政策的诸因素对中国上市公司的股利决策影响程度分别如何？

8.不同种类（行业、规模、生命周期）公司的股利政策会有什么差异？

9.股利政策和投资与筹资是如何平衡的？

10.财务指标在股利决策中有没有作用？如果有，哪些指标起关键作用？和国外有什么差别？企业是如何在不同的股利形式之间进行选择的？

11.有人认为，我国上市公司存在“恶意不分红”现象，为了遏制这种现象他们提出上市公司的高管薪酬应该挂钩“分红水平”。你认为这种说法有道理吗？

延伸阅读文献

1.AVNER K，KOSE J.Costly Contracting and Optimal Payout Constraints［J］. Journal of Finance，1982（2）：457-470.

2. AVNER K. Stockholder Bondholder Conflict and Dividend Constraints［J］. Journal of Financial Economics，1982（10）：211-233.

3.BRAV ALON，HEATON J B.Did Erisa's Prudent Man Rule Change the Pricing of Dividend Omitting Firms?［R］. Working Paper，Duke University，1998.

4.BRENNAN M J，THAKOR A V.Shareholder Preferences and Dividend Policy［J］. Journal of Finance，1990，45（4）：993-1019.

5. BRICKLEY J. A. Shareholder Wealth，Information Signaling and the Specially Designated Dividend［J］. Journal of Financial Economics，1983（12）：187-209.

6.CHEN N F，GRUNDY B，STAMBAUGH R F.Changing Risk，Changing Risk Premiums，and Dividend Yield Effects［J］. Journal of Business，1990（63）：51-70.

7. CONSTANTINIDES G M，GRUNDY B D. Optimal Investment with Stock Repurchase and Financing as Signals［J］. Review of Financial Studies，1989（294）：445-466.

8.CONSTANTINIDES G M.Optimal Stock Trading with Personal Taxes［J］. Journal of Financial Economics，1984（13）：65-89.

9. EASTERBROOK F H. Two Agency-Cost Explanations of Dividends［J］. American Economics Review，1984，74（4）：650-659.

10. ELTON E，GRUBER M. Marginal Stockholders' Tax Rates and the Clientele Effects［J］. Review of Economics and Statistics，1970（52）：68-74.

11.FAMA E F，FRENCH K R.Common Risk Factors in the Returns on Stocks and Bonds［J］. Journal of Financial Economics，1993（33）：3-56.

12.FRANCISCO Perez-Gonzalez.Large Shareholders and Dividends：Evidence from U.S.Tax Reforms［R］. Working Paper，Harvard University，2000.

13. GORDON M J. Optimal Investment and Financing Policy［J］. Journal of Finance，1963，18（2）：264-272.

14.GROTH M R.Bets，and Agency Cost as Determinants of Dividend Payout［J］.

Journal of Financial Research，1982，5（3）：249-259.

15.GRUNY B.Trading Volume and Stock Returns around Ex-dividend Dates ［R］. Working Paper，University of Chicago，1985.

16.HESS P.The Ex-dividend Behavior of Stock Returns ［J］. Journal of Finance，1981（September）：485-496.

17. LAKONISHOK J，VERMELEN T. Tax Induced Trading around Ex-dividend Dates ［J］. Journal of Finance，1986（38）：1157-1179.

18.LITZENBERGER R，RAMASWAMY K.Dividends Short Signaling Restrictions Tax Induced Investor Clientele and Market Equilibrium ［J］. Journal of Finance，1980（7）：163-195.

19.LITZENBERGER R，RAMASWAMY K.The Effects of Dividends on Common Stock Prices：Tax Effects of Information Effects ［J］. Journal of Finance，1982（37）：429-443.

20.LONG J B.Efficient Portfolio Choice with Differential Taxation of Dividend and Capital Gains ［J］. Journal of Financial Economics，1977（5）：25-53.

21.MILLER M H，MODIGLIANI F.Dividend Policy，Growth，and the Valuation of Shares ［J］. The Journal of Business，1961（4）：412.

22.MILLER M H，SCHOLES M S.Dividends and Taxes ［J］. Journal of Financial Economics，1978，6（4）：333-364.

23. MILLER M，ROCK K. Dividend Policy under Asymmetric Information ［J］. Journal of Finance，1985，40（4）：1031-1051.

24.NARANJO A，NIMALENDRAN M，RYNGAERT M.Stock Returns，Dividend Yield and Taxes ［J］. Journal of Finance，1998，53（6）：2029-2057.

25.PETERSON P，PETERSON D，ANG J.Direct Evidence on the Marginal Rate of Taxation on Dividend Income ［J］. Journal of Financial Economics，1985（14）：267-282.

26.RICHARDSON G，SEFCIK S，THOMPSON R.A Test of Dividend Irrelevance Using Volume Reactions to a Change in Dividend Policy ［J］. Journal of Financial Economics，1986（17）：313-333.

27.RONI M，VILA Jean-Lue.Investors' Heterogeneity，Prices and Volume around the Ex-dividend Day ［J］. Quantitative Analysis，1995（30）：171-198.

28.RONI M，VILA Jean-Lue.Trading Volume with Private Valuations：Evidence from the Ex-dividend Day ［J］. Review of Financial Studies，1996，9（2）：471-510.

29. SHEFRIN H M，STATEMAN M. Explaining Investor Preference for Cash Dividends ［J］. Journal of Financial Economics，1984，13（2）：253-282.

30.STIGLITZ J E.Some Aspects of the Taxation of Capital Gains ［J］. Journal of Public Economics，1983（21）：257-296.

31. THALER R H, SHEFRIN H M. An Economic Theory of Self-Control [J]. Journal of Political Economics, 1981, 89 (2): 392-406.

32. WILLIAMS J. Efficient Signaling with Dividends, Investment, and Stock Repurchases [J]. Journal of Finance, 1988, 43 (3): 737-747.

33. 陈国辉，等. 上市公司股利政策信号传递效应的实证分析 [J]. 管理世界，2003 (6).

34. 陈小悦，等. 中国股市弱型效率的实证研究 [J]. 会计研究，1997 (9).

35. 陈晓，等. 中国上市公司首次股利信号传递效应的实证研究 [J]. 经济研究，1998 (5).

36. 陈信元，等. 上市公司资产重组财务会计问题研究 [J]. 会计研究，1998 (10).

37. 党红. 关于股改前后现金股利影响因素的实证研究 [J]. 会计研究，2008 (6).

38. 黄娟娟，等. 上市公司的股利政策究竟迎合了谁的需要? [J]. 会计研究，2007 (8).

39. 黄娟娟. 行为股利政策——基于我国上市公司股利群聚现象的研究 [D]. 厦门：厦门大学管理学院，2009.

40. 李常青. 股利政策理论与实证研究 [M]. 北京：中国人民大学出版社，2001.

41. 李常青. 我国上市公司股利政策现状及其成因 [J]. 中国工业经济，1999 (9).

42. 廖理，等. 管理层持股、股利政策与上市公司代理成本 [J]. 统计研究，2004 (12).

43. 刘星，等. 灰色联席评价法在股利政策相关因素分析中的应用 [J]. 系统工程理论与实践，1998 (9).

44. 吕长江，等. 市场不完善对公司股利政策的影响 [J]. 数量经济技术经济研究，1999 (2).

45. 吕长江，等. 股利分配倾向研究 [J]. 经济科学，2001 (6).

46. 吕长江，等. 上市公司股利政策的实证分析 [J]. 经济研究，1999 (12).

47. 吕长江，等. 上市公司资本结构、股利分配及管理股权比例相互作用机制研究 [J]. 会计研究，1999 (3).

48. 罗宏. 上市公司现金股利政策与公司治理研究 [M]. 成都：西南财经大学出版社，2008.

49. 孙茂竹，等. 从博弈看上市公司股利政策的决定 [J]. 会计研究，2006 (8).

50. 孙小文，等. 上市公司股利政策信号传递效应的实证分析 [J]. 管理世界，2003 (6).

51. 汪平，等. 资本成本、可持续增长与国有企业分红比例估算模型构建及检验［J］. 会计研究，2009（9）.
52. 王化成，等. 股权结构在公司治理中的作用及效率［J］. 湖南大学学报，2004（3）.
53. 魏刚. 非对称信息下的股利政策［J］. 经济科学，2000（2）.
54. 伍利娜，等. 中国上市公司"异常高派现"影响因素研究［J］. 经济研究，2003（2）.
55. 肖淑芳，等. 股权激励与股利分配［J］. 会计研究，2012（8）.
56. 谢德仁. 企业分红能力之理论研究［J］. 会计研究，2013（2）.
57. 谢军. 股利政策、第一大股东和公司成长性：自由现金流理论还是掏空理论［J］. 会计研究，2006（4）.
58. 徐晓东，等. 第一大股东对公司治理、企业业绩的影响分析［J］. 经济研究，2003（2）.
59. 应展宇. 股权分裂、激励问题与股利政策——中国股利之谜用其成因分析［J］. 管理世界，2004（7）.
60. 原红旗. 中国上市公司股利政策分析［M］. 北京：中国财政经济出版社，2004.
61. 郑蓉，等. 不同渠道上市民营公司现金股利分配比较研究［J］. 经济与管理研究，2013（2）.
62. 周县华，等. 股权分置改革、高股利分配与投资者权益保护［J］. 会计研究，2008（8）.
63. 韩勇，等. 机构投资者异质性的上市公司股利政策研究［J］. 统计研究，2013（5）.
64. 王国俊，等. 现金股利承诺制度与资源配置［J］. 经济研究，2014（9）.
65. 魏志华，等. 半强制分红政策与中国上市公司分红行为［J］. 经济研究，2014（6）.
66. 李心丹，等. 中国股票市场"高送转"现象研究［J］. 管理世界，2014（11）.
67. 陈艳. 现金股利迎合再融资需求与企业投资［J］. 会计研究，2015（11）.
68. 程子健，等. 交叉上市、股权性质与企业现金股利政策［J］. 会计研究，2015（7）.
69. 王会娟，等. 私募股权投资与现金股利［J］. 会计研究，2014（10）.
70. 周冬华. 半强制分红政策与经营活动现金流操控［J］. 会计研究，2014（9）.
71. 王文兵，等. 从利润分配到增值额分享——基于财务公平视角［J］. 新会计，2013（10）.
72. 张诗停，等. 地域因素如何影响公司股利政策："替代模型"还是"结果模型”?［J］. 经济研究，2015（5）.

73. 贾凡胜，等. 股利税差别化、现金分红与代理问题［J］. 南开管理评论，2016（1）.

74. 支晓强，等. 股权分置改革与上市公司股利政策［J］. 管理世界，2014（3）.

75. 刘卿龙，等. 多元化经营与现金股利政策：代理冲突还是融资约束［J］. 会计与经济研究，2018（4）.

第四章

企业投资行为理论

第一节　企业投资的有关定义

一、投资的定义

在现代企业财务管理中，投资决策、融资决策和股利决策是最重要的三大内容。投资是企业诞生的起点，也是企业生存和发展的前提。企业投资是全社会总投资的重要组成部分，对国家宏观经济增长、整体结构优化和微观经济的发展都具有非常重要的意义。在计划经济下，我国企业的投资实际上是政府投资的一种实现方式，从投资的目的和效果等方面看，企业没有独立的地位和利益行为。改革开放以来，企业作为基本的投资主体的地位已初步确立，直接由政府计划安排的投资项目无论是在数量上还是在金额上较之以前均大为下降。但我国企业的投资决策机制和运作模式仍带有典型的计划经济特点，预算软约束使国有企业重复建设和过度投资等现象严重。尽管改革开放以来中国的经济增长速度一直位居世界前列，但经济高速增长的背后却存在着“高投资—低效率”和“宏观好，微观不好”等问题（易纲和林明，2003；经济增长前沿课题组，2005）。显然，如何改进投资效率，寻求经济的持续、健康发展，是当前改革迫切需要解决的重大课题。另外，近年来随着我国资本市场的发展，我国上市公司也出现了投资效率低下，盲目投资，资金严重闲置，资金被大股东占用和频繁变更募集资金投资方向等问题。出现上述问题的直接结果必然导致上市公司资金使用效率低下，上市公司业绩“变脸”现象频频发生。从微观上看，投资效率低下等问题会降低公司的整体价值，不利于企业的长远发展；从宏观上看，也不利于国民经济的持续、稳定、健康发展，更形成了巨大的资源浪费和经济结构的扭曲。所以，上市公司的投资效率成为学者们研究的热点之一。

经济学把投资定义为对未来回报的预期而承受瞬时成本的行为（Dixit 和 Pindyck，1994）。《不列颠百科全书》第八卷认为，投资是指在一定时期内期望在未来能产生收益而将收入变换为资产的过程。斯蒂格利茨在其《经济学》（上册）

中将投资定义为：广义地讲，投资是指为了得到回报而购买一种资产，从经济整体角度出发，投资包括实业投资和金融投资。《辞海》对投资的定义是：企业或个人以获得未来收益为目的，投放一定量的货币或实物，以经营某项事业的行为。在中国注册会计师协会编著的《财务成本管理》一书中，将投资定义为“为了将来获取更多现金流入而现在付出现金的行为”。一般认为，投资分为实物投资和金融投资两类。前者从广义上说是企业为获得经营性长期资产所从事的一切投资活动，如购建厂房、设备和存货等固定资产和流动资产及并购、研究开发等方面；从狭义上说，投资主要指企业为获得、建造和更新固定资产及取得无形资产和其他长期资产而发生的支出。后者则主要指间接投资，即对股票、债券及其他金融资产的购买。姜付秀等（2008）认为企业主要通过内部和外部两种方式进行扩张。内部扩张主要指企业自行投资，而外部扩张指的是并购。这两者扩张方式的区别主要在于：前者是在本企业内部进行投资购买新设备、新厂房等，或者新建企业，后者则是从本企业外部购买已有的企业。

国外相关研究中企业投资的替代变量见表4-1。

表4-1　**国外相关研究中企业投资的替代变量**

作　者	变　量	变　量
Hennessy和Levy（2002）	capital expenditure/PPE	资本支出/固定资产
Shin和Stulz（1996）	（capital expenditure-depreciation）/total assets	（资本支出-折旧）/总资产
Baber、Janakiraman 和Kang（1996）	（capital expenditure on PPE, acquisitions and R&D）/depreciation	固定资产、并购和研发费用方面的资本支出/折旧
Gugler等（2003）	（after tax profits + depreciation-dividends + Δdebt + Δequity + R&D + ADV）/M_{t-1}	（税后利润+折旧-股利+债务变化+权益变化+研发费用+广告支出）/前一期市场价值
Gompers、Ishi 和 Metrick（2003）	capital expenditure/total assets	资本支出/总资产
Anderson 和 Garcia-Feijoo（2003）	capital expenditure/sales	资本支出/销售收入
Smith和Watts（1992）	capital expenditure/value	资本支出/企业价值
Gaver 和 Gaver（1993），Hall（1992）	R&D/total assets	研发费用/总资产
Kashyap、Lamont 和 Stein（1994）	growth in inventory	存货增长率
Lev和Thiagarajan（1993）	growth in capital expenditure	资本支出增长率
Lang、Ofek和Stulz（1996）	growth in number of employees	员工人数增长率
Thomas和Zhang（2002）	growth in PPE	固定资产增长率

从表4-1可以看出，国外实证研究中使用的企业投资替代变量的方法比较多，综合起来有以广义上的企业资本投资，包括固定资产和无形资产的购建支出、公司并购支出、研究与开发支出（R&D）和广告支出等资本支出作为企业投资替代变量（如Baber、Janakiraman和Kang（1996）），也有以狭义的投资概念或以固定资产增长率等作为企业投资的替代变量（需要注意的是，在土地私有化的英美国家会计中PPE，即Property，Plant&Equipment，包括土地。PPE与我国会计中的“固定资产”口径不完全相同。）。由于目前难以直接从企业财务报表中获取有关企业资本支出、研发费用和企业收购等投资支出数据，我国国内有关上市公司企业投资行为实证研究中采用了不同的替代变量，见表4-2。

表4-2 **国内相关研究中企业投资的替代变量**

作者	变量	变量定义
冯巍（1999）	$I_{i,t}/K_{i,t-1}$	$I_{i,t}$用i公司在t期的固定资产与长期投资的增加值表示，$K_{i,t-1}$用i公司在t-1期的总资产表示
何金秋、丁加华（2001）	I/K（I为资本品投资）	I为固定资产增加值，K为期初固定资产原值
魏锋、刘星（2004）	$I_{i,t}/K_{i,t-1}$（I为资本品投资）	I为固定资产（固定资产原价+工程物资+在建工程）的增加值，K为期初固定资产净额
阳小晓、赖明勇（2005）	I_t（t时期的投资（资本支出））	新增资本支出=固定资产净值（t时期）-固定资产净值（t-1时期）+当年折旧（账面值）。依据Lewellenand和Badrinath（1997）的方法，K为t时期期初的资本存量，用“固定资产净值”表示
张祥建、徐晋（2005）	投资支出水平$(I/K)_{i,t}$	$I_{i,t}=K_{i,t}+\sigma_{i,t}-K_{i,t-1}$，其中$K_{i,t}$和$K_{i,t-1}$分别是i公司在t和t-1时期的固定资产存量，$\sigma_{i,t}$为折旧
胡国柳（2006）	资本支出	资本支出替代变量=（购建固定资产、无形资产和其他长期资产所支付的现金）/总资产
张翼、李辰（2005）	$I_{i,t}/K_{i,t-1}$	I为现金流量表中购建固定资产、无形资产和其他资产的现金；$K_{i,t-1}$为第t-1期总资产的账面价值
杜沔、王良成（2006）	投资水平（公司配股后增加的投资）	INVEST=invest/总资产=（Δ长期投资合计+Δ固定资产原价+Δ在建工程+Δ无形资产及其他资产合计）/总资产。总资产是公司配股前第1年的总资产账面价值
辛清泉、林斌（2006）	资本投资量	第t年固定资产、长期投资和无形资产的净值改变量/平均总资产
田利辉（2005）	投资支出（经过营业收入调整）	企业投资规模为在建工程、短期投资和长期投资之和

续表

作　者	变　量	变量定义
童盼、陆正飞（2005）	以投资-资本存量比例I/K衡量投资规模	I为固定资产、长期投资及在建工程的年度变化值；K为年初总资产
陆正飞、韩霞和常琦（2006）	新增投资	［（本期末：固定资产+在建工程+长期投资）-（上期末：固定资产+在建工程+长期投资）］/期初资产总额
屈耀辉（2005）	投资规模	1999—2003年年初固定资产净值算术平均值
柳建华（2006），程仲鸣等(2008)	投资规模	购建固定资产、无形资产和其他长期资产所支付的现金，购买和处置子公司及其他营业单位所支付的现金，权益性投资和债权性投资支出所支付现金之和与期初资产总额的比值
饶育蕾和汪玉英（2006）；杨华军和胡奕明（2007）	当期长期资产的变化	（年末长期资产-年初长期资产）/年初长期投资
柳建华等（2008）	关联投资变量	上市公司支出的与控股股东有关的投资金额与上市公司上一年年末总资产的比值
张功富和宋献中（2009）	投资率	购建固定资产、无形资产和其他长期资产的支出与期初固定资产净额的比值
江伟（2010）	新增投资	公司当年相对前一年新增的固定资产原值与在建工程之和/当年年初的固定资产总额

通过表4-2可以看出，我国学者在企业投资相关研究中主要使用两类替代变量：一类是固定资产、长期投资等的增加值作为当年的企业投资；另一类是使用现金流量表中购建固定资产、无形资产和其他长期资产所支付的现金作为投资的替代变量。尽管有些学者，如胡国柳（2006）等认为固定资产增长率指标容易受到会计政策选择的影响，但目前国内有关企业投资行为的实证研究中常用这一指标作为投资的替代变量。

二、投资效率的定义

目前企业投资效率的衡量主要是以非效率投资作为企业投资效率的替代变量。例如，Richardson（2006）用投资期望模型计算的残差表示非效率投资部分，他将过度投资定义为超出企业资本保持和净现值为正值的新投资后的投资支出。他认为：企业的新增投资支出由两部分组成：一部分为预期的投资支出，与企业的成长机会、融资约束、行业和其他因素相关；另一部分为企业的非正常投资支出，其可能为正也可能为负，正的代表过度投资，负的代表投资不足。Risberg（2006）认为在完美市场假说条件下，企业会对所有资本成本低于或等于投资回报的项目进行投资，当净现值为0，边际回报与边际成本比值为1时，可以得到边际托宾比率（Tobin's Q）值，公司边际托宾比率值与最优边际托宾比率值之间的差异即为边际投资效率。Titman、Wei和Xie（2004）运用当年投资与该年度之前三年投资的平均值之间的差异作为非效率投资的替代变量。Hovakimian（2006）运用公司资本支出和公司在同年度、同行业平均资本支出之差作为评估公司过度投资还是投资不足的替代变量。上述衡量方法都存在一定的问题，如投资期望模型存在衡量误差，容易遗漏对投资行为产生影响的各种不同变量；由于边际托宾比率值难以衡量以及股权分置的存在，以Risberg（2006）计算的投资效率比较难以反映我国企业投资效率的真实情况；后两种方法没有从产出的角度衡量投资效率，其计算的投资效率与企业投资效率的定义有一定差异。

一般情况下，非效率投资主要包括由于逆向选择的存在而放弃净现值为正的项目的投资不足行为以及企业进行的净现值为负的过度投资行为。Berkovitch和Kim（1990）认为只要企业承担了一个具有负的净现值的项目就称为过度投资。John和Nachman（1985）认为企业最优投资是完全信息条件下的帕累托最优投资额，小于帕累托最优投资额的投资就是投资不足，大于帕累托最优投资额的投资就是过度投资。Verdi（2006）则认为效率投资是在没有市场摩擦（如逆向选择和道德风险）的市场上进行的净现值为正的项目。刘星、曾宏（2002）将中国上市公司非效率投资行为划分为"不自量力"、"为所欲为"和"任人宰割"三类。秦朵、宋海岩（2003）认为投资效率可以从投资的配置效率和固定资产的生产效率两个方面来衡量。另有学者观点有所不同。欧阳凌（2005）认为，非效率投资是指不符合企业价值最大化目标的项目投资决策中的机会主义行为，包括投资过度、投资不足、恶性增资、羊群投资等。近年来，一些学者基于企业投资与财务目标的实现探讨投资效率问题，认为：企业投资的目标在于企业价值最大化，因此，投资效率就是通过投资活动投入一定资源、创造净收益或提升企业价值的能力。与此相对应，凡是不能增加企业价值的投资意味着不能有效利用稀缺资源，因而是非效率投资（周红霞和欧阳凌，2004；袁春生和杨淑娥，2006）。而刘松（2009）认为非效率投资仅指在投资决策过程中因为不符合净现值准则的投资行为，募集资金变更不涉及项目评估，恶性增资属于首次投资决策之后的后续投资行为，不应在非效率投资研究之列。

与企业投资效率相关联的一个概念是资本配置效率。它主要涉及资本能在何种程度上配置于正确的投资项目。影响公司资本配置效率的最普遍和最重要的因素可能来自于信息不对称及由此引起的代理问题（Stein，2003）。Stein将公司投资分为公司层面的投资和公司内部的投资，即外部资本市场和内部资本市场。吕宙（2002）将资本的配置效率分为三个层次：企业层次、行业层次和国民经济层次。企业层次资本的有效配置是指在一定经济环境条件下，使资本获得最大限度的利用，实现利润最大化。目前度量特定公司资本配置效率的替代指标包括平均托宾比率、资本成本及资本成本率与投资报酬率之比等。但是，目前越来越广泛用于较直接又全面度量特定公司资本配置效率的指标主要包括边际托宾比率模型、Wurgler（2000）模型和Richardson（2006）模型。

第二节　我国上市公司投资行为的法律环境

上市公司投资法律环境是指制约上市公司投资行为和相关信息披露等一系列法律和行政法规的集合。具体包括《国务院关于投资体制改革的决定》（2004）（以下简称《决定》）、《公司法》（2006）、《中华人民共和国证券法》（以下简称《证券法》）（2006）等有关法律的具体条款和国务院、证监会制定的有关上市公司内部控制、信息披露、资金使用方面的法规和条例。

一、《决定》中有关投资体制的规定

《决定》明确指出：要转变政府管理职能，确立企业的投资主体地位；完善政府投资体制，规范政府投资行为；加强和改善投资的宏观调控；加强和改进投资的监督管理，最终建立起市场引导投资、企业自主决策、银行独立审贷、融资方式多样、中介服务规范、宏观调控有效的新型投资体制。相对于旧的投资体制，《决定》的主要变化表现为：将投资决策权进一步落实到企业、建立政府投资责任追究制、鼓励社会投资等。

二、《公司法》有关公司投资行为的一般规定

《公司法》对公司的投资规模有着严格的规定，这一规定同样适用于上市公司，《中国证券监督管理委员会关于对外投资比例等问题的审核指引》（2002）进一步强调了几项规定：发行人累计对外投资额不得超过其净资产的50%，对外投资额超过50%的，应要求其在本次发行前纠正；发行人本次发行募集资金用于对外投资，若预计项目实施后累计对外投资额超过其净资产的50%，发行人应调整对外投资。《公司法》（2006）对公司的投资行为规定主要包括：公司可以向其他企业投资，但是，除法律另有规定外，不得成为对所投资企业的债务承担连带责任的出资人；公司向其他企业投资或者为他人提供担保，依照公司章程的规定，由董事会或者股东会、股东大会决议；公司章程对投资或者担保的总额及单项投资或者担保的数额有限额规定的，不得超过规定的限额。《公司法》（2006）同时对公司权力机构关于投资决策的职权做了如下规定：股东会决定公司的经营方针和投资计划；董事会对股东会负责，行使的职权包括决定公司的经营计划和投资方案；有限责任公司经理由董事会决定聘任或者解聘，经理对董事会负责，行使的职权包括组织实施公司年度经营计划和投资方案。

三、有关公司投资内部控制和核准的法规

为了加强单位对外投资的内部控制，规范对外投资行为，防范对外投资风险，提高对外投资效益，财政部专门制定了《内部会计控制规范——对外投资（试行）》（2004），其中详细规定了对外投资的岗位分工、授权标准、投资可行性研

究、评估与决策控制、执行控制、处置控制以及监督检查等方面的内容。该规范的制定与颁布，有利于从内部控制方面规范企业的投资行为，遏制对外投资中的商业腐败行为。

为了规范政府对企业投资项目的核准活动，国家发展和改革委员会2004年9月制定了《企业投资项目核准暂行办法》，该办法不仅详细规定了项目报告的内容编制，而且对核准程序、效力以及相关法律责任等问题也做出了详细规定，从政府层面进一步对企业的投资行为进行了规范。为了规范中央企业投资的投资监督管理工作，国务院国有资产监督管理委员会于2006年7月制定了《中央企业投资监督管理暂行办法实施细则》，该细则详细规定了投资项目存在的一些严重问题：不符合国家发展规划和产业政策的；违反企业投资程序和管理制度的；非主业投资不符合企业调整、改革方向，影响主业发展的；资产负债水平超出企业财务承受能力的。

《上海证券交易所上市公司内部控制指引》（2006）中对上市公司投资行为的内部控制机制进行了规定。第八条规定，公司内部控制通常应涵盖经营活动中所有业务环节，其中投资环节具体涉及投资有价证券，股权，不动产，经营性资产，金融衍生品及其他长、短期投资，委托理财，募集资金使用的决策、执行、保管与记录等。第十四条规定，公司应对控股子公司实行管理控制，特别是重大投资的报告和控制。《深圳证券交易所上市公司内部控制指引》（2006）第四节和第五节分别对募集资金使用的内部控制和重大投资的内部控制进行了规定，内容有：公司应建立募集资金管理制度，包括募集资金存储、审批、使用、变更、监督和责任追究等。公司应在《公司章程》中明确股东大会、董事会对重大投资的审批权限，制定相应的审议程序；公司委托理财事项应由公司董事会或股东大会审议批准，不得将委托理财审批权授予公司董事个人或经营管理层行使等。

四、有关上市公司募集资金使用和信息披露的法规

为了改变证券市场重筹资轻使用的现状，同时也为了减轻投资者与上市公司内部的信息非对称情况，使投资者充分了解公司募集资金的使用情况，我国现行法规体系对上市公司募集资金使用情况的信息披露做了较为详细的规定：证监会在《关于执行〈公司法〉规范上市公司信息披露的通知》（1995）中规定，如果公司在报告年度内募集过资金（包括增资配股），或者虽然报告年度内没有新募集资金，但报告年度之前募集的资金所投入的项目建设延续到报告年度之内，则应就以下几个方面对资金的使用情况和结果加以说明：资金的投入情况；项目的建设进展是否符合计划进度；项目的收益是否与预测相符；列表说明募集资金时拟投资项目与实际投资项目的异同，或公司改变投资项目应说明原因及变更的法律程序。

为进一步强化对前次募集资金使用情况的监管，证监会在《关于上市公司配股工作有关问题的通知》（1999）中要求，为上市公司出具审计报告的注册会计师需提供前次募集资金使用情况的专项报告。专项报告需说明公司前次募集资金的数额和资金到位时间以及公司前次募集资金的实际使用情况，与董事会说明、定期报告的披露及招股（配股）文件的承诺相对照，指出其中的异同。为使投资者充分了解本次筹资的用途，该通知还要求公司董事会对本次募集资金使用的可行性单独做出决议，并在股东大会通知中着重披露本次募集资金投向的可行性。

为促进上市公司加强资金管理，加大对募集资金使用情况和使用效率的监管力度，证监会要求上市公司在发行完成后的三年年报中持续披露本次募集资金的使用效率，并禁止上市公司将募集资金投资于证券公司等金融机构。《中国证券监督管理委员会关于发布〈公开发行证券公司信息披露编报规则第5号——证券公司招股说明书内容与格式特别规定〉的通知》（2000）规定：证券公司募集资金计划投向需经有关部门批准的，应做出特别说明，并披露有关部门的批准文号、所需资金额等内容；募集资金用于风险投资项目的，应当披露项目概况、存在的主要风险及可能给公司带来的收益等。《上市公司信息披露管理办法》（2007）则规定，上市公司的重大投资行为和重大的购置资产决定，应当纳入临时报告披露内容。

2007年2月，证监会颁布了《关于进一步规范上市公司募集资金使用的通知》，要求上市公司募集资金必须按照招股说明书或募集说明书所列用途使用，未经股东大会批准不得改变。上市公司的董事、监事和高级管理人员，应当勤勉尽责，督促上市公司规范运用募集资金，自觉维护上市公司资产安全，不得参与、协助或纵容上市公司擅自或变相改变募集资金用途。另外，该通知同时表示证监会将结合年度报告披露加强对上市公司募集资金使用情况的监管，对于擅自或变相改变募集资金用途、挪用募集资金用于股票及其衍生品种或可转换债券的投资，或未按照规定披露募集资金使用情况的，将采取相应监管措施，情节严重的，将追究上市公司和相关人员责任。

由上述有关公司投资行为、募集资金的使用情况信息披露的相关法律法规规定可以发现，由于公司投资行为属于公司自身的经营管理行为，相对于其他企业法律行为，相关法律法规对其涉及并不多，公司投资效率的提高和上市公司募集资金使用效率的改善，更多地需要公司治理机制发挥作用。对于擅自改变募集资金用途、挪用资金等行为，虽然证监会规定将采取相应的监管措施，情节严重的，将追究上市公司和相关人员责任，但是对于损失的确认、责任的认定以及具体的罚则并无更为详细具体的规定，缺乏可操作性，这给上市公司滥用募集资金提供了可乘之机。从历年上市公司信息披露情况来看，我国上市公司对于资金使用效率的披露并不积极，而且这并不阻碍其通过注册会计师的审计。因此，要更好地规范公司的投资行为，一方面，相关的法律规定需要进一步细化，法律法规的执行还需相应加强；另一方面，也是更重要的，要依靠公司治理机制的完善。

● 第三节　国内外研究综述

企业投资内容极其广泛，影响因素十分复杂，在公司财务研究文献中具有十分重要的地位。经过长期的发展，西方经济学中对企业投资行为的分析已经比较深入。早期的企业投资理论都是在新古典分析框架内进行的，假定企业投资是可逆的，并且可以自由地借入和贷出资金，即不存在不确定性和融资约束等问题。后来，特别是20世纪70年代以来，随着信息经济学、不确定性经济学和公司治理理论研究的兴起，代理冲突、融资结构、现金流量、融资约束、内部资本市场和大股东控制等对企业投资行为的影响日益受到重视，大量的研究成果不断涌现，极大地推进了企业投资行为的研究进展，加速了企业投资理论的进一步发展和完善，而且对指导企业的投资决策具有十分重要的现实意义。

一、国外的研究

（一）传统的企业投资理论

传统的企业投资理论形成于19世纪70年代初到20世纪60年代末，主要包括Clark的加速器投资理论、Jorgensen的新古典投资理论和托宾比率理论。这些理论都是在新古典分析框架内进行的，建立在新古典经济学的一系列严格假设基础上。以Clark（1917）为代表的加速器投资理论，由于其理论模型假定资本产量比为常数，因此只对存在外延扩大再生产的情况成立，而对于实际存在的内涵扩大再生产无能为力。20世纪60年代初期，Jorgensen（1963，1966，1967，1971）将新古典生产函数引入企业投资函数中，承认资本和劳动投入之间替代的可能性，运用连续时间的动态最优模型来描述企业的投资行为，产生了新古典投资理论，标志着现代企业投资理论的形成，然而却忽视了资本存量的调整成本。此后，托宾（1969）提出了著名的托宾比率理论，托宾比率常常被定义为：企业在金融市场上的市场价值与该企业现有资本存量重置成本之比。托宾比率理论针对新古典投资理论中投资调整过程过于简单而造成的理论缺陷，试图从更广义的角度考察企业投资问题。托宾比率理论能够刻画投资决策的动态过程，而新古典理论只是其稳定状态下的一个特殊情况。

（二）代理冲突与企业投资行为

1.股东、管理者代理冲突与企业投资行为

Jensen和Meckling（1976）认为，如果管理者持股比例太小，管理者只能获取与其持股比例相对应的剩余索取权，却要承担与其持股比例不匹配的经营风险和人力资本的机会成本。由于契约不完备性的存在，管理者很可能实施非公司价值最大化的过度投资和投资不足行为，将公司财富转化为个人利益。Jensen（1986）认为，在所有权与控制权相分离的现代企业，管理者有动机引致企业成长超过其最优规模，从而导致管理者与股东之间的利益冲突。Aggarwal和Samwick（1999）建立了一个模型来描述股东与经理关系对投资行为的影响，认为经理人在拥有私人收益时将过度投资，而存在私人成本时才出现投资不足。Brealey和Myers（2000）认为管理者倾向于通过扩大投资来营造超级企业帝国。

另外，Williamson（1964）和Jensen（1986，1993）的研究表明：通常情况下，企业的规模扩张越快，管理者的晋升机会就越多，因此管理者存在扩张企业规模的内在动力，而不是专心投资于公司价值最大化的项目。Shleifer和Vishny（1989）

指出，企业管理者倾向投资于一些能增加自己人力资本价值的项目，从而维持当前职位并提高与股东讨价还价的能力。Stulz（1990）认为，由于管理者对更多在职消费机会的渴望，有可能将所有可获得的资金，投资于所有可获得的新投资机会。Narayanan（1985）的研究表明：由于管理者重视自己在人力资本市场中的声誉，他们可能以股东的长期利益为代价，采取增加企业短期业绩的投资决策，从而导致一些资产的投资不足。Bebchuk和Stole（1993）指出，管理者为了个人的短期利益会实施偏离企业价值最大化目标的投资行为，投资偏离的方向取决于市场对信息内容的偏好和对信息的认知能力。Holmstrom和Costa（1986）的研究表明：职业安全方面的考虑可能会导致管理者不愿意投资新的项目。Baker（2000）认为，管理者倾向于维系自己以往投资形成但目前经营业绩较差的项目，而不是将其清算或退出。

2.股东-债权人代理冲突与企业投资行为

对股东-债权人代理冲突问题的系统研究始于20世纪70年代（Fama和Miller，1972），Jensen和Meckling（1976）以及Myers（1977）在对代理成本的研究中发展了该问题，明确提出了股东-债权人冲突对投资决策的两大影响：过度投资与投资不足。

负债增加的同时也增加了债权人和股东及管理者之间的代理冲突，其表现形式之一就是资产替代问题。Jensen和Meckling（1976）指出，在负债较多的筹资结构下，股东和经理将具有强烈的动机去从事那些尽管成功机会甚微但一旦成功就会获利颇丰的投资，如果这些投资成功，他们将获得大部分收益；如果失败，债权人则需要承担大部分费用。他们同时将此问题导致的机会财富损失归纳为第一种负债代理成本。由于债权人不可能完全监督管理者的经营行为，管理者具有牺牲债权人利益而投资于风险更大和回报更高的项目的动机，表现为过度投资。

负债融资也可以导致企业投资不足。如果新的资本支出项目需要负债融资，新的债权人和原先的债权人相比将处于后偿的位置。新债权人会权衡资金的可收回性，如果没有其他优惠条件，过高的负债水平将无法吸引新的债权人，造成借款企业无法筹措资金。即使企业拥有净现值大于零的投资机会，也无法实现投资。同时，企业负债一旦增加，就增加了管理者还本付息的压力，减少了管理者可以进行无效投资的自由现金流量，从而减少了企业低效率的资本支出。此外，管理者在经营过程中可以获得控制权收益（Aghion和Bolton，1992），负债的增加会增大企业的破产风险，如果企业破产，管理者将失去所有的控制权收益。尤其当管理者面临着黯淡的职业前景时，破产风险的增加将威胁到管理者的控制权。因此，在负债水平较高时管理者为了避免破产，即使有净现值大于零的新投资机会也不去实施。Myers（1977）则认为，当经理与股东利益一致时，经理将拒绝那些能够增加企业市场价值、但预期的收益大部分属于债权人的投资。显然，负债削弱了企业对好项目进行投资的积极性，减少了企业现行市场价值。Smith和Warner（1979）也对股东-债权人之间的冲突进行了研究，他们认为，如果经理代表股东的利益，则发行风险债券企业的经理有动力设计那些对股东有利、但损害债权人利益的经营策略和财务结构。

3.大小股东代理冲突与企业投资行为

近年来，大股东控制、投资行为及其公司价值的关系受到学者们的特别关注。当股权集中达到一定程度时，最基本的代理问题将从投资者和经理人之间的冲突转移到大股东和小股东之间的冲突（La Porta等，1998，1999，2000，2002；Baek等，2004；Faccio和Lang，2002；Lemmon和Lins，2003；Claessens等，2000；Fan和Wong，2002）。世界上大多数国家的公司股权结构都相当集中，大部分公司通常至少有一个相对突出的大股东，甚至控制性股东（La Porta等，1999；Claessens等，2000；Faccio和Lang，2002等）。在公司股权结构分散的情况下，代理问题主要源于外部股东与内部管理人员之间的利益冲突（Jensen和Meckling，1976）。由于受到控制权共享收益和控制权私人收益两种因素的激励作用，股权结构会趋于集中（Holderness，2003）。而在集中的股权结构下，委托代理问题又主要体现为大股东与小股东之间的利益冲突（Shleifer和Vishny，1997），尤其是当资本市场缺乏对小股东有效的保护机制而又不能约束大股东的行为时，存在于大股东与小股东之间的代理问题就尤为严重，大股东可能以牺牲小股东的利益为代价来实现控制权私有收益。

处于控股地位的大股东可以通过其他途径获取隐性收益，如低效率投资、关联交易、过度多元化等（La Porta等，2000；Claessens等，2000；Gaspar等，2005；Nenova，2003）。Parrino和Weisbach（1999）发现大股东经常忽略净现值为正的项目集合和倾向于接受净现值为负的项目集合，表现出投资行为的扭曲。Goergen和Renneboog（2001）考察了股权集中度与流动性约束的关系，发现当存在大股东控制时，过度投资的倾向将增加。Bertrand等（2002）发现了印度金字塔式企业集团的利益输送行为，大股东主要通过资产转移和非效率投资来掠夺小股东利益。Cull和Xu（2005）以及Cheung等（2007）研究发现，大股东的掠夺行为、契约执行、融资渠道、所有权结构对投资行为都具有非常重要的影响，大股东的超强控制使得企业资源分配和投资行为变得低效率，通过财富转移的“隧道效应”（或称“掏空”）减少了企业价值。过度投资带来的成本与控制权和现金流权之间的分离具有直接关联性。Holmen和Hogfeldt（2005）发现在所有权与控制权分离的金字塔控制结构中，大股东通过较少的资本投资来控制多家企业的内部现金流，并指出金字塔控制公司和处于底层公司的效率损失直接与过度投资带来的成本相联系，这种过度投资行为与控制权和现金流权的分离程度具有正相关关系。

4.现金流与企业投资行为

Jensen（1986）在《自由现金流量的代理成本、公司财务与收购》一文中正式提出了“自由现金流量”的概念，并将自由现金流量（free cash flow，FCF）定义为公司所持有的超过投资所有净现值为正项目所需资金的剩余现金。Jensen（1986）认为要使股东的价值实现最大化，就必须把自由现金流量支付给股东，但管理层基于个人私利的考虑，不仅希望掌握更多的自由现金流量，而且宁愿将其投资于低收益的项目也不愿返还给股东，从而导致了管理层与股东之间的代理冲突。针对自由现金流量导致的代理冲突和过度投资行为，Jensen（1993）认为，在公司内部治理机制不能有效运作的情况下，必须依靠外部资本市场来解决，如负债融资。当通过举债来置换普通股时，管理层支付未来现金流量的承诺将受到更严格的约束，特别是当管理层不能履行按期还本付息的承诺时，债权人有权迫使企业破产。因此，负债可以通过减少管理层可自由支配现金流量的方式来降低自由现金流量的代理成本，特别是对于那些有大量现金流量但成长性较差的公司。

后续的很多学者检验了自由现金流量假说和过度投资理论。Lang和Lizenberger（1989）从股利政策角度检验了自由现金流量假说，提出了“过度投资假说”。Stulz（1990）认为现金流和投资之间的正相关关系表明控制自由现金流的经理存在滥用资源的行为。Shleifer和Vishny（1997）、Lamont（1997）等从不同角度实证检验了自由现金流量理论和过度投资假说。Shin和Kim（2002）以及Dittmar和Smith（2007）发现拥有大量现金的企业比持有少量现金的企业容易做出非效率的投资决策。Dechow、Richardson和Sloan（2005）发现企业内部现金流与企业业绩和股票收益具有显著的负相关关系，表明自由现金流的过度投资行为导致了企业业绩下降。但Stein（2003）认为，投资不足和过度投资或者融资约束理论与自由现金流量理论并不是互相排斥的，它们根据企业的不同特征都能解释企业投资对净财富或内部现金流的敏感性。

（三）资本结构、融资约束和企业投资行为

关于资本结构、融资约束和企业投资行为的研究一直受到学者们的广泛关注。在资本市场信息不完全的情况下，公司的融资行为会影响到公司的投资行为决策，即不同的融资约束以及由此形成的不同的资本结构，可能会导致公司不同的投资行为决策。早期的研究分析了融资约束对投资行为的影响，如MM定理（Modigliani和Miller，1958）、啄食融资顺序理论（Myers和Majluf，1984）、过度投资与投资不足理论（Myers，1977；Myers和Majluf，1984）等。Modigliani和Miller（1958）则以完善的资本市场为前提，提出了资本结构与企业投资行为无关的命题。学者们不断放松假定，研究了不完全市场条件下的融资行为和投资特征，普遍认为企业的投资决策将受到信息和代理成本的影响，投资决策和融资决策之间存在交互影响（Stein，2002；Dittmar和Thakor，2007；Faulkender和Wand，2006）。

由于理论上存在争议，一些学者用实证的方法来探讨资本结构与企业投资行为的关系。Bolton和Scharftein（1990）认为依赖于外部融资可能会制约企业后续投资能力，反过来促进那些无融资约束的企业实施掠夺性市场战略。许多学者研究了负债对投资行为的约束效应（Lang等，1996；Denis和Denis，1993；Peyer和Shivdasani，2001）。Whited（1992）运用欧拉等式的实证研究发现债券市场的信息不对称影响到财务危机公司获得外部资本的能力，并进而影响到企业的投资行为。Lang等（1996）研究发现低成长机会企业的财务杠杆与企业投资呈显著的负相关。Cleary（1999）就企业的财务状况对企业投资决策的影响进行了实证分析，研究同样表明，企业当前的债务杠杆会限制未来的投资增长。Fama和French（1999）以及Cleary（1999）发现企业的投资决策与融资方式、资本状况和资本成本存在密切关系。而Johnson等（2002）发现产权对投资非常重要，外部融资对企业再投资的影响微弱。Ahn等（2006）研究发现集团企业里高成长性部门财务杠杆对投资的负效应比低成长性部门更显著。可见，关于资本结构、融资方式和投资行为的研究越来越集中于实证分析，探讨不同环境下的企业投资行为特征。

西方学者主要基于融资约束和自由现金流量理论两种视角来解释投资与现金流之间的关系，以及投资效率问题。融资约束理论认为当经理受到内部资金约束时，由于资本市场上的信息不对称、逆向选择问题，外部融资成本往往要高于内部资金成本，于是投资规模通常低于最佳水平（Jensen和Meckling，1976；Myers，1977；Myers和Majluf，1984；Hubbard，1998）。而自由现金流量理论认为，当企业拥有过多的自由现金流量时，建立企业帝国的偏好使经理们将剩余资金投资到能够扩大企业规模的非营利项目，从而导致企业投资过度（Jensen，1986，1993）。西方学者基于不完全市场研究了融资约束与公司投资-现金流敏感性之间的关系，并通过投资-现金流敏感性的关系来衡量融资约束程度。Fazzart等（1988）发现，投资-现金流敏感性为公司融资约束的存在提供了强有力的证据，并且融资约束和投资-现金流敏感性之间呈正相关关系。Hoshi等（1991）、Whited（1992）将投资对现金流的敏感性作为资本市场上融资约束所导致的投资不足的证据。然而，Kanlan和Zingales（1997，2000）以及Cleary（1999）的实证结果表明，投资-现金流敏感性不是公司受到融资约束的必要条件，而且还发现，融资约束和投资-现金流敏感性之间呈负相关关系。这些实证结论的不一致给学术界带来了新的研究主题，同时也拉开了人们从理论和实证两个角度研究融资约束与投资-现金流敏感性之间关系的序幕。

（四）不确定性与企业投资行为

许多学者研究了不确定性和企业投资行为之间的关系。Leahy和Whited（1996）的研究结果表明，以股票日收益率的方差度量的不确定性与投资之间具有较弱的负相关性，而以股票日收益率与市场组合之间的协方差度量的不确定性与投资之间不存在显著相关性。Ghoshal和Loungani（1996，2000）则发现，对于大部分为小公司的行业，公司投资规模是价格不确定性或利润不确定性的减函数，而对于其他行业，这种关系不成立。由于实证结果的不一致以及实证结论与理论分析的不一致，许多学者利用多种度量不确定性的变量实证检验了不确定性与企业投资行为之间的关系，但仍未取得一致结论（Carruth，2000；Dickerson和Henley，2000）。

考虑到融资约束、不确定性各自都不能完全解释公司的投资行为，一些学者开始将融资约束和不确定性结合起来研究其对公司投资行为的影响。BO（1999）发现，小公司和负债较多的公司的不确定性效应更显著，由此间接证明了外部融资成本与内源融资成本的差异加大了不确定性对企业投资行为的影响。BO、Lensink和

Sterken（2003）的实证结果表明：如果以成本不确定性作为分类标准，投资-现金流敏感性作为融资约束的分类变量是有意义的，即融资约束与投资-现金流敏感性之间具有正相关关系。基于实物期权方法，Boyle和Guthrie（2003）研究表明，相对低融资约束的企业过度投资，过度投资的规模与融资约束的程度具有正相关关系。Almeida和Campello（2002）发现被负债约束的企业比那些容易进入资本市场的企业表现出较高的投资-现金流敏感性。

（五）企业多元化与并购投资行为

西方有关企业多元化经营的文献大致可以分为两部分：一部分从理论角度分析了企业多元化的动机，即企业为什么会选择多元化经营（Penrose，1959；Muller，1969；Gribbin，1976；Montgomery和Wernerfelt，1988）；另一部分则从实证角度研究多元化对企业经营绩效的影响（Matsusaka，1993；Lang和Stulz，1994；Berger和Ofek，1995；Campa和Kedia，2002）。

Jensen（1986）以及Stulz（1994）等认为通过多样化投资，经理能够获得额外的私有收益，包括多样化投资产生的个人威望、权力、地位和在职消费的提高以及多样化经营背景使得经理更易于寻找高级职位。Shleifer和Vishny（1988）认为经理通过多样化投资能够巩固自己的职位，股东很难轻易替换他们。Ross和Shepand（1997）认为经理多样化投资有利于提高股东对其显性报酬的支付。Scharfstein和Stein（2000）、Bertrand和Mullainathan（2001）、Aggarwal和Samwick（2003）以及Aggarwal（2003，2006）从寻租角度出发，认为经理通过多样化投资增加了寻租的机会和可能性。

多元化通常与投资行为的扭曲有关系，通过投资于低收益和高风险的项目，从而导致过度投资行为。Classens等（1998）研究东亚国家和地区企业资本配置问题时发现，在印度尼西亚、韩国、中国台湾和泰国存在追逐短期业绩的垂直一体化的负效应，从而暗示在这些国家和地区中存在过度投资行为。Scharfstein（1998）和Rajan等（1997）也检验了多元化企业在不同部门的投资行为特征，并发现多元化通常会导致投资资金的错误配置。Lamont（1997）以及Berger和Hann（2003）探讨了自由现金流量假说对企业投资活动的影响，发现在多元化企业中，现金充足的分公司将资金转移支持业绩低下的分公司。Servaes（1996）、Raghuram（1999）、Lins和Servae（1999）等对多元化折价问题进行研究，发现美、英、日和新兴国家的多元化投资企业存在显著的价值折扣，多元化折扣现象表明多样化投资是一种非效率的投资行为。

企业并购动因理论包括：效率理论（Jensen和Ruback，1983）、代理理论（Jensen和Meckling，1976）、自大理论（Roll，1986）、市场势力理论（Mullin，1995）、新古典理论（Gort，1969）等。并购过程的研究大致可以分为早期研究和近期研究两个阶段。早期研究（20世纪80年代初至20世纪90年代末）应用博弈论及以博弈论为基础的讨价还价理论对并购过程建立模型，研究主要集中在目标公司所有权结构、投标公司的初始持股、竞争，以及支付方式这些因素上；近期研究

（2000年之后）中实物期权理论被引入并购领域，一些学者结合实物期权理论和博弈论建立了并购过程的动态模型，为并购过程研究提供了新的意见和方法。学术界对并购价值效应的研究主要分为两类：一类是采用事件研究法，考察股东的短期财富效应和长期财富效应；另外一类是基于企业会计数据的会计研究法。前者如Dodd和Ruback（1977）对1973—1976年间的要约收购进行研究发现，收购公司股东获得8%~12%的显著为正的超常收益，而目标公司股东的超常收益高达19%~21%。Agrawal等（1992）在研究了1955—1987年间的并购事件后指出，目标公司股东在并购后一年内的累计超常收益为-1.5%，2年内为-4.9%，3年内为-7.4%，并购后，目标公司股东的长期收益总体上呈恶化趋势。后者如Healy等（1992）对1979—1984年美国规模排名前50的并购交易进行研究发现，与同行的公司相比，收购公司在并购后的运营能力获得显著提高，绩效的提高与股东价值的增加高度相关。

（六）行为财务理论与企业投资行为

1.投资者非理性情况下的企业投资行为

Kahneman（1998）指出，人们的行为偏差其实是系统性的，是许多投资者的共同判断误差。投资者非理性行为往往导致公司股价被高估或低估，管理者在进行投资决策时，会同时考虑投资者非理性行为对股价的影响，从而对公司的投资行为产生影响。投资者的非理性行为通过影响公司的股票价格而导致了公司股票融资成本的变化。管理者可能利用市场时机发行或回购股票：当投资者对公司前景过度乐观时，管理者应该利用投资者非理性情绪实施股票融资；当投资者对公司前景过度悲观时，理性的管理者应该利用这一机会回购股票（Stein，1996）。Polk和Sapienza（2004）以扣除实际现金流后拥有较高盈余或大量股权融资作为企业定价偏高（投资者情绪高涨）的信号，发现企业投资对这类错误定价十分敏感，股价被高估的企业倾向于进行更多投资；Baker、Stein和Wurgler（2003）采用托宾比率代表投资者情绪，发现托宾比率越小即投资者越悲观时，投资水平对股价变化就越敏感。Barberis和Thaler（2003）认为在缺乏准确信息时，即便是理性的管理者，也会在一定程度上相信和考虑投资者意见，在后者乐观态度的影响下，做出负净现值的投资决策。

2.管理者非理性情况下的企业投资行为

（1）过度自信。从管理者过度自信角度研究公司投资行为是近年来刚兴起的一个热点问题。不同学者在文献中对于过度自信的表述存在差别，例如Roll（1986）使用“hubris”，Heaton（2002）使用“optimism”，Malmendier和Tate（2005）使用“overconfidence”等。Roll（1986）认为过度自信的管理者往往会高估并购收益，而且相信并购能带来协同效应，从而会使得本身不具有价值的并购活动得以发生。Heaton（1998）认为管理者过度自信不仅会偏好过度投资，也可能产生投资不足。这是因为，管理者对自己的投资项目在缺乏理性分析的前提下过分自信，一般不愿意发行股票，从而导致投资资本难以筹集，影响了投资项目的实施。Heaton

(2002) 提出了一个基于管理者过度自信的投资异化模型，该模型将管理者过度自信和自由现金流量结合起来研究，结果表明，在不同的自由现金流量下，管理者过度自信会分别导致过度投资和投资不足。Odean (2002) 采用一个简单的资本预算模型，比较了过度自信经理人与理性经理人的投资决策，发现前者容易更快地接受项目。Malmendier和Tate (2003, 2005) 分别发现管理者越过度自信，投资和现金流之间的敏感性越高并且越容易实施并购。Glaser等 (2007) 将研究扩大到企业决策群体，通过对德国上市公司的研究发现：管理层整体倾向于过度自信，过度自信对企业投资水平及投资-现金流敏感性有正向影响。Weinberg (2006) 建立的分析模型表明，自信的管理者愿意投资风险更高的项目；适度自信有利于缓和经理人的风险规避态度，克服委托代理冲突，提高公司价值；但过分自信则由于承担项目的风险过高，会给公司带来损失。

(2) 羊群效应。羊群行为是指在信息不确定的条件下，经理人投资行为受其他企业投资行为的影响，模仿其他企业投资的行为。Scharfstein和Stein (1990) 系统阐述了企业投资决策中的从众行为。在其提出的连续决策过程中，精明的管理者接收到有关项目盈利性的高质量信息；愚笨的管理者则只能接收到较差的信息。前者接收的信号通常正向相关，因而投资决策相似；后者为掩饰自身能力低下，便跟从前者行动，以伪装成有能力人士。Zwiebel (1995) 认为企业管理者在固定资产投资决策中存在羊群效应，即管理者为了证明职业能力，往往追随或盲目效仿其他企业，尤其是成功企业的投资行为，而忽略自己对投资项目所掌握的信息。Prendergast和Stole (1996) 探讨了进行连续投资决策管理者的从众动机。他们发现，年轻管理者急于展示自身能力，容易过高评价私有信息而忽视公共信息，在投资决策中表现得过度自信；相反，老到的管理者倾向于附和行业标准或历史经验，不愿意离经叛道而毁坏以往累积的声誉和名望。

二、国内的研究

(一) 负债水平与企业投资行为

李胜楠和牛建波 (2005) 结合股权结构研究了负债与投资的关系，发现在国有股比例低的公司中，高负债抑制了高成长性企业的投资支出，而在国有股比例高的公司中，高负债并没有起到约束投资的作用。童盼和陆正飞 (2005) 发现，我国上市公司负债比例与企业投资规模存在负相关关系，受新增投资风险项目与投资新项目风险的影响，在从事低风险项目的企业中，负债不但引起投资不足，而且发挥了相机治理作用；在从事高风险项目的企业中，负债在发挥相机治理作用的同时，也带来了资产替代效应。伍利娜和陆正飞 (2005) 研究发现：资产负债率与投资不足及过度投资行为的发生均呈现正相关关系，而企业的盈利状况越差，越会加剧这种投资不足和过度投资行为。刘星和杨亦民 (2006) 研究发现：融资结构与企业投资显著负相关。在分类检验中，高成长企业的融资结构与投资支出的负相关关系进一步提高，而在低成长企业中没有发现融资结构与企业投资支出显著负相关的证据。陆正飞等 (2006) 研究发现：(1) 新增长期负债作为一种资金来源与新增投资正相关；(2) 企业综合财务风险越低，新增投资越多，当过多负债导致企业承担巨大财务风险时，企业的投资能力显著削弱；(3) 新增长期负债中的银行贷款与公司债券作为支持投资的资金来源相互间并不存在显著的竞争关系，长期负债中与投资相关度非常高的仅是长期借款项目；(4) 新增长期负债的波动与投资波动正相关。辛清泉和林斌（2006）研究发现企业投资支出整体上同债务杠杆负相关，但在国有绝对控股上市公司中，企业投资支出对于负债水平不敏感，且随着国有股权比例的上升，企业投资支出对债务杠杆的敏感度逐渐下降。

（二）企业现金流量与企业投资行为

冯巍（1999）研究发现，中国企业的投资规模不仅取决于投资机会和资金使用成本，企业内部现金流量也对企业投资规模具有显著影响。这种影响在不同类型企业之间并不完全一致，存在融资约束的企业投资规模主要受制于内部现金流量，而不存在融资约束的企业投资规模的来自内部现金流量的约束则不明显。何金耿、丁加华（2001）研究发现，投资水平对内部现金流量具有很强的正相关性，并且这种相关性会受到公司面临信息非对称程度的影响，即公司的股利支付率越低，投资对内部现金流的依赖性越强。姜秀珍等（2003）的实证结果表明大规模公司和小规模公司都对现金流量存在敏感性，但是大规模公司的敏感性要高于小规模公司。大规模公司投资依赖于现金流量的主导动因源于信息非对称理论，小规模公司的主导动因则源于自由现金流量的代理成本理论。魏锋和刘星（2004）研究表明，公司投资与现金流量之间存在显著的正相关关系，得出我国上市公司存在融资约束，而总体不确定性与公司投资呈现正相关关系，说明上市公司管理层普遍偏好风险。张翼和李辰（2005）对1998—2001年上市公司的投资-现金流敏感性进行实证分析后发现，在地方政府或一般国企最终控制的公司，随着第一大股东持股比例的增加，投资对现金流的敏感性下降，支持了过度投资理论与自由现金流量假说；而在中央部委、境内非国有实体和自然人最终控制的公司，没有发现过度投资与自由现金流量问题。连玉君和程健（2007）从定性和定量两个角度研究了信息不对称和代理成本对我国上市公司投资决策的影响，并发现投资支出仍然对现金流非常敏感。付文林等（2014）研究发现，现金流增加会提高企业的固定资产投资，但民营企业的权益性投资对其不敏感。

（三）大股东、政府控制与企业投资行为

饶育蕾和汪玉英（2006）实证研究发现，不同性质的第一大股东对公司投资影响有着不同的表现。郝颖等（2006）认为，上市公司资本配置行为在形成控制权收益的同时并没有通过提高公司业绩而增加控制权的共享收益，资本配置决策在很大程度上是大股东控制下的自利行为。辛清泉等（2007）的实证分析结果表明，相对于独立上市公司而言，附属于企业集团的上市公司投资模式更为正常，其投资的价值损害效应也更轻，但其市场价值却显著更低。对于地方政府控制的上市公司而言，企业集团的效率促进作用相对有限，但其价值损害效应却最为强烈。张栋等（2008）发现，相对于非国有控股公司，国家作为控股股东的上市公司存在着明显的过度投资倾向。罗进辉等（2008）发现，大股东持股比例与企业的过度投资水平呈一种倒“N”形的曲线关系，即大股东对管理者过度投资行为的监督作用同时存在激励效应和防御效应；非国有大股东对管理者过度投资行为的监督更有力。程仲鸣等（2008）研究发现，地方国有上市公司存在着因政府干预而导致的过度投资现象，仅有微弱的证据表明政府干预与投资不足有正相关关系，并且结果显示，金字塔层级与过度投资负相关。柳建华等（2008）研究表明，上市公司的关联投资与企业绩效呈现负相关关系，关联投资并未增加企业价值，而是成为控股股东转移上市公司资源的一种渠道。郝颖等（2009）从固定资产投资和股权投资两个方面对大股东的控制权收益攫取进行了实证研究，并进行了稳健性检验。窦欢等（2014）采用2003—2012年我国A股上市公司作为研究对象，考察了企业集团的存在是否会加重下属上市公司的过度投资程度。实证结果表明，相比独立的上市公司，隶属于企业集团的上市公司过度投资程度更加严重。进一步的研究显示，当可能面临外部融资约束时，隶属于企业集团的上市公司过度投资现象也比独立的上市公司更加严重。

（四）行为财务理论与企业投资行为

刘红忠、张舫（2004）实证研究发现，我国上市公司的投资水平与投资者情绪显著负相关。郝颖等（2005）研究发现，高管人员过度自信不仅与投资水平显著正相关，而且投资-现金流敏感性更高；过度自信的高管人员投资-现金流敏感性随股权融资数量的减少而上升；在我国上市公司特有的股权安排和治理结构下，过度自信的高管人员在公司投资决策中更有可能引发配置效率低下的过度投资行为。刘端、陈收（2006）发现我国上市公司投资对市场估价的敏感性与管理者短视程度有关，管理者短视程度越高，则投资受市场估价影响越大；公司长期投资决策对非均衡估价表示的市场错误定价更为敏感，短期投资及其他非长期投资决策对市净率更加敏感。王霞等（2008）研究发现，过度自信的管理者倾向于过度投资，并对融资活动产生的现金流有更高的敏感性，即当公司有充裕的融资活动现金流时，过度自信的管理者会过度投资；反之，则投资不足。姜付秀等（2009）研究发现，管理者过度自信和企业的总投资水平、内部扩张之间存在显著的正相关关系，当企业拥有充裕的现金流时，正相关程度更大。但管理者过度自信与企业外部扩张（并购）之间的关系并不显著。

（五）企业募集资金投向变更问题

上市公司变更募集资金投向的原因可分为由主观无法控制的因素导致的善意变更和由于公司信息披露制度不健全、监管措施不利等非客观因素引起的恶意变更（刘勤和陆满平，2002）。朱武祥（2002）认为上市公司募集资金的投向决策普遍存在市场调查粗糙、高估收益、低估风险、缺乏整体财务风险评估等问题。刘少波和戴文慧（2004）首次将募股资金投向变更区分为隐性变更和显性变更。他们发现：我国上市公司普遍且较大程度地变更募集资金投向；首发上市公司的变更面和变更程度比配股公司和增发公司更突出；隐性变更比显性变更更严重，上市公司资金闲置问题突出；上市公司资产规模与资金投向变更显著负相关。张为国和翟春燕（2005）的实证结果表明，变更募集资金投向的概率和程度与公司的规模、长期投资显著负相关；与公司持有的关联交易、闲置资金及股权集中度显著正相关。

（六）企业多元化与并购投资行为

国内多元化相关研究主要集中在多元化程度与公司绩效之间经验关系的分析与检验上。刘力（1997）发现多元化经营与总资产收益率之间不存在显著相关性。朱江（1999）发现多元化经营与净资产收益率、每股盈余和营业毛利率等指标之间没有显著的相关关系，但与利润水平的波动程度成正比，这个结果表明多元化经营虽然没有伴生出较高的经营利润水平，却能够降低经营风险。金晓斌等（2002）研究认为，多元化经营本身是中性的，是竞争条件下公司价值最大化所要求的一种行为。苏冬蔚（2005）研究发现我国多元化经营的上市公司存在显著的溢价现象，多元化公司具有更高的市净率、托宾比率和超额价值。

国内关于企业并购的研究主要集中在上市公司并购绩效问题上，如陈信元和张田余（1999）认为公司的价值会因重组而得到提升，在重组公告日公司股票的价格确实出现了波动，但并没有证明公司价值的变动。冯根福和吴林江（2001）的研究结果表明：上市公司并购绩效从整体上有一个先升后降的过程，不同并购类型在并购后不同时期内业绩不一致；另外，并购前上市公司的第一大股东持股比例与并购绩效在短期内呈正相关关系。李善民和陈玉罡（2002）的研究结果发现，并购能给收购公司的股东带来显著的财富增加，而对目标公司股东财富的影响不显著；不同类型的并购有不同的财富效应；在国家股比重最大和法人股比重最大的收购公司，其股东能获得显著的财富增加，而股权种类结构对目标公司股东财富的影响不显著。张新（2003）研究发现，并购重组为目标公司创造了价值，目标公司股票溢价达到29.05%，超过20 %的国际平均水平；对收购公司股东却产生了负面影响，收购公司股票溢价为-16.76 %；对目标公司和收购公司的综合影响，即社会净效应，不明显。

第四节 评价与展望

迄今为止，国外关于上市公司投资行为的理论和实证研究成果比较丰富，研究内容正向更深的层次发展，而国内的相关研究正处于起步阶段，系统深入的研究有待全面展开。由于我国的研究起步较晚，研究缺少原创性，更多的是对国外研究内容和研究方法的模仿和沿袭，但是从国家的制度背景来看，我国是社会主义国家，证券市场设立之初主要是为国有企业改革和解困服务的，所以大部分上市公司由国有企业改制而来。同时为保持国家对上市公司的控制，国有股权在上市公司中占据了很大比例，政府的动机和行为对上市公司可能会产生重要影响。这与西方发达国家的股市有根本不同。

从法律制度来看，我国的资本市场源自大陆法系，并且发展得还相当不完善，我国对中小投资者的法律保护经历了一个由弱到强，逐步健全的历史实践过程。由于缺乏严格执行的司法体系，特别是证券民事赔偿制度，中小投资者的权益依然无法通过国家层面上的治理机制得到切实有效的保护，大股东侵占中小股东利益，管理层损害投资者利益的双重代理问题依然严重。而英美法系的发达国家传统上就趋于在更大程度上保护投资者的利益。

从经济阶段上看，我国改革开放已40多年，经济处于转型阶段，资本市场还不成熟完善，公司投融资渠道还不健全，经理人市场还没有完全建立发展起来，这些都不同于发达资本主义国家成熟的市场阶段。

另外，我国上市公司股权高度集中，国有股"一股独大""所有者缺位"等特殊现象决定了国外的研究成果对我国并不完全适用。我国特殊的所有权结构，导致了我国公司大股东利用自己手中的控制权，牺牲中小股东利益来谋取私利的现象严重。因此，企业投资行为更多受到大股东与中小股东之间利益冲突的影响。

正是上述有别于西方发达国家的特殊国情，使得我国的学者有更多、更丰富的研究角度和研究对象，并且可以为广大的欠发达国家的经济发展提供更适合的理论成果和实用指导。另外，随着我国资本市场的发展，基于我国资本市场实际环境和公司治理结构特点，研究我国上市公司投资行为和效率问题显得特别必要和迫切。全面、客观地揭示我国上市公司投资行为存在的问题并寻求有效的解决途径，对提高上市公司的经济效益和促进资本市场健康快速发展是十分必要的。

今后公司投资行为的研究可以从以下方面展开：

（1）从制度方面对现有投资理论进行拓展研究。国外已有的研究基本上采用以美国为代表的发达市场经济条件下的公司样本作为研究对象，很大不足之处在于缺少对发展中国家，尤其是对转型经济国家的研究。作为市场经济体制尚不完善的发展中国家和转型经济国家，我国政府行为对资源配置具有重要影响，各级政府与企业的关系紧密，政府主要通过财政补贴（陈晓、李静，2001）、资产重组（陈信元、叶鹏飞和陈冬华，2003）、关联交易（Jian和Wong，2004）等方式来支持上市公司，通过资产评估（周勤业、夏立军和李莫愁，2003）、关联交易（Jian和Wong，2004）、资金占用（李增泉、孙铮和王志伟，2004）等手段来掏空上市公司。我国的具体经济环境与发达国家存在巨大的差别，这种差别对公司的投资决策等问题会产生怎样的影响，从纯粹的公司层面因素最终进入到检验制度环境对公司投资行为影响的跨国比较将成为一个值得进一步研究的新课题。

（2）负债代理成本问题研究。由于历史和体制原因，目前我国企业股东与债权人之间的矛盾并不十分突出，因此关于这方面的研究也相对较少。但随着企业及银行体制改革的不断深入，企业股东与债权人之间的冲突将日趋凸显，基于我国金融体制深入研究企业负债代理成本问题也将具有深远的理论与实践意义。所以，今后的研究应逐步将视角转移到股东—债权人冲突问题上，从负债代理成本的计量和影响因素、最优债务契约的设计，以及不同类型负债的代理成本差异等诸多方面开展负债代理成本的基础理论和应用研究。

（3）在法制不健全、对中小投资者的合法利益还缺乏有效保护，尤其是对债权人利益缺乏有效保护的情况下，负债融资对企业投资行为的影响还有待进一步研究。从投资行为来看，在对投资者和债权人利益保护薄弱的情况下，大股东与企业经理层将支付较少的股利，而保留大量现金流用于追求其自利目标，如投资于负净现值的项目，但却可能给大股东及经理层带来较高投资收益，从而出现过度投资的情况。因此，在对债权人利益保护较弱的情况下，企业的投资效率问题有待进一步的理论与实证研究。

（4）关于公司非效率投资度量的研究。应该说仅仅研究影响公司投资的动机和机制无法揭示投资者利益在多大程度上受到了损害，无法回答公司治理结构如何进行相应的完善。因为现行研究中通常以投资-现金流敏感性来间接推测投资不足或投资过度，一方面，导致理论上的分歧；另一方面，统计意义上显著存在的投资不足或投资过度并不等同于经济意义上需要予以考虑的投资不足或投资过度，要研究在经济上具有意义的非效率投资，其前提是需要估计非效率投资的程度，即有多少公司进行了非效率投资以及非效率投资的程度。目前，Richardson（2006）与Verdi（2006）提出了基于会计指标的模型来估算投资非效率，此模型的理论基础尚不完善。

（5）大小股东代理冲突对投资效率的影响。目前，企业投资研究大多建立在股权分散与经理人控制的基础上，而对股权集中与大股东控制下的企业投资行为的研究还较少。大股东的出现，能解决股东与经理人之间的代理问题，同时也带来新的治理问题。因大股东私利而引起大小股东间的代理冲突也会影响公司投资的效率，这方面无论是理论模型还是实证检验都有待完善。另外，股东-管理层冲突、股东-债权人冲突和大小股东冲突在企业实际中是共同存在的，会同时影响企业的投资决策。而现有的研究大多分别讨论这三种冲突下企业的非效率投资行为，很少有文献将这三种或其中某两种冲突结合在一起研究企业的非效率投资。所以，在未来的研究中，可以同时从这三种代理冲突角度来分析企业的投资问题，这将更加符合企业的实际情况，能够更好地解释企业的各种非效率投资行为。

（6）新方法的应用。由于企业实际的投资决策过程不易被外人所观察，所以研究企业投资行为往往较难运用实证的方法，在中国这种情况更为明显。而分析式研究又在实践证据的提供上缺乏力度，所以，在研究中可以引入一些新的研究方法，如心理学、实验研究、模拟研究、实地调研等，将有助于深化对该问题的研究。

思考题

1.什么是投资效率？非效率投资行为有哪些度量方法？

2.出现过度投资与投资不足的情况原因是什么？

3.MM理论如何看待投资与企业价值关系？MM理论在公司投资行为研究中起到什么样的作用？

4. 请分析 Jensen 和 Meckling 的经典论文 Theory of the Firm：Managerial Behavior，Agency Costs and Ownership Structure 在上市公司财务行为研究中的地位。

5. 股东异质性对上市公司的投资行为有影响吗？请进行简要分析。

6. 如何从会计学、财务学、经济学和管理学等角度来开展对上市公司投资行为的研究？

7. 你认为影响上市公司投资行为的具体因素可能有哪些？

8. 请分析中西方上市公司的投资行为的异同。

9. 如何结合我国的具体国情来开展上市公司投资行为的多角度研究？

10. 企业投资行为与宏观经济周期有什么关联？

11. 你认为上市公司从事股票买卖、理财产品购买等“不务正业”行为合适吗？

12. 有人认为上市公司搞多元化，特别是与主业毫不相干的产业是没有必要的。你怎么看？

13. 自由现金流量对并购绩效会有影响吗？

14. 中国上市公司海外并购有哪些风险？

15. 你认为上市公司管理层过度自信或过度悲观是否会影响投资决策？如何影响？

16. 国有企业党委在“三重一大”事项上进行前置研究有利于提高投资效率的前提条件是什么？

17. 有学者认为，购买了董监高责任保险的上市公司管理层会提升风险偏好，在高风险委托理财、高溢价并购、盲目投资上会有所体现。你赞同这一观点吗？如果属实，你认为股东们该如何加以制约？

延伸阅读文献

1. FAZZARI S M，HUBBARD R G，BRUCE C P. Financing Constraints and Corporate Investment [J]. Brookings Papers on Economic Activity，1988，1：141-206.

2. HEATON J B. Managerial Optimism and Corporate Finance [J]. Financial Management（Summer），2002，31：33-45.

3. HUBBARD R G. Capital-market Imperfections and Investment [J]. Journal of Economic Literature，1988，36：193-225.

4. JENSEN M，MECKLING W. Theory of the Firm：Managerial Behavior，Agency Costs and Capital Structure [J]. Journal of Financial Economics，1976，3：305-360.

5. JENSEN M. Agency Costs of Free Cash Flows，Corporate Finance，and Takeovers [J]. American Economic Review，1986，76：323-329.

6. KAPLAN S N，ZINGALES L. Do Investment-Cash Flow Sensitivities Provide Useful Measures of Financing Constraints [J]. Quarterly Journal of Economics，1987，

1 : 169–215.

7. KAPLAN S N, ZINGALES L. Investment–Cash Flow Sensitivities Are Not Valid Measures of Financing Constraints [J]. Quarterly Journal of Economics, 2000, 115 : 707–712.

8. LANG L H P, Stulz R M. Tobin's Q, Corporate Diversification and Firm Performance [J]. Journal of Political Economy, 1994, 102: 1248–1280.

9. LEAHY J V, WHITED T M. The Effect of Uncertainty on Investment: Some Stylized Facts [J]. Journal of Money, Credit, and Banking, 1996, 28: 64–83.

10. MALMENDIER U, TATE G. CEO Overconfidence and Corporate Investment [J]. The Journal of Finance, 2005, 6: 2261–2700.

11. MODIGLIANI F, MILLER M H. The Costs of Capital, Corporate Finance, and the Theory of Investment [J]. American Economic Review, 1958, June (48) : 261–297.

12. MYERS S C, MAJLUF N. Corporate Financing and Investment Decisions When Firms Have Investment Information that Investors do not Have [J]. Journal of Financial Economics, 1984, 13: 187–220.

13. MYERS S C. Determinants of Corporate Borrowing [J]. Journal of Financial Economics, 1977, 5 : 147–175.

14. RAJAN R, SERVAES H, ZINGALES L. The Cost of Diversity: The Diversification Discount and Inefficient Investment [J]. Journal of Finance, 2000, 55: 35–80.

15. RICHARDSON S. Over–Investment of Free Cash Flow [J]. Review of Accounting Studies, 2006, 11 : 159–189.

16. ROLL R. The Hubris Hypothesis of Corporate Takeovers [J]. The Journal of Business, 1986 Vol.59 (Issue 2): 197–216.

17. SCHARFSTEIN D S, JEREMY C S. Herd Behavior and Investment [J]. American Economic Review, 1990, 80: 465–479.

18. STEIN J C, FROOT K A, SCHARFSTEIN D S. Risk Management: Coordinating Corporate Investment and Financing Policies [J]. Journal of Finance, 1993, Vol.48 (Issue 5): 1629–1658.

19. STEIN J C. Efficient Capital Markets, Inefficient Firms: A Model of Myopic Corporate Behavior [J]. The Quarterly Journal of Economics, 1989, Vol.104 (Issue 4): 655–669.

20. STEIN J C. Takeover Threats and Managerial Myopia [J]. The Journal of Political Economy, 1988, Vol.96 (Issue 1): 61–80.

21. STEIN J. Agency, Information and Corporate Investment [M]. Amsterdam: Elsevier, Handbook of the Economics of Finance, 2003.

22. 冯根福，等. 我国上市公司并购绩效的实证研究［J］. 经济研究，2001（1）.

23. 冯巍，等. 企业投资理论新进展及其启示［J］. 经济学动态，1998（8）.

24. 冯巍. 内部现金流量和企业投资——来自中国股票市场上市公司财务报告的证据［J］. 经济科学，1999（1）.

25. 干胜道. 自由现金流量专题研究［M］. 大连：东北财经大学出版社，2009.

26. 郝颖，等. 股票市价、所有权特征与公司投资行为研究［J］. 管理学报，2010（5）.

27. 郝颖，等. 我国上市公司高管人员过度自信与投资决策的实证研究［J］. 中国管理科学，2005（10）.

28. 何金耿，等. 上市公司投资决策行为的实证分析［J］. 证券市场导报，2001（9）.

29. 姜付秀，等. 管理者过度自信、企业扩张与财务困境经济研究［J］. 经济研究，2009（1）.

30. 连玉君，等. 投资-现金流敏感性：融资约束还是代理成本［J］. 财经研究，2007（2）.

31. 刘昌国. 公司治理机制、自由现金流量与上市公司过度投资行为研究［J］. 经济科学，2006（4）.

32. 刘凤委，等. 市场竞争、EVA 评价与企业过度投资［J］. 会计研究，2013（2）.

33. 刘勤，等. 变更募集资金投向及其监管研究［J］. 证券市场导报，2002（1）.

34. 刘瑞，等. 中国市场管理者短视、投资者情绪与公司投资行为扭曲研究［J］. 中国管理科学，2006（2）.

35. 刘少波，等. 我国上市公司募集资金投向变更研究［J］. 经济研究，2004（5）.

36. 刘星，等. 我国上市公司非理性投资行为：表现、成因及治理［J］. 中国软科学，2002.

37. 欧阳凌，等. 股权制度安排、信息不对称与企业非效率投资行为［J］. 当代经济科学，2005（4）.

38. 潘敏，等. 信息不对称、股权制度安排与上市公司过度投资［J］. 金融研究，2003（1）.

39. 饶育蕾，等. 中国上市公司大股东对投资影响的实证研究［J］. 南开管理评论，2006（4）.

40. 孙伍琴，等. 民营企业对外直接投资研究［M］. 北京：经济科学出版社，2008.

41. 童盼，等. 负债融资、负债来源与企业投资行为——来自中国上市公司的经验证据［J］. 经济研究，2005（5）.

42. 童盼，等. 负债融资对企业投资行为影响研究：述评与展望［J］. 会计研究，2005（12）.

43. 童盼，等. 股东-债权人利益冲突对企业投资行为的影响——基于中国上市公司的模拟研究［J］. 管理科学，2005（10）.

44. 王成方，等. 投资效率、企业产权与高管变更［J］. 上海立信会计学院学报，2010（1）.

45. 魏锋，等. 融资约束、不确定性对公司投资行为的影响［J］. 经济科学，2004（2）.

46. 魏明海，等. 国企分红、治理因素与过度投资［J］. 管理世界，2007（4）.

47. 肖虹，等. R&D投资迎合行为：理性迎合渠道与股权融资渠道［J］. 会计研究，2012（2）.

48. 张功富，等. 我国上市公司投资：过度还是不足［J］. 会计研究，2009（5）.

49. 张翼，等. 股权结构、现金流与资本投资［J］. 经济学（季刊），2005（1）.

50. 郑江淮，等. 上市公司投资的融资约束：从股权结构角度的实证分析［J］. 金融研究，2001（11）.

51. 周红霞，等. 企业非效率投资行为研究综述——基于股东与经理利益冲突的视角［J］. 管理科学，2004（6）.

52. 喻坤，等. 企业投资效率之谜：融资约束假说与货币政策冲击［J］. 经济研究，2014（5）.

53. 王艳，等. 企业文化与并购绩效［J］. 管理世界，2014（11）.

54. 刘胜强. 融资约束、代理成本对企业R&D投资的影响［J］. 会计研究，2015（11）.

55. 林钟高，等. 环境不确定性、多元化经营与资本成本［J］. 会计研究，2015（2）.

56. 翟胜宝，等. 银企关系与企业投资效率［J］. 会计研究，2014（4）.

57. 陈胜蓝，等. 集团内部资金配置能减少公司过度投资吗？［J］. 会计研究2014（3）.

58. 徐倩. 不确定性、股权激励与非效率投资［J］. 会计研究，2014（3）.

59. 干胜道. 企业过度投资的原因与对策分析［J］. 会计之友，2008（5）下.

60. 王义中，等. 宏观经济不确定性、资金需求与公司投资［J］. 经济研究，2014（2）.

61. 付文林，等. 税收激励、现金流与企业投资结构偏向［J］. 经济研究，2014（5）.

62. 余琰，等. 国有风险投资的投资行为和投资成效［J］. 经济研究，

2014（2）.
63.窦欢，等. 企业集团、大股东监督与过度投资 [J]. 管理世界，2014（4）.
64.王义中，等. 中国信贷供给周期的实际效果：基于公司层面的经验证据 [J]. 经济研究，2015（1）.
65.靳庆鲁，等. 放松卖空管制、公司投资决策与期权价值 [J]. 经济研究，2015（10）.
66.倪婷婷，等. 增值税转型、集团控制与企业投资 [J]. 金融研究，2016（1）.
67.侯巧铭，等. 管理者行为、企业生命周期与非效率投资 [J]，会计研究，2017（3）.
68.杜勇，等. 金融化对实体企业未来主业发展的影响：促进还是抑制？[J]. 中国工业经济，2017（12）.

第五章

企业业绩评价研究

第一节　企业业绩评价的理论综述

一、企业业绩评价的含义

管理大师彼得·F.德鲁克曾经说过“如果你不能评价，你就无法管理”，客观公允的企业业绩评价是股东实现资本的保值增值和有效管理的基本前提。企业业绩（也称为绩效、效绩）是指一定经营期间的企业经营效益和经营者业绩。企业业绩评价则是指运用数理统计和运筹学方法，采用特定的指标体系，对照统一的评价标准，按照一定的程序，通过定量定性的对比分析，对企业一定期间的经营效益和经营者业绩，做出客观、公正和准确的综合评判[①]。还要注意，企业业绩评价不仅是评价理论方法在经济领域的具体应用，还是在会计学和财务管理的基础上，运用计量经济学原理和现代分析技术而建立起来的剖析企业经营过程、真实反映企业现实状况的一门科学，更重要的是，企业业绩评价还是一门企业自我剖析，改善经营管理，增强竞争优势，预测未来发展前景的科学。传统的单一财务评价体系，是信息技术手段相对落后的工业时代的产物，难以适应今天世界经济一体化的信息时代的要求。信息时代发达的信息系统和高科技信息技术使得非财务指标评价、过程适时评价、无形业绩评价、顾客导向评价、企业创新评价、客户信誉评价等成为必要和可能。美国企业的“平衡计分卡（balanced score card）”业绩评价已经在这方面做了有益尝试。

企业的会计信息失真问题，固然有种种原因，但长期以来以单纯财务指标评价企业业绩的评价系统起了一定的推波助澜作用[②]。评价的一个重要功能就是导向作用，如果在企业业绩评价中过于看重财务指标，就会促使企业经营者做出“在位业绩”的短期行为和弄虚作假[③]。在信息时代，会计的信息系统功能融入管理信息系统是大势所趋，但过分强调单独的会计信息系统功能而忽视了会计的控制评价功

① 张涛，文新三. 企业业绩评价研究［M］. 北京：经济科学出版社，2002：2-3.
② 杜胜利. 企业经营业绩评价的跨世纪思考［J］. 财会通讯，2001（2）：9.
③ 张庆昌，马会起. 谈谈企业效绩评价体系中的评议指标［J］. 财会通讯，2003（2）：22.

能，不仅容易引发会计失真，而且会削弱企业的管理控制，难以使会计适应信息时代的需要[①]。企业业绩评价，其直接的目的在于描述企业经营工作的好坏，横向对比反映企业经营的差距，并以此为契机，深入研究企业经营差距存在的原因，提出针对性的改进措施和建议，改善经营管理，增强竞争优势，以便缩小和减少差距。所以，企业业绩评价，不但是反映企业现实状况的一门科学，还是企业经营诊断的起点，是有效地推进企业经营管理不断优化，提高企业适应市场能力的一门科学。

二、企业业绩评价的国内外研究成果与现状

（一）国外企业业绩评价的研究成果与现状

西方企业业绩评价发展史大致可划分为三个时期：成本业绩评价时期（19世纪初—20世纪初）、财务业绩评价时期（20世纪初—20世纪90年代）和企业业绩评价体系的创新时期（20世纪90年代至今）[②]。

1.成本业绩评价时期。早期的成本思想与简单的成本计算是随着商品货币经济的出现而产生萌芽的。1911年，美国会计工作者哈瑞设计了最早的标准成本制度[③]，实现了成本控制。这标志着人们的观念由被动的事后系统反映分析转变为积极主动的事前预算和事中控制，达到了对成本进行管理的目的。成本控制的状况即标准成本的执行情况和差异分析结果成为该时期评价企业经营业绩的主要指标。

2.财务业绩评价时期。到了20世纪初，资本主义市场经济已进入了稳步发展时期，从事多种经营的综合性企业发展起来了，为企业业绩评价体系进一步创新提供了机会。1900年年初，杜邦三兄弟倡导的财务比率、金字塔形的杜邦分析法和投入产出分析法，通过分析企业投入资源与获得收益之间的关系来评价企业的业绩。1911年，泰勒《科学管理原理》一书的出版，标志着企业业绩测评已经发展成为企业业绩管理。到了20世纪60年代，许多控股公司出于成本效益及管理方便的考虑，通常借助于“投资中心”或“利润中心”实施对子公司的管理与控制，运用最为广泛的业绩评价指标主要是预算、税前利润和剩余收益等，其还是对企业管理者奖惩的依据。这一时期的业绩评价始终与产量相联系。20世纪70年代，在泊森（Persen）与莱西格（Lezzig）对400家跨国公司1979年经营状况所做的问卷调查分析中，经营利润和现金流量已成为该时期业绩评价的重要因素。对管理者的奖惩是根据每股收益（EPS）、每股收益的增长以及与竞争对手相比的回报指标情况而定。1980年，R.Kaplan 和 T.Johnson 首先在他们的著作《企业的迷惑：管理会计的兴衰》中提出了传统财务指标无法真实地反映企业的发展状况的观点。此后，美国的许多公司，包括跨国公司逐渐意识到，过分强调短期财务业绩是美国公司在与欧洲和日本企业竞争时处于不利地位的重要原因，于是，他们把着眼点更多地转向企业长期竞争优势的形成和保持上。然而，他们的注意力基本上还是集中在如何解决生产问题而不是客户的要求以及客户的忠诚度上，更为重要的是，对管理者的激

---

① 张涛，文新三．企业业绩评价研究［M］．北京：经济科学出版社，2002：3.
② 张蕊．企业经营业绩评价理论与方法的变革［J］．会计研究，2001（12）：46-50.
③ 罗飞．成本会计［M］．北京：高等教育出版社，2000.

励主要还是依据财务业绩而不是工作质量业绩。因此，这是一个以财务指标为主，非财务指标为补充的业绩评价时期。

3.企业业绩评价体系的创新时期。20世纪90年代，企业的经营环境面临着巨大的变化。由于经济全球化和世界经济一体化的新经济时期的到来，金融工具使用的频繁以及市场的瞬息万变，全球范围内的竞争日益加剧。企业要生存和发展，就必须有战略眼光和长远奋斗目标。为了实现企业的战略目标，就必须形成和保持企业的核心竞争优势。而战略性竞争优势即核心竞争优势的形成与保持是由多方面因素而不是单一因素决定的，那些影响企业战略经营成功的重要因素应在业绩评价体系中得到充分体现。由此，在企业业绩评价方法的创新方面，出现了美国纽约斯特恩·斯图尔特咨询公司创立的EVA（economic value added），Keegant、Eiler和Jones提出的业绩测评矩阵，凯文·克罗斯和理查德·林奇（Kelvin Cross和Richard Lynch）提出的等级制度评价法，罗伯特·霍尔（Robert Hall）提出的“四尺度”评价法，Neely A.D.、Adams C.和Kennerley提出的业绩棱镜以及卡普兰和诺顿（Kaplan和Norton）创建的平衡计分卡等，其中以平衡计分卡最为著名。卡普兰等研究的平衡计分卡，将财务指标与非财务指标进行有机结合，由财务层面、客户层面、内部生产经营层面与学习和创新层面组成业绩评价体系，实现了对企业经营业绩进行综合、全面的评价，为业绩评价体系的创新做出了重要的贡献。苹果电脑公司的成功实践，进一步扩大了该方法的影响。

（二）我国企业业绩评价的研究成果与现状

我国学者在企业业绩评价方面的研究大体可以分为理论基础研究、实证研究以及业绩评价指标体系研究三个方面[①]。

1.理论基础研究方面。纵观企业业绩评价的研究领域，大体上可以分为“以人力资源为核心的企业业绩评价”、“以财务为核心的企业业绩评价”以及“以业务流程为核心的企业业绩评价”，由此可以简单地归纳为“人”“财”“物”三个方面。毛道维（2001）首先对企业理论脉络进行了梳理，在此基础上指出企业业绩的综合评价正朝着评价主体与目的的多元化及其相互综合的趋势发展。张蕊（2002）的理论研究认为，现代企业的经营业绩评价理论基础包括资本保全理论、委托代理理论、“最大最小”法则以及现代管理理论等，并详细论述了各种理论与企业业绩评价之间的关系。向朝进、谢明（2003）基于委托代理理论的研究发现，公司治理与企业业绩具有相关性，完善的公司治理结构将有利于产生良好的公司业绩。楚建波（2003）通过比较和分析产权理论和超产权理论与企业业绩的关系，认为产权理论是决定企业治理结构和业绩的基本动因，而超产权理论所主张的竞争性分析方法并不能取代传统的产权分析，产权结构才是决定企业治理结构和业绩的最基本制度因素。杨玉龙等（2014）研究认为，单纯依靠构建紧密的上下级关系或者单纯依赖分权都不足以提升企业业绩，有助于企业业绩提升的组织设计往往具有如下几个特

① 郝云宏，曲亮，吴波，等. 企业经营业绩评价［M］. 北京：经济管理出版社，2009：8-11.

征：一是分权在业绩评价系统质量较高的情境下进行；二是关系与分权进行了相互匹配；三是企业在分权的同时强化了业绩评价系统的控制职能。

2.实证研究方面。冯根福和王会芳等（2001）以截至2000年年底在上海证券交易所上市的电子行业中的所有公司为样本，采用因素分析法计算综合得分，实证研究发现，同一公司利益相关者对公司业绩的评价是不同的，由此而提出只有建立起多角度的综合评价方法，才能比较全面地反映不同利益相关者的目的和需要。施东辉和司徒大年（2004）通过实证研究上市公司的治理水平与公司业绩的相关性发现，我国上市公司的治理水平总体不高，股权结构对公司治理水平具有显著影响，国有控股型上市公司的治理水平最高，公司治理水平对净资产收益率具有正向影响，而对市净率却有负面影响。梅国平（2004）选取四川省52家上市公司的1999年年报和2000年中报为样本进行盈利能力实证研究。研究发现，在企业经营业绩评价中赋予动态可变的权重，可以比较真实、客观地反映企业的经营业绩。此外，赵希男（2005）从鼓励创办企业和保护公共资源的双重角度，提出参考数据包络评价方法和综合评价方法对企业业绩进行评价。赵中秋（2005）以经济增加值为核心，结合因子分析法等数理统计技术对部分国有企业进行业绩评价，并对研究结果提出相关完善建议。张敦力（2016）以沪深A股2007—2013年的上市公司数据为样本，实证检验相对业绩评价在高管薪酬合约中的实施情况，以及相对业绩评价的使用是否受市场化进程和企业所有权性质的影响。研究结果表明，相对业绩评价在我国上市公司高管薪酬合约中得到广泛使用；相对于市场化程度较低的地区，市场化程度较高地区的企业更倾向于使用相对业绩评价；在此基础上，进一步研究发现，非国有企业比国有企业在市场化水平较高的地区实施相对业绩评价的可能性更大。

3.业绩评价指标体系研究方面。国内学者在探讨企业业绩评价指标体系时，受平衡计分卡思想的影响较大。例如，龚丽和黎毅（2003）借鉴平衡计分卡的主要思想，从财务、价值链流程、创新和环保信息四个层面建立了一套旨在全面反映企业战略经营业绩的评价指标体系。曹丽荣（2004）借鉴平衡计分卡的思想，提出从盈利目标、市场目标、创新目标以及社会目标四个战略层目标构建指标体系，每个战略目标又具体细化为关键流程和主要业绩指标。祝焰和莫清（2005）借鉴平衡计分卡的思想，提出了财务维度、内部营运维度、客户维度、职员学习维度、创新维度、供应商维度六个层面的战略性业绩评价体系，并根据权变理论阐述了不同战略类型和不同生命周期阶段对业绩评价指标设置的影响。此外，国内也有不少学者从其他角度探讨了企业业绩评价指标体系的构建。例如，霍佳霞（2001）和邹辉霞（2004）都从供应链管理的角度探讨了企业业绩评价体系的构建，详细介绍了国外学者对供应链业绩评价指标体系的研究成果。李健（2004）从循环经济的角度研究了企业业绩评价指标体系的构建，提出应该综合考虑企业经营效果、绿色效果、能源属性、生产过程属性、销售和消费属性、环境效果与发展潜力方面对企业的影响，并分别细化每个方面，从而形成一个由目标层、准则层和基础层构成的综合业绩评价体系。温素彬和薛恒新（2005）则从科学发展观的角度探讨了包括经济、生态和社会业绩的三重业绩评价模式。诸波和干胜道（2015）基于“外部环境—战略控制—管理控制”这一逻辑路径，运用问卷调查数据实证检验市场竞争程度、经营战略与业绩评价指标选择之间的关系。研究发现，经营战略在市场竞争程度与非财务指标采用程度之间起到完全中介作用，即企业面临的市场竞争程度越高，则采取前瞻型战略的程度越高，企业采用非财务指标的程度也越高。

三、中西方企业业绩评价演进的启示及展望

从中西方企业业绩评价理论与方法的演进中可以看出，经营环境的变化是企业经营业绩评价及其指标体系发生变化的根本原因。企业的经营目标只有适应环境的变化，符合环境的要求，才有实现的可能。因此，作为体现企业经营管理目标要求的业绩评价体系的设计，也应符合环境的要求，并根据企业经营环境的变化做出相应的变化调整和创新，从业绩评价角度引导管理者进行经营目标的管理，以实现企业效益的最大化。

21世纪是经济全球化、经济信息化和高科技化的世纪，企业的经营环境发生着前所未有的变化，企业的经营管理理念和方法正在进行着一场深刻革命，与此相适应，业绩评价的理论和方法也应进行一次重大的变革：

1.企业业绩评价应实现财务指标与非财务指标的有机结合，使当期经营业绩与企业发展潜力并重。通常，财务数据由于过于依据会计报表而具有滞后性，它只能说明企业经营业绩的当期与过去，而不能说明企业的未来业绩和发展的后劲。以财务指标为基础、以盈利指标为核心的评价指标体系，会使企业只注重当期盈利的最大化，甚至以牺牲企业长远利益的办法增加即期盈利，对企业的长远发展十分不利。而非财务指标，诸如客户层面、职员层面和内部生产经营过程层面等有关指标，大多能反映企业发展的趋势。因此，业绩评价除了关注企业当期经营业绩外，更应充分关注诸如客户满意度、产品市场占有率、技术创新与产品创新以及职工满意度等体现企业发展潜力的重要因素。不重视这些因素的重要作用，业绩评价就不可能做到客观、综合、合理①。

2.将知识与智力资本纳入评价指标体系，重视创新业绩的评价，形成企业持续不断的核心竞争力。知识经济是以知识与智力资源为基础的经济。21世纪是科学技术飞跃发展的世纪，也是一个知识经济的时代。能否充分地利用科学技术，成功掌握以知识与智力资本为核心的无形资产，是决定一个企业腾飞还是没落的关键。因此，将无形资产拥有情况和研发创新能力纳入到业绩评价体系已势在必行。

3.业绩评价应纳入企业整体战略管理的全过程。企业经营管理目标的实现和对管理者的激励是以是否实现了股东财富最大化为根据，而不是短期的财务业绩状况。企业业绩评价的直接目的在于描述企业经营工作的好坏，横向对比反映企业经营的差距。但这并不是企业经营诊断的终点，而应将其作为起点，把评价与战略管

---

① 张蕊．企业经营业绩评价理论与方法的变革［J］．会计研究，2001（12）：50.

理结合起来，有效地推进企业经营管理的不断优化，提高企业适应市场的能力，增强竞争优势，以便缩小差距。由此，企业业绩评价应纳入战略管理的全过程，将财务层面、内部生产过程层面、客户层面与学习和增长层面的业绩评价体系同企业供、产、销各部门、各层次、各级别的目标任务相结合，真正体现为企业战略管理服务的思想。

四、几种流行的企业业绩评价方法介绍

随着企业业绩评价理论的不断演进，企业业绩评价方法研究也在不断发展。传统的业绩评价指标如每股收益、净利润、净资产收益率、总资产报酬率都是一些财务指标，比较容易计算，应用较为广泛。公司内各级员工都非常了解这些业绩评价指标，容易理解沟通，而且这些财务指标定期计算，经过审计，共识性强。但是，财务业绩评价指标也存在不足之处。以收入为基础的会计数字，主要是衡量企业过去的经营状况，无法评估其未来的业绩。例如，采用财务评价指标来制订管理者薪酬计划时，管理人员就会过度关注短期利益，热衷于短期提升公司价值的投资项目，而忽略能带来长期价值的投资项目。因此，鉴于财务指标用于企业业绩评价的局限性，企业必须考虑并尝试将以财务数据为基础的业绩评价体系改造成一个更为宽泛的指标体系进行企业业绩评价，而财务业绩指标仅作为其中的一部分。在现代企业管理中，以下几种企业业绩评价的方法得到了较为广泛的应用。

1.经济增加值（EVA）。20世纪80年代以来，美国出现了一种引人注目的新的业绩评价方法——经济增加值。该方法之所以能引起众多业绩评价者的关注，是因为它具有两大显著优点：第一，该方法考虑了对股东权益资本的补偿，强调企业利用现有资源创造的财富只有超过资源占用的机会成本才会产生财富增值。这有利于将经营者的利益与股东的利益融为一体，在考核经营者业绩时，要首先考虑弥补股东的机会成本。而且，这种基于资本资产定价模型（CAPM）而推出的EVA，可以体现该行业的资本成本和部门的风险特征，能得出一个专门的、以市场为基础的单独业务单位的风险水平，即在计算部门收益时考虑了部门风险补偿。第二，EVA是在对因财务报告的需要而被公认会计准则（GAAP）曲解的信息做出调整后计算得出的。尤其在研发费用的处理方面，EVA对传统的会计利润进行了调整，将研发费用由费用化改为资本化，并在受益年限内摊销。这对于管理者来说更为公平，可以鼓励管理者在短期内加大此类投入以保证企业长期业绩的提高，避免了管理者的“短视”行为。

更重要的是要认识到，EVA不仅仅是一种财务衡量指标，还是一种管理模式和激励机制。由于经济环境和会计处理不完善的影响，EVA评价业绩的基准并不是简单地定位为零，而是相应地定位于零以上或零以下。如果一个企业存在一个较大的负EVA值，在EVA评价体系下，并不会因为企业现在的EVA是负数而去惩罚经营者，而是根据EVA的增减来决定奖惩，只要经营者使现在的EVA负值有所减少就可能获得奖金，因为这实际上也是改善业绩和提高市场价值的好途径。此外，学术界对EVA也有一些深化研究，比如修正的经济增加值（REVA）、经济增加值分类研究（本公司创造的、对外投资瓜分的）、经济增加值（相对于每股净利、每股经营活动现金净流量）的信息含量研究、经济增加值与经营活动现金净流量匹配性研究等。

2.市场价值增加值（MVA）。国外很多研究机构包括麦肯锡咨询公司都提出以MVA作为衡量公司是否实现了价值最大化的标准。MVA即市场价值增加值，指企业全部资产的市场价值与股东和债权人投入企业的资本额之间的差额，即MVA=企业的市场价值-所投入的资本。从公式可以看出，MVA是以企业的经营活动是否增加企业的市场价值及增加多少为考核依据的，因此，MVA与公司价值最大化经营目标是一致的。它不像其他财务指标那样是滞后的，而是可以衡量未来企业价值能否达到最大化目标。当被用来评价企业管理者的经营业绩时，它可以督促企业管理者时时以实现公司价值最大化为目标，抓住能提升企业价值的经营活动，放弃那些损害企业价值但却对其自身有利的经营活动。

3.平衡计分卡（BSC）。1992年，卡普兰和诺顿创建了平衡计分卡，并于1996年将其发展到重视企业发展战略和经营活动中。平衡计分卡作为基于战略管理的评价工具，是由财务、顾客、内部经营过程和成长四方面内容组成的，围绕的核心就是企业的前景与战略。平衡计分卡的内在逻辑是：财务目标是其他目标评价的焦点。企业各方面改善的最终结果归于“提升财务业绩”。财务指标只能衡量企业“过去做得怎么样”，难以揭示导致这种结果的根源，更难以说明企业未来的状况。企业靠什么持续地实现财务目标呢？答案只有一个：顾客。企业想要获取长远的、出色的财务业绩，就必须创造出受顾客青睐的产品或服务，而使顾客满意的关键在于企业产品或服务的质量。质量是制造出来的而不是检验出来的，有效的内部业务流程是企业持续提供令顾客满意的产品或服务的基础。通过内部业务流程的评价，可以促使企业经理人根据外部竞争及顾客要求重组企业内部业务流程，提高企业的竞争力。企业业务流程又如何满足顾客需求呢？靠的是企业的学习与成长。在顾客需求急剧变化的环境下，企业的产品或服务只有不断创新，才能满足顾客的需求。企业只有不断学习才能不断创新，从而不断成长。唯有如此，企业才能持续改善其内部业务流程，更好地为顾客服务，实现其最终的财务目标，从而推动企业的可持续发展①。

4.企业发展潜力评估的3M理论和CSC模型。2000年，中证亚商提出最有发展潜力的上市公司价值评估体系，主要分为六个方面，分别是：基本财务状况、核心业务、经营能力、企业制度、管理层素质和行业环境。上述六个方面可进一步细分为20个相应子指标，每个子指标具有不同的影响因素，共计65个。2002年，中证亚商提出企业发展潜力评估的3M理论，从财务指标、核心业务、经营能力和治理结构几个方面评价上市公司的发展潜力。2003年，中证亚商引入CSC模型，通过产业比较优势（comparative）、行业景气度（sentiment）和公司核心能力（core

① 鲁海帆，胡玉明．超越财务的战略业绩评价系统——《综合计分卡》给我们的启迪［J］．财务与会计，2003（9）：61.

capability）方面来评价公司的发展潜力[①]。

5.业绩棱柱法。鉴于以往的企业业绩评价框架、模型和方法都只能部分地阐明企业业绩评价这个多重层次概念的复杂性，只提供解决这个复杂问题某一点的方法，2001年，Neely A.D.、Adams C.和Kennerley提出了业绩棱柱法。该方法基于利益相关者财务论，其核心是总结了截然不同而在理论上又存在内在联系的关于业绩的五个方面，以及可以帮助设计企业业绩测评标准的五个重要问题，包括利益相关者的满意度（谁是主要的利益相关者，他们的愿望和要求是什么）、利益相关者的贡献（企业组织需要从这些主要的利益相关者那里得到什么）、战略（企业组织应该采取什么战略来满足各方面的愿望和要求）、流程（企业组织执行这些战略需要哪些重要的流程）以及能力（运作和提高这些流程需要哪些能力）。这五个方面为测评企业业绩提供了一个全面的、综合的框架[②]。

此外，近些年，还出现了诸如我国国有企业三层指标评价体系[③]、沃尔特价值咨询公司的投资现金回报率（CFROI）、波士顿咨询公司的完全商业回报率（TBR）、汤姆.卡普兰（Tom Copeland）和亚伦.多戈夫（Aaron Dolgoff）的基于预期的绩效管理（Expectation-based Management，EBM）等企业业绩评价方法。

● 第二节　企业业绩评价专题之一——我国国有企业业绩评价体系研究

一、我国国有企业业绩评价体系的发展历程

我国的企业业绩评价基本上是由政府进行的。在计划经济体制下，政府为了约束企业的经济行为，给企业的运行画定一个运行轨迹，使其服从并服务于国家计划。由此形成了一套与计划管理相适应的国营企业财务管理体系。20世纪50年代后期至90年代《企业财务通则》出台前，考核指标长期以资金、成本、利润为重点。

进入20世纪90年代后，计划经济逐步被市场经济所取代，原有的企业业绩评价体系已完全不能适应市场经济对企业财务业绩评价的要求。1993年7月，以财政部部长令发布实施的《企业财务通则》规定，企业业绩评价体系由八个指标组成：资产负债率、流动比率、速动比率、应收账款周转率、存货周转率、资本金利润率、销售利税率、成本费用利润率。该通则的实施不仅有利于企业财务管理朝着科学化的方向发展，也有利于政府及债权人对企业经营状况进行评价。然而，该指标体系却没有充分体现投资者要求以及企业综合经济效益提高的要求。

随着现代企业制度的建立，财政部在反复研究和论证的基础上，于1995年制

① 蔡剑，张宇，李东. 企业业绩管理［M］. 北京：清华大学出版社，2007：96-97.

② 尼利A，亚当斯K，科尼尔利［M］. 战略业绩管理——超越平衡计分卡［M］. 李剑锋，等，译.北京：电子工业出版社，2002：124-143.

③ 参见本章第二节“企业业绩评价专题——我国国有企业业绩评价体系研究”。

定和颁发了《企业经济效益评价指标体系（试行）》的通知。这套指标体系由销售利润率、总资产报酬率、资本收益率、资本保值增值率、资产负债率、流动比率（或速动比率）、应收账款周转率、存货周转率、社会贡献率、社会积累率10项指标组成。不难看出，该套指标体系注重弥补《企业财务通则》指标体系的不足，充分体现了企业综合经济效益提高的要求，有利于投资者、债权人及利益相关者对企业业绩做出较综合的评价。然而，该套指标体系的不足也是明显的，它忽视了现金流量、智力成本、非财务指标的作用，没有反映企业业绩未来发展趋势的指标。

为了更加有效地对企业业绩进行科学的评价，财政部等四部委于1999年6月联合印发了《国有资本金业绩评价规则》及《国有资本金业绩评价细则》，并于2002年对其进行了修订。这套评价体系对国有企业的业绩评价进行了重新规范，重点是评价企业财务效益状况、资产营运状况、偿债能力状况和发展能力状况四项内容，以全面反映企业的生产经营状况、经营者状况和经营者业绩。这套评价体系由基本指标、修正指标和专家评议指标三个层次、共计28项指标构成，初步形成了定量评价指标（财务指标）与定性评价指标（非财务指标）相结合的业绩评价指标体系。具体指标内容见表5-1。

表5-1　　国有资本金业绩评价体系

<table>
<tr><th colspan="2">评价指标</th><th colspan="2">基本指标</th><th colspan="2">修正指标</th><th colspan="2">评议指标</th></tr>
<tr><th>评价内容</th><th>权数</th><th>指标</th><th>权数</th><th>指标</th><th>权数</th><th>指标</th><th>权数</th></tr>
<tr><td>财务效益状况</td><td>38</td><td>净资产收益率
总资产报酬率</td><td>25
13</td><td>资本保值增值率
主营业务利润率
盈余现金保障倍数
成本费用利润率</td><td>12
8
8
10</td><td rowspan="4">经营者基本素质
产品市场占有能力（服务满意度）
基础管理水平
发展创新能力
经营发展战略
在岗员工素质
技术装备水平（服务环境）
综合社会贡献</td><td rowspan="4">18
16
12
14
12
10
10
8</td></tr>
<tr><td>资产营运状况</td><td>18</td><td>总资产周转率
流动资产周转率</td><td>9
9</td><td>存货周转率
应收账款周转率
不良资产比率</td><td>5
5
8</td></tr>
<tr><td>偿债能力状况</td><td>20</td><td>资产负债率
已获利息倍数</td><td>12
8</td><td>现金流动负债比率
速动比率</td><td>10
10</td></tr>
<tr><td>发展能力状况</td><td>24</td><td>销售（营业）增长率
资本积累率</td><td>12
12</td><td>三年资本平均增长率
三年销售平均增长率
技术投入比率</td><td>9
8
7</td></tr>
<tr><td>权数</td><td colspan="5">80%</td><td colspan="2">20%</td></tr>
</table>

下面就定量评价指标（财务指标）与定性评价指标（非财务指标）分别进行探讨。

二、我国国有企业业绩定量评价指标体系研究

（一）存在的问题

仔细审视现行国有资本金业绩评价定量评价指标体系，可以发现该评价体系存在以下问题：

1.对现金流量指标重视不够，基本指标、修正指标评价均以会计盈余信息为

主。在现行定量评价指标体系的基本指标中，没有一个现金流量指标，只在修正指标中有“盈余现金保障倍数”“现金流动负债比率”两个指标，而且权重仅占修正总权数的18%。可见定量指标体系是以会计盈余信息为主的。

西方很多学者已经通过实证研究证明：现金流量和会计盈余反映了不同维度的会计信息，两者具有很强的互补性。虽然“采用权责发生制会计所得出的会计收益方面的信息，作为一个说明企业获取现金流量顺差的现实和持续能力的指标，比只依靠现金收付说明的财务状况更为有用”[①]，但企业经营的成功，从长期来看，取决于回收的现金大于耗用或投入现金的程度。尤其在全球化的现代经济中，竞争的加剧使得商业信用大量存在，企业销售收入与现金之间存在较大差异，企业收益能否实现，取决于企业收取现金的能力。西方学者鲍尔和布朗（Ball和Brown，1968）、比弗和杜克斯（Beaver和Dukes，1979）等通过大量实证研究已经证明，现金流量信息和会计盈余信息都是有用的，但是它们的用途和侧重点不同，二者不能相互替代。如果信息使用者注重了解企业财务状况和未来经营业绩的方面，会计盈余信息更为重要；而在了解企业收益质量、偿债能力以及企业价值方面，则现金流量更为重要[②]。由此，我国现行定量评价指标体系中，基本指标与修正指标均以会计盈余信息为主的评价方法不免有失偏颇。

2.固定权重的设置，不能满足多重评价主体的需要。现行评价体系在权重设计上仍然沿用了传统的固定权重的方法，没有充分考虑企业业绩评价主体的具体要求。依据受托责任理论，业绩评价主体应当包括控股股东、重大利益相关者和企业自身。对于不同的评价主体，各个指标的相对重要程度是不一致的。例如，对于国家所有者而言，最注重资本金的保值和增值，将资本金的安全性放在首位；对于企业债权方（比如银行、企业债券持有者等）而言，最为关注的是企业的偿债能力，将反映企业偿债能力的指标视为最重要的指标；对于企业自身而言，主要是战略性评价和竞争力评价，关注的是企业的发展前景；中小股东则关心的是企业的经营成果、分红能力和成长性。而固定权重的最大缺陷就在于容易导致信息使用者只注重总体评价结果，而忽视个别评价指标反映出来的潜在问题。

3.指标之间关联度太大，造成指标设置的重复。现行评价体系中，有些指标的相关性太强，指标之间缺乏应有的独立性，造成指标设置重复。这必然夸大部分指标的实际影响力，缩小指标体系的覆盖面，使得指标体系的科学性受到较大的影响。例如，基本指标中的资本积累率、净资产收益率与修正指标中的资本保值增值率；基本指标中的流动资产周转率与修正指标中的存货周转率、应收账款周转率；基本指标中的总资产周转率与净资产收益率等。这些指标间几乎全部属于高度正相关范畴，相当于对同一指标的多次重复计分，不尽合理。

（二）改进的建议

2006年2月，财政部新颁布了一系列会计准则，对相关会计科目、账务处理以

---

① 美国财务会计准则委员会《财务会计概念公告第1号》。

② 郭菁. 现金流量信息与盈利信息之比较研究［J］. 上海会计，2002（5）：51.

及指标计算进行了新的修订。由此，依据以上存在的问题和新的会计准则的规定，对现行国有企业业绩评价体系做了以下改进，总体思路如下：

1.基于现金流量和会计盈余反映了不同维度的会计信息，考虑将现金流量纳入国有资本金业绩评价体系并加大其比重，以改变现行评价体系对现金流量指标重视不够的局面。考虑到财务业绩评价重视企业财务状况和未来经营业绩的特点，在基本指标中，全部采用会计盈余指标，而在修正指标中主要采用现金流量指标，对企业收益质量、财务风险、资金运转是否顺畅等方面进行补充修正。

2.在现有评价体系的基础上，对某些指标进行删减，修正并增加其他维度的评价指标，本着既要照顾到企业综合能力又要突出评价重点的原则选取指标，以改变指标重叠评价带来的评价结构覆盖面过窄的局面。

3.增加反映企业核心竞争力的知识与智力资本评价指标，以弥补在当前强调知识经济的时代背景下，现有定量评价指标体系对前瞻性体现不足这一弊病。

三、我国国有企业业绩定性评价指标（评议指标）体系研究

（一）存在的问题

现行的业绩评价体系中，定性指标（评议指标）由八项非财务指标构成。其目的主要是依据这八个评议指标对企业业绩进行定性分析，通过逻辑思维和主观判断，综合多方面的意见，分析说明企业管理素质、竞争能力、发展潜力、社会责任等情况，以便较合理地反映企业的内部经营过程，满足各方面分析决策的需要。但该体系中评议指标的设置与权重的处理方面仍存在种种问题。

1.评议指标内部，各指标的内容与权重不科学。

现行的评价体系中的八项非财务指标，可大致分为四类：第一类为反映企业基本素质的三项指标，包括经营者基本素质、基础管理水平和在岗员工素质；第二类为反映企业竞争能力的产品市场占有能力和技术装备水平；第三类为反映企业发展能力的两项指标，包括发展创新能力和经营发展战略；第四类为反映企业社会责任的综合社会贡献指标。客观上讲，这四类指标的确在一定程度上能起到进一步修正定量评价结果，使企业业绩评价结论更加全面准确的作用。但结合当前的国际、国内市场行情和企业的发展状况来看，这四类指标的设置和处理仍然存在不少问题：

（1）企业基本素质指标权重过高。在权数为100的整个评议指标体系中，经营者基本素质（18）、基础管理水平（12）、在岗员工素质（10）这三项反映企业基本素质的指标权重达到整个评议指标体系的40%。

（2）企业发展潜力权重过低。在评议指标体系中，反映企业发展潜力的有发展创新能力和经营发展战略两项指标，其权重分别为14和12，二者比重合计仅占整个评议指标体系的26%。而如前所述，企业设置评议指标的主要作用就在于督促和评价企业关注未来发展的潜力，这一权重过低就难以体现设置评议指标的主要目的。而且，这一权重过低会导致企业忽视经营发展战略（其权重仅占12%）。这对企业的评价与发展来说都是非常有害的。业绩评价的最终目的应该是督促和引导企业的长远发展，从目前国际、国内企业的发展来看，无论是跨国公司，还是中外发

展势头良好的企业集团无不把实现企业经营战略目标作为企业业绩评价的中心，无不把市场扩张和巩固占领市场作为战略目标的首选。围绕如何适应市场，及时正确地确定和调整自己的战略目标，是目前各国企业，特别是跨国公司设计业绩评价指标中非财务指标的关键。而我国目前的非财务指标体系中体现企业经营发展战略的比重却只有12%，这又何谈企业的发展潜力得以客观准确地体现呢？况且，现行的评议指标体系中对经营发展战略的评价比较散乱，没有形成严谨的评价系统，这也与其权重过低有关。现行的“操作细则”中仅列出企业经营发展战略，是指企业所采用的包括科技投入、产品开发、市场营销、设备更新、项目规划、资产重组、资本筹划及人力资源等各个方面的谋划和策略，而对其评价的操作方法是由专家对其定性打分。在其权重仅占评议指标体系12%的情况下专家对这些众多的、散乱的因素打分就不可能十分严谨，这同样也会弱化企业对经营战略内容的重视。

（3）前瞻性、时代性体现不足。修订后的企业经营发展战略指标中没有涉及企业无形资产战略的内容，而21世纪是科学技术飞跃发展的时代，能否充分地利用科学技术，成功地掌握无形资产，是决定一个企业腾飞还是没落的关键。无形资产正逐渐成为一个企业最核心的竞争力，如果一个企业只是停留在老技术、老材料、老工艺、老产品上，不关心科学技术进步，就很可能被时代所淘汰。由此，在国有资本金业绩评价中，对无形资产发展战略的评价将是新形势下不得不考虑的内容。企业可以就无形资产诸方面筹划经营战略，其中最关键的是企业技术发展战略，这也是无形资产的核心和基础。由此，在对企业业绩评价中应增加对技术创新方式等无形资产的评价与考核。

2.评议指标在整个业绩评价体系中的权重较低。

考虑到评议指标的非计量性，现行的企业业绩评价体系中，基本指标和修正指标构成的财务指标体系仍占绝对比重，作为非财务指标的评议指标体系仅占整个评价体系的20%。

有些学者还指出，现行评价体系中，评议指标的内容过于综合，指标内涵覆盖面过大。例如，“在岗员工素质状况”就包括普通员工的文化水平、道德水平、技术技能、组织纪律、参与企业管理的积极性及爱岗敬业精神等的综合情况。如此内涵丰富的评议指标并不能体现出企业评价的重点。再有，定性分析主要取决于操作者的知识水平、专业素质、综合分析判断能力的高低，操作难度较大，分析行为的主观随意性较强。有必要提高现行评议指标的量化程度，以保证评价标准、评价过程和评价结果的客观性。

（二）改进的建议

如前所述，现行评价体系中的评议指标，在指标内容、权重设置、量化程度等方面存在着种种弊端，既难以保证评价标准、评价过程和评价结果的客观性，也不利于引导企业关注和实现企业的长远战略目标。而由美国学者卡普兰与诺顿在实践研究基础上开发的平衡计分卡最大的贡献就在于引入了非财务指标，不仅仅是作为一个业绩评价系统，更成为一套有效的战略管理系统，把所有员工的精力、能力和具体知识综合应用于实现公司的长远战略目标。平衡计分卡在一定程度上实现了由财务评价指标、过程评价指标、客户评价指标、研发评价指标、质量评价指标、员工评价指标等要素组成的，体现财务指标与非财务指标相结合、结果静态评价和过程适时动态评价相结合、有形业绩和无形业绩评价相结合、所有者权益和市场顾客导向相结合的“四个结合”[①]的评价指标体系的构建。由此，试图依据平衡计分卡内在逻辑，借鉴该业绩评价体系中的非财务指标，并结合我国企业的实际情况及有关学者的良好建议，完善原有评议指标评价体系，引导企业从因过分看重对结果的评价而轻视对过程控制的传统观念中解放出来，注重企业的长期利益、长远发展。同时，对定性指标尽可能量化，以保证评价标准、评价过程和评价结果的客观性。

依据平衡计分卡的内在逻辑，同时，考虑到我国社会主义性质的国有企业应大力加强环保意识和社会公益建设的国有性质，以及我国目前国有企业资源浪费严重这一现状，建议再增加企业可持续发展能力状况的评价。由此，评议指标体系可从内部业务、客户层面、创新与学习能力、可持续发展能力四个方面来评价。其中，可持续发展主要包括资源利用状况、环境保护状况和社会公益建设等方面内容。

● 第三节　企业业绩评价专题之二——企业经营业绩与经营者股权激励

一、经营者股权激励与企业业绩评价的关系

“以人力资源为核心的企业业绩评价”主要基于现代企业制度下的委托代理理论和契约理论。现代公司制度的一个重要特征是企业所有权与经营权相分离，在所有者（委托人）和经营者（代理人）存在信息不对称的情况下，两权分离也同时带来了二者之间的一系列委托代理关系。如前文所述，在企业中，经营者是拥有特殊人力资本的一方，他对自己管理知识的多少、才能的高低以及努力程度等拥有比企业所有者更多的信息，所有者只能以经营者的经营业绩来对其进行考评。另外，在所有者与经营者签约时，所有者无法预见将来发生的所有偶然事件，而且即使能预见也由于成本效益原则而无法全部列入契约。因此，在信息不对称的情况下，所有者与经营者之间签订的契约必定是一个不完备的契约。此外，在契约执行过程中，同样由于信息不对称和成本效益原则，所有者无法完全监督经营者的履约情况，经营者就可以利用在信息不对称中的优势一方面在与所有者签约时获得优势，另一方面在履约过程中再次利用信息不对称中的优势实现自身效用最大化。由此可见，两权分离在带来专业分工从而提高资源配置效率的同时，由于信息不对称也会产生代理问题，即经营者的道德风险和逆向选择问题，这也正是对经营者实施股权激励的最主要的理论依据[②]。

---

① 杜胜利. 企业经营业绩评价的跨世纪思考［J］. 财会通讯，2001（2）：9.

② 吴易风，等. 西方经济学［M］. 北京：中国人民大学出版社，1998.

长期以来，对经营者的长期激励一直是我国企业，特别是国有企业的薄弱环节，而经营者持有股权能够在一定程度上克服我国分配制度改革中存在的问题。因此，通过经营者股权激励制度来调动经营者的积极性，建立长期有效的激励机制，已显得十分迫切和重要。在我国，证券市场的迅速发展，为我国企业实施经营者股权激励制度提供了基础。《公司法》和《证券法》的陆续修改与完善，证监会一系列的政策出台和股权分置改革的进行，更是为经营者股权激励制度改善了实施环境和扫清了政策障碍。2006年1月，证监会发布了《上市公司股权激励管理办法（试行）》；2006年2月，财政部颁布了一系列相关会计准则；2006年12月，国资委公布了《国有控股上市公司（境内）实施股权激励试行办法》，这些都从制度上为我国上市公司股权激励办法的实施提供了有力的保障。2006年年底，股权分置改革完成后，上市公司全部进入了资本市场，控制权市场由此变得日趋活跃。在这种情况下，经营者股权激励制度的实施将对上市公司解决委托代理问题乃至提高公司业绩、提升公司股价起到巨大的推动作用。

二、经营者股权激励与企业经营业绩的相关性

股权激励设计的逻辑思路及目的是：如果股权激励有效，则其能有效地抑制经营者的道德风险和逆向选择问题，进而有效地降低代理成本，最终会使企业经营业绩上升。因此，现实中学者们对于股权激励有效性的实证检验大多是检验股权激励与企业经营业绩的相关性研究。

（一）国外相关研究

Demestz和Lehn（1985）对公司业绩与经营者持股关系的研究结果是二者具有线性关系，即经营者持股比例越高，公司业绩越好[①]。其后，Morck等（1988）、Mc Connell和Servaes（1990）以及Kole（1996）等通过进一步研究认为这一关系表现为非线性形式。Hall和Liebman（1998）的实证分析表明，经营者持有的股票期权与企业价值存在着紧密的相关性，股票期权对公司股价的变动非常敏感，与其他薪酬激励方式相比，股票期权对经营者的激励力度更强[②]。国外研究中，也有少数认为股权激励与企业业绩不相关，如Lorderer和Martin（1997）对867家公司进行实证分析后指出，经营者持有较多股份并没有改善企业的经营业绩。虽然对经营者股权激励如何影响企业经营业绩存在不同的观点，但国外多数研究都肯定了经营者的股权激励与企业的经营业绩相关。

（二）国内相关研究

国内有关股权激励效用的实证研究方面，最初，国内学者认为经营者股权激励与企业经营业绩之间不存在相关关系，如袁国良和王怀芳（2000）随机抽取1996—1997年的100家上市公司，通过回归方式研究指出经营者持股和企业经营业

① DEMESTZ，HAROLD，LEHN K.The Structure Journal of Corporate Ownership：Cause and Consequence［J］. Journal of Political Economy，1985，93：1115-1177.

② HALL B，LIEBMAN J.Are CEOs Really Paid Like Bureaucrats［J］. Quartertly Journal of Economics，1998（8）.

绩的相关性非常低，即使非国有控股上市公司也是如此[①]；王战强（1999）对1997年706家样本上市公司进行相关分析指出，经营者持股与公司的经营业绩之间并不存在正相关关系；魏刚（2000）对1998年的791家上市公司的实证研究也说明经营者持股数量与上市公司经营业绩不存在显著的正相关关系[②]；高明华（2001）、向朝进和谢明（2003）、胡铭（2003）、常健（2003）等的研究也认为，管理层股权激励与企业业绩无关。然而，在近期的一些研究中出现了不同的结论，如李增泉（2000）的研究结果指出，当经营者持有本公司股票达到一定数量后持股比例的高低对企业具有显著影响[③]；陈树文和刘念贫（2006）对2002—2004年的65家高科技上市公司进行分类比较和回归分析，得出公司经营业绩与经营者持股之间呈二次方曲线关系[④]。此外，刘国亮和王加胜（2000），于东智和于东辉（2003），宋增基和蒲海泉（2003），申尊焕和牛振喜（2003），徐承明和濮卫东（2003），王克敏和陈井勇（2004），田波平、冯英浚和郝宗敏（2004），吴淑琨（2004），黄惠馨和代冰彬（2005）等通过对各种类型和各个阶段的样本分析，发现经营者股权激励与企业业绩存在着相关性。

总之，国内外各类针对经营者股权激励的实际激励效用而开展的实证研究有着各种各样的结论，但其中有些结论似乎与股权激励能有效地降低代理成本进而提高企业经营业绩的理论研究结果存在着相悖的现象。

实际上，人们在“按绩付薪”（pay for performance）的理念下，很容易看到股票薪酬的激励性而忽视其风险性。正如哈佛商学院的Brian Hall所说：“很多公司的股权薪酬计划可以说是一种盲从，其之所以没有起到预期的效果，是因为它们的股权计划没能用一种有效的机制将股权薪酬和经营者的工作业绩有机联系起来，或者说传统的股权薪酬本身就存在漏洞。”[⑤]也就是说，在股权激励的实施过程中，由于企业经营业绩的评价关系到经营者的收益多寡，作为股权激励的被授予者——经营者就有动机利用信息不对称来调整企业经营业绩进而获得更多的股权收益。由此，股权激励的实施必须考虑其风险性。

三、企业经营业绩评价与股权激励风险

几十年来的股权激励实践迫使理论界开始正视其风险性。股权激励的风险主要是指在公司治理结构和体制保障程度不完善或股权激励机制本身设计不足的情况下，经营者有可能利用其绝对的信息不对称优势来调整企业的信息发布，以误导所有者对其的业绩评价，进而谋取自身利益最大化。其主要表现如下：

1.经营者操纵信息发布，甚至制造虚假财务信息

经营者最常用的手段是对信息发布的时间和内容的操纵。实证研究表明，公司

---

① 袁国良，王怀芳．上市公司股权激励的实证分析及其相关问题［M］．北京：中国社会科学文献出版社，2000.

② 魏刚．高级管理层激励与上市公司经营业绩［J］．经济研究，2000（3）.

③ 李增泉．激励机制与企业业绩——一项基于上市公司的实证研究［J］．会计研究，2000（1）.

④ 陈树文，刘念贫．上市高新技术企业高管人员持股与企业业绩关系实证分析［J］．科学与科学技术管理，2006（2）.

⑤ BRIAN H，MADIGAN C，LAZEAR E.Performance Pay at Safelite Auto Glass［M］．Harvard Business Case No.9-800-291.Boston.MA：Harvard Business School，2001.

经营者在被授予股权激励之前往往披露公司业绩较差的信息，目的是使公司的股价降低，而在股权授予之后又披露公司业绩良好的信息而使得公司的股价上升，从而使自己获得股权收益（David Aboody，1999）[①]。Chauvin和Senoy（1997）也指出，在实施经营者股权激励的公司中，经营者往往在被授予股权期权的日期前后进行信息调控（如发布误导性信息，推迟有利信息等）以调控股价来为自己谋利。此外，Yemark（1997）的研究表明，经营者可以对薪酬委员会施加影响，让其在公司向股东披露利好消息之前授予经营者股票期权[②]。

另据David Yermack（1997）的研究，美国一些公司的经营者在向股东进行信息披露时，通过刻意缩短股票期权的执行期、修正布莱克-斯科尔斯模型等方式来故意降低其所持有的股票期权的价值。研究以《福布斯》评选出的全美最大的500家工业公司为样本，研究发现，这500家工业公司的经营者在向股东进行信息披露时，报告薪酬水平平均低于真实薪酬水平的比例达8.9%[③]。

国内学者贾九平和张双文（2003），吴娓、涂燕和付强（2006），陈亮（2006），刘丹华（2007）等也论证了作为"经济人"的经营者为使个人收益最大化会不择手段地抬高股价，甚至以非法手段如造假账来操纵公司股价，从而使公司造假成风。

2.经营者蓄意进行错误的投资决策，以获得巨额的股权收益

国外的实证研究表明，如果经营者股权激励更多地在于强调股东的短期回报，经营者就会利用其有关各项投资项目影响公司价值的信息，要么过度投资，要么投资不足，来引导投资者对公司股价的短期预期。若经营者在公司的任期较短，则其在任职期间通过选择投资项目操纵股价的概率会更高（John M.Bizjak、James A.Brickley和Jeffrey L.Loles，1993）[④]。Jensen等于2000年进行的研究也表明，在实施经营者股权激励的公司中，由于股票期权的价值随着股价波动的增加而增加，经营者更倾向于选择高风险的投资项目[⑤]。在此方面，国内学者高程德（2000）也研究了股权激励中的因激励过度而导致经营者盲目追求风险的问题[⑥]。此外，郘展霞（2005）通过实证研究也发现，在我国上市公司确实存在过度投资现象，在自由现金流充裕时，出于自利，高额持有股份的经营者会增加过度投资；而且在经营者过度持股时会由于过度自信而进一步放大"自利性"而过度投资[⑦]。

3.经营者滥用筹资、股利分配政策操纵股价

国外实证研究表明，在实施经营者股权激励的公司，经营者为谋求自身股权收

---

① ABOODY D.Market Valuation of Employee Stock Options［J］. Journal of Accounting and Econimics, 1999（22）.

② 陈清泰，吴敬琏. 股票期权实证研究［M］. 北京：中国财政经济出版社，2001.

③ YERMACK.Good Timing：CEO Stock Option Awards and Company News Announcements［J］. Journal of Finance，1997（52）：449-476.

④ WEBSBENNER S J.Corporate Share Repurchases in the 1990s：What Role Do Stock Options Play［EB/OL］.［1998-11-01］. www.ssrn.com.

⑤ MURPHY J .Performance Pay and Top Management Incentive［J］. Journal of Political Economy，2000，3：225-264.

⑥ 高程德. 现代公司理论［M］. 北京：北京大学出版社，2000.

⑦ 郘展霞，王周伟. 财务约束、经理人股权激励程度和公司投资——基于中国上市公司的实证研究［C］. 中国会计学会2005年会议论文.

益最大化，往往会选择不派发股利，而将这部分股利转投向高风险项目，从而推动公司股价的上涨，然而这却有可能损害了投资者的利益。Larnbert、Lanen和Larcker（1989）的实证研究证明了这一猜测，他们通过研究发现，公司在实施股票期权计划之后向股东分派现金股利的频率明显降低，而股价波动的程度则明显加强[①]。Scott J.Websbenner（1998）的研究得出实施了股权激励的经营者确实滥用股利分配政策来操纵股价的结论，研究发现，公司经营者为了推动公司的股价上涨以使自己所持有的股票期权升值，倾向于用现金回购更多的股票，减少对股东的分红，目的都在于通过提高公司的每股盈利进而推高股价来最大化自己的股权收益。然而，这些举措都有可能损害股东的利益[②]。此外，尽管说20世纪90年代的美国股市兴旺、股权融资成本较低，然而，许多公司却大量发行债券融资、进行股票回购以解决股票期权计划的股票来源问题，其目的也是经营者通过推动股价上扬来最大化自身的股权收益。K.J.Klassen等（2001）的研究表明，出现上述行为主要是由于经营者股权制度的实施，而且这些行为确实已经严重损害了股东的利益[③]。

四、我国现行股权激励政策中有关经营者业绩评价问题

（一）存在的问题

2006年12月6日，国资委公布的《国有控股上市公司（境内）实施股权激励试行办法》（以下简称《境内办法》）中对股权激励对象的业绩考核规定，实施股权激励计划应当以业绩考核指标完成情况为条件，建立健全业绩考核体系和考核办法。业绩考核目标应该由股东大会确定。

可以看出，《境内办法》对实施股权激励计划的业绩考核的规定过于笼统，缺乏原则性的规定。从我国已经公布股权激励方案的上市公司来看，业绩考核标准主要是净利润增长率和净资产收益率，仍侧重于传统的业绩评价标准，如G万科（000002）规定净利润增长率为15%，伟星股份（002003）为净资产收益率不低于10%[④]，这也是监管部门和股东易于接受的考核依据。但这些基于会计利润的财务评价指标（如净利润、每股盈余和净资产收益率等）的弊端在于不仅为企业经营者进行盈余操纵大开绿灯，并且鼓励了经营者的短期行为。在现代公司治理中，有关经营者的报酬契约是在董事会聘任经营者时签订的，但会计政策与程序的选择则不同，它一般是在经营者上任后，由新任的经营者根据有关准则和公司具体情况加以确定的。其中，报酬契约就是经营者进行会计政策和程序选择时必然会考虑的一个重要因素。由此，企业经营者可以通过选择会计方法和职业判断、压缩研究与开发费用等长期支出，甚至有意编造、虚构交易来调整账面盈余，使其达到或超过业绩目标来获取股票奖励或现金奖励。此外，基于会计利润的财务指标忽视了权益机会

---

① 张焕丹. 股权激励的风险分析——近十余年美国公司推行经理股票期权的经验教训［D］. 南京：南京财经大学，2006.

② WEBSBENNER S J. Corporate Share Repurchases in the 1990s: What Role Do Stock Options Play［EB/OL］. 1998-11-06. http://www.ssrn.com.

③ KLASSEN K J, SIVAKUMAR R J. Stock Repurchases Associated with Stock Options Do Represent Dollars out of Shareholders's Wallets［EB/OL］.［2001-05-01］. http://www.ssrn.com.

④ 佚名. 上市公司已实施或已披露激励计划一览［EB/OL］.［2006-08-29］. http://finance.sina.com.cn/stock/t/20060829/07182864001.shtml.

成本，一方面使得企业经营者通过调整资本结构，通过财务杠杆来调整收益成为可能；另一方面也会使经营者为获得更多的销售收入和利润增长而过度投资，从而使资产闲置，损害所有者的利益。

由此也从一定程度上说明，就我国上市公司的业绩考核指标而言，其指标体系过于落后，考核重点仍过多地关注会计收益指标，而且指标的设置也不够全面深入，对反映企业长期发展的战略指标等非财务指标不够重视，不能客观全面地反映上市公司的经营业绩以及经营者的贡献大小，更为经营者为增加自身效用而进行经营业绩操纵提供了操作空间，在一定程度上削弱了股权激励的效力。

（二）改进的建议

在委托代理关系下，由于信息不对称和监督成本的存在，经营者的努力程度具有不可观察性，而努力的结果却可以观察到，由此，所有者就依据经营者的努力结果来“按绩付薪”。而如前所述，无论是现行政策规定还是目前企业实施的基于会计盈余的经营者股权激励，都将会诱发经营者进行违背所有者意愿、追求个人利益最大化的调控企业经营业绩的行为。

诚然，理论上讲，在资本市场有效的前提下，股票价格可以正确地反映出当前经营者决策和努力经营所带来的未来现金流量变化，因此，在经营者报酬契约中加入股票价格信息，有助于克服会计数字的固有缺陷，反映经营者的努力程度。目前，在实施股权激励的过程中，以股价为基础的各种市场业绩指标常被运用于经营者激励契约中（如万科），以此来抑制经营者违背股东意愿追求短期利益的行为。

然而，现实中资本市场有效的前提不一定成立，股价也不完全是由经营者所控制，还受其他经济政治因素的影响。作为一个新兴市场，中国证券市场的有效性还较低。研究结果①表明，股票收益变动79.4%是受市场风险因素影响的，市场风险仍是影响股票收益的最主要因素，市场强大的驱动力将使股票收益表现出显著的“同涨同跌”趋势。也就是说，股价的上涨没有区分是源于经营者的努力还是源于行业或市场整体的变化。正如美国管理大师德鲁克所说：“股价是最不可靠的标准，至多仅是标准之一，而且受到众多其他因素的影响。”②在当前有效性较低的股票市场条件下，股价的作用只能用来牵制经营者的利益得失，使持有股权的经营者与股东站在同一立场思考问题，共同享有股权收益和承担风险，但不能用来作为经营者努力程度的评价标准。企业采用股价作为奖励股票是否归属经营者的业绩衡量标准，不但使经营者的股票授予条件变得不尽合理，而且当股市低落导致股价持续下跌时，以股价作为奖励股票是否归属经营者的业绩衡量标准的股权激励计划将失去本来的激励效用。

在国资委对央企的绩效评价中，经济增加值比重已超过利税总额，占到40%。经济增加值并不是经营者报酬契约中业绩衡量的唯一标准，在以经济增加值作为业绩考核基本指标的基础上，仍需用现金流量的收益质量指标（诸如盈余现金保障倍

① 许年行，吴世农．资产的理性定价模型和非理性定价模型的比较研究［J］．经济研究，2004（6）．
② 陈登峰．股权激励中行权价的设计［J］．资本市场，2007（12）．

数、现金营运指数等）加以修正，从而尽可能地缩小经营者为增加自身效用操纵经营业绩的空间，并进而防止经营者通过操纵信息来操纵股价，使基于收益的经营者业绩考核趋于客观公允。

此外，对公司经营者的业绩考核除定量指标外，还须结合定性指标进行评价。财政部等四部委于1999年颁布并于2002年修订的国有资本金业绩评价体系，尽管说自颁布以来出现了诸方面的意见，有其完善的必要①，但其考虑企业的当前利益和长期发展，对企业经营业绩从“质”和“量”两方面进行打分，并结合定量和定性的方法对经营者进行评价的思路是值得肯定的。至少，对目前我国上市公司实施股权激励计划、进行经营者业绩考核可以提供一种相对更全面的考核思路。近年来，一些学者展开对经营者薪酬黏性问题的研究，丰富了业绩薪酬相关性研究的内容。

思考题

1. 简要描述企业业绩评价的定义，并思考当前企业业绩评价的理论与方法在哪些方面还需要改进？

2. 简要描述我国国有企业业绩评价体系，并结合国际先进企业的业绩评价方法思考我国国有企业业绩评价体系在哪些方面还存在着不足以及应如何加以改进？

3. 简要描述经营者股权激励与企业业绩评价的关系，并思考在实施经营者股权激励过程中应如何规避经营者通过操纵经营业绩来最大化自身效用的问题？

4. 业绩评价中如何将经营者的主观努力与客观环境区分开？

5. 金融危机爆发后，有人认为应该对经营者的奖励薪酬封顶。你如何看待这种看法？薪酬封顶会带来经营者消极财务行为等后果吗？

6. 在对经营者业绩进行评价时如何剔除评价者的主观性？

7. 如何发挥评价的导向作用使经营者兼顾股东的长远利益和企业的眼前利益？

8. 在对经营者进行业绩评价时用绝对业绩还是相对于行业平均水平的业绩比较好？

9. 如何解决对经营者激励中的约束难题？有人认为让经营者将其自身财产的大部分用来购买本公司股票（即参与游戏，skin in the game）是比较好的，也有人认为延期支付，设立领取和返还限制条款更为有效，你有何看法？

10. 有人认为，企业处于不同的生命阶段，评价指标应该有侧重，比如初创期就不应以利润为主，而应以非财务指标和收入增长率等为主。你赞同吗？

11. 日本的企业经营力评价包括三部分：业绩评分+士气评分+柔性评分。业绩评分包括：增长性（销售增长率）、收益性（总资金利润率），各5分满分。士气评分：满分为5分。柔性评分：满分为5分，包括干部平均年龄、研究水平等。你认

① 参见本章第二节“企业业绩评价专题——我国国有企业业绩评价体系研究”。

为这种企业经营力评价方法有可取之处吗？

12.企业获奖是否有助于抑制管理者盈余管理行为？

13.国有企业经营者选任市场化与市场化薪酬改革有助于提升国有企业业绩的前提条件有哪些？

14.你认为如何抑制高管薪酬黏性的形成与其弊端？

15.你认为高管薪酬内部差距、高管与普通员工薪酬差距以及高管外部薪酬差距在什么水平上有助于企业业绩提升？

延伸阅读文献

1. ABOODY D. Market Valuation of Employee Stock Options [J]. Journal of Accounting and Econimics, 1999, 22.

2.BIZJAK J M, BRICKLEY J A, COLES J L.Stock-Based Incentive Compensation and Investment Behavior [J]. Journal of Accounting and Economics, 1993, Vol.16 (Issue 1-3): 349-372.

3.DEMESTZ, HAROLD, LEHN K.The Structure Journal of Corporate Ownership: Cause and Consequence [J]. Journal of Political Economy, 1985, 93 : 1115-1177.

4.HALL B.&, LIEBMAN J.Are CEOs Really Paid Like Bureaucrats [J]. Quarterly Journal of Economics, 1998 (Augst).

5.HALL B, MADIGAN C, LAZEAR E.Performance Pay at Safelite Auto Glass (A) [M]. Harvard Business Case, No.9-800-291.Boston.MA: Harvard Business School, 2001.

6.HALL B.Equity-Pay Design for Executives [J]. Harvard Business School, 2002, 26 (September).

7.JENSEN M C, MURPHY K J .CEO Incentives: It's not How Much You Pay, but How [J]. Harvard Business Review, 1990, 68 (3): 138-153.

8.JENSEN M C, MECKLING W.The Theory of the Firm: Managerial Behavior, Agency Cost, and Capital Structure [J]. Journal of Finance Economics, 1976, 3: 323-329.

9.JENSEN M.Performance Pay and Top Management Incentive [J]. Journal of Political Economy, 2000, 3: 225-264.

10.KLASSEN K J, SIVAKUMAR R J.Stock Repurchases Associated with Stock Options Do Represent Dollars out of Shareholders's Wallets [EB/OL]. [2001-05]. http://www.ssrn.com.

11.WEBSBENNER S J.Corporate Share Repurchases in the 1990s: What Role Do Stock Options Play [EB/OL]. [1998-11-06]. http://www.ssrn.com.

12. YERMACK. Good Timing: CEO Stock Option Awards and Company News

Announcements [J]. Journal of Finance, 1997, 52: 449-476.

13.巴泽尔 L D. 战略与业绩——PIMS原则 [M]. 吴冠之，等，译. 北京：华夏出版社，2000.

14.班德 L，等. 公司财务战略 [M]. 干胜道，张庆昌，等，译. 北京：人民邮电出版社，2003.

15.财政部，等. 企业业绩评价操作细则（修订）的通知 [J]. 财务与会计，2002（6）.

16.财政部统计评价司. 企业业绩评价工作指南 [M]. 北京：经济科学出版社，2002.

17.蔡剑，张宇，李东. 企业业绩管理 [M]. 北京：清华大学出版社，2007.

18.陈清泰，吴敬琏. 股票期权实证研究 [M]. 北京：中国财政经济出版社，2001.

19.陈树文，刘念贫. 上市高新技术企业高管人员持股与企业业绩关系实证分析 [J]. 科学与科学技术管理，2006（2）.

20.杜胜利. 企业经营业绩评价的跨世纪思考 [J]. 财会通讯，2001（2）.

21.冯丽霞. 企业财务分析与业绩评价 [M]. 长沙：湖南人民出版社，2002.

22.冯晓. 权责发生制与收付实现制的现实比较 [J]. 上海会计，2001（9）.

23.郭菁. 现金流量信息与盈利信息之比较研究 [J]. 上海会计，2002（5）.

24.国务院国有资产监督管理委员会.国有控股上市公司（境内）实施股权激励试行办法 [EB/OL]. [2006-12-06]. http://www.sasac.gov.cn.

25.郝云宏，等. 企业经营业绩评价 [M]. 北京：经济管理出版社，2009.

26.胡亚权，等. 高管薪酬、公司成长性水平与相对业绩评价 [J]. 会计研究，2012（5）.

27.卡普兰 L，等. 高级管理会计 [M]. 大连：东北财经大学出版社，1999.

28.科普兰，多戈夫. 基于预期的绩效管理（EBM）[M]. 干胜道，等，译. 大连：东北财经大学出版社，2007.

29.李苹莉. 经营者业绩评价：利益相关者模式 [M]. 杭州：浙江人民出版社，2001.

30.李增泉. 激励机制与企业业绩——一项基于上市公司的实证研究 [J]. 会计研究，2000（1）.

31.鲁海帆，等. 超越财务的战略业绩评价系统 [J]. 财务与会计，2003（9）.

32.鹿小楠，等. 中国上市公司财务造假问题研究 [J]. 上证研究，2003（2）.

33.罗飞. 成本会计 [M]. 北京：高等教育出版社，2000.

34.马会起，等. 对我国国有企业业绩评价体系的再思考 [J]. 财会通讯：理财版，2008（2）.

35.马会起，等. 股权激励，到底是谁的“盛宴”[J]. 华东经济管理，2008（12）.

36.马会起．对我国上市公司股权激励模式有效性的理论探讨［J］．经济体制改革，2008（2）．

37.马会起．我国国有企业业绩评价体系研究［J］．生产力研究，2008（7）．

38.美国财务会计准则委员会．财务会计概念公告第1号［S］．1978.

39.孟建民．企业经营业绩评价问题研究［M］．北京：中国财政经济出版社，2002.

40.潘飞．管理会计应用与发展的典型案例研究［M］．北京：中国财政经济出版社，2002.

41.卿放，等．企业业绩评价方法研究：回顾与展望［J］．商业研究，2010（1）．

42.沈烈，等．新会计准则与盈余管理［J］．会计研究，2007（2）．

43.宋献中，等．资产质量反映盈利能力的实证分析［J］．中国工业经济，2001（4）．

44.瓦茨，齐默尔曼．实证会计理论［M］．陈少华，译.大连：东北财经大学出版社，1999.

45.汪家常．业绩管理［M］．大连：东北财经大学出版社，2002.

46.王化成．企业业绩评价［M］．北京：中国人民大学出版社，2004.

47.王曙光．新经济下企业现行财务分析的缺陷与完善［J］．四川会计，2002（2）．

48.魏明海．管理激励和业绩评价的会计研究［M］．北京：中国财政经济出版社，2001.

49.郐展霞，等．财务约束、经理人股权激励程度和公司投资——基于中国上市公司的实证研究［C］．中国会计学会2005年会议论文．

50.吴林祥．股份全流通后上市公司高管行为变化及监管研究［J］．证券市场导报，2008（5）．

51.吴易风，等．西方经济学［M］．北京：中国人民大学出版社，1998.

52.吴振广，等．经济责任审计与业绩综合评价［M］．北京：中国审计出版社，2001.

53.向显湖，等．企业业绩评价研究［M］．成都：西南财经大学出版社，2006.

54.许年行，等．资产的理性定价模型和非理性定价模型的比较研究［J］．经济研究，2004（6）．

55.佚名．上市公司已实施或已披露激励计划一览［DB/OL］．［2006-08-29］．http://www.stockstar.com.

56.袁国良，等．上市公司股权激励的实证分析及其相关问题［M］．北京：中国社会科学文献出版社，2000.

57.张焕丹．股权激励的风险分析——近十余年美国公司推行经理股票期权的经验教训［D］．南京：南京财经大学，2006.

58.张庆昌，等. 谈谈企业业绩评价中的评议指标［J］. 财会通讯，2003（2）.
59.张蕊. 企业经营业绩评价理论与方法的变革［J］. 会计研究，2001（12）.
60.张蕊. 企业战略经营业绩评价指标体系研究［M］. 北京：中国财政经济出版社，2002.
61.张蕊. 新时期企业财务业绩评价指标体系研究［J］. 财会月刊，2002（7）.
62.张涛，等. 企业业绩评价研究［M］. 北京：经济科学出版社，2002.
63.章家瑞，等. 国有资本金业绩评价体系的探讨与改进［J］. 四川会计，2002（5）.
64.支晓强，等. 组织间业绩评价的理论发展与平衡计分卡的改进［J］. 会计研究，2012（4）.
65.池国华，等. 基于EVA的价值管理会计整合框架［J］. 会计研究，2015（12）.
66.汤谷良，等. 中央企业EVA评价制度实施效果的理论解释，会计研究［J］. 2015（9）.
67.诸波，等. 市场竞争程度、经营战略与业绩评价指标选择［J］. 会计研究，2015（2）.
68.周佰成，等. 风险调整EVA模型及其在央企绩效评价中的应用［J］. 管理世界，2016（6）.
69.王甄，等. 控制权转让、产权性质与公司绩效［J］. 经济研究，2016（4）.
70.逯东，等. 创业板公司上市后为何业绩变脸？［J］. 经济研究，2015（2）.
71.徐鹿.上市公司股权结构与经济增加值研究［M］. 北京：中国财政经济出版社，2006.
72.张蕊. 战略性新兴产业企业业绩评价问题研究［J］. 会计研究，2014（8）.
73.杨玉龙，等. 差序格局视角下的中国企业业绩评价［J］. 会计研究，2014（10）.
74.张蕊. 论新常态下程序理性与结果理性有机融合的企业业绩评价［J］. 会计研究，2015（10）.
75.张敦力，等. 市场化进程、高管薪酬与相对业绩评价——来自沪深A股的经验证据［J］. 暨南学报：哲学社会科学版，2016（3）.
76.罗宏，等. 国企高管薪酬契约操纵研究——基于业绩评价指标选择的视角［J］. 财经研究，2014（4）.
77.程李梅，等. 高管薪酬水平、薪酬差距对绩效的影响［J］. 经济研究导刊，2019（7）.
78.蔡芸，等. 高管—员工薪酬差距对企业绩效的影响［J］. 北京工商大学学报：社会科学版，2019（2）.

第六章

营运资金管理理论

现代企业财务管理，必须做到财务管理目的与效果统一、财务结构与财务机制兼顾、长期资金与流动资金并重、实体资金与虚拟资金相融、静态分析与动态管理协调。财务管理是战略管理与战术管理的结合，是长期养生与现实温饱需求的结合，是技术管理与经验管理的统一。财务理论研究和财务管理实践发展应该是互相促进、共同发展的关系，以理论指导实践发展，以实践带动理论研究。营运资金和流动性管理是企业财务管理实践的重要内容，对营运资金和流动性管理的研究理应在财务理论研究中占据显著位置。

第一节　营运资金的研究价值

财务管理主要涉及筹资、投资、经营、分配等环节引发的财务活动，贯穿整个财务管理过程的核心要素是资金管理，其中经营活动中的资金是企业可持续发展的根本动力。

营运资金（working capital，又称营运资本，是流动资产与流动负债之差），流动性强、变化多端，是企业资金链中最薄弱的环节。企业发展时刻面临着日常资金周转危机、经营管理危机、销售回款危机、经营决策失误等风险。大量资料显示，公司风险源于资金管理不善，由此而导致破产清算的案例层出不穷。营运资金管理是企业的生命线，是财务经理面临的主要工作。早在1955年，萨甘（John Sagan）在《关于营运资本管理理论》（Toward a Theory of Working Capital Management）一文中就指出，营运资金的各种比率在财务决策中非常重要，但现金管理人员却常常忽略这些比率。营运资金是企业资金总体中最具有活力的部分，一个企业要维持正常的运转就必须要拥有循环良好的营运资金，这与公司价值创造和财务管理目标关系紧密，直接关系着机体的健康与否。营运资金“活”，则企业兴；营运资金“死”，则企业亡。在纷繁复杂的各项企业管理活动中，把营运资金管理置于“中心之中心”的地位，既是市场的客观要求，也是企业价值最大化的具体体现，有着深刻的理论和实践意义。

成功的企业无不具有先进的营运资金管理理念和模式，这是业界共识。营运资金问题不仅要分析表层原因，更要充分揭示深层原因，只有标本兼治，才能综合改善营运资金管理。营运资金管理控制得当，有助于保证企业在需要时取得充足的现金，并使企业的短期资金得以充分利用，在营运资金循环的每一阶段都做到优化投资，对于保持企业的偿债能力，维持正常生产经营，防范经营风险意义深远。

一些知名企业因为资金链断裂而导致经营失败的例子层出不穷。例如，德隆集团的倒闭、进入全球500强的香港百富勤公司的破产等，重要原因就是没有考虑营运资金与长期资金特别是固定资金的配置以及营运资金各项目之间的合理配置，造成债务、资产的结构性错配，大量利用短期负债投资于回收期过长的长期投资项目，导致流动负债大大高于流动资产，生产环节资金无法保证，企业资金风险加大。

莱瑞·吉特曼和查尔斯·马克斯维尔两位学者对美国1 000家大型企业财务经理的调查表明，财务经理在营运资金管理上所花费的时间几乎占了1/3。管理的重点在于如何提升营运资金管理水平，降低营运资金持有成本，合理控制运营风险，处理好营运资金规模与效率的关系。要既能满足公司资金需求，又不造成资金闲置、浪费，创造最大的效益，构建有效的“传送带”，将固定资产价值、劳动力价值等转换为产品价值、货币价值，循环往复，创造新生价值；否则，企业生存与发展是不可能实现的。营运资金管理的成效不仅关系着企业的流动性和收益性，还直接影响到企业的生死存亡，营运资金管理研究必须超越传统，谋求在深度和广度上的长足发展。

● 第二节　营运资金及其管理的内涵研究

企业经济活动的开展，要取得收入，无论是经营性还是非经营性所得收入，都将导致资金的流入，使资产增加或负债减少。同时，为取得收入需付出一定代价，发生各种各样的费用，又导致资金的流出，使资产减少或负债增加。为反映资金在会计期间内的经营过程和经营结果，营运资金就应运而生。

一、营运资金的内涵

营运资金是衡量企业运营能力和短期财务实力的重要指标，是财务管理中最难解释清楚的概念之一。

营运资金，顾名思义，就是企业经营过程中用于日常运营周转的资金。毛付根(1995)、斯蒂芬·A.罗斯（2000）等认为营运资金是企业流动资产与流动负债的差额，是企业真正可以自由营运的资金；杨雄胜（2000）结合中国现实分析了现行应收账款周转率、存货周转率指标在理论与方法上存在的不足，提出营运资金应包含净营运资金、总营运资金和营运资本三个概念；Kenneth P.Nunn 提出了永久性营运资本的概念；陈霞（2008）在分析流动性与营利性的关系时，把营运资金划分为必要营运资金和冗余营运资金。

对营运资金内涵的理解可以说是仁者见仁、智者见智，但总体上看，可以分为以下几类：

（1）从外在形态上看，是一种资金运用。

营运资金即为占用在全部流动资产上的资金，具体包括现金、有价证券、应收款项、存货等占用的资金，体现了财务管理与生产管理的高度协调；把营运资金解释为营运资本，就是强调企业投资于流动资产的数额。

（2）从融资和投资角度讲，营运资金则是指流动资产与流动负债的差额部分，也称净营运资金。此种意义上的营运资金并不具有资产的特定属性，强调的只是流动资产与流动负债的关系，着重反映企业在报告期末的偿债能力，对未来决策具有重要作用。

二、营运资金管理的内涵

本拉尼克（William Beranek，1966）在其专著《营运资本管理》中介绍了营运资金管理的内涵，将其定义为：为了在未来的期间内最大化公司价值的目标，对可以控制的变动资产进行价值管理。随着管理理念和管理技术的发展，营运资金管理内涵经历了从简单到复杂、从静态到动态的发展过程。

1.粗放静态的营运资金管理

传统的营运资金管理，大都把营运资金管理按照要素简单地分为存货、应收账款、应付账款三部分，是一种静态的管理。其既没有考虑预付账款、预收账款、应付职工薪酬、应交税费、其他应收款、其他应付款等其他营运资金项目，更没有把营运资金与业务流程和渠道管理结合起来。

2.细化的营运资金管理

随着研究与实践的发展，营运资金管理不断细化。按照营运资金存在的目的，可以把营运资金分为经营性营运资金、理财性营运资金和风险防范性营运资金（王竹泉等，2007）。经营性营运资金是指依附于企业生产、销售等经营活动的资金，包括材料存货、在产品存货、库存商品、应收账款、应收票据、预付账款、应付账款、应付票据、预收账款、其他应收款、应付职工薪酬、应交税费等，这部分营运资金管理原则是效率优先，着力提升盈利能力；用于理财或风险防范的营运资金，包括现金及现金等价物、交易性金融资产、应收利息、应收股利、短期借款、应付股利、应付利息等，主要用于金融化投资等，这部分营运资金是在经营性营运资金得以保障的基础上，使企业具有足够的流动性和偿债能力。理财和风险防范与投资不同，更加注重安全性，主要是在保障原有价值的基础上，考虑防范风险与升值。

3.动态的营运资金管理

从静态管理到动态管理，是营运资金管理的一次飞跃。REL咨询公司和首席财务官（CFO）杂志从1997年开始的对美国企业的营运资金调查，引导企业把营运资金管理与供应链管理联系起来，企业在营运资金管理中应注重与供应商和客户的关系，注重对采购与付款、销售与收款、存货收发存和货币资金收支等业务循环的动态管理与控制。王竹泉等（2005）按照企业经营管理的环节，把营运资金划分为营销渠道的营运资金、生产渠道的营运资金、采购渠道的营运资金、服务领域的营运资金、投资渠道的营运资金，使得营运资金涵盖企业各个领域，清晰地反映出营运资金对经营活动的服务性和依附性，突出了营运资金的动态性。

第三节　营运资金管理的研究类型

营运资金研究是企业财务管理的重要内容，国外关于营运资金管理的研究始于20世纪30年代，当时美国的很多公司利用财务状况变动表反映其营运资金的状况，William Collins（1946）在《会计评论》上发表了题为《营运资本分析》的文章，研究了如何利用资产负债表和利润表编制财务状况变动表，并从中分析营运资金的变化。1977年，国际会计准则委员会发布了第7号会计准则，要求将财务状况变动表随资产负债表和利润表同时呈报，反映企业营运资金的状况及其变动。我国是伴随着社会主义市场经济体制的确立，从1993年实行与国际惯例接轨的会计制度后，引入营运资金的概念，相关研究才逐渐开始的。由于会计准则的引导和实践的局限，长期以来，研究内容是对营运资金项目的优化研究。1987年，美国财务会计准则委员会发布了第95号财务会计公告《现金流量表》；1991年，国际会计准则委员会公布了《现金流量表》草案，现金流量表代替了财务状况变动表之后，营运资金的相关研究曾经冷却了一段时间。营运资金的研究热度与宏观经济密切相关，早在1934年，Harry G.Guthmann就分析了1929—1932年的美国经济衰退对企业营运资金的影响，因此，随着近年来由于经济危机使企业营运链条断裂而导致的破产灾难层出不穷，相关的研究又逐渐升温。

营运资金管理既是理论范畴，也是实践的范畴，其研究不是最初的单独流动资产管理、单纯流动资产周转效率分析，而是已经远远超越了流动资产与流动负债的财务管理属性，表现出多学科、多领域、多层次的特征，涉及财务学、财政学、经济学、金融学、管理学、会计学等学科。John J.Hampton和Cecilia L.Wagner在1989年出版了《营运资本管理》，研究内容不仅包括流动资产管理，而且包括信用评级、短期融资、消费者信贷等。与营运资金管理相关的理论很多，主要有：有效市场假说理论、资本资产定价理论、资本结构理论、现代资产组合理论、财务契约理论、信息不对称理论以及行为财务理论等。营运资金研究呈现出整体发展态势，研究内容更加全面，体系更加完整，指标评价更加综合。学者对现有的文献资料进行研究分析发现，营运资金研究主要围绕“效率与结构”展开，其发展主要经历了以下阶段：

一、项目营运资金管理研究

项目营运资金管理主要是对营运资金的各个项目分别进行管理，“头疼医头脚疼医脚”，便于发现问题、解决问题，针对性较强。在营运资金研究的很长一段时间内，大都是针对某个或某些营运资金项目，利用项目营运资金周转期或周转率开展的。项目营运资金周转期或周转率主要是指一定时期内某项营运资金的周转天数或周转次数，反映该项营运资金的使用效率。这一观点是在营运资金总量一定的情况下，基于企业价值增长的前提，根据营运资金流动性强的属性，探索各个项目营运资金周转效率与企业盈利性的关系，强调的是各个项目营运资金传送资产价值的效率问题。

反映各个项目营运资金效率的重要指标主要有应收账款周转天数和周转率、存货周转天数和周转率、应付账款周转天数和周转率等，各指标的计算公式如下：

应收账款周转率=年赊销净额÷应收账款平均余额

应收账款周转天数=360÷应收账款周转率

存货周转率=销售成本÷存货平均余额

存货周转天数=360÷存货周转率

应付账款周转率=营业成本净额÷平均应付账款余额

应付账款周转天数=360÷应付账款周转率

应收账款周转率和周转天数反映企业年度内应收账款转为现金和偿还短期债务的能力，若缩短周转期，就会降低机会成本、坏账损失和收账费用等边际成本费用。存货周转率和周转天数反映库存管理的水平，在信息技术、物流管理、供应链管理大发展的今天，加速存货流转必定带来边际收益增加。应付账款作为利用商业信用进行生产经营的融资方式，延迟应付账款的支付可以节约资金成本，提高资金使用效率。

1966年，William Beranek在其专著《营运资本管理》中主要介绍了有关现金、有价证券、存货等流动资产的管理方法。Brian Flanagan（2005）也指出，必须通过对应收账款、应付账款、存货的管理，合理地调配现金流量，依据资金循环来管理营运资金。Martin Gosman和Trish Kelly（2003）提出用“剩余日”（excess days）指标来衡量美国零售企业的营运资金管理效率，剩余日指标是存货销售天数和应付账款清偿天数之差。

项目营运资金管理的研究逐渐和企业盈利、企业价值联系起来，Marc Deloof（2003）选择了比利时1 009家非金融公司1992年至1996年的样本，研究营运资本管理效率与企业价值的关系。文中采用了应收账款周转天数、存货周转天数、应付账款周转天数等指标来代表营运资本管理效率，结果发现：总经营收益与应收账款周转天数、存货周转天数和应付账款周转天数存在着显著的负相关关系。因此，企业可以通过减少应收账款周转天数、存货周转天数、延迟支付货款为股东创造价值。John C.Groth（1992）在《经济周期：风险、收益和机会》一文指出，营运资金是企业进行的一项投资，企业在日常的营运资金管理上，要关注应收账款、存货等营运资金投资的风险，考虑机会成本，争取实现收益的最大化。研究指出，有效的营运资金管理能够降低资金成本，增加企业收益与价值，产生放大效应（amplifying effect）。

当前，国内企业面临着资本市场不甚发达、融资渠道不甚通畅、信用环境不甚健全的环境条件，安全性受到极大挑战。管理层往往谨小慎微、趋于保守，过于注重安全与风险控制，财务杠杆与经营杠杆效应发挥得不明显，以小博大、四两拨千斤的能力水平需要进一步提升，甚至缺乏营运资金管理的艺术、策略和勇气以及创新精神。邓白氏国际信息咨询（上海）有限公司2004年公布的一项对中国企业的调查结果显示，2003年各行业平均应收账款周转天数（DSO）为贸易业61天、服务业105天、制造业48天，中国企业所有行业的应收账款平均周转速度只相当于美国企业的2/3左右；另外，大公国际资信评估有限公司对上证50指数成分股公司的信用评级资料显示，2004年上证50企业的平均存货周转天数为90天，周转速度仅为美国企业平均周转速度的1/3。可见，我国企业的营运资金管理亟待科学的理论指导，加强营运资金管理的研究显得尤为迫切。吴娜（2008）以2003—2006年在深、沪两市上市的所有A股公司共1 050家作为研究样本，通过对流动资产比率、流动负债比率、营运资本需求比率和投入资本回报率四个指标进行分年度聚类分析和加权平均聚类分析后，认为我国上市公司营运资金管理策略大部分属于高流动资产比例与低流动负债比例相配合的稳健型策略，流动资产比例和流动负债比例呈现同向变动，营运资本管理的投融资政策由稳健型逐渐向中庸型过渡，暴露出我国上市公司管理者缺乏对营运资本管理的重视。刘运国（2001）通过对沪市上市公司年报数据进行的实证研究发现，中国上市公司营运资金管理策略大部分属于中庸型，流动资产比例与流动负债比例呈现同向变动。

在国际竞争日趋激烈的背景下，每个企业都需要明确营运资金政策及管理制度，顺应金融全球化、信息技术高速发展的时代要求，提升营运资金管理的水平，采取适合自身情况的营运资金管理策略。

二、综合营运资金管理研究

项目营运资金管理研究虽然针对性强，但这些指标人为地将营运资金管理分解，缺乏对营运各项目的整体性研究，很难从总体上把握存货、应收账款、应付账款周转及其变化对营运资金的整体影响程度，容易导致各项目管理出现冲突和矛盾，出现顾此失彼、“按下葫芦浮起瓢”的现象在所难免。1972年，W.D.Knight在其论文《营运资本管理：满意还是最优》中指出，单独研究每项流动资产的最优水平是不合适的，每项的最优并不代表整体的最优，应将各项流动资产上的投资联合起来进行研究。我国学者毛付根也在1995年指出，营运资金管理研究应从流动资产与流动负债之间的相互关系上着手，将营运资金的存量配置与其他相应的资金来源联系起来，整体上进行观察与研究，据此制定合理的营运资金政策。

1976年，Hampton C.Hager在其论文《现金管理与现金周期》中，提出了“现金周期”的概念，指出企业应结合生产过程探讨现金流转状况，并提出改进现金管理、缩短现金周期的措施。

1980年，Richard V.D. 和 E.J.Laughlin 提出用现金周期（cash conversion cycle）指标反映企业营运资金管理的总体状况，并提出了现金周期的计算指标，即：现金周期=应收账款周转期+存货周转期-应付账款周转期。到了1990年，James A. Gentry、R.Vaidyanathan和 Hei Wai Lee研究认为，现金周期不能仅仅是不同流动资产周转天数的简单加减计算，应该给不同时间点、不同生产阶段的流动资产项目所占用的营运资金数量赋予不同的权重，体现其差异，在此基础上，他们提出了加权现金周期的概念。

1998年，Hyun Han Shin 和 Luc Soenen Shin Soenen 选取了1975年至1994年58 985家美国公司作为样本研究营运资金管理与盈利性之间的关系。他们选取了综合应收账款、存货、应付账款的净营业周期（the net trade cycle，NTC）指标来衡量营运资金的管理效率，实证结果发现净营业周期与公司盈利性以及股票回报之间存在显著的负相关关系，将公司的净营业周期缩短到一个合理的最小值，是提高股东价值的途径之一。研究还发现，缩短净营业周期带来的真实收益主要来自于应收账款、存货等资产的减少，而不是来自于应付项目的增加。王治安和吴娜（2007）使用净营业周期指标衡量营运资金使用效率，对我国1 050家上市公司2003年至2006年的样本进行研究，发现净营业周期与企业价值存在显著的负相关关系。

波士顿咨询公司（BCG）在20世纪90年代提出“营运资金生产率”指标，用来衡量企业的营运资金管理效率和业绩水平。营运资金生产率指标（即销售净额/年度平均营运资金额）涵盖了企业所有的营运资金，表示每一元营运资金所带来的销售净额。其研究发现，当企业将营运资金生产率提高一倍时，劳动力生产率会得到35%的改进。当两个竞争企业的销售收入相同时，若一家企业比竞争对手使用更少的营运资金，就说明这家企业节约了更多不需用的资金，具有更好的复合成本优势。

国内长期跟踪研究综合营运资金管理的学者主要有王竹泉及其团队。他们在2013年和2014年对中国上市公司营运资金管理进行了行业调查、地区调查和专题调查，得到以下结论：（1）上市公司营运资金配置仍以投资活动为主，但有向经营活动倾斜的趋势，与上市公司整体不同，战略性新兴产业营运资金主要配置给经营活动；（2）短期金融性负债比例略有上升，营运资金筹资风险有增加趋势；（3）中国上市公司营运资金管理绩效继续恶化，应收账款和营销渠道营运资金管理绩效提升是中国上市公司营运资金管理绩效改善的关键和瓶颈；（4）中国上市公司按要素的营运资金管理水平较为成熟和稳定；（5）与民营上市公司相比，国有上市公司的经营活动营运资金管理水平更高，但国有上市公司短期金融性负债占比较高，短期财务风险较大。

三、激进的营运资金管理研究

自从营运资金管理研究和企业的盈利性及企业价值研究相关联以后，有效的营运资金管理就成为成功企业整体战略中不可缺少的组成部分。20世纪80年代，丰田汽车公司创造了“零库存”的管理模式——有市场需求才制造汽车，在制造时才将零部件送上生产线。丰田汽车这种创新的管理流程，大幅降低了汽车成品、半成品及零部件存货的风险，提高了企业的竞争力。自此，理论研究和管理实践对“零存货”进行了扩展，出现了激进的营运资金管理理念——零营运资金。零营运资金是指企业的流动资产等于或者小于企业的流动负债。企业通过科学严格的生产和营销管理，将现金、应收账款、存货等降至最低点，并尽可能地延付款项，从而实现营运资本管理的最高水平。国内傅军如（1996）、方慧和熊铁伟（1999）、刘建青（2003）、王金梁（2004）等对零营运资金进行了研究。

零营运资金理论是基于流动资产的盈利能力低于固定资产、短期投资的盈利低于长期投资的一般原理。现金、应收账款、存货等流动资产，只是为再生产活动提供必要条件，把这些投资尽量降低到最低限度，可加速资金周转，降低费用，能够增加企业收益。零营运资金理论不一定要求营运资金真的为零，只是一种追求营运资金趋于最小的极限式管理理念，属于营运资金管理决策方法中的风险性决策方法，它借用了管理学中的适时管理理论，倡导营运资金管理在满足企业对流动资产基本需求的前提下，尽可能地降低企业在流动资产上的投资额，使营运资金占企业总资产的比重趋于最小，把更多的资金投入到收益较高的固定资产或长期投资上，或通过大量地利用短期负债进行流动资产的融资，降低企业的资金成本，使营运资金净额占企业总营业额的比重趋于最小，从营运资金投资与融资两个方面增加收益。零营运资金管理具有双刃剑的特征，可能提升盈利水平，同时也使企业承受更大风险。正所谓高盈利与高风险并存，在制度不健全、市场环境不完善、产业链不完整的条件下，持有的流动资产越少，所承担的风险也就越大，企业可能随时面临延期、生产链断裂等风险。

零营运资金的管理理念更多地体现在实践中，除了丰田汽车外，很多企业把“零营运资金”作为营运资金管理的目标。其中美国通用电气公司从1989年起将存货从9 600万美元降到6 600万美元，美洲标准公司为了偿还1988年巨额借款带来的每年3.25亿美元的利息费用，1993年起决定采用零营运资金管理政策，靠压缩营运资金挽救了处于崩溃边缘的公司。戴尔公司更是在营运资金管理中做到了极致，在2007年实现了不可思议的-42天的现金周期。1996年到2007年10年间，戴尔公司的存货周转天数从31天降到5天，应收账款周转天数从42天降到31天，应付账款周转天数从33天提高到78天，从而使现金周期从1996年的40天降到了2007年的-42天，成为营运资金管理实践的又一神话。这一神话不是凭空创造的，它主要源于四个方面：接单生产模式，能够提供标准零部件的可靠供应商，完善的销售和收款流程，宽松的付款条件。

海尔集团的营运资金管理理念在国内企业中处于领先地位，目前实施的“零库存下即需即供”的财务协同模型，是海尔集团降低营运资金的又一新战略目标。为了降低库存并且不影响销售，海尔集团提出了精确管理理念，制订了“161计划”，对需求量进行6周预测、1周挂定和1周锁定，按周单流程，实行“不断货、不多货、不少货、不超期”的“四不方针”，做到周下单、下周单，以保证每周有货进，库存不多于最高限额，也不少于最低限额。不仅如此，它更是为客户带来了从产品、流程、机制到模式的差异化的、整套的服务创新。海尔专卖店已完全实现了现款现货，目的就是为了加快库存周转速度，降低资金占用率，提升资金营运管理效率。

零营运资金管理理念的基本出发点是尽可能地降低在流动资产上的投资额，实质是提高资金的使用效率，可借此衡量企业在营运资金管理方面的业绩和水平，这与投入产出理论中的“资源最佳配置”原则是一致的，都是力求以最少的投入获取最大的产出，因此不失为一种有效的资金管理理念。从财务管理角度讲，零营运资金管理，需要优化营运资金的周转循环，营造良好的商业信用环境，理顺短期借款途径，保证自身信誉，使清偿能力得以保障；从经营角度讲，不仅需要改善企业自身的生产条件、修正生产程序、改变销售策略、增加灵活性等，还要求具有可靠的供应商网络、能够控制的运输系统等，这就需要包括生产线及制造、销售、采购等整个管理体系来共同促进。

四、基于供应链学说的营运资金管理

从1997年开始，美国REL咨询公司和《首席财务官》（CFO）杂志开展的对美国最大的1 000家企业的营运资金调查，每年发布一次年度调查报告。除分行业对所调查企业按营运资金管理绩效进行排名外，还对企业营运资金管理的热点和趋势进行评述，并引导企业要从整体上管理营运资金，把营运资金管理与供应链管理紧密地联系了起来，使营运资金管理的方法逐渐从单纯的数学方法中解脱出来，开始转向以供应链的优化和管理为重心，这种转变同时拓展了营运资金管理的研究视野和研究内容。研究指出，经济低迷时，企业压缩营运资金周转期（DWC）的能力需要客户和供应商的配合；否则，可能出现负面影响。过紧催收客户款可能将客户推到竞争对手的怀抱，受惊吓的供应商也会拒绝赊销，公司必须有充分的获利能力才能获得其供应商的信任，才能在采取紧缩的营运资金投资政策后提升其获利能力。2000年，戴尔公司提出要提炼其基于网络的供应链结构，以便降低存货，节约现金，为企业带来利息收益以及增加再投资可为股东创利的机会。

2002年，John Antanies在其论文《充分认识不确定性对营运资本管理有效性的影响》中提出了企业经营的“三角难题”。他指出企业要想同时做到存货最小化、资金利用程度最大化和顾客服务水平完善化三个方面，几乎是不可能的。为了避免由于营运资金管理计划的最优化而造成的公司整体战略目标的次优化，在制订营运资金管理计划时，必须同时兼顾对公司其他领域计划的影响情况，维护整个公司的战略意图。Juan Colina（2002）对营运资金管理做了更全面的阐释，认为营运资金管理不应仅仅是营运资金本身的最优化管理，而更应该包括收入管理（应收账款、订购程序、支付账单和收款）、供应链管理（存货与物流）、支出管理（购买和付款）三个部分。这种营运资金管理计划明确了营运资金管理应是基于企业、客户和供应商整个链条的，是一种全面的企业战略管理。

基于供应链的营运资金管理理念认为，营运资金的管理价值就是供应链的存在，“不要让供应链断裂”是营运资金管理的根本保障，构建“供应商、企业、客户”之间的无痕链接是营运资金管理成功的基础。

五、基于渠道管理的营运资金管理

当代经济国际化特征愈发显著，企业经营日益表现出了大跨度、多层次和多环节的特点，跨国跨区经营、产业链经营、价值链经营等趋势更加凸显，营运资金流转范围更大、更多元，相关的管理实践也更复杂。多年来，我国的营运资金管理研究和实践并没有得到应有的重视，一直处于较为落后的水平，但近年来，随着我国经济发展水平的提高和管理的需求，这方面的相关研究已经有所突破。2005年，王竹泉率先提出基于渠道管理的营运资金管理构想，在将营运资金分为经营活动营运资金和理财活动营运资金的基础上，进一步将经营活动营运资金按照其与供应链或渠道的关系分为营销渠道的营运资金（成品存货+应收账款、应收票据-预收账款-应交税费）、生产渠道的营运资金（在产品存货+其他应收款-应付职工薪酬-其他应付款）和采购渠道的营运资金（材料存货+预付账款-应付账款、应付票据）。这种营运资金管理理念将营运资金管理与渠道管理、供应链管理、客户关系管理等领域的研究相结合，同时以“渠道管理影响营运资金管理的机理研究”、“营运资金管理绩效评价体系设计”和“营运资金管理策略与管理模式研究”等为主要内容，构建了一套全新的基于渠道管理视角的营运资金管理绩效评价体系。这套营运资金管理绩效评价体系旨在解决因渠道成员之间缺乏有效沟通而造成的营运资金沉淀与中断、在途资金占用增多、营运资金成本（管理成本、机会成本）严重侵蚀产品利润的问题，进而提高营运资金的使用效率。

基于渠道管理的营运资金管理理念的重心是渠道关系管理，企业应建立上自供应商（甚至供应商的供应商），下至终端消费者的渠道控制网，把营运资金视为在产业链上流动形成的价值链，从整体上把握营运资金的流转，形成完整的价值链管理系统，对渠道纵深度、渠道成员质量和内部渠道纵向一体化模式等进行优化和整合，实现渠道成员在物流、资金流方面的信息化管理，使渠道成员达到高效运作状态，保障价值链畅通，降低渠道成员库存成本、管理成本、配送成本和资金成本，实现资金的优化和高效利用，使渠道成员共同受益。这种营运资金的管理理念侧重实践环节，倡导企业业务流程的再造，打破了财务管理范畴上的营运资金管理研究边界，走向公司金融管理、行业结构管理、产业链条管理等层面，是对营运资金管理研究的创新。基于渠道管理的营运资金管理并不是对传统营运资金管理方法的否定，而是强调一种理念和思路的建立，更适宜于技术、市场、管理等方面成熟的企业运作，还要与良好的客户信用评价、信用政策环境相配合。

渠道管理下的营运资金管理指标的计算公式主要有：

营运资金周转期=经营活动营运资金周转期（按渠道）+理财活动营运资金周转期

=［经营活动营运资金（按渠道）+理财活动营运资金］÷（营业收入÷360）

经营活动营运资金周转期（按渠道）=经营活动营运资金总额÷（营业收入÷360）

=（营销渠道营运资金+生产渠道营运资金+采购渠道营运资金）÷（营业收入÷360）

=营销渠道营运资金周转期+生产渠道营运资金周转期+采购渠道营运资金周转期

营销渠道营运资金周转期=营销渠道营运资金÷（营业收入÷360）

=（成品存货+应收账款、应收票据-预收账款+应交税费）÷（营业收入÷360）

生产渠道营运资金周转期=生产渠道营运资金÷（营业收入÷360）

=（在产品存货+其他应收款-应付职工薪酬-其他应付款）÷（营业收入÷360）

采购渠道营运资金周转期=采购渠道营运资金÷（营业收入÷360）

=（材料存货+预付账款-应付账款、应付票据）÷（营业收入÷360）

理财活动营运资金周转期（按要素）=理财活动营运资金÷（营业收入÷360）

=（货币资金+应收利息+应收股利+交易性金融资产等-短期借款-应付股利-应付利息等）÷（营业收入÷360）

经营活动营运资金周转期（按要素）=存货周转期+应收账款周转期-应付账款周转期

式中：存货周转期=存货÷（营业收入÷360）

应收账款周转期=（应收账款+应收票据等）÷（营业收入÷360）

应付账款周转期=（应付账款+应付票据等）÷（营业收入÷360）

第四节　营运资金持有动机研究

企业为了维持日常生产经营活动的正常进行，避免营运资金短缺带来的经营中断或更严重的财务困难等，就必须持有一定数量的营运资金。影响营运资金管理的因素是多元多维的，持有动机作为影响营运资金的初始动因，一定程度上也影响着营运资金的持有水平。

一、交易性支出动机

企业要平稳运行，正常的交易性支出必须加以保证。日常经营活动中，有很多环节会引起现金流出，比如购买原材料、支付薪酬、市场开发、缴纳税金和办公费用等。如果营运资金匮乏，将使经营活动无法正常进行。为保障经营活动的正常进行，需要持有一定数额的资金来做缓冲；否则，就可能出现资金链中断，出现“休克现象”。

二、谨慎性动机

企业要实现稳健可持续发展，学会规避风险非常必要，如果不能未雨绸缪，发展就无从谈起。考虑到资金流入不确定性和潜在的财务困境等因素，需要储藏一定的营运资金来满足某些意外性支付。当经营发展过程中遇到现金流不畅或临时交易等支出需要时，在不能快速并低成本地进行外部融资时，就会丧失发展机遇，或将面临财务困境和破产风险。为了最小化财务困境成本，要么储备额外的资金，要么保持较高的临时外部融资能力，否则只能坐以待毙。因此，出于临时支付的谨慎性需求是营运资金管理的又一动机。

三、制度寻租动机

在制度规范与经济发展的博弈中，因机制、体制弊端或漏洞而衍生的“制度寻租”现象层出不穷，企业利用制度性因素获取预期经济收益是自然而然的选择。制度因素虽具有可预期特征，同时也伴随偶然性、时效性，在短暂的“制度性盈利机遇”面前，需要做出迅速反应。缺乏有效的资金，即便资产规模再大、成长性再强、预期效益再好，恐也难以“抢抓机遇”。在外部融资不可能迅速获得或成本较高的情况下，为追求“制度寻租”最大化，保持生产的灵活性和财务弹性将成为企业制度寻租的“机动力量”。因此，企业具备一定的现金和存货储备、良好的变现能力、顺畅的资金周转通道和筹资渠道，往往容易为企业发展“抢占先机”“拔得头筹”。

四、未来投资需求动机

无论是Mayer和Kuh（1957）提出的“流动性约束假说”，还是Myers和Majluf（1984）提出的“优序融资理论”，都认为资本市场的不完善会使企业的投资支出受到内部资金量的限制。当面临的资本市场缺乏完备性、金融市场不成熟、信用制度不完善、存在信息不对称性，以及存在代理成本、逆向选择等因素时，企业并不能很容易地筹集到所需资金。营运资金管理的良性运行，能够提升企业的投资能力，给企业带来可预期的收益，有利于企业抢占新兴市场、新兴产业、新兴领域，以保证拥有未来发展空间。优秀的管理者，一定会通过认真权衡营运资金持有成本和收益的关系，保持一定规模的营运资金以备不时之需，不失为一种减少外部融资依赖性的“良方”，这是企业的一种理性行为。

五、公司治理博弈动机

现实经济生活中，公司治理行为会受到不同因素的影响。在产权制度既定的基础上，代理人自身利益从产权获取方面无法得到显性体现，代理人的价值剩余就面临被掠夺的威胁，可能影响代理人的创造力。代理人为实现价值创造后的分配均衡，会另辟蹊径，与委托人的监管进行博弈。如果在经营管理和财务上保持足够的灵活性，持有足够的资金就可以在一定程度上降低股东的过度约束，顺利实施自己的管理决策，也便于在职消费。营运资金管理能在更大程度上帮助管理层对企业进行事实控制，使决策能更多地融入管理者的主观性，增强对企业的操控权。企业持有营运资金的水平也是管理层和股东相互博弈的结果。

第五节　营运资金影响因素研究

在企业的日常经营中，营运资金水平主要取决于两个方面：一是流动资产的最佳投资水平（或数量），这主要由获利能力和风险的权衡而定；二是为维持流动资产最佳投资水平所需要的融资组合，包括应付项目等自然融资（spontaneous financing）和非自然融资，主要由产品市场竞争和资本市场完善程度而定。除此之外，在实践中企业管理当局的营运资金战略和管理水平对营运资金有着本质的影响。

一、微观企业内部环境——获利能力与风险的权衡

现金是营运资金的一个重要内容，是企业流动性水平的一个重要体现。Miller

和Orr在1966年就提出了持有现金的交易动机，指出企业应该持有一定数量的现金以供日常交易所需。Myers（1977）用权衡模型解释了持有现金问题，认为持有现金会产生成本和收益，由于资本市场的不确定性，持有现金的主要收益就构成了一个安全缓冲，这个安全缓冲可以避免资金不足带来的营运风险。Hyun Han Shin和Luc Soenen（1998）通过对1975年至1994年58 985家美国公司的实证研究发现，公司净营业周期与公司盈利性负相关。这就说明企业防范风险要持有营运资金，但营运资金持有量过多也会降低企业的盈利，因此营运资金的最佳投资水平受微观企业内部环境的影响。

流动性强的企业风险较低。如果把营运资金（这里指流动资产）看成企业流动性的体现，营运资金越多，企业的生产经营越安全，获利能力就会越低。通过资产净利率就可以看出它们之间的关系。

资产净利率=净利润÷总资产

=净利润÷（流动资产+长期资产）

一般情况下，企业的固定资产、无形资产等长期资产在投资后会保持较长一段时间不变。假设长期资产是固定不变的，如果企业在维持产量和销量的情况下，能适当地减少现金、存货、应收账款、应收票据等流动资产，上述公式中的分子基本保持不变，分母缩小，就会提高投资回报率。当然，现金的减少会降低企业清偿到期债务的能力，可能带来破产的危险；存货的减少可能会带来缺货风险而错失销售良机；严格的信用政策也可能会吓跑一部分客户，减少销量。实质上，企业的最佳营运资金管理水平就是管理当局在降低经营活动风险和提高盈利水平之间权衡的结果。

二、中观行业环境——市场的竞争程度

产品市场和原材料市场的竞争程度会对企业的生产、销售、采购、付款等管理策略和管理方法产生影响，从而对企业的营运资金持有水平产生影响。在产品市场竞争激烈的行业，企业在生产中会更注重质量和产品的特质，对不缺货的要求也会更高，而且在销售中不得不采取更宽松的信用政策吸引客户，从而需要持有更多的存货和应收账款（相对于产品市场竞争不激烈的行业），营运资金投资会更多。Haushalter D.、Klasa S.和Maxwell W.F.（2007）从产品市场特征的角度进行了实证研究，发现公司的现金持有量与公司产品市场的竞争程度正相关。杨兴全和孙杰（2007）以我国上市公司2003年至2005年的经验数据为样本，进行了描述性统计分析，结果表明产品市场竞争程度与公司现金持有量正相关，产品市场竞争越激烈，公司持有的现金就越多，越容易保持其在产品市场中的竞争优势。

如果价格战出现在产品市场竞争中，负债多的公司容易出现支付困难，最先陷入财务危机，所以在市场竞争中主动发动价格战或者营销战的企业，往往是现金充裕的竞争对手。这些公司通过价格战和营销战降低产品利润和经营现金流入，比其他企业的市场承受力更强，逼迫其他企业陷入危机，退出竞争。

为了避免竞争失败带来的职业威胁，管理者会提高公司的流动性水平来降低破

产风险。Fee C.E. 和 J.Hadlock（2000）通过对1950年至1993年美国50个大城市的报社首席执行官（CEO）更换的研究发现，竞争性市场比垄断市场表现出更大的经理人更换率，支持产品市场竞争的“清算威胁假说”。因此，产品市场竞争通过竞争失败的破产威胁，促进管理者出于自身利益的考虑保持较高的营运资金，以防止资金链断裂、公司破产给自己造成的职位威胁。

三、宏观金融环境——货币政策和资本市场

宏观经济环境也会影响公司的流动性，比如货币政策（利率、信贷政策等）与资本市场会影响公司的融资，进而影响公司的营运资金。Almeida 等（2002）研究了宏观经济波动对公司现金持有的影响。

货币政策主要着眼于调控总量，通过运用利率、汇率、公开市场操作等工具，借助市场平台调节货币供应量和信贷总规模，促进社会总供求大体平衡，从而保持币值稳定。信贷政策主要着眼于解决经济结构问题，通过引导信贷投向，调整信贷结构，促进产业结构调整和区域经济协调发展。从调控手段上看，货币政策调控工具更市场化一些，而信贷政策的有效贯彻实施，不仅要依靠经济手段和法律手段，必要时还需借助行政性手段和调控措施。货币政策和信贷政策相辅相成、相互促进。在市场明显疲软、社会有效需求不足、生产要素大量闲置、产品严重积压、国民经济处于停滞或低速增长的情况下，中央银行会采取扩张性货币政策。此时，企业信贷融资畅通，更容易获得生产资金和消费资金，成本也较低，就不需要持有过多的营运资金防范日常运营风险；反之，在投资和消费过热、社会总需求过高、通货膨胀压力较大的情况下，会采取紧缩性的货币政策。在紧缩性货币政策环境下，企业信贷融资受阻，从外源渠道获得生产资金较难，成本也较高，企业除了持有必要的营运资金外，还要防范运营风险。

在现代经济和金融业不断发展的今天，证券市场作为市场经济的高级表现形态之一，其基本功能就是向市场提供流动性，为上市公司供应资金和为投资者供应金融产品。市场各个参与者的流动性目标是否能顺利实现与证券市场的完善程度密切相关，在一个健全高效的证券市场里，证券市场不仅应当具有资金筹措的功能，更应该在投资、定价和优化社会资源配置方面发挥重要的作用。在完善的市场中，信息是完全对称的，上市公司的信息以最快的速度传递给所有投资者，以利于投资者及时做出决策，减少风险。但现实中的证券市场是信息不对称的，这就意味着知情交易者可以从非知情交易者的信息劣势中得到较大的额外收益，非知情交易者将承担相对更大的风险。Myers S.C. 和 Majluf N.S.（1984）提出了新优序理论，他们认为，信息不对称的存在，使得外部融资的成本被提高，从而导致财务松弛（financial slack）的价值得到提升，所以企业应该积极持有现金以避免高成本的外源融资。由此可见，企业持有现金的主要原因是资本市场的不完善，是企业在收益与成本之间衡量的结果，存货和其他的营运资金也是如此。

四、企业管理当局的营运资金管理战略

企业管理当局的营运资金管理思想和理念最终反映在对流动资产和流动负债的

配置上。合理的流动资产和流动负债配置结构一般应能满足四个条件：①保证企业经营活动顺利进行；②营运资金周转速度快，占用资金少；③资产的变现能力强，获利能力强；④经营活动风险较小，在可控制的范围之内。根据企业流动资产和流动负债的配置比例，营运资金管理可以划分为稳健型、激进型和中庸型三种类型。

第一种是稳健型营运资金管理战略，即流动资产大于流动负债的配置。由于企业的生产经营有旺季和淡季之分，营运资金需求也就有波动。这种管理战略一般是出于经营安全的考虑，为了避免在产品销售旺季资金短缺而丧失机会，企业会保持充足的资金来源，维持一定的安全边际。在融资上会有一部分流动资产由长期融资来满足，造成流动资产大于流动负债。但是由于长期融资的成本高于短期融资，在生产销售淡季，企业已经不需要这么多的营运资金时，仍然要为这部分融资付出高利息。企业把一部分高成本筹集的资金用在低收益的流动资产投资上，就会降低企业的投资收益率，损害企业的收益性。因此，稳健型营运资金管理战略是以损害收益性为代价来降低经营风险、提高安全性的。

第二种是激进型营运资金管理战略，即流动资产小于流动负债的配置。在这种管理战略中，短期融资除了满足流动资金需求外，还满足了一部分长期资产的融资需求，融资成本较低。但由于长期资产的变现能力较弱、周转速度慢，在短期债务到期时很可能造成偿还风险，甚至会陷入流动资金“缺血”的恶性循环，财务风险和经营风险较大。

第三种是中庸型营运资金管理战略，即流动资产与流动负债大致相当的配置。这种管理战略是按照对冲融资法（到期日配比融资法）来配置流动资产与流动负债的，即每项资产的变现日都和它的融资来源的到期日大致一致，流动资产采用流动负债来融资，固定资产采用长期负债融资，是安全性和盈利性两方面兼顾的类型。相对于稳健型营运资金管理战略，中庸型营运资金管理战略注重了资金的盈利性，适当降低了流动资产和长期融资的比例；而相对于扩张型营运资金管理战略，又注重了经营活动的安全性，适当增加了流动资产和长期融资来源。刘运国（2001）通过对沪市上市公司年报数据进行的实证研究发现，中国上市公司营运资金管理策略大部分属于中庸型。到了2008年，吴娜通过对2003年至2006年深沪1 050家A股公司的实证研究发现，我国上市公司营运资金管理策略大部分属于高流动资产比例与低流动负债比例相配合的稳健型策略，营运资金管理的投融资政策由稳健型逐渐向中庸型过渡。

企业管理当局的营运资金管理战略和经营运作能力水平直接影响企业的安全与盈利。但由于影响营运资金的因素是多元的，除了以上几种因素外，企业规模、行业技术、税率、政策、劳动力、环保等不一而足，在营运资金管理实务中，虽然要出于安全性和盈利性的权衡来考虑流动资产与流动负债的配置，但也不能拘泥于程式的约束，否则就会丧失企业的特色和灵活性。因此从技术层面讲，营运资金管理中还要考虑弹性管理问题，根据具体情况和企业特点进行调整，落实营运资金政策，实现财务目标。

第六节　营运资金管理的风险及原因分析

营运资金风险的显性特征就是营运资金不足、营运资金低效运营、营运资金管理弱化等，这会给企业经营状况、财务状况带来负面影响，是企业主要财务风险和经营风险的集中体现，是现代企业资金管理链中的薄弱环节。财务决策本身就是获利能力与风险承受能力之间的权衡，营运资金须坚持风险管理原则，认清风险的具体表征和原因，为建立正确的风险识别、防范预警、转化处置、补偿补救机制打下基础。

一、营运资金管理风险表征

（一）现金周转不畅

现金作为一种社会资源，具有稀缺性，现金短缺是企业十分突出的矛盾和问题。造成现金周转不畅的原因是多种多样的，资产结构失调，长期资产、固定资产投资比重过大，流动资金比重过小，周转效率降低；现金持有比重过低，加上产品不对路，销售不畅，资金回流速度放慢；现金管理混乱，银行开户多、贷款多、资金集约管理程度低，现金需求增加；付款提前，或者银行短期贷款到期日集中等，都可能出现现金资源匮乏、周转不畅。现金循环周期的变化将会直接影响营运资金管理，如果现金周转出现恶性循环，持有现金将无法满足购买原材料、支付工资、偿还到期外债等活动，正常生产经营活动就会停滞，盈利机会难以把握，各种风险将接踵而至。

（二）非现金资产变现困难

非现金资产变现是现金的输血通道，如果非现金资产在一定时期内不能转化为现金，或变现能力低，企业的流动性风险就会增加。如果企业执行激进的营运资金管理战略，非现金资产变现的要求会更高，因为在这种战略中净营运资金小于零，意味着流动资产小于流动负债，流动资产相对流动负债的期限结构不对称，风险外溢，若是遇到金融危机、经济萧条、市场不景气、信贷紧缩、债权人刁难等外部环境恶化的情况，资产变现就会出现困难，这时营运资金管理可控性变差，企业就会面临偿债风险。

非现金资产变现困难的原因众多，比如，超前扩大生产规模，管理理念和技术没有跟进，存货控制薄弱，物资采购管理不善造成材料物资超储，销售不力造成成品库存积压严重；为了占领市场盲目赊销，信用政策过于宽松，应收账款数额比重过高，收款延期或催讨催收不力，呆坏账增加，造成资金沉淀浪费。非现金资产涉及变现市场、变现价格、变现时间、变现成本和损失等，如果临时需要将长期资产变现，则变现的派生费用更多、变现更困难，比如土地、汽车、房产等。无纠纷变现涉及评估定价、产权变更、资产过户，需要缴纳交易税、印花税、房产税、城镇土地使用税、车船税等各种税金，若是涉及纠纷变现，还要增加诉讼费和执行费等，变现完成后，现金所剩无几。

（三）管理舞弊

营运资金的管理舞弊主要是指内部各职能部门为了自身利益，在营运资金管理中违反企业相关规定，蓄意遗漏、错误上报营运资金的相关信息，将会导致管理高层做出错误的营运资金决策。管理舞弊的类型较多，可能为获取绩效奖金或分红，销售部门虚报销售、存货管理部门虚减存货等，相关部门也可能为了截留资金，瞒报销售、利用运输时间差虚报采购、在资金结算中中饱私囊等。

（四）支付不力

支付不力主要是指无法及时按合同规定偿还借款、应付项目等到期债务，会给企业信用造成伤害，导致再融资能力下降。企业支付问题的产生主要是由资产变现困难、现金周期过长等原因造成的，当流动资金流动过缓，变成了死滞资金，为了满足日常营运的流动性需求，企业会通过增加流动负债弥补营运资金不足，依靠短期资金借入填充缺口，缓解压力。但如果长此以往，“拆东墙补西墙”，债务链就会日益恶化，造成偿债能力进一步下降，引发流动性风险。如果是短资长用，依靠短期银行借债，通过增加流动负债拓展长期资产，资金链断裂的危险将如影随形。因此，企业应充分认识到经营活动的现金流入才是企业发展的“原动力”。在此基础上，应建立一套事前预测、事中控制和事后弥补的专业信用管理机制，结合防范、评估、监控和补救等环节对支付管理进行整体控制。

（五）经营能力长期停滞不前

流动资金融通来源有内源融资和外源融资。流动资金紧张的根本原因是企业内源融资不足，在资产管理和运用过程中，企业存在以小博大的心态，追求以最小成本获取最大效益，使得企业营运资金管理时刻游走在刀刃上。这就需不断进行结构优化、技术升级、管理创新、潜力挖掘、提升效率，并构建完善的信用环境，实现企业研发设计、原料采购、生产加工、物流管理、市场销售、服务等环节的协调一致，提升企业经营运作能力。如果企业的经营能力长期停滞不前，就可能出现产品落后，服务无法满足客户需求，市场萎缩等后果，最后直接损害的是企业的盈利能力和长期发展的可持续性。

（六）盈利能力严重下降

盈利能力是企业资产当期盈利能力和未来盈利能力的综合反映，是考察资金运行效率、盈利状况和企业未来发展潜力的重要方面。现代市场经济中，盈利机制与风险机制往往并存，是关系到企业生存和发展的重大问题。偿债能力和盈利能力互为结果，盈利水平的提高，会推动企业形成较为合理的、高效的营运资金结构，拥有充裕的资金和可信赖的偿债能力，有利于进一步扩展企业的生产经营活动，进一步提升盈利空间。

没有盈利能力，企业就无法发展。从财务角度讲，盈利能力由收入和成本的关系决定，流动资产的盈利能力一般低于固定资产，营运资金的比重和规模，直接影响收入和成本的关系。净营运资金越多，意味着流动资产与流动负债之间的差额越大，增加了资金成本和机会成本，整体盈利水平相应降低，如果企业的盈利能力严重下降，必将削弱偿债能力，给企业带来财务风险。

（七）关联方或上下游企业财务恶化

关联方之间由于控股而形成连带关系，由于利益的关联，相互之间经常发生大量赊销赊购占用资金、提供信用担保等业务。相对于非上市公司，我国的上市公司融资较为容易，因其信用度高，为关联方提供信用担保的现象更为突出，一些非上市母公司也经常利用关联交易占用上市子公司的大量资金。当关联方之间交易比例过大时，财务依存度就很强，一旦关联方中的一方财务恶化，无法偿付另一方的资金，或无法偿还被担保了的贷款，必然引发另一个关联方的连锁反应，因此密切关注关联方的营运资金状况，预测对方财务状况的发展方向，是预防营运资金“被恶化”的重要内容。如果上游供应商财务恶化，无法提供原材料或零部件，企业的生产将“无米下锅”，殃及销售，最终降低盈利能力；如果下游代理商客户财务恶化，将无法及时收回货款、产生呆账坏账，还要为寻找新的代理商增加成本费用。因此上下游企业的财务状况也是监控的重要内容，营运资金的渠道管理更凸显其重要性。

（八）政策环境变化

财政政策、货币政策、税收政策、产业政策等外部宏观经济风险都与营运资金管理之间有着密切的关系。来自外部的宏观风险难以控制，是企业面临的最大风险之一。当实施扩张性财政政策、宽松的货币政策时，利率下调，企业较易取得资金，贷款要求也容易被满足；实施紧缩性财政政策、稳健的货币政策时则相反。在发育程度高的金融市场、信用市场，企业资产的变现能力和主动取得负债的能力较强，即便经营性资金流入出现障碍，也易于通过融资性资金流入弥补，营运资金管理较为安全；反之，困难将增加。所以营运资金的管理者要注意政策环境的变化，确保资金流向与环境变化相协调。

二、营运资金管理存在风险的原因分析

要防范营运资金风险，必须了解风险形成的原因，只有这样才能及时发现企业中存在的风险因素，并采取措施化解风险。造成营运资金风险的原因是多方面的，既有客观方面的，也有主观方面的；既有源自企业内部的，也有来自企业外部的；既有宏观的，也有微观的；既有规律性的，也有偶发性的。政策环境、信用完善程度、行业归属、产业链特征、企业规模、决策者素质等要素不同，企业营运资金管理出现的问题就各异。但所有的原因都需落实到企业自身，核心是管理问题。营运资金风险成因体现在管理层面的主要有：

（一）财务管理与经营管理的冲突

企业经营管理，是人、财、物、制度、政策、市场等的有机统一，是资金流管理、物流管理、信息流管理的相互协调，协调性差就可能导致营运资金风险。经营决策受市场竞争环境影响，资金的逐利性往往使管理者忽视财务管理的基本规律，不能认识到经营管理、销售信息反馈到财务上具有时滞，一味追求跨越式、超常规的发展，或有意无意挤占营运资金，造成坏账过多等人为性的营运资金紧张。例

如，一些企业将盈余公积、留存利润等大量用于基本建设和技术改造等扩大再生产，较少用于补充流动资金的不足，造成营运资金与企业规模比例失调。

（二）营运资金管理缺乏战略性规划

把营运资金视为“零花钱”或“应急钱”，使用随意，行为短视，缺乏协调，认为营运资金属于短期经营资金，不能将营运资金管理置于长远战略，不能运筹帷幄、未雨绸缪，而是经常临时抱佛脚。

（三）营运资金风险意识不强

决策管理层过于着眼“冲锋陷阵”，奉利润为王，对“阵地防守”“夯实营盘”的认识不足，对财务管理定位不合理、认识不科学，不能充分认识到风险管理对保障营运资金安全、提高经营效益的意义。殊不知财务管理是企业管理的核心环节，财务风险是管理风险的核心，营运资金管理又是财务管理的重要领域。企业的盈利能力必须建立在资金营运安全的基础上，以资金来源制约资金运用，以资金运用拓展资金来源，实现营运资金的良性循环，才是企业发展的根本。

第七节　营运资金管理应关注的重点问题

由于营运资金贯穿企业日常生产经营活动的全过程，具有风险性、动态性、多样性和全面性等特征，其日常管理就成为企业发展战略的重要组成部分。流动资产和流动负债容易受内外条件的影响，数量的波动往往很大，其动态性特征使营运资金管理很难做到长期搭配平衡，这就要求营运资金管理必须在分析企业现状的基础上，把握未来的发展趋势，根据经济发展和环境变化不断修正。流动资产和流动负债项目繁多，其多样性特征为营运资金管理效率带来难题，这就要求在管理中应掌控全局，在有效协调营运资金融通与投资各个项目、保证一定规模营运资金净额的基础上，提高营运资金利用效率，以效率或速度换效益。在市场资源有限、制度不完善、信息不对称、决策非完全理性的背景下，营运资金就像一把双刃剑，其全面性特征决定了营运资金的管理效果对企业发展有着举足轻重的作用。营运资金管理中应关注的重点问题主要有以下几点：

一、安全性问题

利润并不是衡量公司强弱的唯一标准，安全、稳健、可持续发展更为重要。企业的财务危机大多以无法偿还到期债务为爆发点，一旦资金周转困难，不能如期偿债，将危机四伏，而营运资金反映的是流动资产与流动负债的关系，直接表现了企业清偿到期债务的能力，因此营运资金管理与企业的安全紧密相联。保障营运资金管理的安全性，要求在融资中对负债资金的期限、成本与风险进行全面权衡，当预期收益无法确定或盈利能力不足时，负债就意味着增加风险。流动性债务负担越重，偿债时间越紧迫，财务压力就越重，威胁就越大。企业在管理中要结合货币信用政策、公司规模地位、行业产业特征、成长性特征、现金流状况等影响因素，做到有息负债与无息负债相协调，自然融资与非自然融资相协调，把握流动资产与流动负债的关系，监控好流动比率、速动比率、利息保障倍数、借款依存度等常规指标，并设定偿债能力的各项警戒指标，严禁逾越“雷池”的财务行为发生。

营运资金管理以安全性为前提，以流动资产的变现能力为保障，因此资产变现成为营运资金管理的重要环节。因为有许多风险因素，导致资产转换为货币的数量存在不确定性，例如应收账款在变现过程中会发生各种收账费用和坏账损失；存货变现更为复杂，除名目繁多的各种销售费用外，还有各种维修费、管理成本、存货损失等。因此，要密切关注流动负债临界点和流动资产变现的关系，一旦预期现金流量难以补偿到期债务及利息，就是财务危机的前兆。

另外，在营运资金管理中要保障营运资金的完整性，防控被盗、被贪污、被挪用、被侵占的风险，严格贯彻“钱账分管”与“限制接触”的原则，遵循开支范围和支付限额规定，尽可能采用转账结算，严格限制现金结算，现金收入要及时送存银行，严格限制分散收款或付款以及坐支行为。通过营运资金安全性管理，确保企业的安全和可持续发展。

二、效率问题

流动资产质量差，不良资产比重较大，必然造成营运资金的低效运营。如果企业财务管理机构不健全，财务制度不完善，财务人员水平低，日常收支控制不规范，造成现金持有量过多、应收账款管理拖欠时间久、库存规模大，或者营运资金管理分散、使用过于随意、盲目投资，都必然使营运资金占用不合理、资金沉淀、管理效率低下，进一步影响企业绩效与价值增加。所以，在营运资金管理中要充分认识到资金的时间价值，加速营运资金周转，提高使用效率，实现价值增值与企业价值最大化。提高营运资金使用效率的同时要兼顾安全性，要根据行业特征、产业特点，量身打造警戒“黄线”，适时监控现金周转率、应收账款周转率、应收票据周转率、存货周转率、流动资产周转率等指标，并时刻关注风险控制指数，在风险可控的前提下实现效率最高。

三、控制问题

营运资金就像贯穿企业经营活动的血液，是企业赖以生存的根本，控制管理不到位，就可能血流不畅，衰竭而亡。营运资金管理是一个动态概念，根据《企业内部控制基本规范》的规定，营运资金管理不仅仅是事后核算问题，应该做到事前计划、事中监督、事后审核检查的全面、全程控制，要及时追踪和分析企业的支出、成本、收益来源，制定有效的资金管理机制，加强资金的规范管理，严控资金滥用，实现资金流动、使用、控制的有机结合。一些企业也逐渐开始加强营运资金控制，进行科学预算，加强支出的授权审批控制，严格控制内部成本费用，科学编制预算，加强资金的稽核与审计，相应的资金管理制度、模式、观念创新更是层出不穷，例如资金管理中的现金池管理模式、公司金融管理模式、全球资金链管理模式（global cash management system，GCM）等，都加强了资金周转各环节的预测性和可控性。

四、结构问题

流动资产与流动负债的配置结构包括流动资产和流动负债的总额配置对比及内

部各项目的关系，反映了营运资金的来源和占用形态，结构理念是营运资金管理中一个非常具有特殊性的概念。

首先，营运资金配置结构的合理优化，要注重流动资产和流动负债的总额配置及其在资产和负债中所占的比重，要合理安排这种结构比例关系，否则最终会对整个经营管理活动造成损害。一般而言，流动资产占全部资产的比例越大，越能够防止发生停工待料及停售待货的风险，能够增强企业资产的流动性、保证按期偿债，企业风险小，但其盈利能力也会降低。相反，流动资产占全部资产的比例越小，则企业的盈利能力越强，但风险也越大。同时，流动资产和流动负债的对应关系也是影响流动性风险的重要因素，假如流动资产不能迅速转化为现金以偿还债务，企业财务风险将增大。因此，在确定营运资金的结构时，要根据企业特征综合考虑流动资产与流动负债的关系、流动资产与长期资产的比例等，做到盈利能力和风险控制的有机结合。

其次，要保证营运资金的有效运作，不能忽视营运资金的内部结构。要在总量控制的前提下，合理配置流动资产和流动负债的内部结构，使各个项目之间保持合理的比例关系，实现营运资金各要素在空间上并存、在时间上继起、在组织上协调、在耗费上互补。营运资金管理应根据企业一定时期的资金来源规模、流动资产和现金周转的状况、企业本身的信用水平和市场筹资的能力、金融市场状况等综合因素，估计和测算所能承受的流动负债，使流动负债与长期负债之间保持合理的比重结构。流动资产的结构性管理主要从两个方面进行分析：流动资产各项目的盈利性与风险性分析；流动资产各项目投资水平的优化选择。流动负债的结构性管理则主要从以下几个方面进行：不同筹资计划的成本与风险选择；长、短期融资来源的债务结构匹配以及与资产结构的协调。

最后，营运资金管理的结构管理还要关注永久性营运资金和临时性营运资金的结构关系，必要营运资金和冗余营运资金的结构关系，自然性融资来源和非自然性融资来源的结构关系等。营运资金的结构问题关系着企业的稳健经营与可持续发展，管理中要在遵循整体价值持续增长和稳健经营原则的基础上，合理配置营运资金规模与比重。应根据运营环境变化，谋求建立弹性机制，通过存量控制和变量微调，保证营运资金管理的动态优化与协调。

五、协同管理问题

营运资金管理不单纯是财务管理的问题，事实上也与采购管理、生产管理、销售管理等关系紧密。从财务协调上看，仅仅依靠财务经理的努力而没有生产经营部门的参与，很难实现资金运动和生产经营活动的有序协调，更无法实现财务、产品、市场管理的统一，因此在营运资金管理中应建立销售、生产、财务、采购等部门的协同管理机制，力争做到业务和财务的完美结合，实现财务和业务的一体化。营运资金管理中业务部门要权责明确，采购部门对账单支付、生产部门对存货规模、销售部门对应收账款催收都承担重要责任，财务部门对现金总体规划及风险与收益评估负主要责任，这样既能提高决策效率，又能结合实际业务活动降低经营风险，对改善营运资金管理必将大有裨益。因此，在对内部营运资金管理的同时，还要关注原料市场、产品市场、资本市场。另外，营运资金管理还要与筹资活动、投资活动、分配活动相协调，实现企业价值最大化。

六、信息传递问题

营运资金信息内容复杂广泛，涉及资金分析报告、经营分析报告、费用分析报告、资产分析报告、投资分析报告、财务分析报告及相关比率等。当今社会，很多企业跨地区、跨国界、跨行业经营，规模越来越大，内部组织结构越来越复杂，营运资金管理中出现了信息传递不对称、不透明的问题。有些企业内部各部门之间由于利益问题，甚至会故意设置信息障碍，截留资金信息，或者提供不真实信息，人为制造信息孤岛，使管理高层难以获取准确全面的财务信息，无法做出正确的营运资金管理决策。因此，建立现代化信息适时传递系统，规范营运资金信息报告制度，解决信息传递中的不对称、不透明问题，及时准确掌握真实的信息来控制物流和资金流，对提升运营资金管理意义重大。

科学先进的管理理念、管理方法和管理技术是解决营运资金管理中信息传递问题的途径。计算机网络技术和统一的财务管理软件是先进的管理思想、管理模式和管理方法的有效载体，网络财务的实施使财务集中管理成为可能，也是实施营运资金集中管理和有效监督控制的必然选择。营运资金管理要遵循企业信息化发展的一般规律，从财务管理、物流管理、营销管理、生产管理等环节逐步推进，逐步实现经营全过程中物流、资金流、信息流的集成和数据共享，确保营运资金预算、结算、监控等财务管理工作的规范化和高效化。同时，要改变传统的多层逐级上报制度，尽量减少营运资金信息在组织内部的传递环节，及时报送营运资金控制信息的内部报告，提高营运资金信息处理能力。实现营运资金管理信息传递的透明、及时、有效，会使管理层的决策判断更加客观，更趋合理。

七、现金集中管理问题

现代企业规模化经营日益凸显，营运资金也具有规模优势特征，需要管理者强化财务核算与管理体制改革，避免谎报瞒报，发挥营运资金集中管理的优势，实施整体一盘棋机制，上下联动，统一筹划，协同调度，形成合力。而规模大的集团企业由于日常经营中各个分公司独立运营，日常营运资金很难实现集中管理，往往只是在年终根据会计准则的要求编制合并报表，影响了财务信息的整体真实价值。营运资金作为维持企业日常生产经营所需的资金，与企业经营活动的现金循环有着密切的关系。而确保财务安全的核心之一就是现金控制，“现金为王”“现金至上”的观点也甚为普遍，现金集中管理问题就成为集团企业营运资金管理的热点与难点（现实生活中，有的企业集团不注意现金集中管理，造成了高存款、高贷款、高资本成本的“三高现象”）。

现金的重要属性之一就是流动，具有对利润快速追逐性，现金控制仅靠一味的“围追堵截”难以达到预期效果，只有实现现金流程、流量、流向和流速的全面集中管理才是“上策”。分析我国公司现金管理的历史，经历了收支两条线制度、支付备用金制度、内部结算中心制度、内部银行制度、财务公司制度、全球资金链管理模式等阶段，发展态势表现为由单纯地从“分散”到“集中”，开始转向全程严密控制阶段，由侧重形式上资金控制支配权在时间、范围、程度的集中，转向更注重“流程”是否合理、科学、制度化。现金集中管理对集团企业来讲，首先可以从总体上把握住“看菜吃饭、量体裁衣”，避免家大业大、节流占用等浪费现象，确定集团企业的最佳现金持有额度，实现现金效能的最大化；其次又可以在集团内部实现灵活调度，随时保证“有米下锅”甚至“借米下锅”，在满足现金的有效需求和安全经营的前提下实现资本成本的适度降低，有条件的企业集团可以尝试办财务公司或内部银行。

八、营运资金管理与生命周期匹配问题

企业有初创期、成长期、成熟期和衰退期。处于不同时期的企业，其资产构成比例、销售能力、融资能力等都不同，由此带来的经营风险也不同，因此其营运资金管理战略也应根据自身所处的生命周期阶段进行调整。

企业在初创期，需要投入大量的固定资产，约束性固定成本比例较高，开发市场需要的研发支出、广告费、市场营销费等酌量性固定成本也较高。但由于初创期刚刚进入市场，产品没有知名度，销售量有限，受销售量的影响，产量也较低，单位变动成本就会较高。由此可见，初创期的企业经营杠杆较高，属于高经营风险阶段。为了企业的生产，固定成本支出必须保持，因此只有想方设法扩大销售量，比如可以采用较为宽松的信用政策、有效的促销措施等。另外，由于初创时期投入多、产出少，企业资金主要来源于创业者和风险资本家，没有建立完整的信用体系，企业缺乏通畅的筹资渠道，融资困难，营运资金管理要注重效率，加速流转，注意充分利用供应商提供的信用期限，充分利用各种自然融资方式融资，缓解资金紧张的情况。

企业在成长期，随着技术的不断成熟，新产品逐渐被市场接受，客户迅速增加，生产销售量增长很快，经营活动带来的利润会迅速增长，市场竞争能力逐渐增强，企业在行业中已经有了比较明确的市场定位。处于成长期的企业固定成本高、销售量大，经营风险一般。处于成长时期的企业，销售量增长迅速，可以通过扩大固定资产投资来扩展规模，降低经营风险。但随着企业规模的壮大，对营运资金的需求量也越来越大，要处理好产业链稳定与自身发展的关系，注意及时回收货款，如果需要依靠长期负债弥补营运资金的不足，会面临较大的财务压力，宜采取稳健型的营运资金管理政策。

成熟期的企业，生产量、销售量稳定，资金充裕，具有很强的生存能力和竞争能力，而且相对于初创期和成长期，成熟期的企业长期资产投资一般保持不变，固定成本比例较低。此阶段的企业，经营风险较低，有大量的自由现金流量，融资能力较强，净营运资金增加，利润率下降，流动性上升。此时，营运资金管理的侧重点，一是采用先进的管理技术和管理理念集中管理现金，预防现金舞弊、滥用现象；二是降低广告费、市场营销费等酌量性固定成本，进一步挖掘利润空间；三是采用ABC分类法、适时生产等管理技术降低存货规模，预防企业产生存货管理漏

洞。另外，有效安排资金用于研发投入，开发新产品、新业务，延伸企业旺盛的生命力也非常重要。

衰退期的企业，产量和销售量下滑，盈利能力下降，原有的企业规模框架使得折旧费、管理人员工资等约束性固定成本仍然维持在较高的水平，相比成熟期，衰退期企业的经营风险随之增大。此时为了使企业的经营风险降低，应有选择性地剥离一些盈利能力弱的业务，缩小企业规模，降低固定成本支出，使企业的固定成本支出尽量和销售匹配，降低经营风险。另外，处于衰退时期的企业，财务风险也较高，要做好营运资金的安全管理工作，规避营运资金管理中的道德风险，严控营运资金管理，防止其放任自流，防范管理层"掏空"行为的发生。

九、国际化问题

随着经济全球化、贸易全球化、金融全球化，以及信息技术、交通运输的大发展，企业跨国经营成为时代特征，营运资金管理的国际化问题也被提上日程。营运资金国际化运作相对于国内经营，需要考虑更多的风险因素，比如：政治风险、汇率风险、资金转移时滞风险、资金安置风险、国际结算风险、外汇管制风险、法律风险、贸易壁垒风险等。营运资金管理国际化，就是通过资金在全球范围的合理流动和有效配置，优化各种流动资产的持有水平，实现企业跨国经营的最终目标，谋求整体利益极大化。面对复杂的国际环境，跨国企业营运资金管理更要注重流量管理与存量管理的关系。在存量管理方面，除了要合理优化现金余额、应收账款和存货的结构关系，还要选择最佳持有币种，应对国际支付结算风险和外汇风险、贸易风险等，以获得最大的收益。相对于国内经营，跨国企业营运资金管理更应注重流量的实时监控，保证营运资金信息的畅通，突破地域和时间的限制。

跨国企业营运资金复杂繁多，需要大量准确的基础数据和相关信息作支撑，将复杂的信息流、物流和资金流及时、全面、准确地集成起来。其中资金流是管理的晴雨表，企业运营状况和经营结果最终都表现为资金流的不同运动状态和规模，通过监控资金流的运动，发挥资金信息的反馈功能，及时了解、预测物流信息。通过信息流、物流、资金流管理的一体化，促使企业有序、高效地运转。

中海集团就是国际化营运资金管理的成功案例，它以全球现金监管理念管理集团营运资金。

从2000年开始，该集团就以全球资金链管理模式建立全球现金管理系统，该模式适应了网络时代"24小时银行"的新管理模式，目的是在没有结算中心网点的地区，通过全球现金管理系统，对境外的集团资金流量、流向进行监管，借助先进的电子科技，突破时间和地域的限制，保证资金信息的实时性，借助集团集中管理的内控制度，保证资金信息的完整和充分，建立起一个统一、高效的中海全球现金管理系统。充分发挥网上银行的查询、转账、理财等功能，获取实时、准确的资金信息，不出国门在办公室就能获得各种在线金融服务，使集团境内外企业的主要资金流量和结算量都在集团的监控和管理之下。该集团每年集中管理的资金流量达到4 000多亿元，控制了整个集团结算资金的80%。通过建立全球资金链管理模式

(GCM) 系统，一是有利于提高集团的整体运营效率，实现财务与业务的良性互动；二是有利于实现全集团有效的财务管理与监控，建立标准监控体系和集团风险管理体系，降低由于集团大型化、发展高速化、业务分散化所带来的经营风险；三是有利于降低集团的总体运营成本，通过引入资金集中管理模式，缩短业务对周转资金的占用周期，强化经营过程的资金管理，增强集团成员间的资金统筹管理能力；四是有利于加强集团与银行的合作，提高资金综合使用率，节约资金运作成本；五是有利于通过引入全面成本管理模式，扩展成本管理的边界，从一般的会计成本管理拓展到资金运作成本管理、项目运作全面成本管理，将财务管理由原来的财务部门延伸到整个集团的各个经营环节，财务部门的职能实现了从核算型向管理型转变；六是有利于保障集团财务信息的准确性，实现全集团财务规范统一、统计口径统一、信息存放统一、纵横向财务账表统一，保障了财务信息的准确性。

第八节　营运资金管理的发展展望

在资本市场快速发展的背景下，以现金为核心的营运资金管理，已经远远超出了公司财务管理的范畴，具有金融、投资、市场的功能属性，兼顾微观与宏观的各个层面，贯穿着先进的管理理念与管理理论，蕴含着科学的内在机理和运行机制。我们不能再将营运资金管理视为短期财务管理的内容，更不能将营运资金管理视为经验管理，必须要有正式的、科学严密的营运资金管理政策，否则将会制约营运资金管理效率的提高。营运资金管理实践和理论研究将相互推动，出现以下发展态势。

一、多学科、多领域融合

营运资金管理研究将突破财务视野，融合金融、保险、信托、投资、征信等多个学科领域，走向战略管理、流程管理、模式管理、周期管理、分层管理、统筹管理、供应链管理、渠道管理、客户关系管理。企业应根据自身的不同战略类型、不同发展阶段、不同产业行业、不同政策背景、不同经营规模，深入研究营运资金管理的理念、思想和方法，避免陷入“就财务论财务”的困境。

二、从局部走向整体

在传统财务管理模式下，企业营运资金管理实施的是条块模式；在现代企业趋于集约化、网络化、一体化、产业链化的发展态势下，分散管理、孤立管理、各自为战的管理方法，显然应该摒弃；否则，蝴蝶效应、牛鞭效应将会放大企业资金沉淀水平，造成企业资金周转缓慢或营运资金成本过高，营运资金管理困难，严重侵蚀产品利润。现代企业营运资金管理必须树立整体意识和上下一盘棋理念，打通信息渠道，提升企业整体协调度，提高营运资金的整体利用效率。

三、从静态走向动态

一个公司，不管纵向一体化程度有多高，横向跨度有多宽，都必须与各个市场主体打交道，营运资金管理也是在采购与付款、销售与收款、存货收发存和货币资金收支等业务的动态循环中完成的，货币资金、应收款项、存货和应付款项等营运资金项目必须与业务结合，实施动态管理，注重根据业务、环境变化，适时调整，把挂到墙上的“死制度”变为“活机制”，从静态管理走向动态管理，保证营运资金管理的动态优化与协调。

四、从个体优化走向价值链、产业链优化

传统的营运资金管理以做到企业内部的营运资金最优为目标，这种做法其实往往会阻碍企业价值最大化的实现。现代化市场经济使经济实体分工更加明确，相互之间的联系更加紧密，提高了社会效益，但也使得经济个体更加脆弱。营运资金管理虽然是直接服务于企业自身，但更是服务于整个产业、行业。资金在产业链上流动形成一条价值链，价值链上每一个环节都具有很强的相互依赖性，只有各个环节都高效积极运作，价值链才能畅通，才能创造更多的价值。

价值链、产业链管理是一种新的经营管理模式，是将企业内部营运资金的计划、组织、协调、操作、控制、激励、优化等措施，与产业链条的上下游相关企业进行协调平衡，优化产业链结构，夯实战略协同关系，促进产业链体系内价值流、物流、信息流的畅通，增强产业链的凝聚力与竞争力，提升产业链上下游企业的商业信用与市场感召力，增加整个产业链的效率和效益，从而实现企业自身的良性循环，提高营运资金的周转效率。

五、宏观与微观统一

营运资金管理涉及外部环境和内部管理，是一项系统工程。在不同的经营模式和运作特征下，营运资金具有不同的流转特征，客观上造成营运资金管理特点的差异性。但是企业不能只盯住自身微观领域的最优化，更要关注自身的社会责任，与宏观环境（如利率、汇率、通货膨胀率、产业政策、金融政策、财政政策、出口退税政策等）的变化相融合，避免将企业风险转嫁给国家与社会。

思考题

1.有人说，现金管理的最高境界是没有现金存量。对此你如何评价？

2.零营运资金的实现条件是什么？

3.为什么企业会过度持有净营运资金？

4.为什么说单项流动资产优化管理的思路是错误的？

5.价值链上下游对企业营运资金管理会产生怎样的影响？

6.零存货的实现条件是什么？

7.微软公司在现金持有上非常稳健，1999年6月30日，微软公司持有现金及短期投资高达170亿美元，占资产总额的46%。比尔盖茨说，他担心对不起员工和客户，在账面上已事先准备好下一年支付所需的现金。据此，谈谈企业的文化、理念对营运资金持有量的影响。

8.行业竞争度对企业营运资金持有量有什么影响？

9. 根据当前的经济政策和货币政策，分析企业应采取的营运资金管理政策?
10. 营运资金管理不当可能给企业带来哪些风险?
11. 简述营运资金管理的国际化特征。
12. 简述营运资金对财务杠杆与经营杠杆合理搭配的作用。
13. 在虚拟经济快速发展的背景下，应如何选择营运资金管理模式?
14. 试分析企业营运资金管理和筹资管理、投资管理的关系。
15. 论述营运资金管理与企业内部控制的关系。
16. 如何看待我国一些盈利能力强的上市公司过度现金持有行为?
17. 如何评价我国一些上市公司低效率的金融化行为?

延伸阅读文献

1. ALMEIDA H, CAMPELLO M. Financial Constraints and Investment-Cash Flow Sensitivities: New Research Directions [J]. Working Paper, SSRN, 2002.

2. ANTANIES J. Recognizing the Effects of Uncertainty to Achieve Working Capital Efficiency [J]. Pulp & Paper, 2002 (7): 207-219.

3. COLINA J. Working Capital Optimization [J]. Pulp & Paper, 2002 (7).

4. COLLINS G W. Analysis of Working Capital [J]. The Accounting Review, 1946.

5. COTE J M, Ham C K L. The Merchandising Ratio: A Comprehensive Measure of Working Capital Strategy [J]. Issues in Accounting Education, 1999 (May): 255-267.

6. DELOOF M. Does Working Capital Management Affect Profitability of Belgian Firms [J]. Journal of Business Finance and Accounting, 2003 (April/ May): 573-587.

7. FEE C E, HADLOK C J. Management Turnover and Product Market Competition—Empirical Evidence from the U.S. Newspaper Industry [J]. The Journal of Business, 2000, 2: 205-243.

8. GENTRY J A, VAIDYANATHAN R, LEE H W. A Weighted Cash Conversion Cycle [J]. Financial Management, 1990 (Spring).

9. GOSMAN M, KELLY T. Working Capital Efficiencies Resulting From Large Retailers's Power [J]. Commercial Lending Review, 2003 (3): 25-31.

10. GROTH J C. The Operating Cycle: Risk, Return and Opportunities [J]. Management Decision, 1992.

11. HAGER H C. Cash Management and the Cash Cycle [J]. Management Accounting, 1976, 3.

12. HARRIS A. Working Capital Management: Difficult, but Rewarding [J]. Financial Executive, 2005 (May): 52-53.

13. HAUSHALTER D, KLASA S, MAXWELL W F. The Influence of Product Market Dynamics on a Firm's Cash Holdings and Hedging Behavior [J]. Journal of

Financial Economics, 2007 (84): 797-825.

14. KNIGHT W D. Working Capital Management—Satisfaction Versus Optimization [J]. Financial Management, 1972, 1.

15. MEYER J, KUH E. The Investment Decision: An Empirical Study [J]. Harvard Economic Studies, 1957, 102.

16. MILLER M, ORR D. A Model of the Demand for Money by Firms [J]. Quarterly Journal of Economics, 1966, 80.

17. MYERS S C, MAJLUF N S. Coporate Financing and Investment Decisions When Firms Have Information That Investors Do not Have [J]. Journal of Finance, 1984, 13.

18. MYERS S C. Determinants of Corporate Borrowing [J]. Journal of Financial Economics, 1977, 5.

19. NUNN K P. The Strategic Determinants of Working Capital: A Product-line Perspective [J]. The Journal of Financial Research, 1981, 3.

20. OPLER T, PINKOWITZ L, STULZ R, et al. The Determinants and Implications of Corporate Cash Holdings [J]. Journal of Financial Economics, 1999, 52: 3-46.

21. SAGAN J. Toward a Theory of Working Capital Management [J]. The Journal of Financial, 1955.

22. SHIN H H, SOENEN L. Efficiency of Working Capital Management and Corporate Profitability [J]. Financial Practice and Education, 1998 (Fall, Winter): 37-45.

23. 陈霞. 流动性、自由现金流量及盈利性关系探析和实证研究 [J]. 贵州财经学院学报, 2008 (2).

24. 陈友邦. 关于营运资金几个问题的探讨 [J]. 财务与会计, 1995 (10).

25. 方慧, 等. "零"的追求：试论现代管理会计观念的更新 [J]. 会计之友, 1999 (5).

26. 傅军如. 零营运资本：财务管理新理论 [J]. 工厂管理, 1996 (12).

27. 干胜道, 等. 我国企业营运资金管理的认识误区 [J]. 财会学习, 2010 (9).

28. 金枫. 国外营运资本管理理论的发展及其演进 [J]. 中国海洋大学学报：社会科学版, 2006 (2).

29. 刘建青. "零"的追求——企业财务管理新理念 [J]. 兰州商学院学报, 2003 (1).

30. 刘运国, 等. 上市公司营运资金管理策略实证分析 [J]. 贵州财经学院学报, 2001 (3).

31. 罗琦. 公司投资与营运资金策略 [M]. 北京：科学出版社, 2009.

32. 毛付根. 论营运资金管理的基本原理 [J]. 会计研究, 1995 (1).

33. 孟凡利, 等. 公司营运资金管理 [M]. 上海：上海财经大学出版社, 1997.

34. 王金梁. 试析"零营运资金"在企业财务管理中的运用 [J]. 东北财经大学学报，2004 (3).

35. 王治安，等. 资产负债表视角下营运资本管理与企业价值的相关性研究 [J]. 财会月刊：理论版，2007 (11).

36. 王竹泉，等. 分销渠道控制：跨区分销企业营运资金管理的重心 [J]. 会计研究，2005 (6).

37. 王竹泉，等. 中国上市公司营运资金管理调查：2007—2008 [J]. 会计研究，2009 (9).

38. 王竹泉，等. 中国上市公司营运资金管理调查：2011 [J]. 会计研究，2012 (12).

39. 吴荷青. 上市公司现金持有量研究 [M]. 成都：西南财经大学出版社，2009.

40. 吴娜. 我国上市公司营运资本管理政策的聚类分析 [J]. 会计之友，2008 (5).

41. 杨兴全，等. 行业特征、产品市场竞争程度与上市公司现金持有量关系研究 [J]. 审计与经济研究，2007 (6).

42. 杨雄胜，等. 改进周转率指标的现实思考 [J]. 会计研究，2000 (4).

43. 阴留军. 营运资金持有政策和融资政策的确定 [J]. 中国地质矿产经济，2001 (7).

44. 张鸣. 公司营运资金运作方略 [M]. 上海：立信会计出版社，2002.

45. 孙莹，等. 中国上市公司营运资金管理调查：2014 [J]. 会计研究，2015 (12).

46. 张会丽，等. 内部控制、现金持有及经济后果 [J]. 会计研究，2014 (3).

47. 杨兴全，等. 行业成长性影响公司现金持有吗? [J]. 管理世界，2016 (1).

48. 陈霞. 上市公司流动性影响因素研究 [M]. 成都：西南财经大学出版社，2012.

49. 张俊瑞. 资产变现论 [M]. 大连：东北财经大学出版社，1999.

50. 曹玉珊. 重大融资、经营性营运资金管理效率与企业绩效 [J]. 财经理论与实践，2015 (1).

51. 汪平，等. 营运资本、营运资本政策与企业价值研究 [J]. 经济与管理研究，2007 (3).

52. 孔宁宁，等. 营运资金管理效率对公司盈利能力的影响 [J]. 南开管理评论，2009 (12).

53. 王秀华，等. 营运资金与企业价值的情景研究 [J]. 山西财经大学学报，2012 (6).

54. 曹玉珊."全渠道"视角下的营运资金管理新论 [J]. 会计之友，2015 (21).

55. 房小兵，等．行为财务与建筑企业营运资金管理：影响机理分析［J］．会计研究，2016（3）．

56. 王贞洁，等．外向型水平与上市公司营运资金管理绩效——基于我国电子信息产业的实证分析［J］．管理评论，2014（9）．

57. 王竹泉，等．中国上市公司营运资金管理调查：2013［J］．会计研究，2014（12）．

58. 任杰．供给侧改革背景下企业营运资金管理问题研究［J］．商业会计，2018（13）．

59. 陈妍村，等．我国制造业企业金融化趋势及其影响因素研究［J］．财会月刊，2018（19）．

60. 干胜道，等．非金融业上市公司过度金融化治理研究［J］．财会月刊，2016（34）．

第七章

无形资产理论

21世纪是知识经济时代，又是以智力成果为特征的无形资产的世纪。知识经济最根本的标志就是科学技术和知识成为推动经济增长的第一力量。在知识经济时代，以某种特有权利和技术、知识形态存在的重要经济资源——无形资产，对社会经济进步的促进作用更加显著，对企业生存与发展的贡献亦日益突出。

第一节　无形资产与企业价值概述

一、无形资产的概念与特征

（一）无形资产的概念

相对于有形资产来说，无形资产（intangible assets）常指自身拥有或使用的，已具备获利能力的，或能为企业带来高于有形资产获益率的利润而没有实物形态的资产。无形资产与有形资产共同构成企业的全部资产，二者相互依存，均不可或缺。无形资产的概念源于美国经济学家托尔斯·本德（1857—1929），包含无实物形态、具超额获利价值和能持续发挥作用这三层含义。在经济发达的国家，人们早已知晓无形资产的意义及其在企业营运中的作用，已积累了丰富的价值评估经验，并形成了一些相关规范。对无形资产的概念、含义、评估方法，美国的《美国评估行业统一执业标准》及其相应的《评估标准释义》均有具体说明，英国、德国、法国等亦有类似规范标准。无形资产甚至被认定为是可大大超过流动资产、固定资产的企业第三大资产。根据埃里·L.科勒的《会计师词典》的解释，无形资产通常是指无实体存在的资本资产，其价值依附于资产所有者所持有的权利。《韦氏新国际大辞典》（第3版）对无形资产所下的定义则是非物质资产。无形资产的概念在我国引入和形成较晚，对其分类的见解也尚未达成统一。我国著名会计学专家、天津财经大学的于玉林认为：无形资产是指一个主体拥有或控制的，长期使用但没有实物形态，可以辨认，能以货币计量，并预期会带来经营效益的非货币性资源。迄今为止，关于无形资产的定义仍众说纷纭，尚难形成权威的定论。

（二）无形资产的分类

依据不同的标准和角度，无形资产可以划分成不同的种类。例如，按期限划分，可分为有限期无形资产和无限期无形资产；按来源划分，可分为购入无形资产和自创无形资产；按能否独立地被转让划分，可分为可转让无形资产和不可转让无形资产；按是否有法律给予的权利划分，可分为法定性无形资产和收益性无形资产等。

1.从外延上无形资产可分为两大类：技术性无形资产和经营性无形资产。

（1）技术性无形资产是为了使有形资产增值在技术上必需的权利。“技术上必需”是指有形资产使用中要解决的人与物的关系。典型的技术性无形资产是专利和专有技术，各种出版物和计算机软件的版权。如果没有这些无形资产，有形资产的使用就会受到限制。

（2）经营性无形资产是为了使有形资产增值在经营上必需的条件或权利。“经营上必需”，是指有形资产使用中要解决的人与人的关系。典型的经营性无形资产是经营许可权、商标和土地使用权。当然，土地使用权在国外土地私有化国家中常常被列为固定资产。

2.按无形资产的性质划分，无形资产主要包括专利权、商标权、商号、版权、专营权、非专利技术、商誉（需要说明的是，目前中国及一些国家已经将商誉从无形资产中单列出来）、技术秘密、商业秘密、人力资源和土地使用权等。

3.根据无形资产价值的计量特点，无形资产通常分为可以确指的无形资产和不可确指的无形资产两大类。

（1）可以确指的无形资产，多数属于权利，可以转让使用，少数是事先付出的费用，可以在以后获利。主要有商号、品牌及商标权、专利权、版权、专营特许权或特许经营权、生产许可证、租赁权、特有技术或专有技术（也称技术诀窍）、销售和供应名录渠道、土地使用权、矿藏资源勘探权、研究开发成本、非竞争协议、计算机软件等。

（2）不可确指的无形资产指商誉（goodwill）。商誉并不等同于商业信誉。商业信誉是指在正常、平等的竞争条件下，企业的获利超过同类企业一般获利水平的那部分价值。商誉反映的是企业获得超额利润的能力。商誉通常与企业的地理位置、经营历史和行业经验、组织效率，以及人缘和商业信誉紧密相关。

4.按照无形资产的内容进行划分，可以分为四大类：

（1）知识产权类，是指人类智力发明创造的科研成果，以及与人类的智慧、脑力劳动有关的资产权利，如版权、专利权、专有技术、商标权和计算机软件等。

（2）权利类，是指由契约、合同或政府授权所形成的无形资产，如合同类无形资产和特许权类无形资产。其中合同类无形资产主要指优惠的购买合同、优惠的销售合同、优惠的租赁合同和低息贷款合同等；特许权类合同主要指以政府授权形式存在的专营权、专卖权、特许的优惠政策等无形资产。

（3）关系类，是企业以自己独立身份在长期从事民事活动过程中所建立起来的与外界有关企业、人员、机构以及内部员工之间形成的，有利于自身发展和企业经营的良好“关系”，如雇员关系、客户经办人员名单、销售网络、销售与公关人员、顾客关系、代理关系等。

（4）内涵类，是指企业经过一段时间的发展，为社会贡献经济效益和社会效益，在社会公众心目中产生良好形象，从而形成的“自我内涵”，如企业形象、企业知名度、美誉度、信誉度、企业标志系统、建筑风格、企业文化、企业精神、管理风格、职工素质、员工凝聚力、名人效应等。

其中前两种是可确指类无形资产，后两种属不可确指类无形资产。

5.按照在知识经济条件下的特征，无形资产大致可分为以下几类：

（1）体现市场竞争力的资产。这是指企业拥有的与市场相关联并给企业带来潜在利益的要素的总和，包括公司名称、企业品牌、服务品牌、顾客、业务伙伴、特许经营权协定、专利使用权协定、长期信誉等。

（2）体现智力劳动的资产。主要有专利权、商标权、版权、商业秘密、技术秘密、专有技术等。

（3）体现企业内在发展动力的资产。例如，企业经营管理方法、企业文化和管理信息系统、网络工作系统等。

（4）体现人力资源的资产。包括员工的教育状况、知识能力、工作技巧、创新能力、合作能力等要素。

（三）无形资产的内容变迁

从管理学的角度考虑，企业的名号、战略目标、经营谋略、管理能力、产品质量、领导人素质、员工士气、企业的团结精神和风气、组织管理体制等，都属于无形资产。当然，能够列入账内的无形资产毕竟是少数。

从国际范围来看，对无形资产应包括的具体内容，至今尚未达成共识。《国际会计准则第38号——无形资产》大致揭示了无形资产的内容，包括商标名称；报刊刊头；计算机软件；许可证和特许权；版权、专利和其他行业性的财产权、服务和经营权；处方、配方、模型、设计和样板；金融资产；保险公司与保单持有人之间签订的合同、抵押服务权、捕捞许可证；递延所得税资产、雇员福利所形成的资产；融资租赁而持有的无形资产；电影、录像、戏剧、手稿、专利权和版权等项目的许可证协议中的权利；企业有受法定权利保护的、因培训形成、能导致未来经济利益、有技术长进的一组熟练员工；有法定权利保护或其他方式控制的，企业拥有的客户名单、客户组合、客户关系、客户信赖、市场份额、进口配额；矿产权以及矿产、石油、天然气和类似非再生性资源的勘探支出或开发和采掘支出；企业合并中形成的商誉等。

无形资产包括的内容并非是永恒不变的，随着市场经济的日益发展完善，无形资产正以惊人的速度持续不停地扩充它的内涵。目前，美国评值公司将无形资产划分为与市场有关的无形资产（marketing assets）、与制造有关的无形资产（manufacturing assets）及与融资有关的无形资产（financial assets）三大类，具体项目超过20项，包括商号/商标（tradenames/trademarks）、顾客名单（customer lists）、包装（Packaging）、订单（Backlog）、广告资料（Advertising Material）、特许权（Franchises）、货架空位（Shelf Space）、许可证（Licenses）、经销网（Distribution Network）；专利（Patents）、配方（Formulas）、经营秘密（Trade Secrets）、专有技术（Know-how）、非专有技术（Unpatented Technology）、图纸（Drawings）、供应合同（Supply Contracts）、新产品开发（New Product Development）；优惠融资（Favorable Financing）、配套员工（Assembled Workforce）、软件（Software）、版权（Copyrights）、核心存款（Core Deposits）、不竞争合同条款（Covenants Not to Compete）、租赁权（Leasehold Interests）、雇佣合同（Employment Interests）、数据库（Data Base）、超额年金计划（Overfunded Pension Plans）、解雇率（Unemployment Ratings）、商誉（Goodwill）。

在新知识经济环境下，无形资产的范围，除常规的专利权、商标权等外，绿色食品标志使用权、ISO 9000质量认证体系认证、环境管理体系认证等都将为理论界和实务界所公认，这将使无形资产的内容变得更加丰富多彩。

无形资产是客观存在的系统，是由各种无形资产要素所构成的。确定无形资产的内容，既要按照无形资产具有的本质属性，也要结合经济发展、科技水平和经济管理的要求，应能够反映当今时代的特征。无形资产的定义应有广义与狭义之分，从广义上讲，无形资产是企业有形资产之外的资产总和。根据我国现行法律和政策的规定并参照国际惯例，从广义上讲企业无形资产的基本内容包括：（1）知识，是最重要的产权，如非专利技术、理论知识和实践知识。（2）权利，是指企业独有的不可侵犯的无形资产，有专利权、专营权、版权、租赁权、土地使用权等。（3）商标或商标权，其价值难以估量，看得见摸得着而影响力无限。（4）信誉或商誉，往往凭借产品服务、产销规模、诚实守约等赢得。（5）商业秘密等信息，对企业经营质量影响重大，即企业对市场行情等掌握的准确性和速度。（6）环境，是企业发展的外部条件，如竞争对手、国家政策变化、原材料来源及价格波动指数等。（7）位置，表明企业所处地段的好坏与经营绩效直接相关。汤湘希将无形资产分为：经典无形资产、组合无形资产（特指商誉）、边缘无形资产（特指土地使用权）和合力无形资产（特指与核心竞争力有关的无形资产）。

从狭义上看，无形资产按其性质可以定义为：无形资产是指一定主体拥有或控制的、被长期使用但没有实物形态，可以辨认而在会计上需要计价反映的，并有可能带来预期效益的非货币性资源。美国财务会计准则委员会（FASB）2001年发布的第142号准则公告——《商誉与无形资产》，将无形资产分为六类，包括以顾客为基础的资产和以市场为基础的资产（customer-based assets and market-based assets），以合同为基础的资产（contract-based assets），以技术为基础的资产（technology-based assets），以法律为基础的资产（statutory-based assets），以组织为基础的资产（organization-based assets），以员工为基础的资产（workforce-based assets）。这六类有些是隐形的，如组织凝聚力、士气；有些属于企业不愿公开的文件，如与竞争对手签订的互不竞争协议。当然，由于分类标志不清晰，存在串类之可能。国际会计准则委员会1998年10月1日发布的《国际会计准则第38号——无形资产》，将无形资产定义为：无形资产是指用于商品或劳务的生产或供应、出租给其他单位或出于管理目的而持有的，没有实物形态的，可辨认的非货币资产。任何列为无形资产的长期资产，通常都可代表企业所拥有的一种法定特殊权利或者优先权利，或者可为企业带来高于一般水平的某种特殊获利能力。

（四）无形资产的特点

与有形资产相比，企业无形资产的明显特征表现在：

第一，非实体性。无形资产虽多存在于观念中，体现为一种知识产权、一种法律契约权利或一种关系，却可感知预测并进行定性、定量。当它与实物结合时就被视为企业的资产而具有实在的价值。

第二，独立性。无形资产相对于有形资产而言有其相对独立性，它可以不依赖有形资产而独立发挥作用，体现为一种权力或取得经济效益的能力。例如，“雀巢咖啡”的商标价值116亿美元，“海尔”的商标价值42.6亿元人民币。

第三，增值性。无形资产可以重复使用，在使用过程中，其价值不但不会减少，反而会增加，使用越广泛、越频繁，其价值会越高。例如，“可口可乐”商标价值相当于可口可乐公司当年营业额的10倍，总资产的3/4。无形资产对有形资产有很强的催化作用，可使有形资产生产的产品附加值大大提高。

第四，高效性。高新技术、知识产权等无形资产本身就是巨大的社会财富，能给权利人带来巨大的经济利益。国外学者估计：一个单位的智力资产通常是账面价值的三倍到四倍。例如，美国微软公司的产值已超过美国三大汽车公司的产值之和。1994年，纽约评出的世界商业品牌排行榜所列的“可口可乐”的商标价值为360亿美元，而该公司年销售额还不足100亿美元。

第五，多元性。企业无形资产至少由四个部分构成，即权、密、名、誉。权类和密类多由企业的软件即证书、标记、文件资料形式构成，而名类和誉类多形成于社会评价和人的意念中。

第六，再生性。可口可乐公司的总裁说过：“即使公司被全部烧毁，我们仍可凭可口可乐的牌子白手起家。”此话并非天方夜谭。拥有品牌、销售网络、一定的知名度、商业秘密等无形资产，即使失去了有形资产，也可凭借无形资产的强大优势，事半功倍地组织企业的生产经营，使企业起死回生。

二、企业价值的相关研究

一般而言，企业价值是指“企业内在价值”、“企业账面价值”和“企业市场价值”三种形式。这是三个不同的概念，各自具有不同的含义。

企业内在价值是某估价人对企业未来的估计现金流量按照一定的贴现率贴现而得到的贴现值。它是一个主观估计值，不具有客观可比性，因为不同的估价者对同一企业内在价值的认识往往不相同。企业账面价值是企业根据一定的企业会计规则要求，对符合会计要素定义和条件的项目进行确认、计量和披露的企业价值。它是按照严格的会计程序计算出来的，可以从企业会计报表中查到，具有客观可比性。在企业会计报表中，账面价值变动的会计指标主要表现形式有主营业务利润、营业利润、息后税后利润、净利润等。企业市场价值是指在一定的市场条件下，买方和卖方对交易对象企业达成的一个成交价。它一般可以从市场中获得，具有客观可比性。企业市场价值的主要表现形式有资本市场的股票价格、企业重估价、企业清算价等。

企业内在价值与账面价值、市场价值都有差异，尤其是企业账面价值与市场价值之间更是差异巨大。人们一般将这种巨大的差异归因为无形资产。

三、无形资产与企业价值研究相关文献

国外对无形资产价值相关性的研究开始较早，而且主要集中在实证研究领域，代表性的研究人物与研究结果主要有：Ely和Waymire（1999）研究了已确认无形资产的价值相关性，研究发现已确认无形资产具有价值相关性，只不过在投资者眼里，资本化的无形资产的分量比不上有形资产；Lev（1999）的研究表明，一个国家、一个行业、一个公司在无形资产方面的投入与经济的增长、生产率的提高、公司盈利的增加之间呈现出显著的正相关关系；Edward Lazear（2000）发现转变劳动报酬分配方式对企业生产率的提高的贡献是巨大的，同时公司吸引了高质量的劳动力，这表明企业人力资本为企业价值的创造做出了积极的贡献。上述研究综合表明，无形资产确实具有很强的价值相关性。

国内关于上市公司无形资产的实证研究相对较少，主要以规范研究为主，集中于探讨现行无形资产会计处理方法的不足与改进上。天津财经大学的于玉林认为，无形资产已经成为核心竞争力的重要因素，成为经济持续发展的一项重要资源，是国际竞争中的新焦点。薛云奎和王志台（2001）对无形资产在企业价值创造中的贡献程度和与无形资产和公司市场价值的相关性进行了实证研究，研究结果表明，无形资产为企业的经营活动做出了重要贡献，上市公司披露的无形资产与股价之间存在显著的正相关关系；王化成、卢闯和李春玲（2005）以1998—2002年为研究区间，以深沪两市A股上市公司为研究对象的研究表明，无形资产与企业未来的业绩间有着显著的正相关关系；吴刚（2007）通过对制造业企业的无形资产价值的相关性检验，得出了无形资产对制造业企业主营业务利润具有正向显著贡献的结论。胡川等（2014）的研究表明：政府机构控制较强的国有背景企业的绩效更多地依赖于使用权类无形资产，而较少依赖于技术类无形资产；高校控制的国有背景企业的绩效更多地依赖于技术类无形资产，而较少依赖使用权类无形资产。

近年来，也有少数学者对无形资产测算和评价展开研究。苑泽明等（2015）以创业板上市公司数据作为样本进行实证检验，研究认为：公司高管应关注企业自主研发能力的提升，提高研发人员素质，通过培养和招聘高学历高素质的员工提升企业的技术创新能力，为公司创造超额利润和企业价值。田侃、倪红福和李罗伟（2016）的研究结果表明：中国无形资产对经济增长的贡献率约为30%，无形资产对于中国经济增长和结构转型升级、全球价值链攀升的作用日益凸显。

为了集中全国科研力量探讨无形资产会计与财务的理论、实践问题，天津财经大学倡议举办全国性无形资产研讨会，受到广泛响应。截止到2015年，已由天津财经大学、首都经贸大学、安徽财经大学、浙江财经大学、西南财经大学、中南财经政法大学、中国海洋大学、华南理工大学、《会计之友》杂志社承办过11次无形资产主题研讨会，在国内外产生了较大影响。我国的无形资产研究正在聚集力量，形成自身特色。

综上所述，无论是国内还是国外，对无形资产的研究在理论和实务上都已取得了丰硕的成果。国外对无形资产的研究有一百多年的历史，无论在规范或实证研究方面，均形成了一套比较完整的理论体系。国内对无形资产的研究虽然只有三十多年的历史，但是在知识经济潮流的冲击下，发展迅速，2001年颁布的《企业会计准则——无形资产》（2006年予以修订）就是很好的例证。

四、加强无形资产价值管理是新经济发展的必然要求

（一）研究无形资产价值管理是新世纪的迫切期盼

知识经济与工业经济的差异在于其以人的创造性知识为核心生产要素，将知识作为企业创造新的价值、增加企业竞争优势的最重要源泉。无形资产作为企业生产经营的智力劳动成果，在知识经济条件下的重要性更加明显。随着科技进步与知识经济的发展，组织管理的重心从有形资产管理转向无形资产管理。无形资产管理，实际是对知识产权和人力资源的管理。其中知识产权是指从事智力创造性活动取得成果后依法享有的无形财产权，包括发现权、发明权、商标权、专利权等工业产权和著作权；而人力资源是无形资产的源泉，无形资产的数量和质量反映了人力资源的素质和质量。无形资产的管理贯穿于人力资源管理的每一环节，如新员工岗前培训、业绩考核等过程都蕴含大量无形资产内容，人力资源管理部门要建立起有效的无形资产考核、奖励、监控机制，通过科学管理防止无形资产的流失，让其扩张、增值，产生经济效益。人力资源管理工作的重点就是对知识的管理，对创造效益的知识（即无形资产）的管理。无形资产必须从战略高度进行经营管理才能获得长久发展。

现阶段对无形资产价值管理是决定企业竞争力的关键要素虽已成为共识，但关于如何实施无形资产价值管理还存在一些误解。例如，不少企业决策者总以为，一旦建立好无形资产管理的系统，企业就会自动向知识型企业转变，企业内部的智力资本就会自行转化为竞争优势。显然他们忽视了实施知识管理中改造企业文化和融入业务流程重组这两个最本质的驱动因素。知识管理如果缺少同文化鼓励与核心流程这两者的紧密有机结合，就会因知识信息共享受阻，无序的知识无法进行系统化管理而必定失败。实施知识管理最重要的是建立有利于知识共享的新型企业文化、重组企业业务流程，并将知识创新与利用融入其中，这也是建立知识共享的知识管理系统的起点和归宿。

新经济条件下，在市场运行和竞争中无形资产的功效越来越大，地位更为重要，无形资产价值管理的作用日益突出。布鲁金斯研究所（brookings institute）的研究表明，各种企业组织的无形资产价值不断增加，而且变化的步伐持续加快，

1982年各种企业组织的无形资产价值占总资产的比例为38%，1992年为62%，到了2000年其比例已达到75%。无形资产主要由品牌、专有技术、网络、特殊管理及其他特许权等构成，作为组织的核心资源或者核心优势，在买方市场阶段，组织的无形资产水平和价值决定着特定主体在市场中的竞争能力和竞争地位。例如，各家企业生产的同类家电产品，在质量和功能差异很小的条件下，品牌和销售网络及服务已成为增加营业收入和占有市场的关键。无形资产管理已成为企业确定发展方向、升级换代、转变更新的主要决定力量，这些正是组织（企业）战略规划和战略管理的重要依据。随着信息技术的飞速发展，各种资源的组织比以前更加高效，使市场变化和波动性加大。原来的管理是市场变化后的跟随反应管理，永远落后于市场变化，无形资产战略管理成为时代发展的客观需要。

（二）正确认识无形资产对企业价值的影响力

回顾人类的经济发展史，在前工业时代，社会竞争主要依靠自然资源；在后工业时代，社会竞争主要依靠金融资本；而知识经济时代打破了以自然资源和金融资本为代表的有形资产主导竞争的格局，以知识和技术为代表的无形资产具有高效性、垄断性、长期性等特征，其战略作用越来越明显。应高度关注在市场经济条件下知识与技能等无形资产管理在国家、地区、部门和企业经济发展中的战略地位和至关重要的作用。无形资产价值管理研究主要探讨在一定资本环境下无形资产与企业价值之间的相关性。无形资产对企业价值的作用主要体现在以下方面：

1.强化无形资产管理是培育企业核心竞争力的利器

国家和企业拥有的品牌、专利、商标等无形资产，在一定意义上潜在的经济价值超过有形资产，是其潜在的巨大财富和商机，是国家与企业综合实力的重要象征。企业核心竞争力的培育和形成主要依靠有效的无形资产创新和成功的商业化运作。随着全球经济一体化进程的加快，企业面临的国际竞争环境，既是有形资产的竞争，又是无形资产的竞争。决定企业核心竞争力的因素已由有形资源转为无形资源。不可通过生产要素市场买卖获得的无形资产，具有竞争者难以模仿和替代的特征，会使竞争优势更具持久性，是构成企业核心竞争力的重要源泉。因此，强化无形资产管理是企业管理至关重要的内容。现代企业竞争制胜的关键是专利、非专利技术、商誉、营销网络等无形资产。无形资产管理不善，必然对企业发展产生重大甚至致命的影响。企业开发、拥有、使用、经营和保护好无形资产，必将为发展经济奠定坚实的基础，同时展现出企业科技、知识、管理和素质等方面的较高水平，提升其经济实力，确保企业经济稳步和健康发展。国际上知名跨国公司的基本经验是，每年将营业收入的5%~10%用于研究与开发新技术，保持技术上的优势，增加无形资产价值。

2.无形资产价值管理能扩张资本、创造价值和超额利润

拥有一定的无形资产，除可将某些无形资产通过出售或转让以收取货币资金从而购置有形资产以外，还可发挥“名牌效应”的作用，以名牌盘活有形资产。企业为适应资本经营的需要，除内部积累、直接融资、增发股票或配股等方式外，还可

通过无形资产来扩充资本。例如，出售或转让某些专利权、非专利技术、商标权等无形资产获得货币资本；以无形资产作为资本纽带或进行投资来实现企业的规模发展。企业通过积极经营其拥有的无形资产，可提高经济效益。其获取额外利润或投资收益的途径主要有：提高商誉、争创名牌；出售或转让专利权、非专利技术、商标权；以无形资产投资获取分红等。无形资产在性质上，既具备效用性、有限性、共享性和主体性等一般特征，也具备无形性、创新性、垄断性、高效性、无限性和扩张性等特殊特征。无形资产主要在降低生产成本、提高产品质量、优化产品功能、提高商品声誉和增强市场竞争力等方面发挥关键作用，创造价值并产生超额利润。据统计，西方国家提高劳动生产率对技术进步的依存度已从21世纪初的5%~20%上升到现在的70%~90%。

3.无形资产管理是增强自生能力的要素和发展循环经济的重要支柱

企业自生能力是指“在一个开放、竞争的市场当中，只要有着正常的管理，就可以预期这个企业可以在没有政府或其他外力的扶持或保护的情况下，获得市场上可以接受的正常利润率”。自生能力是经济发展的内生前提，在一些高科技领域、高附加值产品行业，竞争极端激烈的特殊领域，自主品牌因决定着企业自生能力而显得格外重要。提高企业自生能力的唯一方法就是，自我开发无形资产，形成自主知识产权和培育自主品牌。我国近年来加大了对研究和开发经费的投入力度，其增长幅度已超过固定资产投资的增长率，这将推动循环经济的发展。从战略上看，企业可以自主研发，也可以购买技术进行消化、吸收、提升，从我国的国情来说，研发的传统优势在高校、研究所，进行各种形式的校企合作是一条现实的道路。

4.无形资产价值是企业价值的重要部分

一般而言，企业价值即未来获取现金流量的现值。在知识经济时代，无形资产在企业经营活动中起着举足轻重的作用。目前有实力的企业的有形资产和无形资产的比例达到1：2或1：3。我国上市公司无形资产的价值也在逐步提高。无形资产将成为未来经济增长和企业价值提升的主要驱动力，无形资产的价值必然会成为企业价值的重要组成部分。

综上所述，无形资产能为企业的价值创造做出巨大贡献，这种能为企业带来经济收益的价值贡献使得无形资产理应作为一种资产在企业的资产确认中得到体现。由于无形资产对企业的发展至关重要，因此一定要强化对无形资产的管理。

五、无形资产管理存在的问题

无形资产管理虽然对企业竞争力以及企业价值有巨大而深远的影响，但目前国内一些管理者漠视无形资产管理，管理和技术层人力资本含量低，优秀人才难以留住，无形资产大量流失。经常会出现著作权益受到侵犯、专利权受到侵犯、商标被假冒等不良现象。主要表现如下：

（1）无形资产价值管理观念滞后、意识薄弱。企业必须树立无形资产创造意识、珍惜意识、保护意识和利用意识。多数管理者沉溺于日常事务中，轻视或曲解管理的现象相当普遍，缺乏战略管理实践，很难产生战略管理意识，知道“战略管理技术”的人更少。不少管理者长期缺乏无形资产管理观念，持有“看得见、摸得到的资产才是资产”的传统偏见，漠视无形资产作为价值创造重要因子的客观现实性。主要表现在：商标注册意识和续展意识及法律保护意识较弱；技术保密、专利保护观念不强；只在国内申请专利、商标而未申请国外专利、商标，或者在国外申请商标时因为未结合当地文化、宗教等情况重新设计而造成很大损失。一些管理者无形资产经营思想匮乏，如在与外商合资合作时或在企业转型改制时，忽略无形资产评估计价或超低压价，有的不知道用专利法保护自己；无形资产转让时仅看近期利益，无视企业的持久发展；有的企业轻视通过广告等营销手段提高无形资产价值，外国广告的强大攻势造成国内商标、商誉等不少无形资产的间接流失。

（2）无形资产投资决策科学依据不足，经营决策未能着眼于长远战略发展。在无形资产投资预测和决策中，对经营无形资产缺乏明确的目标。无形资产管理的基础信息稀少，无形资产信息失真、失控。单位无形资产信息尚无完整记载，更缺少全国范围内的无形资产信息网，重复研究、科研力量分散、资金浪费等现象屡见不鲜。科研成功率和成果转化率比国际水平低，增大了无形资产投资的风险性。无形资产经营只顾眼前利益，没能从战略高度考虑企业长远发展。一些国外企业为争夺更大的市场，通过合资、合作、收购国内品牌等激烈竞争，迅速占领国内品牌原先占领的市场。中国企业在这一角逐中丢掉了自己的品牌，也丧失了长期建立的商誉。例如，广受喜爱的中国传统知名企业上海家化生产的“美加净”系列产品，商标曾被外资企业高价收购，为“露美庄臣”所取代，致使企业长久利益蒙受巨大损失，最后企业权衡利弊以惨重代价购回。

（3）国内无形资产价值管理的研究在力度和深度上还非常欠缺。主要体现为：目前无形资产价值管理有组织、有计划的研究不多，仅有少数研究部门、学校、企业、事业单位对无形资产价值管理进行个别研究，而缺少特定研究机构对无形资产价值管理进行专门的研究。对无形资产价值管理研究的重要性体会不深，不清楚无形资产管理战略研究对国家经济、科技、文化、政治和社会的重大意义。甚至极少数管理者还未认识到无形资产的重要性，更别说要对无形资产价值进行研究了。或者只是对某种无形资产管理的研究，而少见对某些相互联系的无形资产管理和整个企业价值之间关系的研究。正是上述这些困境，妨碍了对无形资产价值进行系统、全面、深入的研究，导致无形资产管理在许多方面难以发挥其应有的作用和影响。从经验上讲，大小专利（大专利指发明专利，小专利指外观设计、实用新型专利）要形成技术保护网、商标为防御性商标以防止他人模仿、专有技术要防止泄露。

（4）无形资产管理法律制度、方法和理论亟待改善。改革开放以来，我国在保护无形资产方面已制定了许多法规政策，但仍不能满足市场经济发展的要求，和发达国家相比还有一定差距。主要表现为法规体系不健全、不完善，有法不依、执法不严。调查表明，绝大部分企业在无形资产方面处于没有无形资产资源，没有专门管理无形资产的人员和机构，没有无形资产经营管理制度的“三无”状况。多数无形资产的自创成本、转让费用及其他费用等，资产账面上未见相关会计记录和技术管理信息，使无形资产变为账外资产，外部信息使用者很难通过财务报告判断和预测企业的发展潜能和盈利水平。从无形资产战略管理方面看，企业为有形资产设置了专门管理机构、配备了专职管理人员、制定了完备的管理制度，却没有为无形资产设置专门的管理机构、配备专职管理人员、制定完备的管理制度，从而使无形资产很难管理，无法可循。在无形资产收益评价方面，至今为止在理论上知识人才为企业创造效益的独立评价体系尚未建立，知识人才的作用未引起管理者的高度重视，不利于激发科研人员的积极性。一些管理者因顾及当期利润而减少研究和开发活动，影响企业的长远发展。

随着知识经济发展、技术创新以及中国的“入世”，知识产权问题受到人们前所未有的关注，掌握知识产权的知识是经济增长的主要推动力。但我国知识产权观念淡薄，大量科研成果并未申请专利，这笔财富白白流失。我国每年有3万多项国家级重大科技成果，其中就有2万多项未申请专利。例如，在国家“863计划”已鉴定的近2 000项成果中，申请国内外专利的仅有400多项，而申请国外专利的仅有20项左右。我国许多拥有著名商标的国有企业无专人负责商标注册续展，而日本东芝公司的商标管理者达300多人，美国泰勒公司商标管理者有500多人。我国企业要生存和发展，就要提高知识产权的保护意识，掌握和运用知识产权来参与国际市场竞争，才能取得竞争优势。一般每年，日本发明专利申请达40万件，美国20万件，德国15万件，拥有如此多的专利，才使其有资本称霸国际市场。

第二节　无形资产价值管理途径

在现代信息社会，有形资产效益的发挥已越来越有限，而企业无形资产的效益却越来越显著，管理者越来越重视对无形资产的投资、建设、管理与开发利用。实施有效的无形资产价值管理应从以下几个方面展开：

一、注重名牌的建设与管理

在当今市场竞争中，提高企业的竞争力，名牌是主力军。所谓名牌，是指具有很高的社会知名度和信誉度的标志。名牌是一种无形价值量很大的资产，具有极其强大的增值能力，是打开市场、获取利益、走向国际的资格证，是企业发展壮大、在世界市场中占据一席之地的根本。邓小平同志在南方谈话时曾经说过：“我们应该有自己的拳头产品，创造出我们中国自己的名牌，否则就要受人欺辱。”由此可见，为了我们民族经济的振兴，实施名牌价值管理才是一条光明之路。如今国内、国际市场已经进入名牌竞争的时代，以名牌为核心的企业重组和资源配置已经成为一种时尚，因此名牌价值管理势在必行。名牌价值管理是企业无形资产管理的重要组成部分，它包括名牌观念的树立、名牌产品的开发和推广、名牌形象的树立、名牌的进一步发展、名牌的巩固与维护等几个重要环节。

（一）名牌观念的树立

1.树立创名牌的信念和意识

我们从市场经济优胜劣汰的规律可以认识到：实施名牌价值管理是十分必要和重要的，因此要提高实施名牌价值管理的自觉性。尤其是在当今知识经济的浪潮中，以无形资产投入为主是该经济环境下的一个重要特点，作为无形资产的一项重要内容，据联合国工业计划署的统计：名牌在全球品牌中所占的比例不到3%，但市场占有率却达到40%以上，占全球销售额的50%以上。由此可见，创立名牌、走名牌价值管理的路线是企业生存和发展的关键。但是，只有首先树立了创立名牌的决心和信心，才能为走向名牌价值管理之路打下坚实的基础。在树立了名牌意识之后，企业要有“为名牌争创第一”的精神，要依靠全体员工，培养造就一支高素质的名牌队伍。同时，创名牌、走名牌价值管理之路是一个艰难的历程，必须经过几代人的长期奋斗，要靠企业坚持不懈的努力和各级政府及社会各界的大力支持，因此不能急功近利、急于求成。

2.树立名牌国际竞争的意识

尽管中国市场具有巨大的潜力，能在这方土地上占据一席之地已经很不容易了，但是国际市场是一个更大的舞台，中国的企业更应该到那里去施展自己的本领和展示自己的风采。如何才能在国际市场这个更大的平台上找到自己的位置呢？企业靠什么去争取？靠的就是名牌!所谓名牌国际竞争意识，就是要求企业要有雄心和魄力，以全球为视点，建立属于世界经济的中国民族工业的形象，树立起世界名牌的形象。目前有许多国外的公司来开发中国的市场，针对这种情况，我国的企业应该一方面坚守本地市场，另一方面靠名牌产品积极挺进国际市场，通过与对手的碰撞缩小与世界水平的差距，跻身全球市场，拓展生存空间，让自己的名牌在国际上享有一定的知名度。再者，一个名牌如果不能进入国际市场是很难继续成长发展的，因此每一个生产经营者都要以创立世界品牌为目标，树立创名牌、让名牌走向国际、靠名牌参与国际竞争的意识。

（二）名牌产品的开发和推广

1.时代特色

名牌产品要经得起考验，就必须跟得上时代的步伐。我们回忆每个时代的产品就会发现，不同时代的产品都会留下深深的具有时代特色的烙印。我们知道，工业经济是以物质生产为主的，而当前我们所处的知识经济，是把物质生产和知识生产结合起来，充分利用知识和信息，大幅度地提高了产品的知识含量并注入了很高的附加值。知识密集型产业逐步取代劳动密集型产业成为创造社会财富的主要形式。这样的时代，产品更新换代的步伐更迅速，相应地对名牌产品的开发应该时时保持时代感、紧迫感，与时俱进，不断创新。只有富有时代特色的名牌才能立足，才是真正的名牌。

2.文化内涵

名牌产品要有较深的文化底蕴才能走向成功，可以说，文化是名牌的灵魂，是名牌的根本优势。就服装名牌来说，与国外许多的名牌相比，我们的名牌数量少、历史短，但是由于一些品牌在文化含量上下大力气，也取得了辉煌的成绩。比如李宁牌运动服，其目前是最受欢迎的运动服品牌之一，其以卓越的品质抢占了国内的运动装市场，而且使那标有象征中华民族腾飞的金色巨龙图案的颁奖服出现在高高的奥运会领奖台上，以其浓厚的文化底蕴作为进军国际市场的根本。

3.营销策略

在当前市场经济环境下，营销策略要以顾客需求为出发点，要重视市场调研、积极引导需求，制定出优秀的市场组合，从而创造整体的营销优势。在制定营销策略时，我们往往考虑得更多的是广告、促销等常见的推广方式。在如今这个信息化的时代，网络推广显得尤为重要。网络的出现给经营理念带来了新的变革，创造了新的网络交易市场，它具有投资少、见效快和速度快的特点，可以加强与客户的联系，并能吸引更多的新客户，使名牌的成长道路更加宽广。

（三）名牌形象的树立

1.以质取胜

名牌产品是靠高质量的产品和高质量的服务在广大用户中树立起声誉和信誉的，因此，质量是名牌的根基所在，是企业的生命线。优质的产品、优质的服务是创名牌的核心体现。ISO 9000质量体系认证，已经被称为企业进入国际市场的“护照”，并成为新经济环境下树立名牌的基本元素之一。因此，通过质量体系认证，实行标准化质量管理已经成为企业保证产品质量以立足市场、创造名牌产品和取得长期发展所必须具备的要素。名牌产品之所以被称为名牌，质量是关键。

2.正确定位

改革开放以来，虽然我国企业的自身实力有所加强，但是与国外名牌相比，自身能力却十分有限，无法与其相提并论，因此，我国企业在树立名牌产品、选择名牌战略时要结合自身特点，从自身实力出发，选择适合自身条件的名牌之路。

（四）名牌的进一步发展

1.技术创新

如果企业创新能力上不去，一味靠技术引进，就永远难以摆脱技术落后的局面。企业只有不断创新，才能立于不败之地。作为名牌产品，也必须跟得上时代的脚步，尤其在当今这样一个技术进步、信息传递迅速的时代，技术创新才能使名牌不断发展，才能造就持久的真正名牌，否则就会是昙花一现。

2.强强联手

天外有天，企业的能力是有限的，要想让自己的名牌优势进一步扩大，就要运用新型的经营手段，重组合并，强强联手。例如美国波音公司并购麦道公司，使其成为了世界第一大航空公司。企业利用其自身的名牌优势，再通过对其同行业濒临破产的企业进行兼并，可以扩大企业规模，提高名牌的市场占有率。

（五）名牌的巩固与维护

1.防范名牌入侵

在国际竞争日趋激烈的今天，由于我国有的企业陷入困境，忙于转亏为盈，造成企业的经营目标往往是短期的，在引进外资和技术、引进别人名牌的时候，不注意树立自己的品牌和维护自己的名牌，造成了我国企业名牌的流失或低估。而外国大公司为了抢占市场，合资的政策由资本、技术输入转向了名牌输入，甚至买进或闲置中国的名牌，来宣传它们自己的名牌，这就是新形势下的名牌入侵。名牌是一项增值能力超强的无形资产，我们应该维护自己的名牌，防范外来者的入侵。

2.打击伪劣

假冒伪劣产品是社会公害，它不仅扰乱了公众的生活，危害了社会，更是极大地挫伤了名牌产品的价值，是市场经济发展的巨大障碍。为了维护名牌体系，实现名牌的价值和增值，必须采用法律手段，保护名牌产品制造商和消费者的权益，严厉打击假冒伪劣产品。

3.因地制宜

走出国门时要结合当地的风俗习惯、宗教信仰、语言文字等重新设计商标，积极申请商标权，构筑防御商标。一旦为他人所抢注，可能面临退出该国市场、高价购买或改动商标的被动局面。

二、注重知识产权的价值管理

对知识产权的保护应从营造法律和社会环境入手，逐步建立完善的外部执法管理机制和内部制度管理机制。随着世界经济的发展，要大力宣传、普及知识产权保护的法律、法规，提高全民的法律意识和素质，建立和发展相关的知识产权保护专业服务机构。除了依靠外部的法律手段，单位内部还应该建立、健全知识产权的保护管理制度，提高内部保护能力。对科研院所、大专院校等知识密集型单位以及较多依赖无形资产进行经营的单位来说，更要加强知识产权的保护意识，严格管理，谨防窃取、盗用和出卖等情况的发生，尽最大可能维护自身的利益。

知识产权的保护，也是对知识产权的所有权的补偿，一般包括法律赔偿和衡平补偿。法律赔偿是被告向原告支付损失赔偿费；衡平补偿是通过某种手段，使被告的行为满足原告的要求。其中法律手段是消极、被动的，但在实践中却是人们通常采用的手段。加强知识产权的保护应以防范为主，逐步建立、完善知识产权的保护制度；大力宣传相关法律知识，树立知识产权保护意识，增强人们对自身、自有产权的认识，充分利用法律武器保护自身的合法权益。知识产权保护的前提条件是对法律的敬畏。在一个国家没有建立起普遍的对法律的敬畏的情况下，所谓尊重知识是不可想象的。

知识产权保护的核心精神是尊重知识。尊重知识包含对人，特别是对那些从事知识创造的人的价值的尊重；尊重知识包含对科学，特别是对科学本身所坚持的进取的尊重；尊重知识还包含对创造发明的积极肯定，对一切禁锢思想的彻底否定。

我国建立知识产权法律制度虽只有短短的二十几年的历史，但即便在如此短的时间内，仍受到众多外来因素的影响。与国际规则“接轨”，打击假冒侵权，曾一度成为一些人所理解的知识产权的全部内容，而忽视了知识产权保护的主要目的是尊重人、尊重知识、鼓励创造。我国的知识产权保护工作，应在建立和完善相应的法律、法规等的基础上，搭建起必要的制度框架，逐步过渡到对这一根源的保护工作上来。

三、强化知识经济时代无形资产的战略管理

为提高人们对无形资产战略管理的认识，制定适合时代需要的无形资产管理战略，切实加强无形资产保护、维护企业自身合法权益已显得越来越迫切。鉴于无形资产战略管理研究的重大意义，针对当前无形资产战略研究存在的问题，我们需要重视对无形资产的战略管理研究，并采取以下对策措施：

1.树立无形资产战略管理观念，管理者和研究者都要强调无形资产的形成、利用、开发、效益和保护，重视商标注册。

国际大财团曾对我国采取的“境内买断品牌、垄断控股，境外抢注我国名牌商标”的新对策，给我国高新技术产业和民族工业发展带来了损害。在国际竞争机制下，中国企业在加强无形资产基础管理的同时，还须强化无形资产经营战略管理。加强对我国高新技术企业中名牌、驰名商标的认定与申报工作，搞好高新技术产业无形资产评估，提升我国名牌、商标知名度，增强我国高科技产品的科技竞争、经济竞争和市场竞争能力。加强保护高科技名牌的法律建设，并与国际公约相接轨，借助各种媒介宣传和教育，普及法律知识。提高公民自觉利用法律保护自身权益的意识，增强我国知识产权的自我保护能力。无形资产极易被侵权假冒，企业必须有自我保护意识，制定科学有效的战略措施，及时注册，组织实施立体防御。上海冠生园集团的经验就很值得借鉴，其对“大白兔”奶糖的整个包装做了八个商标注册，使糖纸和包装的任何部位都受法律保护，同时在商标周围组成十几个大灰兔、大黑兔等近似商标，还在境外积极“抢滩”，预防了各种侵权行为。随着科技进步的速度越来越快和我国产业升级转换的进程加快，要切实树立起创新观、市场观、名牌观、人才观等新的战略观念，指导企业发展战略的制定和生产经营活动的组织开展，构建以无形资产为基础的核心竞争力。

2.实施无形资产战略管理，建立无形资产管理国家创新体系，促进知识经济发展。

建立无形资产创新机制，增加无形资产存量，减少无形资产损失，促使无形资产有效运营，是无形资产管理的基本目标。国家创新体系主要包括：知识创新系统，技术创新系统，知识传播系统和知识应用系统。知识创新系统是创新的基础和资源，是由与知识的生产、扩散和转移相关的机构和组织构成的网络系统，其核心是科研机构和大学；技术创新系统是企业发展的根本和源泉，是由与技术创新全过程相关的机构和组织构成的网络系统，其核心部分是企业；知识传播系统培养和输送高素质人才，主要是高等教育系统和职业培训系统，培养具有较强的技能、创新

能力的人力资源，即技术人才；知识应用系统是使科学知识和技术与生产实践相结合，将科学和技术知识转变为生产力，其主体是社会和企业。这四个系统各司其职、各有侧重，是相互联系、相互协作的有机整体。建立健全国家创新体系是实施科教兴国战略的重要举措，也是实施和发展无形资产战略的必要条件，可大力促进知识的生产、传播和应用，加快知识经济在我国的发展，增强我国的竞争力。

3.实施无形资产国际化战略管理，适应国际经济全球化的进程。

世界经济一体化、信息社会和知识经济客观上都要求无形资产战略管理的国际化。高度发达的资本市场为无形资产国际化提供了良好机会。无形资产国际化战略管理也是资本市场国际化的必然结果。国际化战略将是未来组织在全球性竞争中求得生存与发展的关键。无形资产的多少和国际化的程度已成为衡量国家和地区经济实力的标准之一。无形资产经营国际化战略的目标是在世界范围内整合无形资产资源，实现无形资产运营的低投入、高速度和高回报，获得保持永续优势的核心竞争力。为此必须运用科学方法，采取合理步骤。一是走出去，加大宣传力度，开展国际促销，使产品和无形资产走向国际市场；二是请进来，根据实际需要加快引进外资步伐，尽快实现与我国管理、产品、技术的嫁接；三是全面发展，在无形资产国际化过程中还应全面发展，要走出去，请进来，还要在这个过程中注意自我发展，保护自己的品牌，积极利用外国公司的销售网络和影响力，扩大声誉，实施整体战略。比较历史和国际情况，日本、德国以及韩国等在企业无形资产国际化方面都给予过必要的政策扶持。在无形资产国际化过程中，作为发展中国家，我们应通过必要的国家干预加快完成企业的无形资产国际化。根据企业国际化发展的阶段，实现无形资产国际化战略；根据跨国公司对外投资与技术转移情况，实现无形资产国际化战略。可通过跨国独资经营与技术转移相结合，国际合资经营与技术转移相结合，国际合作经营与技术转移相结合等方式，来实现无形资产国际化战略。

四、加强无形资产危机管理，培育组织无形战斗力，实现效益最大化

无形资产投资具有高收益和高风险性。无形资产投资分析与评价需采取稳健的态度和科学的方法，制定危机决策及反馈方法和程序，迅速评价危机决策效果，纠正无形资产经营决策失误，发现问题及时处理，采取各项补救措施，把损失降低到最低限度。要从提高经济效益和提高产品的竞争能力、开拓市场、吸引顾客出发，研究无形资产投资方向和投资规模。纵观无形资产的兴衰，有长盛不衰历经几百年之久的，亦有创立后立即烟消云散的，其主要原因在于维护。有效保护和利用无形资产才是终极目的。资源的有限性要求无形资产在投资时，必须遵循成本效益原则，应对投资方案进行可行性分析和评价，尽快做出理性抉择。对无形资产投资要做出安排，列入必要经营支出，遵循投入产出、组织长远利益和眼前利益相结合的要求，做好无形资产投资可行性研究。要注意投资的时间和空间选择，追求无形资产投资的最佳效益，尽量减少盲目性，防止浪费。要准确计量其价值，在合资中和股份制改造中保证国有资产不受损失。针对不同的项目及内容要求，将现有无形资产的价值量化，充分发挥其无形价值和使用价值。在无形资产投资决策方法上，可采用固定资产投资决策时采用的净现值法、投资报酬率法、投资回收期法、现值指数法等多种方法，进行无形资产投资评价。设法充分利用和发展现有无形资产，如借助无形资产的先进性尽快占有市场，确立良好信誉优先取得银行贷款等。

同时，还要建立符合市场需求的无形资产战略管理信息系统和危机预警系统，有效监测、预报和防范危机的发生，正确及时进行危机决策和危机处理，通过动态反馈预控，提高反应速度。无形资产危机管理的实质就是通过训练和研究能够识别警告信号，能觉察组织中不知不觉出现并会爆发危机的潜在问题和弱点。管理者通过考察威胁和风险的每个来源，就能在组织内制定相应的措施和计划来处理威胁和风险。培育能认识非正常事件并能迅速有效加以解决的能力，并让其作为制度纳入到组织文化中，使管理者更具创新性并能成功地承担风险。对无形资产实行分类动态危机管理。在新产品开发过程中，及时申请专利，预防对手仿造；在新产品试销阶段，抓紧申请商标注册；在注册使用期满前需要继续使用的，则马上申请续展；在重大科技成果研制生产阶段，对涉密人员和有关技术资料严加管理，以防泄密；加强对无形资产在产权变动过程中的监管，防止无形资产在产权变动中流失。

五、无形资产管理中的制度创新：与时俱进

近几十年来，世界科学技术的迅猛发展和扩张，改变了世界经济的形态和发展进程。人类从传统的以资本、劳动力、土地等为生产要素的工业经济时代，开始走向新兴的以知识为核心生产要素的第三次经济革命时代——知识经济时代。当今世界，以IT（information technology）技术为主要标志的科技进步日新月异，高科技成果向现实生产力的转化越来越快，初见端倪的知识经济预示人类的经济社会生活将发生新的巨大变化。世界各国都在抓紧制定面向新世纪的发展战略，争先抢占科技、产业和经济的制高点，形势逼迫我们必须顺应潮流，乘势而上。维护和管理好无形资产是实现经济增长方式根本性转变的重要条件。无形资产的管理状况，直接影响到企业的生存和发展，市场经济的实践证明，随着科技的进步和生产力的发展，无形资产的作用有逐渐增强的趋势，一个点子救活一个企业，一条信息带来巨额财富，一个牌子带动一方经济，这样的例子俯拾皆是。其原因在于：首先，无形资产是企业的重要资产，有巨大的价值。优质的无形资产可使企业树立良好形象，获得优越的市场环境和条件，利于长期发展。其次，管理好无形资产是增强企业竞争能力的重要手段。企业是市场经济的主体，市场竞争的实质是产品质量的竞争，科技、人才的竞争。保护无形资产是提高企业科技实力、培养高精尖人才的重要措施。最后，有形资产和无形资产具有相互转化的性质。无形资产管理是实现企业资产增值，提高经济效益的重要措施，无形资产管理不善，不仅会造成无形资产的贬值和灭损，而且会造成有形资产的大量损耗。

知识经济发展的关键在于知识创新，而知识产权制度正是从产权的角度，赋予创新的权利人以一定时期的独占权，从而回收创新的高额投入和收益，以推动经济的发展。知识产权法律制度的建立，为“知识”走向“权利”提供了法律依据。它极大地发挥了知识产权的价值，实现权利人利益的最大化，从而充分调动人们进行创新的积极性。同时知识经济注重对知识资源的占有、生产、利用和传播，而知识占有权利的确认、知识生产和流通秩序的维护及调整，以及对权利人专有权利与社会公共利益冲突的平衡，都有赖于知识产权法律的界定、规范和保护，从而保证最大限度地发挥“知识”的价值，以满足人类社会发展的需要。

第三节　无形资产管理的未来展望

当今社会财富和经济增长主要受无形资产的驱动，无形资产是在科学技术发展推动下产生的，在经济增长中的作用日益重要，由于其本身不同于其他实物资产的特征使其在经济增长过程中所做的贡献也不同于实物资产。

由于无形资产在知识经济的环境下已成为企业利润的来源和实力的保障，无形资产备受企业的重视，其发展前景可以从以下几个方面进行分析：

一、管理者利用先进的信息技术手段进行管理，规范无形资产评估的标准与方法

在现代社会，管理者，特别是高层管理者直接同事务本身打交道的机会越来越少，而更多的则是同事务的信息打交道。信息在经营管理中的价值与效益急剧增大，信息已成为企业中最重要的资源之一。管理者如果不重视或不善于同信息打交道，而仅是热衷于同事务本身打交道，就可能陷入见木不见林、挂一漏万的危险境地。现代管理者必须切实加强对信息资产的管理，以求获得更大的信息效益。现代企业已普遍建立起高效能的信息管理系统，电子计算机已成为现代化办公的手段和决策的重要工具。通过对无形资产评估标准及方法的规范，可以使无形资产评估价值更加客观、公正。

二、充分发挥高科技优势，提升企业经营者的人格信誉

2002 年 4 月，北京发布的“第九届中国企业家成长与发展调查结果”表明，96% 以上的企业经营者认为，企业家的品格对企业信用的影响最大，其次才是现行体制环境、企业管理制度和法律环境。加强无形资产管理的核心是从企业的管理机制入手，加强内部监督制约机制。管理者要严格自律，率先垂范。企业管理者作为企业的“顶梁柱”，如果能身先士卒，企业便具备了信用机制的主要框架，信用文化就打牢了基石。企业家的人格信誉是企业信用行为人格化的代表，企业经营者应当具有真正为社会负责，服务大众，全局的、长期的可持续发展观点，不可为眼前小利或恩惠失去信用原则。企业家既要在企业构建良好有序的无形资产管理机制和制度规章，还要致力于培养自己的诚信人格，树立浩然正气，为国利民，从而带动社会营造诚信的道德风尚和理想的文化氛围。为了企业的生存发展，现代企业高度重视技术进步，高新技术产业迅速发展。管理者要追求技术进步，加强技术改造，开发新产品，调整产品结构，努力使本企业在技术上保持领先地位。这是现代管理者最重要的管理内容。

三、不断完善无形资产管理制度的文化建设

企业文化建设和精神塑造是最根本的管理工作。制度管理通常是外在的、硬性的调节，而文化管理往往是内在的文化自律与软性的文化引导。文化管理注重人的自主意识和主动性，强调心理“认同”，通过启发人的自觉意识达到自控。将企业文化建设作为管理重点，当企业倡导无形资产管理文化时，培养典型，通过开展活动来加以推广和传播。而要将倡导的新文化渗透到无形资产管理过程中，变为人们的自觉行动，制度则是最佳的途径之一。必须借助制度文化的配合，通过变革企业领导体制、组织机构和管理制度，从上到下推动公司价值观共享，最终使员工形成自愿的无形资产共享观念。企业制度是企业之“法”。企业制度文化的不断完善，自然成为企业无形资产管理文化的根本保证。具体可采用下面的方法，将管理者倡导的无形资产管理文化传播开来：通过增加接触，鼓励参与活动，传递客观的、真实的信息和知识；促使团体规范化，适当的制度约束可让人服从、认同与内化，最后自觉地改变心态和观念。

四、强调善用和开发公共关系，重视无形资产的开发培育和维护

在现代社会中，企业间的各种纵横联系交错复杂，而这些无形的“联系”在经营管理中起着举足轻重的作用，甚至直接决定着企业的效益。这种客观形势，要求企业必须高度重视公共关系，并自觉运用各种公关手段，加强传播与沟通，联络感情，密切关系，在广大公众心目中树立良好的组织形象，以促进业务目标的实现和企业的发展。企业内部的融洽关系与凝聚力，企业在外部公众中的良好形象，是现代企业最重要的“软资产”，是生存与发展的生命线。公共关系已成为现代管理的一项重要职能。企业在自行研制新产品、广告宣传和开拓市场的过程中，可能开发出专利、技术秘密、驰名商标、营销网络、企业商誉等无形资产。这需要耗费大量的人力、物力和财力，使无形资产价值倍增，但假若忽略无形资产的维护，就会导致开发出的无形资产贬值，甚至使无形资产烟消云散。加强无形资产的开发与维护是企业管理的重要环节。

五、加强发明、专利、商标等知识产权管理，规范无形资产交易市场的交易和秩序

通过有组织的企业无形资产管理达到提高经济效益的目的。例如，美国道化学公司是一家有百年历史的大型跨国公司，生产的化学产品达2 000多种，在1997年全美财富500强中名列第60位，其无形资产包括专利、技术诀窍、版权、商标等，其中专利有2.9万项，每年专利费数千万美元。这些专利开始时处于无组织的状态，道化学公司在1993年开始实施的知识管理项目对众多专利进行整合管理。其首先应用在公司的专利业务上，判断公司现有的专利对公司的作用，采取放弃、转让和保留等形式，节省了大量的专利费用，同时又为公司带来了更多的收入，仅生产许可证收入就达到了1亿美元。要加强对交易市场的管理，规范交易秩序，促进无形资产所有权和使用权的转让顺利实现，保护无形资产产权，减少无形资产的严重流失。

六、实施企业全员素质教育工程，建立专门的无形资产管理机构

企业应建立专门的无形资产管理机构，负责无形资产的研制、投资、开发、申请、注册、维护、考核与评价等管理工作，包括协调与无形资产管理有关的部门的关系，提供无形资产管理信息等。企业的效益在市场，企业的根基在职工。“以人为本”成为现代企业管理的重要理念。坚持以人为本，关键在于培养、提高人们的德才素质。加强无形资产宣传、教育与培训工作。企业的任务是出产品，也要出人才。首先，要实施职工素质教育工程，对职工进行有计划的培训教育，如重视无形资产的宣传、教育工作，使人们从观念上正视无形资产存在的客观现实，重视无形资产管理工作，提高无形资产管理水平等。对素质教育，要坚持不懈，踏踏实实地长期抓下去。其次，注重员工的精神教育，让员工深刻理解公司的创业动机、传统、使命和目标，从而形成正确的共同价值理念。招聘时录用具有诚实品德和过硬技术者；新员工培训必须明确组织目标和职务要求，切忌仅将培训限制在狭小的具体业务技能上，而应重视人格的培养。人才要配备适当，分工合作时，善于避其所短，扬其之长，同心协力地搞好企业。还要培养员工公平正当的竞争意识，忠诚自律，在最大程度上发挥个人潜能。建立对员工的激励机制，重视员工的小发明、小创造，增加培训支出。对于暂时缺钱难以花大力气去进行的技术开发，可以借用社会力量，在网络上进行悬赏攻关，与高校、研究所进行技术合作等解决技术难题。

思考题

1.结合中国的现实，思考无形资产管理应重视哪些方面？

2.衡量企业价值时，怎样考虑无形资产的重要影响？

3.怎样培养企业的无形资产意识？

4.中国企业如何制定无形资产战略？

5.企业无形资产的价值在哪些情形下会发生减损？

6.企业除资产负债表左边列示的无形资产外，有哪些账外无形资产？

7.如何看待中国企业傍国外名牌商标的现象？

8.如何看待中国老字号在海外被抢注现象？

9.有人说，低层的企业靠绝对剩余价值“挣钱”，中层的企业靠相对剩余价值“赚钱”，高层的企业靠无形资产获取超额利润。对此你如何评论？

10.企业名号是一项重要的账外无形资产。如何给企业起一个好的名号？

11.从无形资产角度反思薄利多销策略。

12.人力资源与无形资产是什么关系？

13.企业无形资产的内部控制设计原则是什么？

14.市场型、技术型无形资产开发的原则有何差异？

15.如何避免不合理的商誉形成？

16.你赞成对商誉进行摊销还是减值？

延伸阅读文献

1.ELYK，WAYMIRE G.Intangible Asset and Stock Price in the Pre-Sec Era［J］. Journal of Accounting Research，1999：17-44.

2.LEV.R&D and Capital Market［J］. Journal of Applied Corporate Finance，1999：23-34.

3.蔡吉祥. 神奇的财富：无形资产［M］. 深圳：海天出版社，1996.

4.蔡吉祥. 无形资产36忌［M］. 深圳：海天出版社，2004.

5.陈梅. 企业无形资本的战略控制［J］. 科学决策，2011（12）.

6.邓小洋. 商誉会计论［M］. 上海：立信会计出版社，2001.

7.邓小洋，等. 无形资产的市场定价［J］. 财经理论与实践，2006（4）.

8.郭敏，等. 维护企业无形资产的安全［N］. 人民日报，2007-01-12（15）.

9.赖增牧. 长寿企业战略管理——打造可持续发展核心竞争力［M］. 北京：经济管理出版社，2002.

10.彭蓓，等. 账外无形资产的来源与价值分析［J］. 事业财会，2006（4）.

11.孙琳. 无形资产与人力资源会计相互关系研究［M］. 哈尔滨：黑龙江人民出版社，2006.

12.汤湘希. 企业核心竞争力会计控制研究［M］. 北京：中国财政经济出版社，2006.

13.王化成，等. 企业无形资产与未来业绩相关性研究——基于中国资本市场的经验证据［J］. 中国软科学，2005（10）.

14.温卫平. 中国市场品牌报告［M］. 北京：企业管理出版社，2004.

15.吴刚. 制造业企业无形资产价值相关性研究——基于A股上市公司［J］. 消费导刊，2007（10）.

16.薛云奎，等. 无形资产信息披露及其价值相关性研究——来自上海股市的经验证据［J］. 会计研究，2001（11）.

17.杨汝梅. 无形资产论［M］. 施仁夫，译. 北京：中国财政经济出版社，1983.

18.叶陈毅. 无形资产管理［M］. 上海：复旦大学出版社，2006.

19.游相华. 知识经济下的若干问题研究［M］. 北京：中国财政经济出版社，2004.

20.于玉林，等. 现代无形资产研究［G］//天津市无形资产研究会第一届研讨会论文集. 天津：天津人民出版社，2001.

21.于玉林. 现代无形资产学［M］. 北京：经济科学出版社，2001.

22.苑泽明. 现代企业无形资产价值管理研究［M］. 大连：东北财经大学出版

社，2001.

23.朱忠奎. 浅论知识管理［J］. 市场周刊·商务营销，2004（5）.

24.向显湖，等. 论表外无形资产［J］. 会计研究，2014（4）.

25.苑泽明. 上市公司无形资产评价指数研究［J］. 会计研究，2015（5）.

26.茅宁. 无形资产在企业价值创造中的作用与机理分析［J］. 外国经济与管理，2001（7）.

27.孙荣玲，等. 企业无形资产价值及价值实现量化的研究［J］. 清华大学学报：哲学社会科学版，2000（3）.

28.赵敏，等. 上市公司无形资产与公司价值、经营业绩关系研究［J］. 财经论丛，2010（11）.

29.黎玉琴. 我国上市公司无形资产与经营业绩关系的实证分析［J］. 技术经济与管理研究，2006（3）.

30.汤湘希. 无形资产会计研究［J］. 北京：经济科学出版社［M］. 2009.

31.刘海生. 无形资产会计基础理论研究［M］. 北京：中国财政经济出版社，2010.

32.苑泽明，等. 无形资产对企业价值的贡献——基于层次分析法的评价体系［J］. 会计之友，2010（5）.

33.苑泽明，等. 上市公司无形资产评价指数研究——基于创业板上市公司的实证检验［J］. 会计研究，2015（5）.

34.胡川，等. 国有背景企业绩效与无形资产关系的比较研究［J］. 中南财经政法大学学报，2014（1）.

35.王诗佳. 无形资产与企业业绩的相关性研究［J］. 东南大学学报：哲学社会科学版，2015（2）.

36.田侃，等. 中国无形资产测算及其作用分析［J］. 中国工业经济，2016（3）.

37.汪海粟，等. 中国创业板上市公司无形资产蓝皮书（2016—2017）［M］. 北京：知识产权出版社，2018.

38.刘天，企业无形资产价值创造研究［M］. 北京：经济科学出版社，2017.

第八章

财务治理理论

财务治理理论是近年来国内财务界研究的热点领域，自21世纪初其产生以来就得到重点关注，十几年之间相关研究文献达数百篇之多。财务治理理论是我国学者所提出的特有财务理论，其产生源自于我国财务学者长期以来基于财务视角对治理问题的持续关注与深入思索，是在现代公司财务理论与公司治理理论融合性研究趋势的作用下，在企业契约理论、产权经济学等相关学科研究的推动下，最终得以初步形成的独立的学科领域。

第一节 财务治理理论研究历史回顾

一、财务治理理论产生的现实背景与理论铺垫

财务治理理论在国外理论界开始孵化孕育，而在国内财务界得以最终产生，有其必然性，这既是财务实践现实推动的结果，也是理论发展的必然演进。

（一）财务治理理论产生的现实背景

1.国有企业改革与上市公司治理实践对财务治理的现实需求

在中国国有企业改革和上市公司治理实践过程中，出现了一系列特殊的、复杂的、难以解决的财务问题，迫切需要财务理论界大胆创新，在充分借鉴西方已有研究成果的基础上，开创有中国特色的财务理论，以全面适应和有效指导我国的财务实践工作。

在有中国特色的市场经济条件下，国有企业和上市公司财务与治理中面临诸多特有的难题：如国有资产产权主体缺位，国有企业内部人控制，上市公司中国有大股东侵占小股东权益等。目前急需解决的难点是：国家作为国有资产的所有者，其国有产权代表的权力有哪些，如何体现，如何落到实处，以及在上市公司中国有股权力如何行使等问题。这些头绪众多、纷繁复杂的焦点问题关系到经济改革的成败，认清并找到解决问题的关键和切入点，显得尤为重要。同时，公司财务作为一种价值运动，具有综合反映作用，企业内部各种权力的制衡、责任的分担以及利益

的划分最终都将以财务的形式体现，其在公司治理与管理中都占有主导地位。因此，解决上述问题的关键在于财务方面，除应加强企业日常财务管理工作外，更应注重公司各利益相关者（特别是国有股东）财务权力和责任的明晰界定与有效行使，以及在公司治理中财务行为规范等财务治理方面的问题，而目前财务界对这一方面的研究恰恰十分薄弱。由此，财务治理理论应运而生。

2.现代公司日趋复杂的财务运作对财务治理的现实需求

随着现代公司的发展，财务事项日趋复杂，所涉及层面越来越多。尽管公司财务制度越来越规范，但许多重大财务问题并未得到有效解决。究其原因，部分是由于财务管理水平不高，但更为重要的原因是：公司财务不但要接受管理层进行的日常财务管理，而且更要受制于股东、董事会的控制和影响。例如，资本重组、股权投资等重大财务事项对公司经营影响巨大，但并不属于公司日常财务管理的范畴，已超出公司财务管理的权限，并不能在此层面得到解决。事实上，此类财务活动事关公司股东等方面，属于财务治理层面的问题。由此便产生了对财务治理层面研究的强烈现实需求。

现代公司财务制度建设，不但要充分关注与规范公司日常财务管理活动，更要充分关注与规范公司股东、董事会等的财务治理活动。因此，加强对公司财务治理层面的资本重组、股权投资等活动的有效约束，使之与公司日常财务管理活动协调一致，均衡股东等治理主体的财务利益与公司财务利益，避免财务治理与日常财务管理脱节，是公司财务实践迫切的现实要求。对于许多重大财务问题，对现有财务制度进行简单的“头痛医头，脚痛医脚”式的修修补补已无济于事，只有将公司日常财务管理与公司财务治理相结合，内外部视为一体，特别是加强对股东、董事会财务治理规范的建设，才是解决问题的“治本”之道。由此，针对股东、董事会的财务制度建设，也形成了对财务治理层面研究的强烈现实需求。

3.公司治理执行效果不佳促成的对财务治理的现实需求

在我国现阶段，公司治理研究的热度与实践效果存在鲜明差距，其原则性强约束性差，执行效果并不理想。针对某些重大财务事项，应该如何做也并不明确。中国证券监督管理委员会于2002年1月发布了《上市公司治理准则》（以下简称准则），对股东、董事、经理人员等主体治理行为进行了规范，主要侧重于原则性的约束，并注重任职资格、议事规则等方面的规定。该准则出台后确实规范了股东大会、董事会等治理机构的运作，明显提升了公司治理效率，但同时，还是陆续暴露出许多严重的财务方面的治理问题。具有代表性的有：用友软件股利高派现案例，控股股东有伤害小股东利益进行“套现”之嫌；五粮液转移利润案例，控股股东被质疑通过关联公司交易等方式转移上市公司利润。上述案例的特点是控股股东财务行为基本符合现行法律法规，无法对其行为进行约束并追责。上述状况的出现，究其原因，有法律不健全因素，但法律不可能也不应该规定控股股东应该有这样或那样的具体财务行为；同时不可忽视的另一个因素就是公司治理原则的宏观性，其约束力并不强，治理效果并不显著。

要提高公司治理原则的执行力与约束力，从可计量、可操作的财务治理入手是必然的选择。财务治理的独立研究，以财务为主线重新梳理公司治理内容体系，将促使公司治理内部更为条理化，可以有效避免公司治理框架内容庞杂、空洞化，乃至任意行为都可纳入公司治理范畴解释的随意化。将财务治理独立出来与其他诸如人事治理等方面相分离，突出公司治理在财务方面的可操作性、可控性，将更为有效地规范股东、董事等的财务行为，提高公司治理效率。特别是，财务治理突出了公司治理中的财务经济利益，涉及股东、董事等的切身利益，可谓抓住了公司治理的“纲”，其理论研究与发展对于公司治理原则的执行更具现实意义。

（二）财务治理理论产生的理论铺垫

财务治理理论的产生不是偶然的，仅仅有现实需求的推动是远远不够的，理论研究的前期铺垫至关重要。国内外理论界的不懈研究与探索，为财务治理理论的产生做了基础性的理论铺垫工作。

1.国外财务领域：财务理论与公司治理理论的融合发展

20世纪50年代以来，西方财务理论发展发生了深刻的变化，以投资组合理论和资本结构理论为基础的现代财务理论日趋成熟。随着西方财务理论的进一步发展，其他相关学科成熟的、先进的理论成果，诸如现代企业理论对代理成本、信息不对称等问题的研究，逐渐为财务界所重视，并被引入到财务理论研究中，对财务理论发展产生了重大影响。特别是资本结构理论方面，企业理论、公司治理理论对其影响尤为明显、深远。同时，西方公司治理理论的发展也一直高度重视对公司治理中财务问题的研究，从解决股东和经营者之间委托代理问题的激励约束机制设计，到强调公司内外部利益相关者共同治理的相机治理机制设计，都主要从财务角度出发，将财务权利、责任和利益分配作为中心与重点。特别是，世界第一部公司治理原则文献——卡德伯瑞报告（Cadbury Report）的题目就是《公司治理的财务方面》，更是着重突出了公司治理中财务的重要性，体现了公司治理对财务问题的特别关注。

西方学者已日渐意识到：无论公司财务还是公司治理，仅仅从各自学科出发，独立研究财务或治理问题已经不能满足学科发展和实践的需求了，进行交叉性学科研究成为必然选择。由此，西方理论界开启了公司财务理论与公司治理理论发展融合性研究，为财务治理理论的产生提供了思想萌芽。

这一阶段，具有代表性的研究成果有：

（1）詹森和梅克林的代理成本模型

1976年，詹森（Jensen）和梅克林（Meckling）开创了资本结构的契约理论，从公司治理角度，建立了强调资本结构与经营者行为之间关系的代理成本模型，得出了当股权边际代理成本等于边际债务代理成本时，公司资本结构最优的研究成果。由此，开始了西方理论界有关公司财务与公司治理理论融合性、开拓性研究——资本结构问题的研究。此后，罗斯（Ross）的信号传递模型、格罗斯曼（Grossman）和哈特（Hart）的担保模型、阿洪（Aghion）和博尔顿（Bolton）的控制模型等具有广泛影响的资本结构理论的建立和完善，极大丰富了资本结构理论的研究，对公司财务与公司治理理论发展意义重大。

（2）威廉姆森的公司财务与公司治理关系研究

1988年，美国《财务杂志》第七期发表了威廉姆森（Williamson）的《公司财务与公司治理》。该文明确指出：应综合考察公司财务与公司治理问题，如负债与股权融资，不仅仅是可相互替代的融资工具，更是可相互替代的治理结构。文章在比较了“交易费用经济学”分析方法与“代理理论”分析方法的基础上，阐释了公司融资方式选择受交易费用因素影响，主要取决于资产的特性。此外，该文还就其他一些相关治理问题进行了初步探讨，为进一步综合研究公司财务与治理问题奠定了一定的理论基础。

（3）卡德伯瑞报告对董事会控制与审计问题的研究

1991年12月，世界第一部公司治理原则文献——卡德伯瑞报告在英国发布。该报告由英国财务报告委员会、伦敦证券交易所等机构合作成立的公司治理委员会起草并发布。报告的题目是《公司治理的财务方面》，着重突出了公司治理中财务的重要性。报告注重了董事会的控制与报告职能以及审计人员的角色，尤其注重公司内部财务控制和风险管理问题，对公司财务治理理论地位的确立具有重要意义。

西方理论界对公司财务和公司治理研究已经具有了融合研究的趋势，由此产生了财务治理理论的思想萌芽，其研究成果对财务治理理论的产生与发展具有重大意义。但同时，对于公司财务和公司治理两学科的交叉领域——财务治理领域的独立研究还是不够深入，成果不多。目前所掌握的资料显示，西方学者虽然意识到公司财务与公司治理研究具有内在关联性与相互依存性等特征，但并未充分展开深入研究，没有正式提出财务治理概念，没有建立起完整的财务治理理论体系。这一研究状况应当说与西方理论研究范式有关，西方理论界更为注重、擅长实证研究。

在西方理论界对公司财务与公司治理融合研究的趋势影响下，在我国财务理论不断发展和创新的推动下，财务治理理论便应运而生了。

2.国内财务领域：重要的前期先导性研究

我国财务学者在相关财务领域的重要研究成果，为财务治理理论的产生做出了具有决定意义的理论研究铺垫，并直接促成了其最终的产生。

王庆成、孙茂竹在《会计研究》2003年第6期发表了名为《我国近期财务管理若干理论观点述评》的重要文章，对我国近十年来的财务理论研究成果进行了系统述评，阐述了“财务本质”“本金理论”“所有者财务”等九大方面的研究进展，为今后财务理论的发展指引了方向。该文系统评述了我国财务领域的研究成果，指出我国财务理论研究发展迅速，涌现出许多创新性成果。事实上，上述研究成果为财务治理理论的产生与发展提供了直接的、丰富的理论源泉。

关于财务治理理论的前期先导性研究，从郭复初的“国家财务理论”对国有企业财务运作与监管等治理问题的深刻认识，到干胜道的“所有者财务理论”，以及谢志华、汤谷良、王斌的“财务分层理论”对公司财务治理结构建设的重要指导作用，加之伍中信“财权流理论”对财权及其配置问题的研究等，都为财务治理理论的产生和进一步发展提供了良好的基础理论铺垫。至此，财务治理理论在我国的产生和发展，便是一件水到渠成的事情。

这些重要基础理论主要包括：

（1）本金理论

本金理论是财务理论体系中最为基础的理论。本金理论认为，“本金是各类经济组织为进行生产经营活动而垫支的货币”“财务是社会再生产过程中本金的投入与收益活动，并形成的特定经济关系”“财务的基本矛盾是本金的投入与收益之间的矛盾”。（郭复初，1997）

本金理论深刻剖析了财务本质，阐明了财务运动规律，本金理论在财务理论体系中作为基础性理论的地位，决定了其对财务治理理论的重要指导、规范作用。具体地讲，本金理论对财务治理理论研究有如下指导作用：其一，从财务核心概念“本金”出发，可以对财务治理内涵做出财务学解释。从“价值”角度，财务治理就是对本金流向、流量的合理协调、控制。从“权力”角度，财务治理就是对本金控制权、剩余索取权等权能的合理配置。其二，从本金运动规律出发，可以初步认识财务治理职能、范围。在把握财务机制基础上对财务基本矛盾——本金投入与收益矛盾的解决、设计，形成科学有效的财务运行体系和机制，就是财务治理的主要职能。同时，对本金运动各层次、各环节的一系列管治、规范等活动，构成了财务治理的主要范围。

（2）所有者财务理论

所有者财务理论是在“国家财务论”基础上发展而来的。所有者财务理论认为“所有者财务是以所有者为主体，对所有者投出的本金（即资本金）和收益进行监督和调控，以实现本金最大增值为目标的一种分配活动”“财务学可以按照所有权与经营权是否分离，按虚拟资本与实体资本划分为所有者财务和经营者财务”（干胜道，1995）。

所有者财务理论的提出与建立，从财务主体基础分类角度，明确了所有者、经营者财务的联系与区别，拓展了财务的研究领域，完善了财务理论体系，客观上进一步推动了国家财务、财务分层理论等理论的进一步发展。所有者财务理论对财务治理理论发展的影响十分重大：公司财务治理非常强调股东的财务权力、地位和主导作用，所有者财务对股东财务权力范围、实现形式等方面的研究成果，将直接决定、影响财务治理中股东等各个利益相关者之间财权的配置内容、范围，从而影响整体财务治理效率和效果。

（3）财务分层理论

财务分层理论是有关财务在企业内部分层次管理的理论。从某种意义上可以认为，财务分层理论是所有者财务理论的进一步拓展。财务分层理论认为“除监事会行使财务监督外，股东大会、董事会、总经理、财务经理瓜分了企业的全部财权，形成了财务管理的不同层次”“就这三个层次对企业财务的影响和作用程度而言，分别为所有者财务、经营者财务、财务经理财务三个层次”“董事长、总经理财务称为经营者财务，处于财务管理的核心地位”（汤谷良，1997）。

财务分层理论提出所有者财务、经营者财务、财务经理财务三层次管理体系，扩大了企业财务的外延，深化了对企业内部财务管理的认识，对财务理论发展影响深远。财务分层理论对财务治理理论产生与发展的影响十分重大：财务分层理论中，有关财权分层次配置的论述，为企业财务分层治理、财务治理权分层配置提供了坚实的理论基础；财务分层理论确立经营者财务处于财务管理的核心地位，事实上已经初步界定了财务治理与财务管理的范畴，也强调了财务治理理论应着重研究企业内部经营者财务治理，解决好该层次中财务激励约束机制设计等一系列财务治理问题。

（4）“财权流”理论

“财权流”理论是本金理论的进一步拓展与深化，是现代企业制度下对财务本质、财务理论的全新表述。“财权流”理论认为“财权表现为某一主体对财力所拥有的支配权，包括收益权、投资权、筹资权、财务决策权等权能”“财权与产权是两个相近的经济学范畴，两者交叉领域的财权构成了产权中最核心的权能”“‘财权流’作为现代财务的本质表述，贯穿于财务基本理论的始末，在现代财务的理论体系中占据着核心和统驭地位”（伍中信，1998）。

“财权流”理论确立了“财权流”作为现代财务的本质表述，阐明了财权与产权之间深刻的内在联系。特别是“财权流”理论将产权经济学思想引入到财务学之中，扩大了财务学研究视野，其从“价值”和“权力”两个角度综合考察财务理论、实践问题，显得更为系统、全面，对财务学发展影响重大。“财权流”理论对财务治理理论的发展起着重要的指导作用：“财权流”理论中，有关建立一套以“财权”为核心的基本理论、运用理论研究体系及财务基本职能——资源配置的论述，从理论上奠定了财权配置在公司治理、财务治理中的核心地位，即财权是企业法人财产权的核心，法人财产权的主要内容就是法人财务治理方面的权力。财务治理结构是企业法人治理结构的最为重要的组成部分，财权配置是财务治理结构的核心内容。

（5）利益相关者财务理论

利益相关者财务理论依据现代产权理论、企业理论的新发展，从企业财务到所有者财务再到利益相关者财务，对财务领域进行了新的拓展。利益相关者财务理论认为“企业的利益相关者都是企业‘专用性资本’的供应者，财务学在注重财务资本的同时，还应将非财务性资本的其他‘专用性资本’纳入到财务学范围，尤其是非财务性资本所有者向企业投入的‘软性资本’或‘智力资本’”“在利益相关者合作逻辑下，财务学体系可以分解为‘利益相关者财务学’和‘经营者财务学’两大分支体系”（李心合，1999）。

利益相关者财务理论依据利益相关者合作产权理论，认为企业本质是利益相关者缔结的一组合约，企业的每个利益相关者都对“企业剩余”做出了贡献，并应当享有剩余索取权。遵循这一“共同治理”逻辑，利益相关者财务理论提出了财务管理主体、目标多元化和确立“财务资本与智力资本”并重的理财新概念等观点，拓展了财务理论研究的视野，从企业财务到所有者财务、经营者财务，再到利益相关者财务，进一步完善了财务理论体系。利益相关者财务理论对财务治理理论的发展具有相当大的影响，财务治理必须在保障股东基本权利的基础上，强调企业利益相关者的财务利益，特别是在创新性企业中，随着人力资本地位的日趋上升，其更应享有更多的财务剩余控制权与索取权。

二、财务治理理论的萌芽与产生

（一）财务治理理论研究的萌芽

1.国外思想萌芽与前期研究成果

目前比较一致的认识是，财务治理理论思想萌芽至少可以追溯到1976年詹森（Jensen）和梅克林（Meckling）的资本结构代理理论。该理论指出，债权融资比例上升会引起股权代理成本的减少，也同时促使了债权代理成本的增加，企业最优的资本结构为总代理成本最低时，即股权的边际代理成本等于债务的代理成本。该理论将财务领域的资本结构问题，从代理理论、公司治理理论角度加以研究，从而开始了公司治理理论与公司财务理论的融合性研究，产生了财务治理理论研究的萌芽。

国外理论界培植了财务治理理论的萌芽，但国外学者并没有就财务治理进行专题研究，未提出明确的财务治理概念，也未提出较为完整的财务治理理论体系。据杨淑娥（2006）考证，涉及“financial governance”一词的文献只有为数不多的几篇，较早提出的始见于加利福尼亚大学洛杉矶分校Liebeskind Julia Daphne的一篇博士论文。这些文章中虽分别从不同角度阐述，但均一再强调了财务信息质量是财务治理的重要内容，财务治理主要是对财务信息的治理，即如何整合、鉴别、呈报和披露相关的、准确的财务信息，以治理信息的失实、失真和舞弊问题。

2.国内思想萌芽与前期研究成果

我国社会主义市场经济是由计划经济转轨而来，许多现代公司制企业脱胎于原有的国有企业，相应地，对财务治理问题的认识和研究，也是随国有企业改革的深入而与时俱进的。由此，关于财务治理的最初研究，理论界是以国有企业财务治理问题为起点，然后再逐步展开研究的。

这一萌芽阶段国内具有代表性的研究成果有：

（1）财务治理结构基础问题的初步研究

财务治理理论领域，国内财务界最早接触、认识并加以研究的是财务治理结构问题。具体形成原因大致是：首先，从理论演进角度，财务治理结构是治理的基础，只有先对治理结构全面认识和进行创新研究，才能带动治理机制、治理行为规范的深入研究。其次，从财务治理实践角度，随着改革的进行，国有企业在建立现代企业制度过程中，出现了国有资产“产权主体缺位”、国有企业“内部人控制”等问题，造成了大量国有资产流失，严重损害了国家、人民的利益。这时，迫切需要对财务理论加以创新，有效指导，解决我国国家财务中特有的财务治理结构问题，比如如何塑造、确认、维护国有资产产权主体，如何合理安排国有企业资本结构等。由此，顺应现实需要的财务治理结构问题研究便产生了。

郭复初较早认识到：由计划经济向市场经济转轨过程中，国有企业存在产权主体缺位、财权不完整等财务治理结构缺失问题，并展开了对财务治理结构中股东（所有者、出资者）权能范围、权利实现等问题的深入研究。1986年6月，在江西南昌召开的“全国企业财务理论与学科建设座谈会”上，郭复初首次提出了社会主义财务应包括国家财务、企业财务的观点，经过进一步深入研究，于1993年出版了著作《国家财务论》，初步形成了国家财务理论框架，提出了国家财务独立论等五大理论，对于我国财务理论全面发展、国有企业改革、国有资本运营体系建设等财务实践工作，具有重大的指导意义。并且，也由此开始了财务理论界以国有企业为对象、以建立现代企业法人治理结构为目标的国有企业特殊财务治理结构问题的系列研究和探索。

干胜道在《会计研究》1995年第6期上发表了《所有者财务：一个全新的领域》一文，在国家财务理论基础上开创性地提出了“所有者财务论”，并全面阐述了所有者财务存在的客观依据、所有者财务本质及其理论结构等一系列相关问题。“所有者财务论”的提出和发展，阐明了所有者在公司财务中的地位，指出了公司财务治理中所有者财务与经营者财务相对独立又相互依存的特性，并初步探讨了公司财务治理结构中有关所有者财务权能、结构等问题，更强调了所有者财务的治理作用，对认识与发展财务治理理论具有重大的指导意义。

汤谷良、谢志华、王斌在《会计研究》1997年第5期同时发表了《经营者财务论——兼论现代企业财务分层管理架构》《出资者财务论》《现金流转说：财务经理的财务观点》三篇论文，系统地提出了在财务理论界影响广泛的“财务分层理论”。“财务分层理论”将企业产权机制引入到现代公司财务理论研究中，充分揭示、论证了公司财务的层次性，提出了现代企业分层管理架构，对现代财务理论发展具有重大的指导意义。同时，“财务分层理论”指明了公司财务治理结构应具有分层次性、相互制衡性的特点，并较为全面地认识、剖析了相关财务治理问题，为构建科学合理的财务治理结构打下了良好的理论基础。

其他有关财务治理结构的研究，大多借鉴西方已有的理论模型，分析我国公司资本结构状况、特征，并探讨其决定因素，但基础理论创新并不突出，因资料繁多，这里不加赘述。

（2）财务治理核心——财权配置问题的初步研究

财权配置研究是伴随国有企业财权配置改革进程而不断深入的。由于计划经济的影响，“政企不分”问题长期困扰着国有企业，企业财权一直分散于各个行政部门，造成了国有企业财务治理结构中，财权分配高度分散的现象，不利于国家作为国有资产所有者权能的充分发挥。为解决这一问题，“扩大企业自主权”又成为改革的重点，目的是维护企业法人财产权（尤其是财权）的完整性，但由于国有资本

“产权虚置”问题，企业财权又过于集中到企业管理层手中，产生了“内部人控制”等现象。由此，国有企业改革走上了建立现代企业制度之路，既要保证企业法人财产权，又要维护国有资产所有者的合法权益，强调财权的合理分配与制衡作用。遵循国有企业财权配置演进历史脉络，国内财务学者对财权配置问题开始重视并进行了初步研究。

1993年，郭复初在“国家财务理论”中提出了国家财务独立问题，揭示了国有企业财务治理中财权按财政体制高度分散配置的弊端，尤为强调了健全国有资产所有者权能和维护国有企业财权集中性、完整性的重要意义，为国有企业现代企业制度中财权配置等治理问题研究指明了方向。

1994年，汤谷良在《会计研究》第5期发表了《现代企业财务的产权思考》一文，开创性地将产权经济学引入到财务领域，提出了财务研究的视角不但要从“价值”角度研究，而且还要从“权利”角度研究，并对财权问题进行了初步研究和探索。此后，在“财务分层理论”初步形成后，进一步提出和深入研究了财权在所有者、经营者、财务经理等层次分配的问题，从而为公司财务治理中的财权配置问题提供了初步研究框架，有重大指导意义。

1998年，伍中信在《财政研究》第2期发表了《财权流：财务本质理论的恰当表述》一文，初步提出了“财权流理论”，并在专著《现代财务经济导论》中，对财权性质、内涵、特点及财权配置等问题进行了全面深入研究，提出了“财权流”概念，并将其作为财务本质的一般表述——“本金投入与收益活动”在新的历史条件下，体现现代财务本质特点的特殊表述。同时，进一步阐明了财权作为现代财务区别于传统财务的根本标志，以及其在企业财务中处于核心地位，从而将财权配置等相关问题研究提高到了另一个理论高度。相应地，也为财务治理核心——财权配置问题的研究提供了坚实的理论基础。

（3）财务治理行为规范的初步研究

我国理论界对财务治理行为规范的研究也较为深入，许多文献都对财务战略制定、财务政策选择等问题进行了一定研究。但这些治理行为规范研究基本都是各自独立发展，并未真正从财务治理角度出发，没有认识到财务战略制定、财务政策选择等治理行为规范是股东等治理主体的主要治理手段，没有认识到各行为规范之间内在的本质联系，也并未形成一个有机整体。因此，鉴于目前对财务治理行为规范内容体系研究还不是很成熟，并且这部分文献十分丰富，又十分零散，此处不再赘述。

（二）财务治理理论的产生

我国财务学者充分借鉴国外研究成果并结合我国国情，开创性地提出了财务治理概念，并对这一领域进行了独立与专业的研究，使财务治理理论得以开花结果。在我国财务理论界，伍中信较早提出并系统研究了财务治理结构问题，伍中信（2001）在其博士后出站报告《现代企业财务治理结构论》一文中，初步明确了财务治理的内涵，并提出了财务治理体系的基本架构。该研究是我国财务治理理论专业化研究的初始之作，由此开启了我国财务理论界的财务治理研究热潮。

“财务治理”最早何时提出现已无法考证，但可以确定的是，初期“财务治理”只作为一个简单概念提及，财务学者并没有过多解释，最多是利用研究炙热的“公司治理”理论对其进行变相论述而已。从这一点看，“财务治理”产生有其偶然性，它是在“公司治理”研究热潮中，财务学者从自身研究领域提出的一个新概念。不可否认，起初“财务治理”的研究领域、基本理论、研究方法等方面与“公司治理”多有重叠，众多“财务治理”理论其实就是“公司治理”理论，只是用“财务”替换“公司”罢了。此时，财务学者们并未明确财务治理的内涵，并未确定财务治理研究的范畴，并未建立起逻辑一致、层次分明、结构完整的财务治理体系。

针对此研究状况，有学者对“财务治理”的独立性提出质疑，怀疑“财务治理”就是对“公司治理”的概念替换，财务治理并无独立研究价值，至今仍有许多持此种观点的学者。事实上，造成这一印象是可以理解的，探索新的研究领域是困难的，避免不了借鉴，但仅仅停留于替换概念，大量地、简单地、盲目地“借鉴”，而缺乏吸收创新、缺乏实践指导意义，被质疑就不足为怪了。

国内财务理论界对财务治理领域的相关问题已有所研究，诸如财务治理含义、主体、客体等方面的研究都取得了一定的成果。其中，探讨热烈并取得一定研究成果的领域有：财务治理内涵、财务治理体系及财权配置研究。应当说，这一研究现状基本上客观反映了目前财务治理理论研究尚处于起步阶段的现实状况，财务治理内涵还有待进一步明晰，理论体系还处于初步形成与探索阶段。

1.财务治理概念的提出

前期财务治理理论研究中，财务学者对“财务治理”概念的理解大多具有两个特点：一是将“财务治理”与“财务治理结构”等同，将“财务治理”单纯定义为财务治理结构。二是充分借鉴公司治理的内在含义，从制度安排角度给出“财务治理结构”或“财务治理”的定义。据目前所掌握的资料，财务治理主要有以下15种定义方式：

（1）黄菊波（2002）认为，公司的财务治理结构是公司治理结构的子系统，从属并取决于公司治理结构的根本性质，是公司财务决策权、财务执行权和财务监督权的划分与配置。

（2）杨淑娥（2002）认为，所谓公司财务治理，是指通过财权在不同利益相关者之间的不同配置，调整利益相关者在财务体制中的地位，提高公司治理效率的一系列动态制度安排。

（3）李秉祥（2003）认为，财务治理结构是在公司财务管理活动中，动态形成的分别体现各主体在财权上相互约束、相互制衡关系的治理结构。

（4）伍中信（2001）认为，财务治理结构是以产权中的核心部分——财权为基本纽带，逐步确立出资人、董事会、经理人以及企业财务人员财权流动和分割中所处的地位与作用，分别体现各主体在财权上相互约束、相互制衡的关系。同时，财务治理结构是一套制度安排，它用以支配若干在企业财务管理活动中有重大利害关系的团体——股东、债权人、职工的关系，以期提高企业理财效益。

（5）宋献中（2000）认为，财务治理结构是一组规范所有者、经营者的财务权利、财务责任和财务利益的制度安排。

（6）冯巧根（2000）认为，财务治理结构是一种契约制度，它通过一定的财务治理手段，合理配置剩余索取权和剩余控制权，以形成科学的自我表现约束机制和相互制衡机制，目的是协调利益相关者之间的利益和权责关系。

（7）林钟高（2003）认为，财务治理是一组联系各利益相关主体的正式的和非正式的制度安排和结构关系网络，其根本目的在于试图通过这种制度安排，达到利益相关主体之间的权利、责任和利益均衡，实现效率和公平的合理统一。

（8）李心合（2000）认为，财务治理结构是以财、会、审分离为基础，完善总会计师制度为保证，通过增设财务委员会，理顺上下级财务部门关系的一种制度安排。

（9）饶晓秋（2003）认为，财务治理的实质是一种财务权限划分，从而形成相互制衡关系的财务管理体制。

（10）姚晓民（2003）认为，公司财务治理是通过财权在利益相关者之间的不同配置，从而调整利益相关者在财务体制中的地位和作用，以提高公司治理效率的制度安排。

（11）张敦力（2002）认为，财务治理是界定与协调各利益相关主体在财权流动和分割中所处地位和作用，最终实现各主体在财权上相互约束、相互制衡的关系，促使企业提高资源配置效率和效果的公司治理。

（12）龚洪文（2002）认为，公司财务治理结构研究的是公司财务经济活动的制度安排问题。狭义地讲，是对有关公司内部所有者、经营者和财务经理等方面的财务制度的设计及优化。广义地讲，是对社会再生产过程中经济组织与各利益相关方在本金投入和收益过程中的财务责任、权利和财务利益进行协调和处理的一整套财务法律法规、观念和制度安排，其核心是公司财务控制权和剩余索取权的分配。

（13）吴树畅（2002）认为，财务治理结构是基于如何确保经营者按照所有者的利益目标去做、如何将财产的控制权和剩余索取权在所有者和经营者之间进行科学分配等问题所产生的基于财权分配的企业制度安排框架，这一框架的主要内容即财务治理结构。

（14）程宏伟（2002）认为，财务治理是财务治理主体对企业财力的统治和支配，即关于企业财权的安排，它决定财务运营的目标以及实现目标所采取的财务政策。

（15）衣龙新（2002）认为，财务治理就是基于财务资本结构等制度安排，对企业财权进行合理配置，在强调利益相关者共同治理的前提下，形成有效的财务激励约束等机制，实现公司财务决策科学化等一系列制度、机制、行为的安排、设计和规范。

也有部分学者借鉴、总结西方经济学理论的发展研究成果，认为现代公司资本结构研究出现了与公司治理理论相互交叉的融合研究特征，衍生出财务治理结构理论（赵蒲、孙爱英，2003）。

2.对财务治理机制的初步认识

国内财务理论界对财务机制的探讨是比较充分的，客观上促进了对财务治理机制问题的深入认识。

郭复初于1986年在《财经科学》第5期上发表了《宏观调节与财务机制》一文，首次系统地提出了财务机制的概念、内涵等问题，此后陆续发表了《改革和完善企业财务机制刍议》等文，并在此基础上，于1988年12月出版了著作《财务调节与控制》，完成了财务机制与财务调控理论体系的建设。特别是，郭复初的《财务机制的构成与作用》《财务机制调控的环节与方式》等文章的发表，进一步发展和完善了财务机制理论，对财务理论发展影响深远。郭复初关于财务基础机制理论的研究，对财务治理机制产生、发展具有重大的指导意义。他认为财务基础机制包括主体、动力、制衡三大机制，对财务领域其他财务机制都具有基础性、根本性决定作用和指导意义。可以认为：财务基础机制与财务治理三大机制相对应，主体机制与财务决策机制、动力机制与财务激励机制、制衡机制与财务约束机制之间具有本质的关联性和内在的统一性，三大基础机制决定了财务治理机制的本质，指引了其发展方向。

理论界对财务治理机制的认识主要有以下几种观点：

（1）林钟高（2003）认为，财务治理结构实现的前提是：界定清晰的财务主体，建立激励、约束相容的机制。具体涉及的财务治理机制有：制度激励机制；外部市场评价机制；声誉机制。

（2）张敦力（2002）认为，公司委托代理机构中的激励约束机制非常重要，激励机制主要有以下几种：薪金激励机制；职位消费激励机制；期权激励机制；声誉激励机制。约束机制包括内部约束机制和外部约束机制。

（3）龚洪文（2002）认为，财务治理结构主要研究财务利益机制和财务管理机制。从财务利益机制角度看，公司财务治理要回答的问题是，什么样的财务制度安排最有利于确保投资者在企业中的资产得到应有的保护和获得合理的投资回报；从财务管理机制来看，公司治理结构要研究的是，应当如何构架企业内部的财务活动领导体系，以确保企业的关键财务人事安排和重大财务决策的正确有效。

（4）衣龙新（2002）认为，设计、形成有效的财务治理机制，对企业财务行为进行适度的调节和控制，是财务治理追求的目标和主要内容之一。财务治理机制内容可分为财务基本机制、财务激励约束机制、财务相机治理机制三个方面。

上述关于财务治理机制的各种观点，主要从内容构成角度对财务治理机制进行了总结概括，针对性与系统性并不强，有待进一步研究探索。

3.财务治理体系的初步探索

近几年，陆续有部分财务专家、学者对财务治理体系问题进行了探讨，其中较为明确、完整、系统的观点有以下几种：

（1）黄菊波（2002）认为，财务治理结构是一个权利的配置问题，而财务治理的内容包括：投融资、股利政策；会计准则和会计制度的执行；财务报告的及时、准确与充分。

（2）伍中信（2001）认为，财务治理结构主要包括：如何构建一套以财权为基础的财务理论体系；如何把握以财权为基础的财务运作体系；财务治理结构与法人治理结构的相机治理；如何建立财务激励与约束机制；如何在不同财务主体间配置财权。

（3）冯巧根（2000）认为，财务治理结构是公司治理的一个重要组成部分，其内容与公司治理结构基本相同，主要有：治理主体，即谁参与治理；治理客体或治理对象；治理手段。

（4）张敦力（2002）认为，财务治理是公司治理结构框架中存在和运行的一个重要系统，在公司治理中处于核心地位；财务治理将公司治理中委托代理治理、股东治理、经营者治理、资本结构治理四部分有机结合在一起。由此，财务治理主要内容就在上述四部分治理结构中体现、考察。

（5）衣龙新（2002）认为，财务治理涉及的内容十分广泛，大体上可分为治理结构、治理机制、治理行为规范三个方面。财务治理结构是“骨骼”，治理机制是“血液”，治理行为规范是“器官”，三者共同构成了财务治理基本内容体系。

上述有关财务治理体系的各种观点，还处于研究的初级阶段，学者们虽从不同角度提出了构建体系的思路，但并未进行详细论证，具体细节安排并未明确给出，因此体现了一定的局限性。

（三）萌芽与产生阶段研究的简要评述

1.主要研究成果

我国公司财务与治理理论研究中，国有企业法人治理结构建设等财务实践的复杂性、特殊性，对财务治理理论的产生、发展提出了现实要求；财务理论的创新性研究与全面发展为财务治理理论研究提供了坚实的理论基础；资本市场的培育、发展则为公司财务治理理论的应用提供了检验的舞台。因此，财务治理理论在我国独立产生与全面发展有其内在的必然性。

我国财务治理理论研究取得了十分显著的研究成果，我们充分借鉴了西方公司治理等理论，结合中国特色财务理论创新成果，提出了“财务治理”等概念，并剖析了其内涵，初步建立起财务治理理论的体系框架，促进了财务治理理论的发展与实际应用。

2.不足之处

我国财务界虽较早提出“财务治理”等概念，对财务治理理论体系进行初步探索，却未彻底深入研究，对“财务治理”的认识还停留在治理结构层面。前期研究中，虽有一些财务治理机制、治理行为规范方面的成果，却未能纳入到财务治理体系中，未能很好地、全面系统地总结。

以借鉴公司治理、公司治理结构定义的方式来定义财务治理，具有一定的片面性。其实公司治理与公司治理结构并不等同，公司治理确实非常强调治理结构的重要性，但它还包括治理机制等问题（李维安，2000）；同样，财务治理也确实强调治理结构的基础作用，但财务治理更强调由治理结构安排所产生的治理机制，以及由治理机制所引导的治理行为规范的可操作性、灵活性、可控性作用，同时还特别强调财务治理结构、机制和行为规范三位一体所构成的治理体系的系统性、完整性。

在这一研究阶段，国内学者对财务治理理论的研究很多未能脱离西方研究“公司治理”的范式，未能突出财务治理与公司治理的区别，未能从公司财务、公司治理等多角度研究问题，未能完整地提出财务治理理论的基础，未能全面认识财务治理的具体性、可操作性，未能充分认识财务治理行为规范的重要性，未能体现财务治理体系的系统性、完整性、可操作性、可控性、灵活性和综合反映性。

三、财务治理理论的发展与研究重点

财务治理理论产生后，国内财务学者倾注了极大的研究热情，产生了一些颇具价值的创新性研究成果。同时，也陆续出现了一些关于财务治理理论研究的综述性文章，对财务治理理论的发展进行了较为全面的总结。其中，具有代表性的综述有：伍中信在《会计研究》2005年第10期发表的《现代公司财务治理理论的形成与发展》及在《财会通讯》2006年第2期发表的《我国公司财务治理理论研究述评》两篇文章；李福祥在《经济学动态》2007年第8期发表的《公司财务治理理论评述》一文；油晓峰在《经济学动态》2008年第3期发表的《财务治理理论研究述评》一文。

伍中信的综述全面完整，按照自己的研究思路，对前期文献进行了系统梳理，评述深刻允当。李福祥的综述完整详尽，将近期研究成果进行了全面细致点评，评述精炼系统。油晓峰的综述则有自己的鲜明特色，其综述重点在于国外文献，对资本结构理论、激励理论等涉及财务治理方面的内容进行了综述，评述清晰简练，但似乎忽视了财务治理理论的独立性与系统性，给人以罗列之感，特别是忽视了国内学者才是财务治理理论的明确提出者，并将之独立系统研究，而综述中恰恰缺少此部分内容，因此从这一角度看，该综述似乎并不全面。

基于前期的研究成果，可以对我国近年来财务治理理论发展阶段的研究成果进行简要总结与梳理，并进行简要评价。

（一）主要研究成果

1.基础理论研究（规范研究）方面

规范研究一直以来都是我国学者的优势，财务学者不断的努力推进了财务治理基础理论研究的不断拓展，取得了丰富的研究成果。

（1）财务治理内涵研究

国内学者对财务治理内涵研究较早，冯巧根（2000）、宋献中（2000）、李心合

(2000)、伍中信(2001)、杨淑娥(2002)、李秉祥(2003)、林钟高(2003)等从契约经济学、公司治理、权利配置等角度对财务治理进行了定义。衣龙新(2004)对以往财务治理内涵研究成果进行了简要述评，并提出了自己对财务治理内涵的认识。杨淑娥(2006)较为全面地对前期财务治理内涵研究进行了述评，将关于财务治理定义的不同观点分为契约制度观、信息观、子系统观、财权配置观和双层面观。杨淑娥对各种观点分类合理，述评全面精辟，特别是对"信息观"的理解和阐释很有研究价值。

(2)财务治理体系研究

衣龙新(2002)综合运用现代财务理论、公司治理理论等学科知识，以本金在企业不同层面运动所形成的特定财务关系为研究主线，初步构建了财务治理体系，明确提出财务治理应包含治理结构、治理机制和治理行为规范三方面内容；油晓峰(2005)提出财务治理框架包括财务治理主体、客体、目标、机制、模式等内容，他认为财务主体是参与财务治理的利益相关者，财务治理客体是财务冲突，包括股东与经营管理者之间的财务冲突、债权人与股东之间的财务冲突两大类；伍中信(2005)以"财权流"理论为基础，基于财权=财力+(相应)权力，提出财务治理主要处理"财务关系"，财务关系的处理也就是对财权流(权力)的配置；财务管理主要处理"财务活动"，财务活动也就是对本金运动(价值)的处理，以"财权配置"为核心对现代财务治理体系进行了初步构建。

(3)财权配置研究

治理框架下对财权配置问题进行研究的学者众多，文献十分丰富，其中以下研究值得重点关注：一是伍中信、何进日、曹越、张荣武、贺正强等的研究，其研究以"财权流"理论为基础，基于"财权=财力+(相应)权力"的理解，提出了"剩余财权"与"通用财权"等概念，以此构建了最优财权配置框架；二是张兆国、宋丽梦、张庆、何威风等的研究，其研究基于"企业所有权"就是"剩余索取权与剩余控制权"的理解，认为企业财权包括财务收益权和财务控制权，提出了利益相关者合作逻辑下的企业财权安排框架；三是杨淑娥、张栋、金帆等的研究，其研究将公司财权定义为与公司财务利益和各参与方利益相关的决策权、监督权和执行权，并提出了利益相关者财权配置模式框架。此外，李心合、李连华、王斌等的研究也取得了一定成果。

2.经验研究(实证研究)方面

财务治理理论经验研究成果十分丰富，主要集中在两个方面：

首先是对财务治理效率的检验。事实上，公司治理效率实证研究中大部分属于财务治理方面，只是尚未明确而已。该部分研究主要集中于治理结构与经营绩效相关性检验，主要包括四个方面：①外部利益相关者(主要是债权人)治理效率，肖作平、兰艳泽、袁卫秋等的研究值得关注；②股权结构治理效率，陈晓、朱武祥、孙永祥、徐莉萍等的研究值得关注；③董事会构成治理效率，于东智、孙铮、李东明、李有根等的研究值得关注；④管理层激励治理效率，魏刚、李增泉、袁国良等的研究值得关注。

其次是案例研究。刘峰等（2004）的论文《控制权、业绩与利益输送——基于五粮液的案例研究》，陈汉文等（2005）的论文《国家、股权结构、诚信与公司治理——以宏智科技为例》，张光荣等（2006）的论文《大股东的支撑行为与隧道行为——基于托普软件的案例研究》，都是值得关注的案例研究。

（二）发展研究阶段的简要评价

财务治理理论从产生直至得到蓬勃发展，我国财务学者功不可没，取得了较为丰硕的研究成果。在财务治理基础理论方面，财务治理内涵、财务治理体系框架、财权配置等研究均取得了可喜成果；在经验研究方面也是屡有突破，实证检验越来越深入并贴近实际，在股权结构、董事会治理效应等方面研究成果显著。

应当意识到，财务治理理论研究毕竟处于起步阶段，许多研究也都体现出了不足，主要表现在以下两个方面：一是基础理论研究基础薄弱，缺乏深度挖掘。许多文章浅尝辄止，对财务治理理论的财务学、经济学根源研究不深；二是经验研究主题狭窄，研究方法单一，多以“档案式”研究为主，重复研究现象严重，不利于实证研究的深入拓展。同时，现有经验研究多以某一治理方面为主题的孤立式研究方法，不利于从总体上认识把握财务治理效率，不利于财务治理理论的全面系统发展。

● 第二节　财务治理基础理论

一、财务治理内涵

财务治理作为一个全新的研究领域，明确其内涵非常重要。这是财务治理学科独立发展的需要，也是引领学术研究方向的要求。财务治理内涵研究各种理论观点之间并非完全对立，相互融合已成为必然。

（一）财务治理研究的不同观点与简要评析

目前，财务理论界对财务治理内涵的研究虽然较多，也取得了一定成果，但未能给出达成共识、统一完整的财务治理定义。可以认为，目前对公司治理内涵的研究仍处于探索阶段。财务理论界学者从不同的研究目的出发，根据自身对“财务治理”含义的理解，提出了各自对财务治理的定义。许多学者在剖析财务治理含义时，大都将财务治理置于公司治理框架之下，参考公司治理概念，从制度安排角度，将“财务治理”与“财务治理结构”等同，简单、笼统地定义了财务治理。衣龙新（2004）对以往财务治理内涵的研究成果进行了简要述评，具体如下：

1.强调“财权配置核心内容”的定义

伍中信、张敦力和程宏伟持有此种观点。他们认为：“财务治理结构是以产权中的核心部分——财权为基本纽带，逐步确立出资人、董事会、经理人和企业财务人员在财权流动和分割中所处的地位和作用，分别体现各主体在财权上相互约束、相互制衡的关系”（伍中信，2001）；“财务治理是界定与协调各利益相关主体在财权流动和分割中所处的地位和作用，最终形成各主体在财权上相互约束、相互制衡的关系，促使企业提高资源配置效率和效果的公司治理”（张敦力，2002）；“财务治理是财务治理主体对企业财力的统治和支配，即关于企业财权的安排，它决定财务运营的目标以及实现目标所采取的财务政策”（程宏伟，2002）。

该种定义方式强调了财务治理的核心问题——财权配置对公司各个利益相关者的影响，非常准确地把握了财务治理问题的主要方面，但仅仅强调财务治理核心问题并以此定义财务治理，往往涵盖不了财务治理体系的各个领域，虽重点突出，但并不十分完整。

2.强调处理股东与经营者关系的定义

宋献中和吴树畅持有此种观点。他们认为：“财务治理结构是一组规范所有者、经营者的财务权利、财务责任和财务利益的制度安排”（宋献中，2000）；“财务治理结构是：如何确保经营者按照所有者的利益目标去做，如何将财产的控制权和剩余索取权在所有者和经营者之间进行科学分配，就产生了基于财权分配的企业制度安排框架，这一框架的主要内容即财务治理结构”（吴树畅，2002）。

该种定义方式强调了财务治理中股东与经理层之间的关系处理，其基本出发点是股东权益的保护，是典型的“单边治理”形式。由于其着重强调股东利益的保证，而忽视了债权人、职工等其他利益相关者的财务利益，因此该种定义方式具有一定的局限性。

3.强调利益相关者“共同治理”的定义

杨淑娥和姚晓民持有此种观点。他们认为：“所谓公司财务治理，是指通过财权在不同利益相关者之间的不同配置，从而调整利益相关者在财务体制中的地位，提高公司治理效率的一系列动态制度安排”（杨淑娥，2002）；“公司财务治理是通过财权在利益相关者之间的不同配置，从而调整利益相关者在财务体制中的地位和作用，以提高公司治理效率的制度安排”（姚晓民，2003）。

该种定义方式较为全面地概括了财务治理的各个相关领域，提出利益相关者财务共同治理符合当前公司“共同治理”潮流，但其对财务共同治理的特性突出不够。

4.强调“公司治理子系统”的定义

黄菊波和李心合持有此种观点。他们认为：“公司的财务治理结构是公司治理结构的子系统，从属并取决于公司治理结构的根本性质，是公司财务决策权、财务执行权和财务监督权的划分与配置”（黄菊波，2002）；“企业治理的核心是财务治理，公司法所规定的公司治理权配置的核心是财务治理权配置”（李心合，2000）。

该种定义方式将对财务治理问题的考察置于公司治理的框架之下，对理解、合理定位财务治理在公司治理中的地位、作用有非常重要的意义，但仅仅将财务治理限制于公司治理范畴，则忽视了其作为公司财务总体的、不可或缺的部分，具有一定的局限性、不完整性。

5.从“财务治理契约安排”角度的定义

冯巧根、林钟高和龚洪文持有此种观点。他们认为：“财务治理结构就是这样一种契约制度，它通过一定的财务治理手段，合理配置剩余索取权和剩余控制权，以形成科学的自我表现约束机制和相互制衡机制，目的是协调利益相关者之间的利益和权责关系”（冯巧根，2000）；“财务治理是一组联系各利益相关主体的正式的和非正式的制度安排和结构关系网络，其根本目的在于试图通过这种制度安排，达到利益相关主体之间的权利、责任和利益均衡，实现效率和公平的合理统一”（林钟高，2003）；“公司财务治理结构研究的是公司财务经济活动的制度安排问题”（龚洪文，2002）。

该种定义方式强调了财务治理的契约属性，指明了分析财务治理问题的一般基础，但并未明确指出这一财务治理契约安排的特性在哪里，非常容易与公司治理概念混淆，财务特性突出不够。另外，财务治理中也存在不完全契约引发的问题，需要加以考虑。

6.从“财务管理制度”角度的定义

饶晓秋、李心合和李秉祥持有此种观点。他们认为：“财务治理的实质是一种财务权限划分，从而形成相互制衡关系的财务管理体制”（饶晓秋，2003）；“财务治理结构是以财、会、审分离为基础，完善总会计师制度为保证，通过增设财务委员会，理顺上下级财务部门关系的一种制度安排”（李心合，2000）；“财务治理结构是在公司财务管理活动中，动态形成的分别体现各主体在财权上相互约束、相互制衡关系的治理结构”（李秉祥，2003）。

该种观点关注了财务治理与管理制度等方面的联系，对理解具体的治理功能作用大有裨益。但不足之处非常明显，即混淆了财务治理与财务管理的范畴，将治理问题归纳为单纯的财务部门关系、简单的财务管理活动与制度，限制了财务治理的外延。

（二）前期研究的简要述评

财务治理理论发展至今，已取得了丰富的研究成果，对于财务治理内涵的认识也在不断深入，各种观点林立，但尚未达成共识。国内财务学者基于不同的学识背景，从多个角度对财务治理内涵进行了探索，给出了多种财务治理的定义方式，可以说，各种定义方式都具有其合理性。

杨淑娥（2006）对以往财务治理内涵研究进行了全面述评，将财务治理定义方式分为如下几类：一是“契约制度观”，二是“信息观”，三是“子系统观”，四是“财权配置观”，五是“双层面观”。该述评对财务治理内涵的研究分类合理，述评全面允当，特别是指出了“子系统观”容易出现财务治理与公司治理内容重复，“双层面观”容易出现财务治理与财务管理混淆的问题，非常值得后来的研究者思考。

现阶段，依据财务治理定义侧重点的不同，并结合最新研究成果，各种理论观点大致可分为以下几类：一是“财权配置”视角的定义，强调了财权配置对公司各个利益相关者的影响，提出财权配置是财务治理的核心，其代表人物有伍中信

(2001)、张敦力(2002)等;二是“子系统”视角的定义,将财务治理问题研究置于公司治理框架之下,突出了财务治理的重要地位,其代表人物有李心合(2000)、黄菊波(2002)等;三是“财务契约”视角的定义,强调了财务治理的契约属性,突出了契约经济学对于财务治理研究的影响,其代表人物有宋献中(2000)、冯巧根(2000)等;四是“财务信息”视角的定义,强调了财务治理对于财务信息生成、呈报等方面的重要作用,提出财务治理的目标应为确保财务信息的相关性与可靠性,其代表人物有杨淑娥(2002)等。

财务治理不同定义之间本质区别并不大,只是定义角度不同、强调的侧重点不同罢了。事实上,财务治理内涵各种不同观点之间并非泾渭分明,其间有很多是融合的,如部分学者基于契约观、财权配置观的双重定义方式,就是从两个角度认识财务治理本质,而其观点并不存在内在冲突。

二、财务治理主体

(一)主要的理论观点

杨淑娥(2002)将财务治理利益主体分为两类:第一类是依赖公司内部财务治理保障其利益的主体;第二类是依赖公司外部财务治理保障其利益的主体。第一类利益主体主要包括大股东和董事会及经理层,一般都掌握着公司的控制权,在财务治理中居于相对主动的地位。第二类利益主体主要包括小股东、政府、债权人和其他利益相关者,其进行公司财务治理的难度大于第一类主体,利益容易受到侵害,处于相对被动的地位;张敦力(2002)认为,财务治理的主体即谁参加财务治理。现代治理结构理论认为企业治理的主体就是“利益相关者”,财务治理处于公司治理的核心地位,其主体是代表企业利益相关者、具有财务专业知识的人员所组成的集团,如股东等代表出资者利益的财务总监、代表经营者利益的财务经理及财务人员、债权人或其委托的专业人员、职工代表等;林钟高(2003)认为,财务治理行为主体是指拥有特定财权并参与财务治理的自然人和法人,包括直接行为主体和间接行为主体,确定财务行为主体的核心问题是考虑参与财务治理的行为主体是否有能力和动力来行使其权力。一般来说,股东会、董事会、监事会和经理层之间的分层财务决策机制构成了公司财务治理结构的主要内容,他们各司其职,相互制衡,即治理行为主体也主要包括以上四者;油晓峰(2005)认为,财务治理研究的起点主要是利益相关者的财务冲突,参与财务治理的利益相关者就是财务治理主体。从交易成本与公司发展的角度看,财务治理主体主要是股东、经营管理者和债权人三个主体;伍中信等(2006)认为,对于财务治理主体的理解应抓住两个方面:拥有财权和参与分配财权。由于财务治理的核心是财权配置,财务治理主体可定义为:拥有财权并参与分配财权的自然人与法人。财务治理主体既是分配财权的主体,同时也可以是财权配置的对象。

(二)简要评析

杨淑娥将财务治理主体分为两类,对认识不同主体治理地位和作用有非常重要的意义。但将政府等对公司财务直接影响不大的利益相关者归入财务治理主体,似乎不妥，过于扩大外部治理主体范围；张敦力以财务治理在公司治理中所处核心地位为出发点，归结出的财务治理主体，强调了两类主体的内在联系，很有借鉴意义，但将财务人员等公司内部人员上升为财务治理主体似乎并不妥帖，一定程度上混淆了财务治理与财务管理；林钟高着重强调了股东会、董事会、监事会和经理层的分层财务决策机制，构成了主要的公司财务治理主体，指出了公司内部主要的财务治理主体及其关系，有重要的指导意义，但对外部债权人等外部治理主体重视不够。

财务治理主体是财务治理的施动者（即行为人、参与者），必然是公司利益相关者；财务治理的核心是财权配置，拥有财权并参与分配的利益相关者理应是财务治理主体。依据上述分析，可以认为：财务治理主体就是在治理层面能够进行有效财务治理活动，有权参与并能够参与财权配置的各利益相关者，主要包括股东、董事会、经理层、债权人和员工。股东是公司物质资本提供者、风险最终承担者，拥有公司基本权利，理所当然是财务治理主体，并主要通过股东大会等参与治理；董事会是现代公司治理的中心，代表股东行使权利，是财务治理最为重要的主体，董事会建设至关重要；经理层经过董事会授权，也能够参与公司部分治理活动；债权人在特定情况下参与财务治理，非常强调财务相机治理机制；公司员工对于个别重大财务事项具有表决权，也是财务治理主体之一。

必须明确的是：财务治理主体是多元的，这与公司财务主体一元性有所不同。财务主体一元性体现为：股东基于其投入公司资本的财产所有权，对公司财务具有最终控制权。财务主体一元性在治理领域和管理领域具体体现有所不同：财务管理主体是一元的，而财务治理主体是多元的。股东投入资产并让渡部分权利形成了公司法人财产权，这就决定了公司财务管理主体是一元的，即公司法人本身。同时，股东保留了处于治理层面的部分权利，与债权人、员工等共同构成了财务治理主体。

三、财务治理客体

（一）主要的理论观点

张敦力（2002）认为，财务治理客体，即财务治理的对象，取决于财务治理的属性。财务治理的核心在于明确出资人、董事会、经理人和企业财务人员在财权流动和分割中所处的地位和作用，而财权体现为剩余索取权和剩余控制权的对称分布，在各利益相关者之间合理分配剩余索取权和控制权已成为财务治理的现实内容。因此，如何在各利益相关者之间进行剩余索取权和剩余控制权的合理分配是财务治理的客体，具体表现为筹资、投资、资本运营、收益及其分配等财务活动及其所形成的各种财务关系；油晓峰（2005）认为，财务治理的客体就是财务冲突。最初的财务冲突来源于融资形成的委托代理关系，主要是股东和经营管理者之间的财务冲突与债权人和股东之间的财务冲突，这两类冲突是研究财务治理的一把钥匙；伍中信等（2006）认为，财务治理主要是对财务关系的处理，而对财务关系的处理，其核心是借助于对财权的合理配置，显然，财权贯穿了对财务关系处理的始终。因而，应该将财权（具体为财务治理权）作为财务治理的客体。

（二）简要评析

张敦力对财务治理客体的概括，主要基于公司治理角度的认识，对发挥财务治理在公司治理中的主导作用有非常重要的意义。但仅仅强调治理框架下的“权利”客体，而忽视财务范畴内体现的客体，显得并不全面。基于委托代理理论，公司治理主要面对和需要解决的就是股东与经营者、债权人与股东之间的代理冲突问题，作为公司治理核心组成部分的财务治理，也要面对这两方面的财务冲突，股东、经营者和债权人等治理主体共同指向的财务冲突，理应是财务治理客体；财务治理的核心是财权配置，财权配置贯彻财务治理体系，股东等财务治理主体最为关注的就是财权占有与分配问题，财权作为治理主体共同关注的对象，理应是财务治理客体。

依据本金理论，财务活动的客体可以归结为“本金”，它贯穿财务活动的始终，财务主体都关注和追求本金的增值。同时，公司股东等财务治理主体最为关注的是财权配置与本金增值，财权配置是手段，本金增值是目的。由此，财务治理客体在一般意义上可以概括为“本金”；同时，本金在治理层面运动产生了特定财务治理活动及其形成的财务关系，在财务治理框架下本金运动侧重于财权分配，财权配置贯穿于财务治理的始终，因此，在治理框架下，财务治理客体又具体体现为“财权”。

对财务治理客体的研究，应当深刻领会“客体是主体共同指向的对象”的内在含义，避免将财务治理客体等同于财权配置对象的研究误区。正如伍中信所指出的：目前许多研究将财务治理客体等同于财权配置对象，即将财权配置给谁，谁就是财务治理客体，这样势必造成将财务治理主体与财务治理客体混为一谈的局面。

● 第三节　财务治理核心：财权配置

一、财权内涵的研究

国外财务理论界对财权问题的研究并不重视，相关研究成果十分稀少。正如有学者指出，主流的公司财务学理论框架中，我们还没有发现任何有关权利及其安排的论述（李心合，2005）。我国财务学者对财权研究的重视是近些年的事，虽然研究时间并不算长，但还是取得了丰富的研究成果。

财权是公司最为重要也是最为复杂的权利，至今其内涵尚未明确界定。《公司法》中将财权概括为投资权、财务预算与决算审批权、融资权、资产处置权和财务分配权。我国财务学者依托不同理论，从不同视角对“财权”内涵进行了探索，给出了多种定义方式，展示了财权丰富的内涵。

部分财务学者对关于财权内涵的研究做过简要总结，其中有代表性的有以下几位财务学者的研究。王斌和高晨（2003）认为财权大致有三种解释：一是狭义上的现金收支及财务运作权；二是包括财务与会计在内的广义上的所有权力，如类似宝钢财务控制系统中的“十统一”等；三是构建财务控制系统的依据，包括重大财务事项决策权、现金调度支配权和日常财务处理权等方面。伍中信（2005）对财权内涵研究进行了简要综述，将众多研究总结为三种代表性观点：（1）财权是一种财力以及与此相伴的权力的结合。（2）财权相当于财产权或物权。（3）财权就是财务控制权。黄中生（2005）总结了各种财权定义方式，将对财权的认识分为四个角度：一是从财务角度来认识财权；二是从公司治理或财务治理角度认识财权；三是从产权角度认识财权；四是从企业所有权或控制权角度来认识财权。

（一）主要理论观点与简要评析

郭复初（2001）较早地从财权具体内容角度对财权进行了初步定义：公司财权可归结为筹资权、投资权、留用资金支配权、资产处置权、成本费用开支权、定价权和分配权等权利。综合近期研究成果，以下财权内涵研究具有代表性：伍中信基于“财权流”的财权定义、李连华基于“财产权”的财权定义、张兆国基于“企业所有权”的财权定义、李心合基于“财务资源”的财权定义。

1.“财权流”与公司财权

“财权流”理论研究依托产权经济学等学科知识，对财务治理理论的研究（尤其是财权配置研究）颇具价值：第一，对财务核心概念“本金”的进一步更具体、更完整、更明确的阐释，突破了单一“价值”（财务活动）视角，更加强调突出“权力”（财务关系）问题，指出财务治理主要是处理财务关系方面，开阔了财务治理研究视野；第二，财权与企业所有权相衔接，提供了财务治理理论与经济学研究的桥梁；第三，确立了财权配置的核心地位，“抓住了财务治理的纲”，为财务治理研究提供了主线，财权配置贯穿财务治理体系。依据“财权流”理论，财权表现为某一主体对财产所拥有的支配权。财权是一种财力以及与此相伴的权力的结合，即：财权=财力+可支配财力的权力，财权包括收益分配权、投资权、筹资权、财权决策权等权能（伍中信，1998）。

将“财权流”定义为“财力+权力”，实质上就是财务活动与财务关系的具体表现形式，从这一角度而言，“财权流”是对“资金运动论”“本金投入收益论”的发展，以“财权流”这样表述财务会更明确、更直接，对财务理论研究的拓展有益。特别是，“财权=财力+可支配财力的权力”的定义方式，从“价值”与“权力”两个视角探析财权，对财权配置研究具有特殊价值。但其部分理论推演严密性存在一些不足，具体应用面临一些问题。

2.“财产所有权”与公司财权

财产所有权与产权可以视为等价概念，即对物享有的排他性的财产权利，包括所有、占有、使用和处置等权利。基于对“财产所有权”内在含义的理解，李连华认为：根据权利的特质不同，可以将公司的权力分为人事权、财权和信息权三种。这里的“财权”并非仅限于财务权，而是泛指体现在资金运动和财产上的各种权力，即相当于通常所说的财产权或物权（李连华，2002）。

将财权与“财产所有权”相联系是合理的，财权是财产所有权的核心权能，两者的结构体系、特征具有内在一致性。但将财权与财产所有权完全等同则不合理，其混淆了产权与财权的界限，将财权的外延过于扩大化。产权是个权力束，它包含财权等多种权能。财权确实抽象反映了治理框架下产权最主要的部分，但不可能体现治理体系全部的财产权利关系。

3.“企业所有权”与公司财权

企业所有权指的是对企业的剩余索取权和剩余控制权。企业是由不同财产所有者组成的，企业所有权显然不等于财产所有权。财产所有权是交易的前提，企业所有权是交易的方式和结果（张维迎，1996）。基于上述“企业的契约理论”，张兆国等认为：企业财权是关于企业财务方面的一组权能。根据企业各项财权之间的内在联系可以分为两类：一是财务收益权，即将企业总收入扣除成本后的剩余要求权；二是财务控制权，即对企业财务施加影响和监控的权利，包括合同控制权和非合同控制权（张兆国等，2004）。

这一“财权”定义方式与“企业所有权”概念是完全对应的，财务收益权对应剩余索取权，财务控制权对应剩余控制权。将“企业所有权”与公司财权相联系具有一定合理性，财权派生于产权（财产所有权），是产权的主要权能，与企业所有权具有天然的内在关联性。但是，将“财权”与“企业所有权”完全对应并不合适，因“企业所有权”本身具有模糊性，以模糊的“剩余”定义财权具有不确定性。同时，财权的范畴也很宽泛，决不仅限于不确定的“剩余”权利，还包括约定的“合同”权利。

4.“财务资源”与公司财权

传统意义上的财务资源就是财务资本或资金。随着经济的发展，企业财务资源的内涵和外延都在不断扩展，诸如人力资源都被视为人力资本参与资本运营，从而成为重要的财务资源。财务资源是企业最为重要的要素之一，没有财务资源、物质资本的投入，就不会产生企业。据此，李心合（2005）认为：公司财权无疑是公司法人权的重要组成部分，大致可以将“财权”定义为“公司获取、控制和运作财务资源的权利”。主要包括三大方面：一是获取行动所需要的财务资源的权利；二是控制、使用和处置所占有的财务资源的权利；三是凭借对财务资源的控制和使用分享收益的权利。

将财权定义于“财务资源”之上，有助于我们拓展理论研究视角。但将公司财权定义于公司法人权之内，说明该财权是公司管理层次的财权，属于财务管理范畴，而非治理领域财权，定义范围较为狭窄，不太适合对财务治理问题的研究。

（二）其他观点的简评

1.通用财权与剩余财权

伍中信等提出并由何进日等（2007）进一步研究阐释的“通用财权”与“剩余财权”观点，是以“通用公司治理”与“剩余公司治理”、“财务静态治理”与“财务动态治理”关系研究为基础，具体提出以下观点：“财权=通用财权+剩余财权”，

“通用财权”是不完全“企业财权”合同的完备部分，“剩余财权”是不完全“企业财权”合同的不完备部分。

该理论观点立足于不完全契约理论，对于财权基本分类、属性特征及其配置原则等进行研究，具有重要价值。但通用财权与剩余财权的划分基础，是基于“企业所有权”的“剩余”观念，避免不了“企业所有权”含义模糊性所带来的财权定义的不确定性。

2.价值运动与公司财权

王跃武（2009）将公司财权置于企业价值运动视角进行考察，认为：财权可划分为财务控制权与财务收益权。从企业价值运动的过程也可以看出，起点上的初始财务控制权与终点上的财务收益权是较具归属意义的财务权，而价值运动过程中的财务控制权则是较具动态意义的财权，即所谓的“财务治理权”。

该理论观点从价值运动角度考察财务，颇具新意，对于财权动态性与完整性研究具有重要意义，值得关注。但将财权归结为财务控制权与财务收益权，还是以上述“企业所有权”为基础，并不确切、全面。

3.控制权与公司财权

白华（2004）基于不完全契约的“GHM”理论，将“企业所有权”理解为企业的剩余控制权，它主要是指在契约中没有特别规定的战略重大决策权。与剩余控制权对应的是特定控制权，无论特定控制权还是剩余控制权，也无论控制权在所有者与经营者之间的分离程度如何，都可以从中分离出与资本价值运动相关的控制权，即通常所说的财务控制权。这就是对“财权”的新认识、新理解。

将财权定义为财务控制权，从财权运用角度把握了财权的核心，具有重要的研究意义。但该定义方式存在以下不足：一是基础不稳。“企业所有权”的“剩余”定义方式存在严重的模糊性，就连其重要创立者Hart都承认存在问题，以此不成熟的概念为基础定义“财务控制权”，本身根基就不稳。二是含义狭窄。管理学中的“控制”只是一个环节，强调对过程的把握；契约经济学中“剩余控制权”与“剩余索取权”同时出现，体现的是“风险承担者”与“风险制造者”的对应；“财务控制权”只是财权运用方面的体现，是个过程概念，不可能包括财权丰富的含义。从这一角度看，以“财务控制权”定义财权是不全面的。

二、财权配置的基本思想与一般逻辑

（一）财权配置的基本思想

李连华（2002）认为，财权分配标准实际上是财权配置的思想和理论基础，它决定着财权配置中的不同取向。根据经济学理论，权力配置的标准有两个，即公平与效率。在财权的实际配置过程中，人们总是希望实现公平与效率的最大兼容，使得在公平的同时拥有效率。张兆国等（2005）基于企业契约理论等，提出了企业财权安排的理论基础由三种不同理论构成：其一，“资本雇用劳动”理论。按照这种理论，把企业财权集中地分配给股东是最优的企业财权安排。其二，“劳动雇用资本”理论。按照这种理论，把企业财权集中地分配给人力资本所有者是最优的企业财权安排。其三，“利益相关者”理论。按照这种理论，各利益相关者共同分享企业财权是最优的财权安排。

李连华所提出的公平与效率标准源自新古典经济学，为广大经济学者所普遍接受。张兆国所提出的三大理论基础思想源自现代企业理论，也为主流经济学家所认同。以上述共识性经济学理论作为财权配置的基本思想当然无可厚非，但似乎财务治理特色不够突出。

（二）财权配置的一般逻辑

财权配置基本思想决定和制约着财权基本配置逻辑。财权配置逻辑归纳起来主要有如下观点：

1.“来源”配置观

李心合等（2005）认为，公司权力来源于公司资源，谁向公司提供了资源（不管这些资源是在法律的形式上为其所有还是在经济实质上为其控制），谁就应当分享公司财权。支撑现代企业权力的资源是泛资源而不是股东的财务资本，现代企业的价值取向应当是多种资本的供给者，即企业的利益相关者，而不仅仅限于股东。

探究权力的来源十分重要，可以让我们更加清晰地认识权力的本质。但谁提供给公司“资源”谁就该享有公司“权力”的观点似乎有些偏颇，这样安排并不一定有效率。现代公司最重要的特征就是所有权与经营权“两权分离”，体现的是“放弃了自己部分权力，而获得更多收益”。从这一角度看，“谁提供资源谁享有权力”的观念过于强调资源所有者的权力保证，并不利于权力的有效转移与获取更大的收益。

2.“对称”配置观

张兆国（2007）等基于不完全契约理论，将企业财权从“企业所有权”剩余角度定义为财务收益权与财务控制权，并依据“企业所有权”的剩余索取权与剩余控制权对称原则，提出了企业财权安排的分散对称性，即财权配置的“对称”配置观。该观点认为，企业财权安排的分散对称性主要体现在两个方面：一是企业财权应由各利益相关者共同分享，二是对每个利益相关者来说，财务收益权和财务控制权都要对称性地加以分配。

对称配置有利于财权的权责对等与权力制衡，这对于提高财权配置效率具有重要意义。但基于“企业所有权”的对称似乎并不明确，因为所谓的“剩余索取权”与“剩余控制权”本身就是模糊的，不知所指，由此更难谈得上对称配置。

第四节 财务治理理论研究的未来发展方向

自21世纪初我国财务界产生财务治理理论以来，取得的研究成果是丰硕的、有目共睹的。财务治理理论的蓬勃发展主要借助于下列因素推动：现代财务经济学的发展，为其研究提供了坚实的理论基础；产权经济学、企业理论等的日趋成熟，为其研究提供了良好的理论框架与分析工具；公司治理理论的日益完善，进一步推进其快速发展。

但应当看到，近期开创性的、有特色的、突破性的研究成果并不多，还有待财务学者们继续努力。如果财务治理理论研究继续满足于原地的内涵概念性讨论，就财务论财务，而不积极挖掘财务治理的经济学根源，不积极探究财务治理的基本理论源泉，则有“上不着天”之忧；同时，如不能与时俱进深入拓展财务治理经验性研究，不能进行实证检验并加以应用，则有“下不着地”之忧。

财务治理理论研究发展必然向两端不断深入延伸：一方面是基础理论的不断挖掘。关注财务治理理论的经济学、财务学基础性研究，强调财务治理理论特色研究，夯实理论基础。另一方面是经验研究的大力开拓。如果财务治理理论不能有效验证其正确性、合理性，则其应用性将大打折扣，经验研究是财务治理理论发展的动力与保证。财务治理理论未来的研究可关注以下几个方面：

一、基础理论研究方面

（一）财务治理研究范式的新突破

理论研究范式不同，其研究结果恐有差异。财务治理理论研究范式决定着财务治理理论研究的发展方向，不同的研究范式会构建出具有各自特色的财务治理理论体系。依据伍中信、陈共荣的研究成果，目前关于财务治理的研究范式大体上可以分为两大类：基于公司治理框架的研究范式和以财务治理的核心概念——财权为基础构建独立的财务治理理论体系的研究范式（伍中信和陈共荣，2006）。

目前，大部分对于财务治理的研究都是基于上述前一种范式，这一研究范式主要借鉴单边公司治理模式提出利益相关者财务治理模式，在公司治理框架内研究财务治理问题，并未构建前后一致的理论体系；后一种研究范式以伍中信、衣龙新等为代表，在这一研究范式下至少有三点基本共识：第一，财务治理是公司治理的核心组成部分，但有其独立性，又有自身独特的理论体系；第二，财权配置是财务治理的核心，贯穿于财务治理体系；第三，财务治理理论之源不仅仅局限于公司治理理论、现代财务理论，更根植于产权经济学、契约经济学、组织行为学、现代企业理论等，要特别重视财务治理研究的经济学挖掘。

理论研究不能囿于某一固定范式，应展开多视角研究，才能不断完善财务治理理论体系。杨淑娥（2006）提出的财务治理“信息观”，从财务信息治理角度研究治理问题，提出重塑投资人对财务信息质量的信任，划分明确的经济责任，进行信息质量的控制和监管，是财务治理的主要任务和主要内容。这是研究财务治理的又一个新视角，非常值得深入研究。

（二）财务治理体系构建的深入探讨

1.财务治理体系的构建基础

对于财务治理体系的构建，目前财务理论界提出了许多有意义的观点，但远未达成共识。财务治理体系的科学合理性，将会严重影响财务治理理论的发展。没有严谨的财务治理体系，明确不了治理核心，确定不了治理边界，会模糊对治理的认识，将严重制约理论发展，并对财务治理实践产生严重的负面影响。

科学的财务治理体系应当具有全面性、开放性、一致性、复合性与可操作性等特征。要构建具有上述特点的财务治理体系，需要多学科知识作为支撑，现代财务学、产权经济学、契约经济学和公司治理理论等学科必不可少，以此宽厚基础构建的财务治理体系才可能经受住实践的检验。构建一个科学的、为财务界广泛认同的财务治理体系，任重而道远。

2.财务治理体系的静态治理与动态治理

静态治理是财务治理体系的基础，动态治理是其外在调整因素，两者共同构成了财务治理体系。静态治理就是一般意义上的财务治理，目前财务治理领域所取得的主要研究成果都集中于此。而对于动态治理，财务学界刚刚重视，取得了初步研究成果。

企业契约的不完全性、企业所有权状态的依存性决定了财务治理的动态性。动态治理是财务治理研究的新领域，以财务治理结构调整为基础，对财务治理核心——财权配置具有影响。深入挖掘财务动态治理理论根源，通过调整财务治理结构，进一步完善财权动态安排，加强财权配置的科学性，将是未来动态治理研究的重点。

二、经验研究方面

（一）财务治理结构效率系统检验

财务治理结构由公司多重委托-代理结构决定。由外而内，公司一般有四重委托代理关系：外部利益相关者（主要是债权人）与股东、大股东与小股东、股东与经理层、经理层与职能部门。相应也就形成了四个层次的财务治理结构：外部利益相关者（主要是债权人）、股东、董事会、经理层。目前，实证研究的重点和难点就在于检验四个层次治理结构的治理效率。高明华等（2014）以A股上市公司为研究对象，研究了董事会治理和财务治理对应计和真实活动盈余管理的作用效应。研究发现：高质量的董事会治理能显著抑制管理层的真实活动盈余管理，这种抑制作用主要是独立董事独立性和董事激励与约束机制发挥作用的结果；而财务治理通过有效的财务控制能显著降低管理层向上的应计盈余管理，通过财务激励和财务监督机制能显著降低其应计盈余管理的程度。此外，在抑制管理层的真实活动盈余管理方面，董事会治理与财务治理存在替代作用。

目前，上述四个层次治理结构效率检验研究成果很多，但大多单独检验某一方面的治理效率，并未探悉四个层次之间的联系。事实上，四个层次治理结构效率是相互关联相互影响的，仅仅单独检验某一方面，其结果是不全面的。应将四个层次治理结构视为一个有机整体，站在治理的高度，综合检验其财务治理结构的效率。

（二）财权配置效率深入检验

财权配置效率问题是财务治理研究的重点和难点。检验权力配置有效性是困难的，某一公司的某一种权力配置方式是不可复制的，很难确定哪种配置方式是最有效率的。有鉴于此，公司财权配置效率的经验积累与总结就显得十分重要。在财权配置效率经验积累与总结的基础上进行理论抽象，并对所形成的理论进一步加以检验，将是财务配置效率研究的必由之路。

郭葆春（2006）通过对我国深市100家上市公司的《公司章程》以及15份企业内部财务制度进行了实例比较分析，研究了财权配置状态、存在问题并提出了改进意见。这为后来的研究者从案例分析角度入手，研究财务配置效率问题提供了思路；杜晶（2007）从财务控制权角度对财权配置效率进行了实证研究，认为财务控制权的配置效率是复杂和多元的，很难用一个标准将其统一化，并以财务信息质量和企业价值作为效率的表现形式而展开实证研究。郭葆春的研究尚未真正触及财权配置效率，杜晶的研究也未明确什么是财权配置效率，而使用财务信息质量和企业价值作为替代。因此，目前理论界对财权配置效率问题的研究尚处于初级阶段，首先要解决的是何为财权配置效率、财权配置效率如何体现等问题，然后才可深入研究财权不同配置状态下的配置效率问题。

（三）财务治理效率评价指标体系建设

目前，财务界对财务治理效率评价指标体系问题的研究并不十分重视，相关文献也较少，这固然与财务治理理论发展处于初级阶段有关，财务治理效率评价在评价主体、评价客体、评价方法等方面也都有待进一步深入研究。但不可回避的事实是，我们目前尚难有效分离并合理区分财务治理效率与公司治理效率、财务治理效率与经营绩效，尚未寻找到较为成熟有效的研究方法构建财务治理效率评价指标体系，这些都使得许多财务学者望而却步。

财务治理效率评价指标体系建设的重点与难点在于：一是财务治理效率评价指标与经营绩效的区别与联系；二是财务治理效率评价指标与公司治理效率指标的区别与联系；三是主观指标与客观指标的取舍；四是市场指标与会计指标的取舍。

针对目前财务治理效率评价指标体系研究现状，可以接受的替代方案是，将公司治理效率评价、经营绩效评价等相关绩效评价中的有关财务治理方面的内容加以整合，突出财务治理特色，初步构建财务治理效率评价指标体系，以满足研究需要。

（四）财务治理案例积累与实地研究

财务治理案例与实地研究需要长时间跟踪，不断加以总结积累。中国有特殊的国情，企业存续时间相对较短，相关案例经验积累不足，特别是在国有企业混合所有制改革、中小型企业财务治理方面更是没有可资借鉴的成熟经验。

针对此国情，当前财务治理案例与实地研究应侧重于两大方面：一是国有企业特有财务治理问题研究。包括国有企业财务治理内容体系、国有企业财务治理结构与国民经济运行等方面内容。二是中小企业特殊财务治理问题研究。包括中小型企业财务治理发展轨迹、中小型企业财务治理结构与创新型企业特质、中小型企业特殊治理结构与创业板市场发展等方面的内容。

财务理论发展与财务实践的现实需求表明，财务治理理论研究已走上快速发展之路。

思考题

1.财务治理的内涵是什么？与公司治理、财务管理的关系如何？

2.财务治理体系应包括哪些部分？各部分之间的关系如何？

3.财务治理理论的基础是什么？各理论基础对财务治理有何影响？

4.财务治理效率应如何计量，其指标体系应如何设计？

5.财权配置的原则有哪些？如何提高财权配置效率？

6.是否存在财务治理机制？

7.如何看待机构投资者对公司财务治理的优化？

8.经营者持股对公司绩效变化会有什么影响？

9.日本公司的股权特征显著不同于欧美，银行股东和关联企业股东被称为“安定投资者（stable investors）”或“准内部人（semi-insiders），一般不会轻易转让股份。你认为这种股权特征对财务治理的利弊何在？

10.2010年3月，在上市公司双汇发展的临时股东大会上，投资基金股东几乎全部到场，并全体投了反对票；同月，在海南椰岛的股东大会上，针对涉足房地产议案，第一大股东海口市国有资产经营有限公司投了弃权票。请用财务治理理论对此进行评论。

11.请就万科“野蛮人敲门”事件谈谈财务治理理论在其中的应用。

12.“同股不同权”制度安排下对公司财务决策会产生什么影响？

13.谈谈“无实际控制人”上市公司的高管薪酬黏性、社会责任承载、内部控制质量、业绩自利归因等方面是否会明显有别于有明确大股东控股的上市公司？

延伸阅读文献

1.白俊．中国上市公司财务治理效率研究［M］．北京：中国财政经济出版社，2009.

2.蔡刚，等．股东主导下的企业财权配置［J］．财会通讯，2007（4）．

3.杜晶．企业财务控制权配置论［D］．长沙：湖南大学，2007.

4.冯巧根．财务范式新论［M］．上海：立信会计出版社，2000.

5.干胜道．所有者财务：一个全新的领域［J］．会计研究，1995（6）．

6.干胜道．所有者财务论［M］．成都：西南财经大学出版社，1998.

7.郭葆春．我国公司财权配置研究——理论分析与实证检验［D］．厦门：厦门大学，2006.

8.郭复初．现代财务理论研究［M］．北京：经济科学出版社，2000.

9.何进日，等．最优财权配置论纲［J］．会计研究，2007（10）．

10. 李福祥，等. 公司财务治理理论评述 [J]. 经济学动态，2007 (8).

11. 李连华. 财权配置中心论：完善公司治理结构的新思路 [J]. 会计研究，2002 (10).

12. 李心合. 利益相关者财务论 [J]. 会计研究，2003 (10).

13. 李心合，等. 公司财权：基础、配置与转移 [J]. 财经问题研究，2005 (12).

14. 林钟高，等. 财务治理结构：框架、核心和实现路径 [J]. 财务与会计，2003 (4).

15. 罗乾宜. 大型央企集团财务治理模式及其制度创新 [J]. 会计研究，2012 (4).

16. 申书海，等. 试论公司财务治理与财务管理的关系与对接 [J]. 会计研究，2006 (10).

17. 宋献中. 财务理论与机制 [M]. 大连：东北财经大学出版社，1999.

18. 汤谷良. 经营者财务论——兼论企业财务分层管理架构 [J]. 会计研究，1997 (5).

19. 王斌. 现金流转说：财务经理的财务观点 [J]. 会计研究，1997 (5).

20. 王庆成，等. 我国近期财务管理若干理论观点述评 [J]. 会计研究，2003 (6).

21. 伍中信，等. 财务动态治理论纲 [J]. 财经理论与实践，2007 (3).

22. 伍中信，等. 我国公司财务治理理论研究述评 [J]. 财会通讯，2006 (2).

23. 伍中信. 财权流：现代财务本质的恰当表述 [J]. 财政研究，1998 (2).

24. 伍中信. 现代财务经济导论 [M]. 上海：立信会计出版社，1999.

25. 伍中信. 现代公司财务治理理论的形成与发展 [J]. 会计研究，2005 (10).

26. 伍中信. 现代企业财务治理结构论 [D]. 武汉：中南财经政法大学，2001.

27. 伍中信. 现代企业财务治理结构论纲 [J]. 财经理论与实践，2004 (3).

28. 肖坤. 中国上市公司资本结构与财务治理效应研究 [M]. 北京：中国财政经济出版社，2008.

29. 谢志华. 出资者财务论 [J]. 会计研究，1997 (5).

30. 杨淑娥，等. 关于公司财务治理问题的思考 [J]. 会计研究，2002 (12).

31. 杨淑娥. 产权制度与财权配置——兼议公司财务治理中的难点与热点问题 [J]. 当代经济科学，2003 (1).

32. 杨淑娥. 公司财务治理：一个需要重新甄别和审慎研究的命题 [J]. 会计师，2006 (2).

33. 衣龙新. 财务治理理论初探 [J]. 财会通讯，2002 (10).

34. 衣龙新. 公司财务治理论 [M]. 北京：清华大学出版社，2005.

35. 油晓峰. 财务治理理论研究述评 [J]. 经济学动态，2008 (3).

36. 油晓峰. 中国上市公司财务治理研究 [M]. 北京：经济科学出版社，2005.

37. 张敦力. 试论公司治理中的财务治理 [C] //中国会计教授会年会论文集. 成都：西南财经大学出版社，2002.

38. 张荣武. 财务治理效率论 [D]. 长沙：湖南大学，2007.

39. 张兆国，等. 论利益相关者合作逻辑下的企业财权安排［J］. 会计研究，2004（2）.

40. 赵蒲，等. 产业竞争、非理性行为、公司治理与最优资本结构——现代资本结构发展趋势及理论前沿综述［J］. 经济研究，2003（6）.

41. 张栋，等. 论企业财权配置——基于公司治理理论发展视角［J］.会计研究，2005（4）.

42. 姚曦，等. 企业内部财权配置影响因素实证研究［J］. 当代财经，2009（4）.

43. 王斌，等. 组织设计、管理控制系统与财权制度安排［J］. 会计研究，2003（3）.

44. 贺正强，等. 财权及其配置的经济学透析［J］. 当代财经，2009（1）.

45. 曹越，等. 财务动态治理结构论纲［J］. 财经理论与实践，2010（9）.

46. 梁丽娟，等. 上市公司利益相关者财权配置研究［J］.会计之友，2010（1）.

47. 黄菊波，等. 上市公司治理结构与财务治理相关问题的研究［J］. 财政研究，2003（2）.

48. 崔燕. 上市公司财务治理问题探析［J］. 财会通讯，2012（5）.

49. 高明华，等. 财务治理、投资效率与企业经营绩效［J］. 财经研究，2012（4）.

50. 高明华，等. 董事会治理和财务治理的作用效应——基于应计与真实活动盈余管理的实证检验［J］. 经济与管理研究，2014（8）.

51. 周晓珺，等. 社会资本能影响上市公司财务治理效率吗？——基于核心利益相关者的实证研究［J］. 审计与经济研究，2014（3）.

52. 肖坤，等. 我国上市公司债务结构对财务治理效率的影响［J］. 经济管理，2011（2）.

53. 朱卫东，等. 基于价值共创与共享视角的增加价值报告研究［J］.会计研究，2018（7）.

54. 王彦超，等. 债权人诉讼如何影响企业现金持有行为的？［J］.会计研究，2018（7）.

第九章

人力资本财务理论

第一节　人力资本财务概述

一、人力资本财务的出现

（一）人力资本的理论回顾

人力资本的概念最早由明塞尔于1957年在其博士论文《人力资本投资与个人收入分配》中提出，但真正对人力资本进行系统论述，并使其成为有影响力的经济学理论的代表人物是舒尔茨和贝克尔。他们认为人力资本对经济成长具有重要推动作用。舒尔茨对人力资本的论述主要包括：①人力资本体现在人的身上，表现为人的知识、技能、资历、经验和熟练程度等，综合起来，表现为人的素质。②人力资本是通过投资形成的资本，投资渠道有五种——医疗保健费用、学校教育费用、在职人员培训费用、择业过程中所发生的人事成本和迁移费用等[①]。舒尔茨认为，投入与产出间的增长速度之差，一部分是由于规模收益，另一部分是由于人力资本带来的技术进步的结果。贝克尔认为人力资本是体现在人身上的技能和生产知识的存量，或者说它是蕴含在劳动者体内的知识、技能、体力的总和，人力资本投资的收益或报酬多少取决于一个人的技能和获利能力[②]。在20世纪80年代后期，卢卡斯和罗默进一步拓展了人力资本理论，他们二人都倾向于将企业中的人的要素分为两个层次，一种是普通的劳动或知识，另一种是人力资本或专业知识。卢卡斯将资本区分为有形资本和无形资本，并将劳动力划分为纯体力的“原始劳动”和“专业化的人力资本”，他认为只有后者才是经济增长的源泉。罗默则认为知识可分解为一般知识和专业知识，一般知识可以产生规模经济效益，专业知识可以产生要素的递增收益。再往后，乔治对人力资本理论进行了总结，他认为熊彼特和舒尔茨眼中的人力资本可以分为三部分：①人的技能。这是由个人知识、教育和经验组成的个人财富，内含于人的身上，并且需要不断地补充和更新，简称为技能资本。②企业家能

① 舒尔茨 A W.论人力资本投资［M］. 吴珠华，等. 译. 北京：北京经济学院出版社，1990：1-100.
② 秦兴方. 人力资本与收入分配机制［M］. 北京：经济科学出版社，2003.

力。企业需要具有两方面的能力，一方面是寻找到新的均衡并且打破已建立起的均衡，另一方面是要能够对不均衡做出反应。③知识的积累。知识的积累是人力资本的特殊形式，它具有突出的公共产品特征，即具有外部性[①]。我国学者对人力资本的认识存在两种观点：一种是将人力资本看成凝聚在劳动者身上的体能、知识、技能和经验的总和，认为包括普通劳动者在内的所有员工身上都具有人力资本，如张文贤（1999）提出“人力资本是指以某种代价获得并能在劳动力市场上具有价值的能力或技能[②]”。另一种是将人力资本看成企业中的一部分特殊群体所有，不是一般的普通劳动者都具有人力资本，如刘贵生、余传贵（2001）提出的“人力资本是那些具有特殊劳动才能，能够加盟生产经营过程，并具有生产者或经营者的资格，分享生产经营权和收益分配权的劳动力[③]”。本章的论述采用第一种人力资本的观点。

（二）人力资本财务产生的原因

从人力资本的理论发展来看，人力资本作为企业资本的重要组成部分，俨然已成为企业发展的重要推动力。企业是人力资本与物质资本的结合体，只有两者有机结合才能生产出产品、创造出价值。而传统财务中的“资本”仅指物质资本（或称“财务资本”，下同），是狭隘的资本概念。长期以来，财务管理只将物质资本筹集、投放、运营及收益分配作为管理内容，人力资本被排除在其管理范畴之外，这显然不符合人力资本的基本理论，也难以发挥人力资本对企业价值的提升作用。因此，有必要提出人力资本财务论，将人力资本的筹集、投放、运营和分配也作为企业管理的重要内容。具体而言，可将人力资本财务论产生的原因概括如下：

1.促进企业发展的必然要求

随着市场竞争的日益激烈，企业与企业之间的竞争方式逐渐从原来的产品竞争、价格竞争转移到企业核心资源的竞争。而人力资本作为企业最重要的资源，必然成为企业重点关注的对象。由于人力资本与物质资本存在较大的差异，其具有的不可分割性、流动性、溢出性等特点使得传统的物质资本财务理论难以适用于人力资本，由此导致人力资本财务论悄然兴起。

2.规范会计核算的必然要求

现代企业会计核算主要针对的是企业物质资本的核算，忽视了对企业人力资本的会计核算，这对于人力资本作用日益重要的高科技企业而言，是极为不合理的。从该类企业的市场价值与账面价值的差额可知，如果不对人力资本进行单独核算，物质资本的价值高低并不能真实反映公司的实际价值。只有通过对人力资本财务的管理，对企业在人力资本上的筹集、投资、分配等一系列活动进行核算，才能真实地反映公司的经营情况。

3.提高公司绩效的必然要求

从人力资源管理的角度来看，公司的绩效最终取决于个人绩效的改进和提高，

---

① GEORGI B P. The Role of Human and Social Capital in Growth: Extending Our Understanding [J]. Cambridge Journal of Economic, 2002, 26: 461-479.

② 张文贤. 人力资源会计制度设计 [M]. 上海：立信会计出版社，1999: 20.

③ 刘贵生，余传贵. 关于按人力资本分配问题的探讨 [J]. 财经理论与实践，2001 (11).

而对个人绩效的管理则属于人力资本的营运管理范畴。另外，人力资本的投资、分配活动，分别是通过培训、开发、激励等手段去扩充员工的知识、提高员工的工作技能等，最终提升人力资本的价值，因此，从根本上来讲，进行人力资本财务管理也是企业提高公司绩效的必然要求。

（三）人力资本财务的内涵

“资金运动论”认为，财务是企业再生产过程中客观存在的资金运动及其所体现的经济关系（即财务关系）。企业资金运动中的资金筹集、投放、使用、收入和分配，构成了企业的财务活动，企业在资金运动中与各有关方面发生的经济关系就是企业的财务关系。企业的资本由人力资本和财务资本组成，任何经济组织的生产经营活动都是人力资本与财务资本的有机组合，离开任何一种形态的资本，企业都不可能正常运行。正因如此，以资本运动和财务关系为对象的财务管理系统，应包含财务资本财务和人力资本财务两个子系统。作为子系统，人力资本财务蕴含着母系统具有的整体性能和本质特征，即从本质上说，人力资本财务的对象是投资者投入经济组织的人力资本运动过程及其所体现的经济关系（朱明秀，2004）。

企业的人力资本运动过程包括人力资本的计量、配置、投资和分配等环节。人力资本计量是人力资本运动的首要环节，该环节是通过与人力资本所有者签订合约的形式完成的。企业的生存和发展需要不同专业、不同能力、不同层次的人力资本，不同类型、不同层次人力资本的价值又存在差别，人力资本价值的确定，不仅取决于人力资本所有者的谈判能力，还依赖于人力资本价值计量的技术方法。进入企业的人力资本应被安排在合适的岗位，此时的人力作为人力资本的存在形态，即成为企业重要的资源——人力资源。伍中信（1998）认为“资源配置是现代财务的基本职能”，有效的人力资本配置就是“把适宜的人安排在适合的位子上，让位子上的人不偷懒”。处于不同岗位上的人力资本的价值存量并非一成不变，如果人力资本主体不能适应富有挑战性和创新性的工作，其价值存量将会下降。为此，企业需要不断地对人力资本进行投资，以提高员工工作技能和效能，提升人力资本价值。员工培训是人力资本投资的最重要形式，人力资本投资既要考虑现有员工的实际状况，更要与企业的发展战略相结合。企业的组织租金是人力资本和财务资本共同创造的，人力资本所有者将与财务资本所有者共同参与企业剩余收益的分配。一方面，企业组织租金的多少影响资本投入者获得的收益；另一方面，收益分配合理与否也会对未来的组织租金产生影响。

人力资本财务的基本任务是：从人力资本的主动性出发，激励人力资本所有者的价值创造潜能；从人力资本的专用性出发，提高企业的核心竞争能力和持续竞争能力；从生产要素的贡献出发，实施组织租金的合理分配；从人力资本与财务资本的协调合作出发，规范责、权、利的制度安排。企业组织租金最大化是人力资本财务的最终目标。

二、人力资本财务的特征

（一）人力资本财务的复合性

由于物质资本与其所有者可以相互分离，如土地、货币和厂房等，其所有者将其投入到企业后，即成为企业的资产，不再归物质资本所有者直接拥有，他们此时获得的是被投资企业的股权。如果物质资本所有者想离开企业，可以通过市场交易让渡其持有的股份给其他的投资者，而且这些投资主体往往处于企业外部，不直接参与企业的经营活动。而人力资本则不同，它与人力资本所有者之间密不可分，这就决定了人力资本的所有权不可让渡，而且人力资本所有者的投资是以其在企业价值创造中的贡献体现的，他们处于企业内部，能随时掌握企业生产经营状况的信息，了解企业人力资本价值创造和价值分配的动态，一旦人力资本所有者离开企业，依附于其头脑里的知识、技能等人力资本也会随之被带走。因此，人力资本财务不仅要对人力资本（知识、技能等）进行管理，而且要对人力资本所有者本身进行管理，这体现了人力资本财务的复合性。

（二）人力资本财务的层次性

通常，将人力资本分为一般型人力资本、技能型人力资本、管理型人力资本和企业家型人力资本四个不同层次（李忠民，1999）。人力资本载体的健康、体力、知识、经验、与技能的差异或主动努力程度的差异，导致在相同生产条件下不同人力资本所提供的服务是不同质的，不同人力资本的边际报酬递增趋势有别。不同层次人力资本的社会分工不同，对企业价值的作用机理有别，在价值创造中的贡献存在差异。因此，不同类型的人力资本在价值计量、投资、收益分配等方面的管理各有特点。不同层次的管理人员、科技骨干、业务能手等都属于企业的人力资本，但是他们在团队中所扮演的角色、所承担的风险不同，对企业的价值创造贡献不一样，享有的权益也应有所差别。人力资本的异质性要求人力资本财务对人力资本进行分层计量和管理。

（三）人力资本财务的动态性

由于人力资本载体具有主观能动性，人力资本作用的大小与发挥程度都要受其载体控制，与其载体的主观努力密切相关，当人力资本所有者感到人力资本的使用不符合自己的意志时，将限制人力资本的使用，从而降低人力资本的使用效率。换言之，人力资本是主动性资本，其所有者个人完全控制着资本的开发和利用。这就要求人力资本财务要合理确定人力资本产权额度，设计能产生有效激励的产权制度，根据人力资本素质的变动情况对人力资本权益进行动态调整；根据员工对企业贡献的大小以及未来发展潜力的状况在人力资本投资方面实施相应的投资政策；通过事前的制度设计让人力资本所有者参加企业剩余的分配，通过事后的业绩考核让人力资本所有者获得满意的劳动报酬（朱明秀，2004）。

三、人力资本财务的理论基础

按劳分配理论、委托代理理论和所有者财务理论等为人力资本财务的形成奠定了坚实的理论基础。

（一）按劳分配理论

按劳分配是社会主义分配个人消费品的基本原则，即在生产资料社会主义公有制条件下，对社会总产品进行了各项必要的社会扣除以后，按照个人提供给社会的劳动数量和质量分配个人消费品。在社会主义社会，由于社会生产力发展还没能达到产品极大丰富的程度，工农之间、城乡之间、脑力劳动和体力劳动之间还存在着差别，劳动还未成为人们生活第一需要等原因，只能实行按劳分配的原则，多劳多得，少劳少得。社会主义经济中产品的分配方式是以按劳分配为基础的，根据按劳分配理论，人力资本的所有者与物质资本的所有者一样，都应该根据他们对社会做出的贡献大小参与社会总产品的分配，而现实情况却是，只有物质资本的所有者才有权分配社会的总产品，人力资本的所有者往往只获得自己的“本钱”（张文贤，2008），即劳动者获得的工资，它仅仅是劳动者为自己在劳动过程中所消耗的体力和脑力的一种补偿，他们并没有参与公司税后利润的分配。因此，张文贤提出，现有的按劳分配实质上是按资分配，即按货币资本的多少进行分配，其原因在于只有公司的所有者才有权参与公司税后利润的分配，而作为人力资本的劳动者，并没参与公司税后利润的分配。这实际上是与按劳分配的原则相违背的。从社会总产品的价值创造过程来看，不仅物质资本的所有者（即公司所有权的拥有者）对社会财富的创造发挥了基础作用，而且人力资本的所有者同样也做出了巨大贡献，如劳动者的观念改进、能力提升、经验的丰富等，无一不是对公司的效率改进、价值提升起着重要的作用。由于受到现行会计制度和计量方法的局限，人们往往看到的是能够直接以货币计量反映出来的物质资本投入，忽视了难以用货币直接计量的人力资本投入，而实际上，像智力、经验、技能等人力资本的大小在很大程度上决定着物质资本的使用效率，对最终的财富创造起着更为关键的作用。因此，人力资本的所有者也应该同物质资本的所有者一样，参与社会总产品（包括公司税后利润等）的分配，这也符合按劳分配理论思想的初衷。然而，现有的会计核算体系和财务管理制度都是围绕物质资本所有者展开的分析，无法用于对人力资本所有者的计量上，因此，要实现真正意义上的按劳分配，急需对人力资本财务的相关问题展开深入探讨。

（二）委托代理理论

现代公司财务以委托代理理论为理论基础。在“资本雇用劳动”的所有权结构下，公司所有权与经营权分离，产生了所有者（股东）与经营者（经理人）之间的委托代理关系。委托人与代理人目标函数的不完全一致性、信息的不对称性、契约的不完备性等导致代理问题的存在，即经营者为了自身利益而做出有损委托人利益的行为。委托代理理论下的企业经营管理者只是股东的代理人，他们应完全按照股东的意愿从事经营管理活动，不论所管理的企业有多好的经营业绩，都不得考虑自身的利益。经营管理者若得到来自委托人的恩惠或“施舍”，就应感激涕零，更加努力地付出，一旦管理层“道德风险”行为暴露，则成为“千夫所指”的对象。这种契约内容在企业家进入企业之初可能还能够让他们接受，但随着企业家人力资本在企业中作用的日益提升，他们将不会再满足于现状。处于信息优势的经营者深知自己的人力资本投入和在价值创造中的作用，也深知财务资本所有者所获得的利益来自于自己的创新思维和管理活动，他们将要求与财务资本所有者共享剩余收益。如果其要求得不到满足，他们就会在融资、投资和股利分配决策中增加所谓的“道德风险”。虽然对经营者的激励和约束能适当控制代理成本，但是，不承认人力资本价值和人力资本所有者产权主体地位的财务理念，就不能从根本上解决代理问题。事实上，财务资本所有者与企业经营者之间更多的是合作关系，他们一方投入财务资本，另一方投入人力资本。企业的生存和发展既离不开财务资本，也离不开企业家人力资本。财务资本的保值、增值要靠人力资本；人力资本的保值、增值也要靠财务资本。事实证明，要从根本上解决经营者的“道德风险”问题，必须改变现有的企业所有权结构，让人力资本所有者与财务资本所有者成为合作伙伴关系，而不是雇主与雇员的关系。

（三）所有者财务论

干胜道于1995年首次提出所有者财务论，他强调，所有者财务是以所有者为主体，对所有者投出的本金即资本金和收益进行监督和调控，以实现本金最大增值为目标的一种分配活动。不过，这里的所有者主要是指物质资本的所有者。刘启亮（2002）在所有者财务论的基础上提出人力资本所有者财务，他指出，人力资本在投入企业后，站在所有者的角度上看，它是从产权方面而言的虚拟资本，与物质资本相比而言，具有以下特征：（1）人力资本以“活生生”的人为载体，人的生命周期形成了人力资本发挥作用的时间性约束，而物质资本则具有时间上的无限延伸性；（2）人力资本具有能动性，而物质资本是一种要素性资本，发挥基础性作用，是一种消极资本；（3）人力资本的内在价值具有动态性，总体趋势是递增的，而物质资本的价值相对较为稳定，其边际效益递减；（4）人力资本暗含标准性，其标准因时因地而不同，因而具有进入起点性，而物质资本则无此“壁垒”，可以自由地进入或退出；（5）人力资本不具有抵押性，而物质资本具有可抵押性；（6）因人力资产的专用性，人力资本在行业间的流动具有不利性，而物质资本为谋求最大利益，可以在不同行业间自由流动。由此，人力资本所有者财务应该有与物质资本所有者财务不同的内容。首先，人力资本所有者在进入企业之前就已经通过学习、实践、参与社会活动等方式进行着筹资活动，只不过他们的筹资载体是自己，其筹资的表现形式是希望通过这些筹资活动提高自己的技能、扩充自己的知识、增强适应未来岗位的能力等，以为将来获取更多的价值回报做好人力资本准备。这完全符合物质资本筹资的概念，因此，可将其归属于人力资本筹资的初始阶段。与物质资本投资所不同的是，人力资本筹资在人力资本所有者进入企业后，还会进行后续的筹资活动，包括人力资本所有者自己利用业余时间参加的培训或进修、经验的不断积累和丰富、技能程度的不断提高等，这些可以看成后续追加的筹资活动。当人力资本所有者的知识、技能及能力等积累到一定程度时，他们便开始选择自己的企业和具体岗位，这便是人力资本所有者的投资活动。与此同时，人力资本所有者会考虑如何最大化地发挥自己的才能、体现自己的价值，他们会通过晋升、轮岗、跳槽等手段使得自己的价值得到最大程度的实现，即发挥人力资本的使用效率，这可以看成人力资本的营运管理阶段。另外，人力资本所有者进入企业后会逐渐以工资、奖金、福利等形式得到投资回报，这些实质上可以看成人力资本的利益分配阶段。由此看来，人力资本所有者在进入企业前、进入企业中的各个阶段同样贯穿着筹资、投资、营运和利益分配等财务管理活动，由此，有必要将人力资本财务与物质资本财务独立出来，单独作为财务管理的一块内容来考虑，构建其独有的财务理论体系。

● 第二节 人力资本的筹资管理

一、人力资本筹资的内涵和特点

关于人力资本筹资的概念先前已有学者提出，如刘启亮（2002）指出，人力资本筹资主要是为了满足人力资本投资的需要而筹集资金的活动。其资金来源有三个渠道：一是国家，二是家庭，三是个人本身。其中，国家投入部分，每个公民均可公平享受，对人力资本个体而言，可不必考虑，以使其保持公平性；对于家庭这部分，因家庭情况不同，其筹资方式也显示出差异性，有的用家庭积蓄，有的通过向亲朋好友借款或向银行贷款；对于个人部分，其筹资的方式也各种各样，如打工挣学费、接受捐助等。向显湖（2006）将人力资本融资定义为：企业通过对外招聘、内部基金提存等方式来获取人力资本的财务行为。它包括外部融资和内部融资两个方面，外部融资是指通过人才招聘、聘请专家兼职等方式来取得人力资本的行为，它属于企业与人力资本所有者的初始交易，随着交易的完成，企业在取得所需要的人力资本资产的同时，也增加了人力资本权益；内部融资是指企业按照一定的方式从内部筹集人力资本的行为。

很显然，刘启亮的定义是站在人力资本的载体——个人的角度给出的，考虑到的是人力资本伴随着个人成长的全部过程，因此，包括国家、家庭和个人三方的投入。尽管刘启亮（2002）的定义中也考虑到了人力资本所有者自身的投入，但他只是将人力资本所有者看成静态的被动接受者，在筹资的过程中，没有考虑到个人的主观能动性，即人力资本所有者可以通过自己的主动学习、经验积累等提升人力资本的价值，因此，其定义并不全面。而向显湖的定义是站在企业的角度给出的，它只包含了企业花费在人力资本所有者身上的各种支出，完全没有把个人自身的投入考虑进去，其定义也不够全面。考虑到企业无法计量人力资本所有者进入企业之前的投入，也无须计量，而且人力资本财务管理仍然是隶属于企业管理的职能，人力资本筹资的定义是应该从企业的角度去给出，但必须考虑到人力资本所有者的主观能动性和人力资本筹资的全过程。由此，将人力资本筹资定义为：人力资本所有者自进入企业后、通过各种途径形成人力资本价值增量的财务行为。这里的途径既包括人力资本所有者进入企业后企业对其的各种投入，也包括人力资本在进入企业后自身积累、学习所形成的人力资本增量部分。

这一定义概括了人力资本筹资活动的几个特点：

1.人力资本所有者的主观能动性

根据学习成长曲线，随着人力资本所有者工作时间的延长，积累的经验日益丰富，工作的熟练程度和技能也会日益提高，因此，人力资本所有者自身在工作中可以通过工作实践来提升自身的资本价值。除此之外，他们还可以通过自主学习、与他人交流、向优秀者请教或模仿等方式获得人力资本的增值。这些反映了人力资本所有者在筹资过程中的主观能动性。对于企业而言，积极创造条件和改善工作环境，最大程度地调动人力资本所有者的主观能动性，也是降低企业人力资本投入、提高企业运营效率的积极、有效手段之一。

2.人力资本形成过程的动态性

众所周知，物质资本一旦通过购买、转让、自建等方式取得后就会在一定时期内保持价值相对稳定，而且，由于使用的损耗或技术进步等原因，物质资本的价值会逐渐减少或贬值。人力资本与之大不相同，人力资本价值是伴随着人的年龄增长而不断发生变化的，即使进入企业之后，人力资本的价值也会因为企业的培训开发、员工自身的学习、交流和积累而时刻发生变化，这显示了人力资本形成过程的动态性，也由此导致了企业对人力资本价值计量的困难。从这一特点来看，人力资本筹资应该更多地视为一个流量的概念，而不是存量的概念。

3.人力资本筹资服务于企业管理的职能

人力资本的形成可以说是从人一出生就开始了，进入企业之前，主要是通过家庭教育、国家培养、个人学习等方式逐渐积累；进入企业之后，则主要通过企业培训开发、自主学习及与他人交流等方式逐渐积累。如果不划分人力资本进入企业前后的界限，笼统地讲人力资本筹资，对企业而言并无实际意义。因此，应该考虑到人力资本筹资服务于企业管理的职能，关注人力资本所有者进入企业后资本价值的形成过程。

二、人力资本筹资的渠道和方式

人力资本筹资的渠道是指人力资本进入企业后形成资本增量的来源，人力资本筹资的方式是指人力资本进入企业后形成资本增量的具体途径。即使进入企业后，人力资本形成资本增量的来源仍然包括国家投入、企业投入、家庭投入、自身投入和关联投入五种。

1.国家投入

国家投入主要指国家（或代表国家的当地政府部门）耗费在供在职人员就读的成人教育学院、高职院校、中职院校及MBA、EMBA、MPA等教育培训机构上的各种支出。人力资本所有者进入企业后，可以通过一定的方式进入这些培训机构继续学习，分享国家给他们创造的提升人力资本价值的机会。具体包括教学设备的投入、教学场所的提供、教学环境的改善及教学资源的供给及各种优惠的就读费用等。除此之外，国家也可能以补助、补贴等方式直接对人力资本所有者进行投入，如教育部对其所属的高校在职教师进行国内外访问学习期间给予的资助、各级政府部门对当地企业农民工进行直接的培训的投入等。

2.企业投入

企业投入主要指企业花费在人力资本所有者身上的各种直接招聘、培训开发、为员工创造各种学习环境和条件的支出。其主要包括企业的招聘费用、将员工送到各种形式的培训机构进行学习以提升其技能而支付的学费、企业给予员工在培训学习期间的各种补贴，以及企业内部开办的各种培训学校和机构所耗费的资源等。除此之外，还包括企业将员工派出培训学习期间丧失的潜在收益。例如，企业可能因为员工的派出而导致关键问题无法解决，从而影响生产的正常进行或产品的销售，这些都可能给企业带来一定的损失。

3.家庭投入

许多学者都认为，只有在人力资本所有者进入企业之前的教育阶段才会有家庭投入。其实不然，家庭投入不仅发生在人力资本所有者进入企业之前，还可能发生在人力资本进入企业之后，特别是那些过早步入社会参加工作的群体，由于他们年龄尚小、技能水平较低、知识面较窄，进入企业后往往只能从事一些简单、低级的工作，他们的工资收入也只能勉强维持自己的生活，因此，其父母仍然肩负着培养、教育、给孩子提供学习机会的重担，他们为自己的孩子的在职培训提供各种生活、学习的经济和物质保障，这些无疑也有助于人力资本的价值提升。

4.自身投入

人力资本所有者进入企业工作一段时间后，可能会发现自己在知识水平、技能水平上存在诸多不足或缺陷，因此，出于能更好地胜任工作、更高效地完成工作，或者是能从事更加高级的工作等目的，员工也会自发地寻求提升自身素质能力的机会。他们甚至不惜占用自己的休闲时间、耗费自己的自有资金投入到各种学习培训中。这些投入也会增加人力资本的价值。

5.关联投入

人力资本所有者进入企业后，除了来自于国家、企业、家庭、自身的各种直接投入形成资本增值之外，还有一些不自觉的、无形的投入，也会给其带来人力资本的增值，这就是我们所称的关联投入。关联投入是指人力资本所有者进入企业后在工作、生活中，经常与自己周边的同事、上级、下属、客户、亲朋好友等相处，通过交流、请教、借鉴或模仿等方式给自己在知识、技能或能力等方面带来的影响，这些影响也会无形中增加人力资本的价值。

三、人力资本的筹资成本

根据以上对人力资本各种筹资来源的分析，其筹资主体既有企业外部的实体（如国家、家庭），也有企业内部的实体（如企业、个人及关联方中的同事、上级、下属等），如果考虑人力资本的所有筹资成本，显然是无法计量的，也是不现实的。

（一）人力资本筹资成本的概念

出于为企业管理服务的目的，这里所指的人力资本筹资成本仍然是站在企业的角度，与物质资本筹资不同的是，人力资本的筹资并不是在取得人力资本的瞬间完成的，而是贯穿于人力资本的取得、运用和分配的全过程，因此，它是一个动态概念。由此，人力资本筹资成本可定义为企业为筹集人力资本和形成人力资本价值增值而耗费的各种支出。

（二）人力资本筹资成本的计量

考虑到人力资本筹资过程的动态性和延续性，对人力资本的筹资成本计量也只能分期计算，结合会计分期假设，这里也以会计年度为时间长度来衡量人力资本的筹资成本。具体分为以下三个时期：

1.人力资本进入企业的会计年度

人力资本进入企业的会计年度是指企业开始取得人力资本的年度，它包括自人力资本所有者进入企业到该年度末为止的这段时期。这一时期的人力资本筹资成本主要包括取得人力资本的招聘、选拔、配置费用以及取得之后发生的新员工培训、考核等费用，这些费用的数额可以结合企业人力资源部门的相关数据整理取得，可用以下公式来表示：

$$C_H=C_A+C_K$$

式中，C_H表示企业人力资本的筹资成本；C_A表示企业取得人力资本的招聘、选拔、配置费用；C_K表示企业取得人力资本之后发生的新员工培训、考核等费用。

2.人力资本使用过程的会计年度

人力资本使用过程的会计年度是指企业取得人力资本之后的会计年度。由于企业发生的每笔培训开发费用，在其会计核算中均有反映，因此，这些费用的具体计量也可以结合企业培训与开发部门的数据计算。另外，由于会计制度中规定，企业用于员工培训开发、后续教育的费用要占到当年支付给员工的薪酬总额的一定比例，因此，也可用以下公式来表示这一时期的人力资本筹资成本：

$$C_H=W\cdot k+C_J$$

式中，C_H表示企业人力资本的筹资成本；W表示企业在当年支付给员工的应发职工薪酬总额；k表示企业当年用于员工培训开发、后续教育而从职工薪酬总额中提取的比例；C_J表示企业将员工派出培训学习期间丧失的潜在收益。

3.人力资本退出企业的会计年度

人力资本退出企业的会计年度是指人力资本因员工退休、离职等原因而退出企业的会计年度。这一时期的人力资本筹资成本主要包括该年度企业用于员工在退出企业之前的培训、考核等费用和员工退出企业时发生的一次性补偿工资，如果是属于员工故意跳槽而离职，企业一般会取得违约金等罚款收入，这部分收入应该从其筹资成本中扣除。具体可表示如下：

$$C_H=C_P+W_B-R_F$$

式中，C_H表示企业人力资本的筹资成本；C_P表示该年度企业用于员工在退出企业之前的培训、考核等费用；W_B表示企业在员工退出企业时发生的一次性补偿工资；R_F表示在员工主动跳槽而离职的情况下企业取得的罚款收入。

以上可以看成人力资本筹资成本的直接计量方法。除此之外，也可以根据人力资本筹资的定义，使用人力资本价值增量来间接计量其筹资成本，即某一会计年度末的人力资本价值减去该会计年度初人力资本价值后的差额，如果是在取得人力资本的会计年度，则是取该会计年度末的人力资本价值减去取得人力资本时的人力资本价值后的差额。当然，这种差额法计算出来的人力资本筹资成本实际上包括了企业、家庭、个人及关联方等各方行为主体投入的成本，因此，只能用于当企业对人力资本的投入比例较大的情况下人力资本筹资成本的计算。

四、人力资本结构的分析和选择

（一）人力资本结构的概念[①]

人力资本结构是指人力资本在企业总资本（人力资本、债务资本和所有者权益资本之和）中的比例以及人力资本各部分所占的比例。一个企业的人力资本结构特点与该企业的行业性质和效率特征息息相关。一般说来，高科技企业的人力资本比例要高于传统行业，具有超额效率的企业的人力资本价值通常要高于效率一般的企业；在高科技企业中，技能型人力资本对管理型人力资本的比例通常高于一般企业；相反地，在管理咨询公司中，技能型人力资本对管理型人力资本的比例则可能低于一般企业。研究人力资本结构的意义就在于如何根据一个企业的行业特点、经营性质和效率目标，确定合理的人力资本比例和其内部构成。人力资本结构管理的目标也就在于确定与特定企业相适应的最佳人力资本结构。

（二）人力资本结构的特征

人力资本结构管理不同于传统意义上的资本结构管理，它具有以下特征：

1.人力资本结构管理是一个全过程、动态的管理

传统的物质资本结构管理主要是指企业长期资本的构成管理，包括长期负债与权益资本的结构安排、资本成本控制等，而人力资本结构管理是一个贯穿于人力资本的取得、使用全过程的动态管理活动，它不仅包括在取得人力资本时企业对外人才招聘的策略和人力资本基金的提存比例决策等活动，而且也包括人力资本使用过程中对人力资本存量结构的调整和通过各种培训手段来提升人力资本价值以优化人力资本结构的活动。

2.人力资本结构管理强调对人力资本内部结构的优化和管理

传统意义上的资本结构管理主要是在做好资本成本分析和财务杠杆分析的基础上，确定负债与所有者权益的最佳结构，而对负债和所有者权益各自的内部结构则关注不多。人力资本结构管理除了按照企业价值最大化目标合理确定人力资本在企业总资本中的比例外，还要合理安排人力资本的内部结构，包括纵向不同层次的人力资本结构和横向不同职能工种的人力资本结构。前者主要是合理安排高层人力资本、中层人力资本和基层人力资本的比例结构，实现纵向各层次人力资本的能力平衡，避免因“强兵无强将”或“强将无强兵”而导致内部能力闲置或低效率；后者

---

① 向显湖. 人力资本财务论［D］. 成都：西南财经大学，2006.

则是合理安排企业各职能工种的人力资本，实现人力资本在供、产、销各环节以及企业管理各职能部门（管理、生产、技术等）的平衡配置，避免因“木桶效应”而导致的人力资本闲置或低效率。

可见，一个企业的最佳人力资本结构，首先是要能够实现人力资本效率最高的人力资本结构，也就是说，相对于特定的非人力资本存量而言，不存在人力资本的能力剩余或不足；其次是要能够实现人力资本内部能力平衡的结构，也就是说，相对于特定的一种人力资本而言，其他任何类型的人力资本均是适度和协调的。

第三节　人力资本的投资管理

一、人力资本投资的内涵与特点

以往学者对人力资本投资的定义，大多是将其看成企业在人力资本价值形成上的投入，这实质上仍然是人力资本筹资的过程，或者将其称为“投资于人力资本”更为准确，只不过人力资本的筹资不同于物质资本，它不是在开始筹资时就完成了筹资活动，而是贯穿于人力资本的取得、运用和分配的全过程。因为人力资本在这一过程中的每个阶段都可能发生价值增值，因此，人力资本的筹资过程也是动态的，是漫长而复杂的。这里的“人力资本投资”是指企业将已形成的或正在形成的具有一定价值的人力资本投向企业各个运营环节的过程，即指企业对人力资本的运用环节，属于人力资本的去向。正如同“投资是指企业将筹集起来的资金投资于各项资产，即指资金的运用”这一基本定义一样，只有这种定义才真正符合人力资本投资的内涵。按照企业的员工类型划分，可将企业人力资本的投资划分为技术性人力资本投资、生产性人力资本投资、管理性人力资本投资、销售性人力资本投资、储备性人力资本投资等几种。按照这一定义，人力资本投资具有以下一些特点：

（一）人力资本投资与员工配置的同步性

企业通过招聘、测评等方式将员工引进来之后，再进行简单的培训和考核，紧接着就是要进行员工的配置工作。人力资源管理中的员工配置是指企业将合适的员工安排到合适的岗位上的管理过程，这一过程实质上就是在完成人力资本的初始投资。等待配置的员工往往是刚刚进入企业的新员工，他们的人力资本价值相对于进入企业后的漫长工作过程而言是最低的，对于大多数员工而言，所配置的工作岗位也是第一次接触，是最为陌生的阶段，因此，此时的投资只是员工的初次配置，也是人力资本的初始投资，这一阶段的投资大多数是按照能位对应的原理，即考虑到员工的身体状况、受教育程度、专业水平及兴趣爱好等和待工作岗位的任职资格要求的匹配性，将合适的员工分配到恰当的岗位上。因此，这一阶段的人力资本投资其实就是通过员工的配置而完成的，表现出与员工配置工作的同步性。

（二）人力资本投资考虑到员工的异质性

人与人之间在专业特长、兴趣爱好、能力水平、受教育程度、身体状况等诸多方面都会存在差异，具有不同能力特点和专业水平的员工，应该安排在要求相应特点和水平的职位上，并赋予该职位应有的权力和责任，使个人的能力水平与岗位要求相适应。这就要求企业在进行人力资本投资时考虑到员工的异质性，结合个体能力的性质、特点进行适才适用。例如，如果员工的人力资本价值主要体现在技术水平的熟练程度上，就应该将该员工安排到技术开发或与此项技术相关的工作岗位上，即人力资本投资的方向应该考虑到员工的特质。这里的特质主要包括两个方面，一是能力擅长、特点上的差异，即能力的特殊性不同，个人能力的特殊性，形成了他的专长、特长，即他能干什么，最适合干什么。二是能力水平上的差异，不同的人，能力才干是不同的。承认员工之间的异质性，目的是为了充分利用人力资本的价值，各尽所能，人尽其才，才尽其用。

（三）人力资本在投资前后发生的增值性

一般而言，企业对物质资本的投资，是在取得物质资本时发生的，而且物质资本的价值随着企业对物质资本的使用（或不使用）而逐渐下降，这时企业往往需要通过计提折旧或减值准备的方式对其价值进行补偿，而人力资本投资则与其完全不同。首先，人力资本投资的时点要滞后于取得人力资本的时点，因为企业招进新员工之后一般要经过试用、入职培训、考核等流程后才会将其配置到适合的岗位上，而且，即使完成了初次配置（即进行了人力资本的初始投资后），也可能随着人事变动而对人力资本进行重新投资。其次，人力资本所有者在被配置到相应的工作岗位后，其人力资本价值可能随着工作经验的积累，与同事、上级、客户等关联方的学习与交流等发生增值，而且，按照学习曲线，这种增值程度会随着员工工龄的延长而日趋明显，等员工的人力资本价值积累到一定程度时，企业有可能通过人事调整的方式对人力资本进行变更投资。例如，原来在一线生产岗位的员工可能因为人力资本的增值而晋升到车间主任这一管理岗位上。

（四）人力资本投资过程中的动态调整性

按照哲学的观点，人与事的不适应是绝对的，适应是相对的，从不适应到适应是在运动中实现的，随着事物的发展，适应又会变为不适应，只有不断调整人与事的关系才能达到重新适应。从企业内部来看，由于人力资本随着员工工龄的延长会发生变化，而且企业对岗位的任职资格要求也会随着企业经营环境的变化而变化，因此，员工个人与工作岗位的适应也不是绝对的。无论是由于工作岗位对人的能力要求提高了，还是人的能力提高导致人力资本价值提升要求变动岗位，都需要企业管理层及时地了解员工与岗位的适应程度，从而进行动态调整，以实现人适其位，位得其人。这就要求企业在人力资本投资过程中通过员工的再配置进行动态调整。

二、人力资本投资的决策方法

人力资本投资决策包括人力资本投资时机的选择和投资方向的确定两个方面。

（一）投资时机的选择（时间配置）

人力资本投资时机是指企业应该选择在什么时间进行人力资本的投资，由于人力资本的投资行为是伴随着人力资源的配置而进行的，因此，人力资本投资时机的选择问题也可以看成人力资源的时间配置问题。

对于企业的生产性人力资本投资而言，人力资源时间配置的主要任务是建立工作班制，组织好工作轮班，以及合理安排工时制度。对于企业的非生产性人力资本投资（包括技术性人力资本投资、管理性人力资本投资、销售性人力资本投资、储备性人力资本投资等）而言，人力资源时间配置的主要任务是建立较为灵活的工作时间制度，采取软化工时的模式，如实行弹性工作制，即每周制度工时不变，在每天工作时间中规定核心时间，在核心时间内必须上班，核心时间之外可以自由选择上下班时间，此外还有非全时工制，即以天或周为单位，其工时长度可以少于社会的正常工时，比如一天只工作4~6小时，一周只工作3~4天；分职制，即将一个职业岗位由两个人分担，共同从事全时的工作，工资与福利待遇按各人所做的工时比例分配；另外还有在家工作和野外工作的大班制等。设计灵活而适宜的工时制度，有助于缓和冗员过多的矛盾，满足劳动者的实际需要，有利于他们的身心健康，从而提升他们的人力资本价值。

（二）投资方向的确定（空间配置）

1.人力资本投资方向的内涵分析

人力资本投资方向的确定是指企业应该将人力资本投资于哪些工作岗位。同样，由于人力资本的投资行为是伴随着人力资源的配置进行的，因此，人力资本投资方向的选择问题也可以看成人力资源的空间配置问题，具体包括人力资本的总量配置、人力资本的结构配置和人力资本的质量配置三个方面。

人力资本的总量配置涉及人与事的数量关系是否对应，即有多少事要用多少人去做。但这种数量关系不是绝对的，而是随着企业的经营和当期生产订单而变化的。无论是人浮于事还是事浮于人，都不是企业希望看到的结果。当前许多企业老板比较烦恼的问题就是，一方面普通和技能性员工难招到，有事没人做；另一方面内部管理人员又人浮于事或缺少称职的管理人员。在分析出当期人力过剩、人力不足或两者兼而有之的情况之后，应该更关注如何合理配置人力的供给与需求。通常情况下，在人员短缺时，应当首先考虑在企业内部调节，因为此方法不仅风险小、成本低，而且还可以使员工感到有盼头、有机会。其次可考虑外部补充、招聘、借调、实行任务转包等措施，在人员富余时，注意利用多种渠道妥善安置，例如可通过内部转岗训练、缩短工作时间、遣散临时用工、对外承包劳务、实行弹性工作制等。

人力资本的结构配置是指事情总是多种多样的，应该根据每件事的不同性质、不同特点，选拔有相应专长的人员去完成。企业人员配置的一个重要目标就是把各类人员分配在最能发挥他们专长的岗位上，力争做到人尽其才、才尽其用。因此，可以按照企业现有人员的能力和特点进行分类，考察现有人员的使用情况，并列出矩阵，从中可以分析组织架构内现有人力资源的实际使用情况和效果。例如，通过纵横向分析（列出各职位对应岗位的人数），找出当前人力资源实际使用率和寻找出造成实际上浪费的可能性。根据人力资源矩阵可分析出企业有多少名熟练工在做非熟练工工作，有多少技工在做熟练工工作；工程技术人员中，多少人在做熟练工工作，多少人在做技工的工作；还有多少名专业管理人员处于半工作或工作不饱满状态。分析需要进行人力资源调节的方面，避免出现人力成本浪费的情况。

人力资本的质量配置不符主要有两种情况：第一种是现有人员素质低于现任岗位的要求；第二种是现有人员素质高于现任岗位的要求。对于前者，可考虑采用技能性培训或转岗等方法来调节现有人员的使用情况；对于后者，就应考虑将其提升到更高的岗位担任工作，以发挥他们更大的潜力。

2.人力资本投资方向的确定方法

人力资本投资方向的确定（即员工空间配置）方法主要有三种：以人员为标准进行配置、以岗位为标准进行配置和以双向选择为标准进行配置。

（1）以人员为标准进行配置

以人员为标准进行配置是指从人的角度，按每人得分最高的一项给其安排岗位。

（2）以岗位为标准进行配置

以岗位为标准进行配置是指从岗位的角度出发，每个岗位都挑选最好的人来做，但这样做可能会导致一个人同时被好几个岗位选中。尽管这样做的组织效率最高，但只有在允许岗位空缺的前提下才能实现。

（3）以双向选择为标准进行配置

由于单纯以人为标准或者单纯以岗位为标准进行配置均有欠缺，因此，可采用双向选择的方法进行配置，即在岗位和应聘者两者之间进行必要调整，以满足各个岗位人员配置的要求。采用双向选择的配置方法，对岗位而言，有可能出现得分最高的员工不能被安排在本岗位上，而对员工而言，有可能没有被安排到其得分最高的岗位上工作。但该方法综合平衡了岗位和人员两个方面的因素，既现实又可行，能从总体上满足岗位人员配置的要求，效率较高。

三、人力资本投资的成本效益分析

（一）人力资本的投资成本

人力资本的投资成本是指企业在进行人力资本投资时发生的费用，主要包括：人力资本投资前对岗位的调查费用、工作分析费用、员工能力或技能等级鉴定费用等；人力资本投资过程中对人力资源的配置费用、人事变动及岗位调整等费用。其中，岗位的调查费用包括对岗位的合理性、必要性进行评估的费用，与岗位相关的信息采集费用等。一般而言，工作分析包括三个方面的内容：一是在完成岗位调查取得相关信息的基础上，首先要对岗位存在的时间、空间范围做出科学的界定，然后再对岗位内在活动的内容进行系统分析，即对岗位的名称、性质、任务、权责、程序、工作对象和工作资料，以及本岗位与相关岗位之间的联系和制约方式等因素逐一进行比较、分析和描述，并做出必要的总结和概括；二是在界定了岗位的工作范围和内容以后，应根据岗位自身的特点，明确岗位对员工的素质要求，提出本岗位员工所应具备的，诸如知识水平、工作经验、道德标准、心理品质、身体状况等方面的资格和条件；三是将上述岗位分析的研究成果，按照一定的程序和标准，以文字和图表的形式加以表述，最终制定出工作说明书、岗位规范等人事文件。一般而言，岗位等级越高，工作内容越复杂，所需的工作分析费用就越高。由此而言，工作分析费用的高低取决于待分析岗位的复杂程度和岗位等级水平，它构成了人力资本投资成本的主要部分。员工能力或技能等级鉴定费用主要指企业对员工能力或技能水平的识别和认定过程中发生的专家评估费用、考试费用及信息咨询费用等。企业对员工能力或技能水平等级的鉴定一般聘请职业技能鉴定专家进行，所需的费用则主要是支付给专家的鉴定费用。因此，鉴定费用的高低可以看成由当地的鉴定市场收费水平决定，企业自身对其的影响并不大。此外，人力资本投资过程中对人力资源的配置费用、人事变动及岗位调整等费用往往与其配置、变动及调整的次数有关，配置次数越多，调整次数越多，则发生的相关费用就越大。

（二）人力资本的投资收益

合理的人力资本投资会给企业带来生产成本的节约、工作效率的提高、研发能力的增强、销售收入的增加等诸多方面的收益。结合人力资本的特质，可以概括为三个方面的收益：

1.提升企业的核心竞争力

一个企业是否能够长期、持续、稳定地发展下去是由其核心竞争力的强弱决定的，而企业的核心竞争力最终又要依赖于核心人力资源的配置。在知识经济时代，知识成为一个具备竞争优势的企业的核心资源，它决定了企业的生存和发展的能力。成功的企业善于创造新的知识，并在企业内部迅速扩散新知识。人力资本所有者作为知识的载体，直接决定了知识的存量和流量，人力资本价值越高，说明其拥有的知识水平越高，或者表明其拥有的知识资源越稀缺，拥有这样的人力资源的企业价值才会越大。不过，要凸显出人力资本的价值，发挥人力资本提升企业核心竞争力的作用，一个重要的前提是企业对人力资本，特别是对核心人力资本的投资应该能够做到能位匹配，即要做到合理配置使用人力资源，做到各尽所能，人尽其才，才尽其用。

2.提高企业的整体运作效率

人各有所长也各有所短，如果企业能够合理配置人力资本，做到人事相宜，就可以发挥以己之长补他人之短的优势，从而使每个人的长处都得到充分发挥，避免个体短处对工作的影响，通过个体之间取长补短而形成整体优势，实现企业目标的最优化。这是因为，当人力资本所有者个体与个体之间，个体与群体之间具有相辅相成作用的时候，互补产生的合力要比单个人的能力简单相加而形成的合力大得多，群体的整体功能就会被正向放大，这时，企业耗费在人力资源管理上的成本、经营运作中的费用等都会大大减少，而且员工的差错率和误工成本也会大大减少，工作效率和积极性也会大大提高，从而使得企业整体的运作效率得到提升。

3.增强员工对企业的忠诚感

合理有效的人力资本投资还有助于增强员工对企业的忠诚感。按照马斯洛的需求层次理论，人的最高需求层次是自我实现，特别是对于那些人力资本价值较高的员工，如果企业能给他们提供与其能力相匹配的岗位，使其权责对等，他们便能够在自己的工作岗位上充分施展自己的才能，使得自身的人力资本价值最大化地发挥，最终，不仅提高了企业使用人力资本的效率，而且由于员工会从自己的工作成就和工作感受中获得满足，他们对企业的信赖和忠诚感也会因此而增强，这样也消除了企业唯恐人才流失、重新招揽人才弥补的顾虑。

（三）人力资本投资的成本效益分析

人力资本投资的成本效益分析的目的在于尽可能地发挥人力资本的价值，提高人力资源的投入产出比率。一般而言，企业的工作可以分为四个层级，即决策层、管理层、执行层、操作层。决策层的工作属于全局性工作，决策的正确与否，关系到事业的成败，因此，决策层对任职者的能级要求最高，对应的人力资本价值也最大。管理层的工作是将决策层的决策付诸实施的一整套计划、监督、协调和控制的过程，管理层对任职者的要求仅次于决策层，对任职者的能级要求较高，对应的人力资本价值也较大。执行层工作是将管理层拟定的方针、方案、计划、措施等变成具体的工作标准、工作定额、工作方法，以及各种督促、检查手段的实施过程，执行层对任职者的能级要求比管理层低，对应的人力资本价值也比管理层小。操作层工作就是通过实际操作来完成执行层制定的工作标准、工作定额，并接受各种监督检查。它是一个企业中对任职者能级要求最低的层次，对应的人力资本价值也最小。一个企业的工作，一般都包括这样四个层次，要尽可能地发挥人力资本的价值，提高人力资源的投入产出比率，就应该配备具有相应能力等级的人，即企业在进行人力资本投资时，应该根据人力资本所有者能力的高低、人力资本价值的大小去合适地分配岗位。只有这样，才能形成合理的能位对应，大大提高人力资本的使用效率，充分发挥人力资本的价值。

● 第四节　人力资本的营运管理

到目前为止，国内外还没有学者专门对人力资本的营运管理进行研究。究其原因，可能是考虑到人力资本使用过程中具有复杂性和动态性。这里，首先有必要分清人力资本的投资与营运的界限。如上节所述，人力资本投资主要指企业将已形成的或正在形成的具有一定价值的人力资本投向企业各个运营环节的过程，即完成员工的配置过程。人力资本营运主要是指企业对处于各个工作岗位上的人力资本所有者（即员工）进行绩效计划、沟通、考核、反馈及改进等活动。需要特别指出的是，这里并不包含对人力资本所有者的培训开发活动，因为按照第二节对人力资本筹资概念的分析，人力资本所有者的培训开发实质是使人力资本增值，属于人力资本在企业使用阶段的筹资管理范畴。也不包含对人力资本所有者进行的薪酬分配工作，这将放在下一节人力资本的收益分配管理中阐述。

一、人力资本营运管理的内涵和特征

（一）人力资本营运管理的内涵

人力资本营运管理是指企业对处于各个工作岗位上的人力资本所有者（即员工）进行的绩效计划、沟通、考核、反馈、改进等一系列管理活动。其中，绩效计划主要是明确员工的工作内容和职责，其目的是为了明确人力资本在营运过程中要做什么、需要做到什么程度、为什么做、何时做完及员工的决策权限等问题；绩效沟通是指企业通过各种方式对员工的工作状况进行了解和把握，及时与员工进行持续的双向沟通，以预防或解决绩效期间可能发生的各种问题，帮助员工更好地完成绩效计划；绩效考核是指企业针对员工的工作目标或绩效标准，采用科学的考评方法评定员工的工作任务完成情况、工作职责的履行程度以及员工的发展情况等；绩效反馈是指在绩效考核后，企业管理者和员工之间进行绩效评价面谈，使员工充分了解和接受绩效考核的结果；绩效改进是指企业对员工的绩效考核结果进行分析，找出其存在的不足和有问题之处，然后针对其问题制订合理的绩效改进方案，并确保其有效实施的过程。通过对员工绩效的一系列管理活动，最终是要提高员工的绩效，确保员工的工作活动和工作产出与企业的目标保持一致，从而实现企业的根本目标，这也是人力资本营运管理的根本目的。

（二）人力资本营运管理的特征

根据人力资本营运管理的内涵可知，人力资本的营运管理过程具有以下一些特征：

1.人力资本营运管理的前瞻性

人力资本营运管理具有前瞻性，能帮助企业和经理前瞻性地看待问题，有效规划企业和员工的未来发展。通过绩效管理各阶段的实施，可以帮助企业实现其绩效的持续发展，促进形成一种更以绩效为导向的企业文化，激励员工更加积极地投入工作，促使员工挖掘自身的潜能，提高他们的工作满意感，增强团队的凝聚力，改善团队绩效，通过不断的工作沟通和交流，发展员工与管理者之间的建设性、开放性的关系，最终使得企业能够持续稳定地发展下去。

2.人力资本营运管理的持续性

人力资本营运管理是为了达到企业的目标，通过持续开放的沟通过程，形成企业目标所预期的利益和产出，并推动团队和个人做出有利于目标达成的行为。只要员工在工作中存在问题，人力资本营运管理工作就要不断地重复进行，企业需要不断地发现问题、分析问题和解决问题。由于企业面临的环境时刻都在发生变化，人力资本所有者自身的知识、技能和经验也在发生变化，这就更加需要人力资本营运管理的各个阶段持续、反复地进行。

3.人力资本营运管理的系统性

人力资本营运管理是一个完整的管理过程，它侧重于信息沟通与绩效提高，强调事先沟通与承诺。它伴随着管理活动的全过程，有着完善的计划、监督和控制的手段和方法，这充分体现了它具有很强的系统性。

二、人力资本的营运风险管理

从人力资本的营运性质来看，人力资本的营运管理可以划分为人力资本的营运风险管理和人力资本的风险分析与规避两个方面的内容。

（一）人力资本的营运风险概念及类型

人力资本的营运风险是指企业对各个工作岗位上的人力资本所有者（即员工）进行绩效计划、沟通、考核、反馈及改进等管理活动中存在的不确定性。按照营运风险产生的原因，可将其分为企业主导风险、员工自身风险、员工离职风险三类。

企业主导风险是指企业在对人力资本所有者实施绩效计划、沟通、考核、反馈及改进等管理活动中由于信息不对称或考核主体的主观原因等而导致绩效改进失败的风险。具体表现为绩效计划的失败、绩效沟通的低效率、绩效考核的不到位、绩效反馈的失败及绩效改进的失败等，这些风险最终都会阻碍企业和员工的未来发展。

员工自身风险是指企业在对人力资本所有者实施绩效计划、沟通、考核、反馈及改进等管理活动中由于员工自身的原因而导致绩效改进失败的风险。具体表现为对问题的认识不够、能力的缺乏、知识的陈旧等，这些都会阻碍员工绩效的改进，影响人力资本的营运效率。

员工离职风险是指企业在对人力资本所有者进行绩效管理的过程中由于员工的离职（可能是员工调动、伤残或死亡等原因造成）而给企业带来的损失，包括员工离职导致企业对人力资本投资的损失、员工离职给企业带来的重置成本、员工离职导致企业商业机密的外泄等，这些风险最终会导致企业的人力资本价值荡然无存。

（二）人力资本的营运风险分析与规避

对于人力资本营运管理中的企业主导风险，应该根据其产生的具体原因进行分析，有针对性地采取风险规避措施。如果是由于企业对人力资本所有者的信息掌握程度不够而造成的，应该重新拟订绩效计划，加强绩效沟通，改变绩效考核方法，以尽可能消除企业与员工之间信息的不对称，通过对员工工作中存在的问题进行全面透彻的了解和掌握，引导员工及时地纠正错误、改进绩效；如果是由于绩效考核主体的疏忽、偏见、近期效应等主观误差造成的，则应该对考核主体进行系统的培训和指导，或者是更换考核主体，以确保绩效管理过程中的公平、公正和合理性。

对于人力资本营运管理中的员工自身风险，大多数是由于员工自身的认识水平不足、能力水平有限或知识过时等原因而产生的对绩效改进意见或方案的抵触，因此，最主要的风险规避方法就是对这些员工进行开导、教育，或让他们参加系统性的学习、培训，以提高他们的认识水平和能力水平，更新他们现有的知识。如果遇到通过开导、培训仍然无法转变观念、无法接受绩效改进意见的员工，可以考虑对其进行岗位调换或者辞退，以尽量减小员工自身风险给企业人力资本价值带来的负面影响。

对于人力资本营运管理中的员工离职风险，也应该根据其产生的具体原因分析，有针对性地采取风险规避措施。如果是由于员工跳槽、调动等原因而导致企业人力资本价值的流失，可以考虑通过在劳动合同或协议中签订法定性条款的方式约束其离职行为，以减少员工离职风险；如果是由于伤残或死亡的原因导致企业人力资本价值的流失，则企业自身对此种情况是没有办法的，但可以借助为员工购买伤残事故保险、意外死亡离职保险等外部力量来尽量减少员工离职风险给企业造成的损失。

三、人力资本的营运效率管理

（一）人力资本营运效率的衡量方法（绩效评价的方法）

人力资本的营运效率是指企业使用人力资本的效率，具体反映在员工绩效水平的改善、绩效能力的提高上。因此，对人力资本营运效率的衡量实质上就是企业对员工的绩效进行评价的过程。这里的衡量方法也即绩效评价的方法。常见的绩效评价方法有：

1.图形等级量表法

图形等级量表法是最简单、运用最普遍的绩效评价技术。图形等级量表法列举了一些绩效特征要素（如质量、可靠性等），同时还分别为每一个绩效特征要素列举取值范围（从不令人满意到优异）。该方法要求评价主体根据员工从事工作的现有要求仔细地对员工的工作业绩加以评价，并按照尺度中所标明的等级来核定员工的工作绩效分数，将其填写在相应的用于填写分数的方框内，最终的工作绩效结果通过将所有分数进行加总平均而得出。

2.交替排序法

交替排序法是根据某一种或多种绩效特征要素将雇员进行排序，排出从绩效最好的人一直到绩效最差的人。因为挑出绩效最好和绩效最差的人比较容易，因此交替排序法是一种运用最为普遍的绩效评价方法之一。具体操作方法是先将所有需要被评价的下属名单列出来，将不是很熟悉因而无法对其进行评价的人从名单中划去，然后在表格上标注出在被评价的某一项绩效特征上，哪一位雇员应当排在最前面，哪一位应该在最后面，再在剩下的雇员中挑选出最好的和最差的，以此类推，直到所有需要被评价的雇员都被排列到表格中为止。

3.配对比较法

配对比较法是使得排序变得更为准确的一种方法。这种方法需要根据每一种绩效评价要素（如工作数量、质量）来将每一位雇员与其他雇员进行配对比较。具体操作方法是先画一张表，横轴表示被评价员工，纵轴表示被比较对象（全部罗列），将每一种评价要素上可能出现的所有雇员配对情况全部罗列出来，再根据某一个绩效要素将配对中更好一些的雇员标注出来（用“+”和“-”表示），最后将每一位雇员得到的“+”加起来计算总数。

4.强制分布法

类似于在一条曲线上进行等级区分，强制分布法需要按照预定的比例将被评价者分布到相应的绩效等级上，如太阳微系统公司采用强制分布法对其4.3万名雇员进行绩效评价，把所有雇员划分为很多小组，每个小组30人左右，每个小组大约

10%的人会被放到绩效水平最低的等级中，企业提供给这些人90天的绩效改进时间，90天后仍然在10%中，可以选择让其辞职或对其解雇。

5.关键事件法

关键事件法是由主管将一位下属在工作活动中所表现出来的非常好的行为或非常不好的行为（关键事件）记录下来，然后在每6个月左右的时间里，主管人员和其下属面对面地以所记录的事件为例，共同讨论后者的工作绩效。该方法为管理人员提供了一些关于雇员的优良绩效和不良绩效的确切事实，便于向下属解释自己对他们的绩效进行评价的结果，还可以为主管提供一些具体例子来告诉下属他们可以通过做些什么样的事情来消除自己的绩效缺陷。

6.行为锚定等级评价法

行为锚定等级评价法是通过用一些特定的关于优良绩效和不良绩效的描述性事例来对一个量化的尺度加以解释或锚定，其将描述性的关键事件评价法和量化的等级评价法的优点结合了起来，其具体操作是先获取关键事件，要求对某一职位比较了解的人对一些代表该职位上的优良绩效和不良绩效的关键事件进行描述，然后由上面这些人将这些关键事件合并成为数不多的几个绩效维度，并对其中的每一个绩效维度加以界定，再由另外一组同样对职位比较了解的人对原始关键事件进行重新分类，这样他们会得到已经界定好的工作绩效维度以及所有的关键事件，然后所要做的是将所有这些关键事件分别放入他们认为最适合的绩效维度中，再对这些关键事件进行评价，最后建立最终的绩效行为评价体系。

7.目标管理法

目标管理法要求管理人员与每一位雇员共同制定一套便于衡量的具体工作目标，并定期与雇员共同审查其目标完成情况。要想建立一套实用的目标管理计划，需要与下属一起共同制定目标，并定期向他们提供反馈。目标管理法通常是指一种复杂的、涵盖整个组织的目标设立和评价体系。它包括制定组织目标、制定部门目标、制定个人的工作目标、对预期成果进行界定以确定个人目标、部门负责人与他们的下属人员共同制定短期的个人绩效目标、工作绩效评估及反馈等具体步骤。

要从上述人力资本营运效率的衡量方法中做出合理的选择，应该考虑工作的结构化程度、工作目标的可量化程度、工作环境的稳定性等方面的因素。一般而言，工作结构化程度高适合采用工作标准设计详尽的评估方法；工作目标可量化程度高适合采用定量方法来评估，如果工作目标可量化程度低，则采用行为导向性的定性方法来评估；工作环境越稳定，越适合采用侧重行为评估的评估方法；反之，则适合用侧重评估结果的定量方法。另外，选择合适的衡量方法除了考虑各种评估方法本身的特点，如成本、操作性、客观有效性、对改进绩效的影响，以及工作性质外，在实践中，设计者还要考虑其他一些重要的因素，比如企业文化、企业的管理基础等。企业特有的文化决定了员工对评估方法的接受程度，企业的管理基础决定了评估方法能否顺利推行，这些因素对于选择合适的评估方法都有重要影响。

（二）提高人力资本营运效率的措施（绩效改进的方法）

由于低下的人力资本营运效率最终会导致企业的整体绩效下降，因此很有必要采取措施提高人力资本的营运效率，其实质是对员工的绩效进行改进，提高员工的绩效。绩效改进是指确认工作绩效的不足和差距，查明产生的原因，制订并实施有针对性的改进计划和策略，不断提高竞争优势的过程。绩效改进是绩效考核的后续应用阶段，是连接绩效考核和下一循环计划目标制定的关键环节。绩效考核的目的不仅仅是为确定员工薪酬、奖惩、晋升或降级提供标准，使员工能力不断提高以及绩效持续改进才是其根本目的，而实现这一目的的途径就是绩效改进。绩效改进在每一步骤中可选用的方法有：

1.分析工作绩效差距

（1）目标比较法：将考评期内员工的实际工作表现与绩效计划的目标进行对比，寻求工作绩效的差距和不足的方法。

（2）水平比较法：将考评期内员工的实际业绩与上一期的工作业绩进行比较，衡量和比较其进步或差距的方法。

（3）横向比较法：在各部门或单位间，进行各员工间的横向比较。

2.查明产生差距的原因

（1）个人体力条件：性别、年龄、智力、能力、经验、阅历。

（2）心理条件：个性、态度、兴趣、动机、价值观、认识论。

（3）企业外部环境：外部资源、市场、客户、对手、机遇、挑战。

（4）企业内部环境：内部资源、组织、文化、人力资源制度。

3.改进工作绩效的策略

（1）预防性策略与制止性策略。

预防性策略是在作业前明确告诉员工应该如何行为。

制止性策略是及时跟踪员工的行为，及时发现问题并予以纠正。

（2）正向激励策略与负向激励策略。

正向激励策略主要通过鼓励手段，负向激励策略主要通过惩罚手段。

（3）组织变革策略与人事调整策略。

针对考核中反映出的问题，及时对组织结构、作业方式、人员配置等方面进行调整。

4.绩效管理中的矛盾冲突与解决方法

（1）员工自我矛盾：员工一方面希望得到真实评价，另一方面又希望得到表扬。

（2）主管自我矛盾：过松无法达成改进目的，过严影响关系。

（3）组织目标矛盾：组织目标与个人目标冲突。

第五节 人力资本的分配管理

马克思在劳动价值理论中指出“活劳动是创造价值的唯一源泉”“创造价值的生产劳动就是一切加入商品生产的劳动，不管这个劳动是体力劳动还是非体力劳动。”他还说：“一切依某种方法参加商品生产的人，从真正的体力劳动者，到经理、工程师（各种和资本家有别的人），当然都属于生产劳动者的范围。”按照这一理论，人力资本所有者应该和物质资本所有者一样，都是产权主体，都有权利参与企业的收益分配。这一点已被支大林（2002）、张文贤（2005）、向显湖（2006）等学者所认同，这里探讨的人力资本分配管理同样也是建立在人力资本所有者有权参与收益分配的理论基础上，只不过本书将员工的基本工资、奖金、福利及各种非货币化的薪酬均纳入人力资本的分配管理范畴。

一、人力资本的分配管理的内涵和特征

（一）人力资本的分配管理的内涵

人力资本的分配管理是指企业将人力资本所有者作为产权主体，对其以工资、奖金、福利及各种非货币化薪酬、现金股利、送股等形式实施收益分配的管理活动。这里既包括了将人力资本所有者作为企业的劳动力，以工资、奖金、福利等方式给予的价值补偿，也包括了将人力资本所有者作为产权主体，以现金股利、送股等方式参与企业收益分配的管理活动。此概念与张文贤（2005）的观点不同，他将人力资本所有者获得的工资、奖金、福利等看成“劳动者在劳动过程中体力和脑力消耗的补偿，是作为人工成本转移到产品价值中去的一部分”，并没有将其纳入人力资本的分配管理范畴。尽管工资、奖金、福利等薪酬最终是计入了企业的总成本中，但这些薪酬资金实质上是来源于企业通过生产运营后产生的收益，只不过这些分配是税前收益的分配，而现金股利、送股则是税后收益的分配，所以还是应该纳入人力资本收益分配的范畴。与此种观点一致，向显湖（2006）将支付给员工的工资、奖金及福利等视为人力资本所有者的债权性收益，将分红、送股等方式分配给员工的收益视为人力资本所有者的股权性收益。

（二）人力资本的分配管理特征

由人力资本的分配管理的内涵可知，其具有以下特征：

1.收益分配性质的双重性

人力资本所有者既是劳动力的载体，又是知识、技能、能力的载体，这决定了人力资本的分配具有双重性质。一方面，作为提供劳动力的人力资本所有者，由于为企业付出了劳动，包括体力劳动和脑力劳动，这些劳动本身逐渐转移到产品的价值身上，最终给企业创造收益，因此，企业应该也有必要拿出一部分收益分配给劳动者，这便是工资、福利的分配。按照向显湖的观点，由于它们具有负债契约的性质和类似于负债利率的决定机制，因此，具有债权性。另一方面，作为知识、技能、能力载体的人力资本所有者，同物质资本的所有者一样，也应该有权参与企业

税后收益的分配，按照张文贤（2006）提出的生产要素分配理论，根据在价值创造过程中物质资本和人力资本的实际贡献，经过科学的计量，进行合理的分配，真正做到论功行赏，各得其所，从此种意义来讲，人力资本的分配又具有股权性。而奖金则同时具有债权性和股权性特征，这主要取决于奖金支付的形式。

2.收益分配依据的动态性

由于人力资本的分配具有债权和股权双重性质，因此，其分配的依据也存在两种。对于工资、奖金、福利等债权性收益分配，主要依据于人力资本所有者付出劳动的多少，具体而言，要考虑到人力资本所有者所在岗位的工作职责的大小、工作环境的复杂程度、劳动强度的高低、任职资格要求的高低及任职者在实际工作中的表现等。对于一个职位相对固定的员工而言，职位价值大小也相对不变，其分配依据的动态性主要体现在员工的工作业绩变化上，因为员工的熟练程度、工作质量等会随着工作时间的延长而逐渐发生变化。对于分红、送股等股权性分配，主要依据人力资本所有者为企业做出贡献的大小，主要是考虑到员工所具备的知识水平的高低、技能的专长性、能力的创新性等，而这些衡量依据显然随着员工工作时间的延长在逐渐变动的，这就更加表明了人力资本收益分配依据的动态性特征。

3.收益分配形式的多样性

按照收益的分配是否以货币的形式来表现，可将其分为货币化收益分配和非货币化收益分配两种。工资、奖金、分红的分配多是采用货币化分配形式，而福利、送股等多是采用非货币化分配形式。一般而言，工资分配的形式相对简单，主要是以现金的形式支付给员工，而奖金、福利、现金股利、送股的形式则表现出多样化。其中，奖金的支付形式有绩效加薪、一次性奖金、特殊绩效认可计划、团队激励计划、收益分享计划等；福利的支付形式有保险与保健计划、住房资助、员工服务及特权计划、带薪休假及就业保障性计划等；分红的支付形式有利润分享计划、成功分享计划等；送股的支付形式有奖励性股票选择权计划、员工股票购买计划、影子股票计划、股票赠与计划及退休计划中的公司股票等多种。这些使得人力资本的收益分配形式呈现出多样性。

二、人力资本收益的分配程序

由于人力资本的分配过程主要是以员工的薪酬分配表现出来的，因此，人力资本的收益分配程序也就可以看成企业的薪酬分配过程。结合企业薪酬分配的步骤，考虑到人力资本同时具备债权和股权双重分配属性，可以将人力资本的收益分配程序概括为以下几个步骤：

（一）债权性收益分配

1.制定薪酬策略

制定薪酬策略首先要明确企业的总体战略，这是企业文化的部分内容，是以后诸环节的前提，对后者起着重要的指导作用。它包括对职工本性的认识（人性观），对职工总体价值的评价，对管理骨干及高级专业人才所起作用的估计等这类核心价值观，以及由此衍生的有关薪资分配的政策和策略，如薪资等级间差异的大小等。

2.职务分析与工作评价

职务分析又称工作分析，任务是进行组织结构设计，编写职务说明书；工作评价则是确定薪酬因素，选择评价方法。大多数观点把这两块分开表述。这是薪资制度建立的依据，这一活动将产生企业的组织机构系统图及其中所有工作说明与规格等文件。这是上述过程中保证内在公平的关键一步，要以必要的精确性，以具体的金额来表示每一职务对本企业的相对价值，此价值反映了企业对各工作承担者的要求。

3.市场薪酬调查

这一步骤其实并不应列在上一步骤之后，两者应同时进行，甚至应在考虑外在公平性而对薪资结构线进行调整之前。这项活动主要需研究两个问题：要调查什么，怎样去调查和做数据收集。调查的内容，当然首先是本地区、本行业，尤其是主要竞争对手的薪资状况。参照同行或同地区其他企业的现有薪资来调整本企业对应工作的薪资，便保证了企业薪资制度的外在公平性。

4.薪资结构设计

经过工作评价这一步骤，无论采用哪种方法，总可得到表明每一工作对本企业相对价值的顺序、等级、分数或象征性的金额。工作的完成难度越高，对本企业的贡献也越大，对企业的重要性也就越高，就意味着它的相对价值越大。使企业内所有工作的薪资都按同一贡献率原则定薪，便可以保证企业薪资制度的内在公平性。但找出了理论上的价值后，还必须据此能转换成实际的薪资值，才能有实用价值。这便需要进行薪资结构设计。所谓薪资结构，是指一个企业的组织机构中各项职位的相对价值及其对应的实付薪资间保持着什么样的关系。这种关系不是随意的，而是要服从以某种原则为依据的一定规律。这种关系和规律通常多以“薪资结构线”来表示，因为这种方式更直观、更清晰，更易于分析和控制，更易于理解。

5.薪资分级和定薪

薪资分级和定薪又称为确定薪酬水平，主要内容是薪酬范围级数值的确定。这一步骤是指在工作评价后，企业根据其确定的薪资结构线，将众多类型的职务薪资归并组合成若干等级，形成一个薪资等级（或称职级）系列。通过这一步骤，就可以确定企业内每一职务具体的薪资范围，保证对职工个人的公平性。

6.薪资制度的控制与管理

这一步骤，又可称为薪酬评估与控制，主要内容是对薪酬的评估及成本控制。企业薪资制度一经建立，如何投入正常运作并对其实行适当的控制与管理，使其发挥应有的功能，就是一个相当复杂的问题，也是一项长期的工作。

（二）股权性收益分配

1.明确收益分配的指导思想

要由薪酬委员会参与公司薪酬战略的制定和规划，开发新的更为有效的激励计划方案。具体而言，就是通过对企业经营业绩的评估、了解同行薪酬支付的情况，确定本企业报酬支付的总量和支付期限的安排。

2.设计奖励计划方案和原则

依据员工的工作性质特点选择合适的业绩评价方法，确定奖励、分红或送股的具体支付形式，确定相关股票的行权价格和行权时间，明确行权的约束条件，确定股票来源及税收代缴方案等。

3.确定具体对象的授予条件

对授予对象运用恰当的业绩评价方法进行绩效考核，根据员工考核的结果确定应该授予该对象的分配数量、分配时间、分配方式等。

4.实施收益分配方案和监督

通知授予对象和说明情况，与授予对象签订协议，对企业所有股东和员工公开宣传并讲解说明，对采取的收益分配形式、过程进行监督和管理等。

三、人力资本分配方案的选择

目前，对人力资本的收益分配存在三种分配基础，即所谓的“3P”，分别是职位、能力和绩效。相应地，就产生了三种不同的薪酬支付体系，即基于职位的薪酬支付体系、基于能力的薪酬支付体系和基于绩效的薪酬支付体系。当然，还有将三者结合起来的混合型薪酬体系。企业具体采用什么样的人力资本分配方案，要视企业的具体情况而定。在选择人力资本分配方案时应该重点关注以下几个方面的因素：

（一）企业所处的行业性质

不同的行业性质要求强调不同的薪酬支付基础。如果能力是企业获取竞争优势的关键因素，如软件开发公司、管理咨询公司等，那么选择基于能力的薪酬支付体系就比较合适；反之，如果企业从事高度有组织的活动，分工比较精细，执行的是低成本领导的战略，那么基于职位和基于绩效的薪酬支付体系会更加合适些。

（二）企业所处的行业地位

如果公司在行业内具有重要的地位，员工以在该公司工作为荣，那么一般情况下不必采取市场领先薪酬策略，因为员工在这里工作除了获得经济性薪酬外，其他非经济性薪酬也是非常重要的，比如社会地位、培训发展机会等。如果公司在行业内不是处于领先地位，那么薪酬就不能低于行业平均水平，否则就存在着人员流失的危险。

（三）劳动力市场的供求状况

对人力资源市场供应比较充足、工作经验要求不高的岗位，更多地采取基于职位的薪酬支付体系。对于中高层管理岗位、中高级专业技术人员，应根据人力资源市场价格，提供具有竞争力的薪酬，适合采取基于能力或职位或两者结合的混合型薪酬体系。对于企业发展所需的战略性、关键性人才，薪酬水平应在市场上具有一定的竞争力，以便保留和吸引这些人才，更多地采取基于能力的薪酬支付体系。

（四）企业文化

企业文化是长期的历史积淀，是集体无意识的表现，在制定薪酬策略时要考虑企业核心价值观因素，薪酬水平、薪酬结构、薪酬构成等设计都应体现公司的企业文化特征。对于平均主义的企业文化，薪酬构成中固定收入应该占有绝大部分比重，绩效工资和奖金等浮动薪酬应该占有较少的比重，薪酬公平性应更关注内部公平，尽量减少薪酬差距；而业绩导向的企业文化，薪酬构成中固定收入应该占有较少的比重，绩效工资和奖金等浮动薪酬应该占有较大的比重，薪酬结构更应关注外部竞争性，内部薪酬应尽量拉开差距，体现多劳多得思想。

（五）企业所处的发展阶段

一般而言，企业在初创期强调按业绩支付薪酬，以支撑企业规模的快速扩张；在高速成长期强调按能力支付报酬，以吸引更多的人才，并重视长期激励，比如采取股票期权等风险收益计划；在岗位职责基本明确的成熟阶段，企业可能会考虑采用按职位价值高低来支付薪酬的支付体系；而在衰退期可能更强调短期支付，如发放业绩奖金以维持企业的生存。

第六节　未来研究展望

未来的人力资本财务在内容上可以从以下几个方面深入研究：

一、人力资本财务的计量和披露问题

现有的关于人力资本财务的研究大多限于人力资本的定性分析，缺乏具体可操作的定量分析。由于人的技能和能力是一种隐藏信号，很难在事前进行准确评估，往往只能在工作过程中进行业绩考核，而且人力资本所有者本身具有主观能动性及学习能力，采用通常的资产评估方法，如重置成本法、净现值法和市场公允价值法等均难以对人力资本的价值进行准确估计，因此，开发合理的人力资本财务计量模型是今后人力资本财务研究的一个重点。另外，由于人力资本与物质资本一样，在企业的发展中发挥着重要的作用，因此，也必须尽快建立一种能够同时包含物质资本和人力资本的信息披露制度，这就要求研究者建立一套合理的人力资本会计核算体系，以对人力资本资产、负债、收益、成本及权益等人力资本会计要素进行合理确认和计量。

二、人力资本财务与行为财务相结合的问题

由于人力资本是一种能动性的资源，其给企业带来的收益在很大程度上依赖于人力资本所有者投入的程度，人力资本所有者投入的程度又受到其心理状况、品德、偏好、激励程度等因素的影响，而这些正是现代行为财务研究的范畴，因此，从行为财务的视角去研究人力资本的财务问题必然会给人力资本财务研究带来新的生机和动力。行为财务学带给财务研究最大的贡献，不仅在于其将心理学的研究成果融入财务研究中，从更深一层来看，是其观念上的革新，即将传统财务研究从原本理性假设的限制中解放出来，从而丰富了财务理论的内涵。人力资本所有者作为行为财务的主体，也应该结合心理学的研究成果，充分考虑人力资本所有者心理因素的变化对人力资本价值、成本、投资效益的影响。具体涉及以下问题的研究：人

力资本投资者如何看待风险、人力资本所有者过去的成功与失败如何影响他们的投资决策、人力资本投资者对不同的投资是否有不同的心理账户、有哪些重要的心理现象会影响人力资本的投资效率等。

三、人力资本财务的绩效管理问题

考虑到人力资本投资过程受管理者的主观因素影响较大，在对人力资本财务进行绩效管理的过程中可能产生近期效应、晕轮效应、逻辑误差、宽大化倾向、严格化倾向、中心化倾向、溢出误差等各种错误，因此，今后的研究有必要设计一套合理的人力资本绩效评价指标体系，以通过明确评价目的、评价内容、掌握合理的评价方法等手段避免各种错误的发生。具体而言，可以考虑从人力资本筹资、人力资本投资、人力资本运作和人力资本收益分配四个方面分别设计合理的绩效评价指标。其中，人力资本筹资过程的绩效管理主要涉及人力资本招聘配置效率指标、员工培训开发效率等指标；人力资本投资过程的绩效管理主要涉及人力资本投资回收期、人力资本收益率、人力资本投资净现值、人力资本投资指数等指标；人力资本运作过程的绩效管理主要涉及人力资本激励效率、智力资本效率、人力资本成本节约率等指标；人力资本收益分配过程的绩效管理主要涉及员工工资增长率、人力资本价值薪酬匹配度、员工薪酬满意度等指标。当然，这些指标的具体定义和计量还有待于今后在理论和实践中不断地调整和完善，以期更好地发挥人力资本在企业发展中的价值。

四、人力资本财务与物质资本财务“双边治理”问题

基于“股东利益至上”价值导向的传统财务，实行的是股东单边治理的公司治理结构。事实证明，忽视人力资本所有者利益的单边治理结构是缺乏效率的。人力资本产权化的同时，人力资本所有者与物质资本所有者之间不再是委托代理关系，而是合作关系，服务于股东的公司治理将让位于服务于人力资本所有者与物质资本所有者的共同治理。在人力资本产权化条件下，人力资本所有者与物质资本所有者实施对企业财务的“双边治理”，实现决策的共同参与和监督的相互制约。在“双边治理”的公司治理结构下，企业的财务决策权和控制权将对称分布于人力资本所有者和物质资本所有者之间，“内部人”与“外部人”共同对企业重大经营事项进行决策。公司治理的重点由原来对经理人员的监督、约束转变为物质资本所有者与人力资本所有者之间，及各类人力资本所有者之间利益关系的协调（朱明秀，2004）。但如何能够将物质资本所有者与人力资本所有者之间、各类人力资本所有者之间的利益协调好？采取什么样的治理结构和方式去协调？由于人力资本所有者自身的动态性、复合性和层次性等特点，导致在各种利益协调过程中要不断改变方式、方法。如何构建合理的治理模式使其与整个利益协调过程的动态性相吻合等问题，都是今后人力资本财务研究要长期深入探讨的方向和内容。

思考题

1.人力资本财务出现的原因有哪些?

2.人力资本财务的特征有哪些?

3.人力资本的基本内涵是什么?

4.试分析人力资本筹资和传统的物质资本筹资的异同。

5.人力资本投资的方式、程序有哪些?

6.人力资本营运管理的内容是什么?

7.试述人力资本的收益分配管理内容。

8.你认为人力资产、人力资本要进入资产负债表吗?

9.人力资本激励与约束有哪些常用办法?

10.你如何看待上市银行高管的巨额薪酬问题?

11.如何评价企业人力资本投入产出效率?

12.人力资本、智力资本与无形资产是什么关系?

13.如何认识企业人力资本产权?

14.有学者提出了"默会知识"(tacit knowledge),你认为其应该参与收益分配吗?

15.你认为民营企业董事长有过从军、海外工作或自然灾害经历等特殊经历会在什么程度上影响其财务行为?

延伸阅读文献

1.BECKER G S.Human Capital: A Theoretical Analysis with Special Reference to Education [M]. Chicago and London: The University of Chicago Press, 1964.

2. BECKER G S. Human Capital and the Personal Distribution of Income: An Analytical Approach [M]. Dublin: Institute of Public Administration, 1967.

3. BECKER G S. Human Capital, Effort and the Sexual Division of Labor [J]. Journal of Labor Economics, 1985, 3 (part 2): 33-58.

4.BECKER G S.Human Capital: A Theoretical and Empirical Analysis with Special Reference to Education [M]. 2nd ed. New York: Columbia University Press for the NBER, 1975.

5.BECKER G S.Investment in Human Capital: A Theoretic Analysis [J]. Journal of Political Economy, 1962 (October): 9-49.

6. BECKER G S. The Allocation of Effort, Specific Human Capital, and Sexual Differences in Earnings and the Allocation of Time [J]. Journal of Labor Economics, 1984.

7.BLAUG M.The Empirical Status of Human Capital Theory: A Slightly Jaundiced

Survey [J]. Journal of Economic Literature, 1976, 14: 827-855.

8.CARPENTER M, SANDERS G, GREGERSEN H.Bundling Human Capital with Organizational Context: The Impact of International Assignment Experience on Multinational Firm Performance and CEO Pay [J]. Academy of Management Journal, 2001, Vol.44 (Issue 3): 493-511.

9.CARTER N, GARTNER W, REYNOLDS P.Exploring Start-up Event Sequences [J]. Journal of Business Venturing, 1996, 11: 151-166.

10.COLEMAN J.Social Capital in the Creation of Human Capital [J]. American Journal of Sociology, 1988, 94: 95-120.

11. DE LA FUENTE A. Human Capital and Growth: A Survey [J]. Mimeo, Instituto de Análisis Económico, Barcelona, 2000.

12.FRIEDMAN M, KUZNETS S.Income from Independent Professions [M]. New York: National Bureau of Economic Research, 1945.

13. GALOR O, STARK O. Life Expectancy, Human Capital Formation, and Per-capital Income [R] //Research Memorandum No. 328. Vienna: Institute for Advanced Studies, 1993.

14.GEORGI B P.The Role of Human and Social Capital in Growth: Extending Our Understanding [J]. Cambridge Journal of Economic, 2002 (26): 461-479.

15. GIMENO J, FOLTA T, COOPER A, et al. Survival of the Fittest Entrepreneurial Human Capital and the Persistence of Under-performing Firms [J]. Administrative Science Quarterly, 1997, 42: 750-783.

16.HONIG B.What Determines Success? Examining the Human, Financial, and Social Capital of Jamaican Micro-entrepreneurs [J]. Journal of Business Venturing, 1998, 13 (5): 371-394.

17.KALEMNI-OZCAN S, RYDER H, WEIL D.Mortality Decline, Human Capital Investment, and Economic Growth [J]. Journal of Political Economy, 2000 (62): 1-23.

18.MINCER J.Investment in Human Capital and Personal Income Distribution [J]. Journal of Political Economy, 1958 (August): 281-302.

19.MINCER J. On-the-Job Training: Costs, Returns, and Some Implications [J]. Journal of Political Economy, 1962 (October, Part 2): 50-79.

20. PORATH Y B. A Theory of the Allocation of Time [J]. Journal of Political Economy, 1965 (September).

21. PREISENDORFER P, VOSS T. Organizational Mortality of Small Firms: The Effects of Entrepreneurial Age and Human Capital [J]. Organization Studies, 1990, Vol.11 (Issue 1): 107-129.

22.SCHULTZ T W.The Economic Value of Education [M]. New York: Columbia University Press, 1963.

23.YORAM B.The Production of Human Capital and the Life Cycle of Earnings [J]. Journal of Political Economy，1967，75：352-365.

24.安应民．企业人力资本投资与管理［M］．北京：人民出版社，2003.

25.贝克尔．人力资本［M］．梁小民，译．北京：北京大学出版社，1987.

26.陈汉文，等．国家、股权结构、诚信与公司治理——以宏智科技为例［J］．管理世界，2005（8）．

27.方竹兰．人力资本所有者拥有企业所有权是一个趋势［J］．经济研究，1997（6）．

28.冯子标，等．人力资本参与企业收益分配研究［J］．北京：经济科学出版社，2003.

29.盖骁敏．企业人力资本产权研究［M］．北京：经济科学出版社，2005.

30.干胜道．所有者财务论：一个全新的领域［J］．会计研究，1995（6）．

31.郭复初．国家财务论［M］．成都：西南财经大学出版社，1993.

32.李心合．关于财务理论若干问题研究［J］．财经研究，2001（1）．

33.李心合．利益相关者财务论［M］．北京：中国财政经济出版社，2003.

34.李忠民．人力资本［M］．北京：经济科学出版社，1999.

35.刘峰，等．控制权、业绩与利益输送——基于五粮液的案例研究［J］．管理世界，2004（8）．

36.刘贵生，等．关于按人力资本分配问题的探讨［J］．财经理论与实践，2001（11）．

37.刘名旭，等．人力资本财务研究：回顾、反思与展望［J］．财政监督，2012（17）．

38.刘启亮．人力资本财务论［J］．财务研究，2002.

39.明塞尔．人力资本研究［M］．张凤林，译．北京：中国经济出版社，2001.

40.舒尔茨．论人力资本投资［M］．吴珠华，等，译．北京：北京经济学院出版社，1990.

41.秦兴芳．人力资本与收入分配机制［M］．北京：经济科学出版社，2003.

42.汤谷良．经营者财务论［J］．会计研究，1997（5）．

43.伍中信．财权流：现代财务本质的恰当表述［J］．财政研究，1998（2）．

44.伍中信．现代财务理论与产权理论的相关性研究［J］．湖南财政与会计，1999（12）．

45.向显湖．人力资本财务论［M］．北京：中国经济出版社，2006.

46.谢志华．出资者财务论［J］．会计研究，1997（5）．

47.张光荣，等．大股东的支撑行为与隧道行为——基于托普软件的案例研究［J］．管理世界，2006（8）．

48.张生太，等．对人力资本若干理论问题的再思考［J］．生产力研究，2003（3）．

49.张同全．企业人力资本产权论［M］．北京：中国劳动社会保障出版社，2003.

50. 张文贤. 人力资源会计制度设计 [M]. 上海: 立信会计出版社, 1999.

51. 赵曙明, 等. 试论国有企业发展与人力资本投资的关系 [J]. 中国工业经济, 1998 (1).

52. 周其仁. 市场里的企业: 一个人力资本与非人力资本的特别合约 [J]. 经济研究, 1996 (6).

53. 朱明秀. 基于人力资本产权影响的公司治理结构 [J]. 科学学与科学技术管理, 2004 (10).

54. 朱明秀. 人力资本财务论 [J]. 财会通讯, 2006 (1).

55. 朱焱. 人力资本财务控制: 理论逻辑与分析框架 [J]. 会计研究, 2010 (1).

56. 邓小军, 等. 基于隐性财务资本的财务价值决策研究 [M]. 成都: 西南财经大学出版社, 2016.

57. 王海兵. 人本财务论 [M]. 上海: 立信会计出版社, 2012.

58. 罗福凯. 要素资本平衡表: 一种新的内部资产负债表 [J]. 中国工业经济, 2010 (2).

59. 王灿, 等. 员工薪酬财务公正性测度研究——基于四川省上市公司的经验数据 [J]. 四川大学学报: 哲学社会科学版, 2012 (5).

60. 周荣, 等. 高校上市公司知识资本现状及其对公司发展的作用关系研究 [J]. 经济体制改革, 2014 (1).

61. 周勇, 等. 创新型企业家人力资本特征与企业绩效的实证研究 [J]. 科技管理研究, 2014 (2).

62. 王瑛. 人力资本与企业财务绩效的影响关系研究 [J]. 学术论坛, 2015 (7).

63. 刘晋科, 等. 劳资财务公平测度比较研究——以高新技术产业上市公司为例 [J]. 管理世界, 2016 (1).

64. 姚成. 高管团队人力资本差异与并购期间 [J]. 财会月刊, 2018 (10).

65. 朱明秀, 等. CFO人力资本、财务灵活性与企业自主创新能力 [J]. 财会月刊, 2018 (2).

第十章

权变财务理论

引　言

财务学作为一门综合性学科，既具有经济学的性质，又有管理学的性质。经济学和管理学理论研究的目的都是为了探索人类经济社会的发展规律，然而，客观环境是复杂的、不确定的，人类认识的有限性决定了理论研究的渐进性和局限性。经济学家采用先简后繁的研究方法，即提出假设、建立模型、实证检验、得出结论，而后，再逐渐放宽假设，重构模型，再检验、修正、得出结论的方法。从古典经济学、新古典经济学到制度经济学、博弈论和不确定经济学的发展过程，实质上就是经济学不断放宽假设、逼近现实的过程。从古典管理理论、行为科学理论到现代管理理论，管理理论的发展同样遵循了经济学理论演化的规律。财务学理论的发展也不例外，它也经历了从静态到动态、从抽象到现实的发展过程。例如，早期的资本资产定价模型、期权定价模型、资本结构理论模型等无不是建立在完美假设基础之上，其应用性大打折扣。随后，基于动态、跨期的资本资产定价模型、套利定价模型、资本结构理论模型应运而生。假设条件与现实情况的脱节、理论有限性与客观世界无限性的矛盾冲突使经济学、管理学及财务学理论研究更加逼近复杂而不确定的客观世界。因此，财务学理论研究必须正视客观世界，将不确定性因素纳入财务理论研究的范围，进一步推进财务理论的发展和财务理论体系的重构。

自然、经济、社会、文化、政治等因素的变化决定了财务环境的不确定性，财务环境的不确定性又会导致财务主体风险收益状态的不确定性。如何协调财务系统与财务环境之间的关系，提高财务系统的免疫力和适应性，正确识别、评估财务环境变化所蕴藏的机会，及时调整财务政策，选择适应性财务行为是财务管理理论必须要解决的问题。如果能够破解这个财务难题，不仅可以丰富和完善现代财务理论体系，而且可以找到不同国度、不同环境下财务理论流派的趋同点，构建更为一般的财务理论体系。基于此，研究权变财务（contingency finance），或相机财务，即不确定性条件下的财务问题非常重要。“权变”“相机”强调财务运行系统与环境的动态协调。

第一节　文献回顾

不确定性与风险是权变财务研究的起点。贝努利（D.Bernoulli，1738）提出了以风险和不确定性事件结果出现的概率为权重的期望效用理论，开创了不确定性经济学理论研究的先河。但是，由于理性人假设的影响已经根深蒂固，他的研究成果并没有引起理论界的关注，相反，却被异化于理性人假设的经济理论之外。奈特（F.H.Knight，1921）正式提出了经济分析意义上的风险和不确定性概念，对风险和不确定性进行了区分，并认为风险是指决策者对其所面临的随机事件能够分配概率的情形，而不确定性则指不能分配概率的情形。此后，希克斯（J.Hicks，1931）、马夏克（J.Marschak，1938）和田纳（G.Tintner，1941）进一步研究了如何通过设定数学参数描述风险与不确定性，并提出了利用均值、方差等参数对随机风险进行分类排序的理论。纽曼和摩根斯坦（J.V.Neuman 和 O.Morgenstern，1944）将风险和不确定性正式引入了经济学理论分析的框架，创建了现代意义上的期望值决策理论，赛维兹（L.J.Savage，1954）则在主观概率的基础上进一步推演了更为一般的期望效用理论模型。阿罗和德布鲁（K.J. Arrow，1953；G.Debreu，1959）提出了不确定性条件下的"依状态偏好"理论。卡纳曼和特沃斯基（D. Kahneman 和 A. Tversky，1979）则从认知心理学的角度提出了不确定性、风险条件下行为选择的前景理论（prospect theory），认为行为主体在不同的风险状态下，其偏好是不稳定的：在存在损失的条件下偏好风险性方案；在存在稳定收益的条件下，却具有规避风险性方案的倾向。备选方案预期收益与行为主体参照收益的比较是行为主体决策的准则。

权变理论是权变财务研究的理论基础。权变理论是20世纪60年代末70年代初在经验主义学派基础上进一步发展起来的管理理论，是西方组织管理学中以具体情况及具体对策的应变思想为基础而形成的一种管理理论。进入70年代以来，权变理论在美国兴起，受到广泛的重视。权变理论的兴起有其深刻的历史背景，70年代的美国，社会不安、经济动荡，政治骚动达到空前的程度，石油危机对西方社会产生了深远的影响，企业所处的环境很不确定。以往的管理理论，如科学管理理论、行为科学理论等，主要侧重于研究加强企业内部组织的管理，而且大多都在追求普遍适用的、最合理的模式与原则，而这些管理理论在应对企业面临的瞬息万变的外部环境时显得无能为力。正是在这种情况下，人们不再相信管理会有一种最好的行事方式，而是必须随机制宜地处理管理问题，于是形成一种管理取决于所处环境状况的理论，即权变理论。

权变理论认为，每个组织的内在要素和外在环境条件都各不相同，因而在管理活动中不存在适用于任何情景的原则和方法，即在管理实践中要根据组织所处的环境和内部条件的发展变化随机应变，没有什么一成不变的、普遍适用的管理方法。成功管理的关键在于对组织内外状况的充分了解和有效的应变策略。权变理论以系统观点为理论依据，从系统观点来考虑问题，它的出现意味着管理理论向实用主义方向前进了一步。该学派的理论核心就是通过组织的各子系统内部和各子系统之间的相互联系，以及组织和它所处的环境之间的联系，来确定各种变数的关系类型和结构类型。它强调在管理中要根据组织所处的内外部条件随机应变，针对不同的具体条件寻求不同的最合适的管理模式、方案或方法。其代表人物有卢桑斯、菲德勒、豪斯等人。

权变理论的研究主要集中在三个方面：

（1）组织结构的权变理论：这类理论把企业组织作为一个开放系统，并试图从系统的相互关系和动态活动中考察和建立一定条件下的最佳组织结构的关系类型。例如，伯恩斯等人关于环境和组织结构的研究认为，市场和技术环境的变化与组织结构的功能有关，在变动的环境中有机型结构组织有较好的适应力，在稳定的环境中机械型结构组织有较高的工作效率。劳伦斯和洛尔施关于组织分化（组织和外界环境分别对应的程度）和整合（组织的统一和协调）的研究认为，组织分化程度和环境的稳定性成反比；当分化少的组织采用集权结构，分化多的组织采用分权结构时，一般能较好地适应环境。伍德沃德关于组织内工艺技术和结构的关系研究认为，企业的"工艺技术连续性"对组织结构有重要影响，大批量生产宜采用古典层峰结构组织，小批量单位生产宜采用灵活的有机结构组织。黑格尔和斯洛克姆关于市场和产品特征的两维研究认为，根据市场变化的快慢和内部产品与工艺技术的差异，可把组织分解为四类与之相适应的结构模式，即产品事业部结构、矩阵组织结构、直线职能组织结构和高度集权制组织结构。他们还提出企业组织结构既要有稳定性，也要有适应性，二者缺一不可。托西和卡罗尔关于市场和技术特征的两维研究认为，根据市场或外部环境的稳定性和组织日常工作技术的变革速度，可分别建立四类与之适应的组织结构模式，即层峰结构组织、市场中心型组织、技术中心型组织和灵活的有机型组织。此外，还有一些研究探讨了组织开发策略，信息处理程序等因素与组织结构之间的权变关系。

（2）人性的权变理论。它认为人是复杂的，要受多种内外因素的交互影响。因而，人在劳动中的动机特性和劳动态度，总要随其自身的心理需要和工作条件的变化而不同，不可能有统一的人性定论。主要的研究有莫尔斯和洛尔施的超Y理论。

（3）领导的权变理论。它认为领导是领导者、被领导者、环境条件和工作任务结构四个方面因素交互作用的动态过程，不存在普遍适用的一般领导方式，好的领导应根据具体情况进行管理。这方面比较有代表性的是费德勒关于有效领导模式的研究和弗罗姆等人关于领导参与模式的研究。

关于权变财务的研究，国外学者关注的是不确定条件下资本的配置问题。默顿（Merton，1973）提出了跨期均衡模型（inter-temporal equilibrium model），认为投资组合优化的过程实质上是随机贴现利率与边际消费效用的均衡过程。罗斯（Ross，1976）在放松假设条件的基础之上，利用均衡无套利原理（一价法则）推导了套利定价模型（APT）等。这些研究成果虽然进一步拓展了经典财务理论，但是，仍然无法摆脱假设前提的约束。国内学者更为关注不确定条件下财务资本的配置与制度设计问题。郭复初（1986）提出了国家财务问题，构建了国有资本管理体制与运行机制，认为国有资本能够弥补私人资本投入不足和过分趋利的缺陷，国有资本对实现国家发展战略、实现社会公平与和谐具有不可替代的作用。所有者财务（干胜道，1995）、出资者财务（谢志华，1997）、经营者财务（汤谷良和王斌，1997）、利益相关者财务（程宏伟，2001；李心合，2003）和财权流财务（伍中信，2001、2005）则围绕利益相关者财权配置、收益分配、责任边界问题展开了激烈的争论，形成了丰硕的研究成果。这些成果是在中国国企改制、建立现代企业制度的背景下形成的，研究的重点是财务资本的配置与企业财务制度的设计问题，没有将企业置于整个经济社会系统动态考察，忽视了环境因素对财务资本配置与制度设计的影响。权变财务（吴树畅，2005）作为一种财务理论体系，其研究的视角是将环境不确定性与财务运行系统相结合，研究的内容是不确定条件下财务状态的评判、财务机会的识别、财务政策的选择、财务行为的选择以及财务治理模式的选择等。主要观点是在不确定性和风险承受能力一定的条件下，单个投资者可供选择的财务行为机会集是确定的，但是，投资者可以通过选择企业、市场或关系合同等不同的风险分散机制及其组合分散风险，以提高风险承受能力，扩大财务行为选择的机会集。在正确评判财务状态、识别财务机会的条件下，投资者可以通过财务政策调整、资产组合和融资组合的调整将风险控制在可接受的范围内。利益相关者可以根据风险状态的变化，选择财务治理程序，以确保目标收益的实现。

● 第二节　主要研究的问题

一、财务中的不确定性

（一）不确定性

1.不确定性的含义

不确定性（contingency）是状态、行为与结果的分布函数，它是指财务主体无法做出准确判断的情形。假设存在两种状态（S_1和S_2）和两种行动（X_1和X_2），那么行为的结果C（S，X）就有4种。不确定性来源于主观和客观两个方面。客观世界的复杂多变导致了自然状态的不确定性，主观对客观所处状态的识别及其一定状态下财务行为的不同选择形成了经济结果的不确定性。由于财务主体认识的有限性，主观与客观背离是必然的，一致是偶然的。主观与客观的相互作用及其背离是不确定性形成的原因。

2.不确定性与风险的关系

对于不确定性与风险两者之间的关系，不同的学者有着不同的理解。奈特（1921）认为风险是指决策者对其所面临的随机事件能够分配数学概率的情形，不确定性是不能分配概率的情形，这两种情形没有任何本质的区别，只是区分了二者的范围。麦金森（2002）将风险定义为发生损失的可能性、一项资产收益的波动性，与不确定性这一术语互换使用。詹姆斯·S.特里斯曼（2002）认为风险是指财产损失的可能性，不确定性是指有损失或没有损失。

风险是行为选择产生的实际结果与预期偏离的程度及其对行为主体机会集合影响的函数。从行为人的角度看，就是想通过承受高风险而获得高收益，博彩就变成了高风险的投机活动。所以，从事件本身来看，只存在不确定性，无所谓风险，只有和行为主体的预期联系起来，才有风险可言。

3.不确定性分类

从感知的角度出发，Milliken（1987）将环境不确定性进一步区分为状态不确定（state uncertainty）、影响程度不确定（effect uncertainty）、反应不确定（response uncertainty）。状态不确定是指组织所面临的客观环境本身的不确定；影响程度不确定是指无法预测未来的环境状态和变化将对组织产生什么影响；反应不确定是指无法预测组织可以采取什么办法来应对环境的不确定以及每种应对措施的实际效果。

按照不确定的程度可将不确定性划分为有概型不确定性和无概型不确定性。经济学家研究的不确定性事件可以分为两种类型，一种是不能重复试验的，另一种是能重复试验的。对于不能重复试验的经济结果，决策主体只能靠自身的知识、经验进行判断，很难完全找到经济事件的各种自然状态对应的结果及其概率，这种不确定性称为无概型不确定性。对于能够重复试验的经济事件的结果存在着一个人们公认的概率。有的经济事件虽然不能像掷硬币一样简单重复试验，但是从行为人多次的行为结果或历史数据中可以找出各种可能取值的概率范围。由此，行为主体可以根据先验概率和自然所处的状态判断经济事件结果出现的概率，这种经济结果存在一定概率或概率范围内的不确定性称之为有概型不确定性。考特尼（Hugh Courtney，1997）将不确定性划分为前景清晰明显、有几种可能的前景、前景有一定变化范围、前景不明确四种类型。实质上，可将前两种情况归结到有概型的不确定性，而将后两种情形归结为无概型的不确定性。

按照不确定性形成的原因可将不确定性划分为主观不确定性和客观不确定性。世界的本原是物质的，但是物质的表现形式是多种多样的，人类生活在一个多姿多彩的世界里。正如“月有阴晴圆缺，人有悲欢离合”一样，经济系统具有周期性变化规律，财务状态具有波动性。这些客观存在的不以人们意志为转移的不确定性现象可称之为客观不确定性。经济的运行虽然具有规律性，但是，由于经济系统运行的复杂性和行为主体认识的有限性，人们不可能准确地预测经济运行的趋势与结果。因为行为主体主观预测能力造成的不确定性称之为主观不确定性。

按照不确定性的来源可划分为内部不确定性和外部不确定性。所谓内部不确定性是指由经济主体的内部原因引起的经济状况、经济行为和经济结果的不确定性；所谓外部不确定性是指由经济主体的外部原因，或经济主体本身与其他经济主体之间的相互关系引起的不确定性。例如电力企业，市场对电力的需求、能源市场的变化、水力资源的变化、电力设备供应商的生产成本与定价策略等都会引起电力类企业的外部不确定性，而内部管理水平、技术条件、生产能力、生产成本、定价策略等又会引起电力企业的内部不确定性。内部不确定性和外部不确定性可以相互转化，外部不确定性通过作用于内部不确定性对企业财务运行系统产生影响。企业通过横向合并或纵向合并可以将外部不确定性转化为内部不确定性，通过资产剥离、分立等财务手段可将内部不确定性转化（或转移）为外部不确定性。企业就是外部不确定性与内部不确定性均衡的过程与结果。按照科斯的交易费用理论，企业是计划机制与市场机制的相互替代的结果，这种替代的结果导致交易成本最低。但是，不确定性是企业存在边界的根源所在，交易费用只是不确定性程度造成的结果。从不确定性和交易费用两个角度可以给出企业边界的最优解。

（二）财务不确定性

从财务状态、财务行为选择和财务结果三个角度来看，不确定性在财务上表现为财务状态的不确定性、财务行为的不确定性和财务结果的不确定性。财务状态的不确定性又包括经济运行状态的不确定性、企业运行状态的不确定性和财务运行状态的不确定性。

1.财务状态的不确定性

财务状态是指财务系统运行本身的状态，财务状态的分析必须置于整个经济系统、企业运行系统以及财务运行系统的前提之下。所以，本书从经济运行状态、企业运行状态和财务运行状态三个方面分析了财务状态的不确定性。

（1）经济运行状态的不确定性

受周期性规律的影响，经济的运行呈现平稳性和波动性，在某一时期内，如果影响经济运行的各种因素正向、负向变化的相互作用的合力比较平稳，那么经济运行就表现出平稳的态势；反之，如果某一因素发生突变，或者大多数因素表现出同方向变化，经济运行就会呈现出较大的波动性。例如，1997年东南亚的金融危机、2003年中国的非典型肺炎等突发性事件不仅影响了本地区的经济发展，而且还影响到其他地区乃至全球经济的发展状况。特别是2003年春季突如其来的非典型肺炎，对中国第二季度国民经济增长的影响是明显的，如果不是及时采取果断措施，将会带来灾难性的后果。影响经济运行的因素不仅包括自然、政治、法律等系统外部因素，而且还包括利率、物价、通货膨胀（或通货紧缩）等系统内部因素。

自然界本身是一个复杂的自适应系统，具有高度的不确定性。例如，地震、洪涝灾害、瘟疫等自然性突发事件时有发生，这种自然因素的不确定性必将造成经济运行状态的不确定性。例如，2003年非典型肺炎对中国经济状况的影响，以及2003年年末到2004年年初发生在泰国、日本、韩国和中国台湾等东亚部分国家和地区的禽流感对经济运行的潜在影响，使经济运行状态处于不确定的状态。经济基础决定上层建筑，上层建筑对经济基础又具有反作用，作为上层建筑的政治必将影响到经济运行的状态。政治局势的动荡，意味着政治体制的不稳和时局的不安，私人财产的安全性受到威胁，经济运行存在难以预测的变数。法律是经济系统正常运行的保障，法律的不稳定性必然引起经济运行状态的不确定性。市场经济是法制经济，没有法律的约束，经济的运行就会出现混乱，市场就缺乏运行的基础。在处于转轨过程中的国家，政治、法律等方面都在不断地调整、改革以适应经济的发展，而且这种改革具有尝试性，这就必然增加了政治、法律等方面的不确定性因素对经济的影响。人类社会系统是由许多子系统组成的，每个子系统之间又是相互联系、相互约束的，影响其中一个子系统变化的因素可能会引起另一个子系统的剧烈变化。人类需要与自然和平相处、和谐发展。经济系统是社会系统的一个组成部分，外界因素的变化必然会导致经济系统的变化。所以，外部不确定性因素对经济运行状态的影响会通过子系统之间相互作用的机制发挥作用，从而导致经济运行状态的不确定性。

经济系统包括实体经济和虚拟经济两大组成部分，经济运行的状态是由内部因素相互联系、相互作用决定的，外部因素的影响必须通过内部因素起作用。例如，利率是资金的价格，是调节货币市场资金供求关系的杠杆，利率的不确定性会引起货币供应量和需求量的不确定，从而对经济运行状态产生影响。由于受到中央银行的管理行为、货币政策、经济活动水平、投资者预期以及其他国家和地区利率水平等多种因素的影响，利率经常处于不确定的状态。利率的不确定性对于企业来说，意味着融资总量、融资结构、融资成本和股利政策的不确定性，企业现金周转循环具有不确定性。利率的提高或降低，会使投资者对股利的预期发生变化。但是，由于利率的变化给企业融资带来的影响效果往往与奉行的股利政策是相反的，所以利率提高时，股利率可能下降；利率下降时，股利率可能提高。利率、资本成本、融资政策、股利政策与现金周转循环之间的相互关联关系导致了财务风险的客观存在。同时，利率的不确定性还会对企业的投资带来不确定的影响。利率的变化会导致预期贴现率的变化。利率上升，预期贴现率提高；利率下降，预期贴现率下降。预期贴现率的不确定性会导致资产价格的变化。在预期未来现金流量分布一定的情况下，预期贴现率提高，资产价格下降；预期贴现率下降，资产价格上升。资产价格的变化还会导致资本利得的变化，造成财务成果的不确定性。预期贴现率的不确定性又会导致资产、负债价格的变化，特别是导致流动性较强的股票、债券等金融资产或负债的价格波动。再如，物价因素对经济运行状态的影响，当物价指数持续上升时，说明经济运行在一个良性的、持续增长的状态中；当物价指数运行在一个窄幅的区域内时，说明经济运行比较平稳，或者处于经济运行的高峰或低谷状态；当物价指数处于不正常上升时，货币购买力贬值、虚拟资本严重脱离实体资本，证券市场出现泡沫，这说明经济运行处于过热状态；而当物价指数持续下跌，长时间在低位徘徊，并表现出不断下跌的态势时，社会购买力下降，商品供过于求，这说明经济运行处于低迷状态。

（2）企业运行状态的不确定性

企业运行状态不仅受到经济运行状态的影响，而且受企业内部因素的影响。引起企业运行状态不确定性的因素包括生产、技术、管理、资金、信用等。这些内部因素决定了企业生产产品的市场地位和市场份额，以及产品或服务的获利能力。例如，信用是商品经济发展到一定阶段的产物，已成为现代经济的一个显著特征。据国家统计局报道，2003年中国因为信用造成的损失达到6 000亿元。信用是一种无形资产，是能够给企业带来未来经济利益的重要财务资源。良好的信用可以给企业带来收益，不守信用必然造成财务资源的枯竭、企业存续能力的降低，甚至破产倒闭。市场经济是信用经济，信用是经济发展过程中参与主体共同形成和遵守的商业道德规范。但是，由于约束市场主体的因素很多，其中一个因素的变化，都可能会引起企业丧失诚信，所以，诚信与失信是相对的，是可以转变的，这种转变对企业的运行状态是有影响的。例如，安然公司利用特殊目的主体会计处理的制度缺陷，隐藏负债，虚列收入，以欺诈的手段欺骗股东，最后导致了股票价格大幅下跌，直至清盘破产，相关的安达信会计公司也被怀疑与其合谋欺骗市场而被迫关闭。所以，信用可以改变一个企业的运行状态。同样，生产、技术、管理、资金等因素的不确定性会引起企业运行状态的不确定性。所生产产品的质量的优与劣、技术的领先与落后、管理的有效与无效、资金链的闭合与断开等两种不同状态的发生，都有可能导致企业运行于不同的状态。企业运行状态的识别可以通过企业景气指数进行综合判断，企业景气指数分为综合企业景气指数、行业企业景气指数和个别企业景气指数。综合企业景气指数和行业企业景气指数可以反映处于某个国家或地区、行业的所有样本企业的整体运行状况；个别企业景气指数则可以反映单个企业的运行状态。

（3）财务运行状态的不确定性

受经济运行状态和企业运行状态的影响，财务运行状态也存在不确定性。在经济运行状态和企业运行状态良好的情况之下，企业财务往往表现出盈利水平稳定、资金周转速度加快、现金周转平衡等特点。而在经济运行状态和企业运行状态不好的情况下，企业财务往往表现出盈利能力下降、经营杠杆系数增大、资金周转速度变慢、现金周转出现不平衡的特点。另外，由于经济运行状态的周期性特征和企业的生命周期特征，使得在不同经济运行状态下，企业不同生命周期阶段的财务运行状态呈现出周期性特征。

2.财务行为的不确定性

（1）筹资行为的不确定性

从经济运行的状态来看，在经济运行的复苏和扩张时期，企业的盈利水平不断提高，市场上资金充沛，筹资比较容易，企业筹资周期较短，股本扩张能力较强，企业往往奉行积极的资本结构政策。在经济运行的平稳期，企业的盈利水平比较稳定，企业资金较为充裕，需要调整资本结构政策，降低资产负债率，使企业保持增长比率可持续协调发展。在经济运行状态处于收缩和萧条时期，市场上资金供应量减少，融资难度加大，资金成本高。此时，企业的发展主要靠内部积累，要求企业不断降低产品成本，调整产品结构，创造盈利增长点。

从企业的运行状态来看，在初创时期，产品的市场占有率较小，盈利能力较低，可持续盈利能力受到怀疑，企业经营风险和财务风险较大。为了降低财务风险和分散股东投资风险，企业的资产负债率往往较低，以股权融资为主要方式。在成长期，企业的市场占有率不断提高，盈利能力增强，企业往往奉行积极的财务政策，提高资产负债率，提高外部融资比例。在成熟期，企业产品市场饱和，盈利能力稳定，企业往往采取可持续发展的融资策略。在企业衰败期，企业产品的市场份额不断减小，盈利能力下降，企业往往需要通过资产变现，提高流动资产比率的方式维持企业的生存，以寻求时机，再图发展。企业发展的低谷，是企业最困难的时期，资金十分紧张，资金链随时都可能出现断裂，企业需要以担保或抵押的方式向银行贷款，或者是破产、被兼并以保全部分资本。

（2）投资行为的不确定性

从经济运行的状态来看，在经济的复苏和扩张时期，物价指数上涨，社会平均利润率提高，企业获利能力增强，社会消费愿望增强，企业资金需求旺盛，投资规模增长比率提高，企业投资行为积极。在经济运行的高涨阶段，商品供应与需求处于平衡状态，物价处于相对高位，企业的投资能力达到高点，先知先觉的企业开始调整经营规模和产品结构，投资行为由积极向稳健转变，证券市场往往表现为证券价格、交易量的巨大波动。在经济收缩和萧条时期，企业经营风险加大，企业投资意愿减弱，社会投资能力下降，投资行为表现出保守的特征。在经济低迷时期，社会消费水平较低，社会平均利润率较低，社会固定资产投资规模增长率较低。资本市场上，证券价格下跌，财富效应不足，资金面吃紧，企业直接融资的难度加大，投资行为谨慎，投资规模增长率降低。

从企业的运行状态来看，在企业的初创时期，企业的投资项目具有高风险和高报酬的特征，资本的提供者主要是创业者，资本量小，企业投资规模不大。在企业的成长时期，企业的产品有了一定的市场基础，企业盈利能力增强，企业会追加投资，扩大投资规模，提高企业的市场地位。在成熟时期，企业的盈利能力比较稳定，企业的目标是如何保持现有的盈利能力，所以，企业往往会不断调整投资结构，优化资产组合。在衰败时期，企业的盈利能力下降，财务状况不断恶化，企业会选择收缩投资边界，变现资产，维持生存必需的现金流量。

（3）收益分配行为的不确定性

从财务运行的状态来看，决定企业股利分配行为的根本性因素是企业的盈利能力和现金流转状况。而企业盈利能力和现金流的变化与经济周期、企业生命周期又是相关联的。在企业盈利能力较低、现金流不稳的时期，企业往往采取不分配的政策。在盈利能力增强，现金流较为稳定的时期，企业往往采取派现或送红股的股利分配形式。在盈利能力稳定，现金流转状况稳定时期，企业往往采取派现的股利分配形式。在盈利能力下降，现金流不稳定的情况下，企业往往采取不分配或少分红的股利分配形式。

3.财务结果的不确定性

（1）现金流量的不确定性

现金流量包括现金流入量、现金流出量和现金净流量。现金流入量和企业销售量、销售价格、投资收益、筹资能力等因素有关。而销售量、销售价格受市场供需关系变化的影响具有不确定性；投资收益受宏观经济因素变化、行业经济周期、投资项目等因素的影响具有不确定性；筹资能力与企业的财务状况、获利能力、财务政策、资本市场货币供需关系等因素有关，受其影响也表现出不确定性。所以，企业现金流入量表现出不确定性，实际现金流入量往往和预算现金流入量发生巨大偏差。现金流出量受存货成本、投资成本、筹资费用、筹资成本等因素的影响，也表现出不确定性。存货成本的变化与原材料价格、税收水平、运输单价、仓储费用等因素有关，而这些因素又受到市场供需、宏观政策的影响而具有不确定性；投资成本受宏观经济因素、政府管制、税收、投资环境等各种因素的影响而具有不确定性；筹资费用和筹资成本受企业筹资方式、筹资政策等因素的影响具有不确定性。所以，现金流出量具有不确定性。现金流入量和现金流出量的不确定性决定了现金净流量的不确定性。

（2）资金成本的不确定性

资金成本受资金市场利率、机会成本等因素的影响而表现出不确定性。当资金市场利率上升时，企业的机会成本提高，资金成本上升；当资金市场利率下降时，企业的机会成本下降，资金成本下降。另外，资金成本受财务管理主体理财能力的影响而不同，对于管理不确定性能力强的企业来说，可以将机会成本控制在可接受的范围内，资金成本相对比较稳定；对于管理不确定性能力差的企业来说，意味着机会成本的增大，资金成本提高。不同的理财者对未来的预期不同，所能接受的资金成本高低也不同，对未来具有较高的投资回报预期的投资者来说，可以接受的资金成本就高；对未来具有较低投资回报预期的投资者来说，可以接受的资金成本就低。所以，资金成本受市场利率、机会成本、理财能力、个体预期的影响而表现出不确定性。

（3）企业价值的不确定性

根据企业价值评估的贴现模型，企业的价值是由预期现金流量和投资者所要求的期望报酬率两个基本因素确定的。由于预期受投资者的禀赋、信息、判断能力、风险偏好等因素的影响，不同的投资者对企业未来创造的现金流量的预期结果不同；财务机会的变化与选择的不同，投资者的预期报酬率也不断调整。因此，企业的价值受投资者预期和报酬要求不同的影响而具有不确定性。也正是因为如此，证券市场上才会产生买卖行为，才会具有价值发现的功能。

二、财务动态能力

如何适应复杂多变的竞争环境，及时调整财务政策与财务行为，使企业财务运行系统与财务环境保持动态协调一致是权变财务研究的重要内容之一。

（一）动态能力

资源基础观（resource-based view，RBV）（Wernerfelt，1984；Barney，1991）认为企业的持续竞争优势来自企业专属性资源与能力，但是，该理论无法解释为什么有些企业能够在快速变化、不可预测的环境中继续保持竞争优势，而有些原本成功的企业却衰败了。基于此，Teece、Pisano 和 Shuen（1997）提出了动态能力（dynamic capabilities）的概念，认为动态能力是企业整合、构建和重组内外部以适应快速变化环境的能力，其中，“动态”指的是与环境变化保持一致而更新企业的能力，“能力”强调的是整合和配置内部和外部资源的能力。提出了动态能力的基本分析框架：组织过程（process）、资产定位（position）和发展路径（paths）。组织过程是组织惯例或以前活动和学习的范式；资产定位是指企业当前拥有的技术、智力资产、互补性资产、客户基础、与供应商及合作者的外部联系等；发展路径是指企业的战略选择可能性、收益增长的可能性和路径依赖等。在此基础之上，Griffith 和 Harvey（2001）认为企业的全球动态能力就是创造其他企业难以模仿的资源组合，如对企业内部关系的整合，从而作为全球竞争优势的基础。Lee、Lee 和 Rho（2002）从熊彼特创造性破坏的视角出发，认为动态能力就是企业竞争优势的来源。Ianisti 和 Clark（1990）认为企业整合能力，尤其是技术整合能力就是企业的动态能力，即企业在有关自身业务的技术知识演变中挑选出部分与自身现有知识基础关联的技术知识并执行这种关联的能力，体现了变革更新的特征。Eisenhardt 和 Martin（2000）认为动态能力是可以确认的明确流程（process）或常规惯例（routines），是一系列能力的动态集合，包括整合资源的动态能力、重新配置资源的动态能力及获取和让渡与资源有关的动态能力。Zollo 和 Winter（2002）以及 Winter（2003）区分了运营操作能力和动态能力，并认为运营操作能力是如何使企业现在能够生存的能力，而动态能力就是修正运营操作能力以适应动态环境变化的能力，这显示了动态能力变革更新与柔性的特征，更加清晰地界定了什么是企业动态能力。李兴旺（2006）从动态能力的作用本源出发，认为动态能力由环境洞察能力、价值链配置与整合能力、资源配置和整合能力组成。贺小刚等（2006）认为与企业内部一般性的资源和能力不同，动态能力强调的是学习、应对市场的变化，强调能力的动态性、系统性和结构性。本书通过对文献的整理认为动态能力由环境洞察能力（Prahalad 和 Hamel，1990；Lawson 和 Samson，2001；李兴旺，2006）、变革更新能力（Collis，1994；W inter，2000；Helfat 和 Petera，2003；Zahra 等，2006）、技术柔性能力（Ianisti 和 Clark，1990；Collis，1994；Berghe，2001）、组织柔性能力（Chandler，1962、1980；Nelson 和 Winter，1982）四个方面组成。

（二）财务动态的能力

动态能力理论的提出为财务动态能力研究奠定了基础。财务动态能力是指反映企业财务运行系统适应环境变化的能力，或者说是企业财务的权变能力。关于财务动态能力的概念及其相关理论，目前还没有专门的文献资料论述，仅能查到与之相关的文献资料。吴树畅（2005）认为企业应正确评判财务状态，识别与把握财务机会，并及时调整企业的财务政策与财务行为，控制潜在风险、挖掘潜在机会、发现或创造新的盈利机会。姜英兵（2002）认为企业应保持财务灵活性或柔性（financial flexibility），保持一定的闲置资金和剩余负债能力，以应对可能发生或无法预见的紧急情况，以便把握未来投资机会。从融资的角度看，企业应保持一定的剩余融资能力以应付未来可能出现的资金短缺；从投资的角度看，企业应在行业内保持相对竞争能力，保持适当的市场占有率，或保持必要的风险分散（或保险）。

财务动态能力表现在两个方面：一是对环境的评判和机会的识别能力；二是对环境的适应及其资源的配置和机会把握能力。因此，财务动态能力可以定义为是企业对财务环境的评判及其蕴藏的潜在财务机会的识别能力，以及财务政策选择、财务结构调整，在不确定条件下保持企业价值稳定、可持续增长的能力。

财务动态能力是急需研究的新问题，特别是2007年至2009年的全球性金融危机以来，有的企业财务过于刚性而被折损、淘汰出局；有的企业则表现出很强的财务韧性和动态能力，反而因危机而变得更具竞争力、更加强大。

三、财务机会识别

（一）财务机会

机会意味着收益或成本。正确识别机会，利用机会，可以给行为主体带来收益；否则，忽视机会，错失机会只能给行为主体带来成本。那么，什么是机会呢？Kirzner（1973）从认知学的角度提出创业者应当具有捕捉市场获利机会的“敏锐性”，创业者能够利用自己特有的知识来认知这种机会，并通过对机会的开拓获取回报。Timmons（1999）指出，当环境改变时机会将大量产生，知识和信息缺口将随行业或市场的变化而改变。Shane（2003）等人提出了机会发现观点，认为机会是客观存在的，信息是完备的，但并非随机分布，信息不对称是发现机会的关键。Venkatraman（2003）提出了机会创造的观点，认为机会并不是客观存在的，是由主动型创业者创造出来的，机会的创造内生于想象和创造一个更美好未来的交互活动中。从创业的角度看，机会是行为主体通过对资源的创造性组合满足市场需求，同时又能为自身带来超额利润的一种可能性，机会源于新创造、新发明、新信息，以及市场竞争规则的变化等。从竞争战略角度看，一个行业内部的竞争状态取决于新进入者的威胁、替代品服务的威胁、现有公司间的争夺以及买卖双方各自的讨价还价能力，这五种竞争力量的变化导致行业竞争状态的变化，从而为不同市场竞争主体带来机会或威胁。

从财务的角度看，无论是创新还是资源垄断优势都是获取超额收益的条件，所以，财务机会就是指获取超额收益的各种可能，这种可能源于不确定性因素变化对竞争主体收益的不同影响。

财务机会包括投资机会、融资机会和收益分配机会。投资机会是指投资于一项资产或资产组合所承受的风险与所得收益相匹配的时机。融资机会是指能够以高价格发行证券、低成本获得金融机构贷款、保有更高收益留存率的时机。收益分配机会是指提高留存收益率将增加投资者机会成本的时机。投资机会、融资机会与收益分配机会相互作用、相互影响。如果没有投资机会，融资机会就失去了价值；反之，如果没有融资机会，投资机会也失去了价值。没有投资机会和融资机会，也就不会产生收益分配机会。

（二）财务机会的识别

机会是客观存在的，但是由于每个人或企业识别机会能力的不同，机会对于每个财务主体来说又是不均等的。从本质上讲，机会识别是企业家在某一特定时点上对追求或放弃进一步发展某一具体机会而进行的决策①。所以，机会识别更依赖于企业家的警觉、先验知识、信念、认知模式、价值取向以及创造性思维等要素。企业家识别的机会是财务机会的一种，但是，财务机会识别不完全依赖于企业家。财务机会识别更加依赖于具有一定财务素养和专业训练的，或具有敏锐财务洞察力的经营者或个人。所以，财务机会识别是指经营者或个人在一定财务状态下对潜在的市场获利机会进行分析、评估与决策选择的过程。

财务机会与企业的财务行为及其结果具有相关性。Stein（1996）提出了一个管理者理性而资本市场非理性下的资本预算模型，并指出当投资者对公司投资项目的预期收益过度乐观时，理性的管理者将利用投资者的过度热情发行更多的股票。Graham 和 Harvey（2001）的研究令人信服地支持了股权融资的市场时机假说。他们对 300多家美国公司CFO的匿名问卷调查表明，三分之二的被调查者认为，股票市场对公司股票价格的高估或低估是融资选择中考虑的重要因素。Baker 和 Wurgler（2002）进一步提出了基于市场时机效应的资本结构理论，他们的研究表明：市场时机选择对公司资本结构具有持久的影响，企业当前的资本结构不仅同公司的历史市值有显著的相关性，而且是以往利用市场时机的累积结果。贾国君和张燕（2009）用热市和冷市作为市场时机的度量指标，分析了市场时机对企业融资行为的影响。李小平等（2007）以股票换手率和股票收益作为市场时机的度量指标，验证了市场时机对资本结构动态变化的影响。

因此，财务机会识别有利于企业财务行为的正确选择，能够创造价值。关于机会及机会识别的研究文献主要集中于创业方面，专门研究财务机会识别的文献很少。杨波和张卫国（2009）基于创业的角度提出了一般分析模型，财务机会识别除了具备机会识别的一般特性之外，更注重成本收益的比较、风险报酬的权衡分析。吴树畅（2005）利用托宾比率值模型、盈亏平衡分析模型、融资窗口模型分析了财务机会识别的方法。

（1）托宾比率值模型。按照托宾比率值模型，企业市值=资产重置成本+增长机会价值= Q×资产重置成本，其中 Q=企业市值/资产重置成本。当Q>1时，说明公司的市价高于公司资产的重置成本，相对企业市值而言，新厂房和设备比较便宜，企业愿意通过购买资产来扩大投资；当Q<1时，企业与其投资购买设备和创建渠道，还不如收购低Q值的企业进行扩张。该模型不仅可以提供识别投资机会的功能，而且，还可以提供识别融资机会的功能。另外，当Q>1时，由于公司的市价高于公司资产的重置成本，此时，公司发行证券可以卖个好价钱，公司应抓住机会发行证券融资，以扩大企业规模，进一步提高竞争实力；当Q<1时，公司证券融资的

① 张茉楠，李汉铃．认知资源观视阈下的企业家机会识别探究［J］．现代管理科学，2004（10）．

成本较高，公司应选择内源融资或银行贷款等融资方式。

（2）盈亏平衡分析模型。影响盈利区域变化的因素包括业务量、价格、变动成本、固定成本、税负水平、产品结构等。从盈亏平衡原理可知，要扩大盈利区域可以上移收入线、下移成本线、外拉业务量线，或兼而有之。可以通过对影响收入线、成本线与业务量线的因素变化趋势的分析达到识别投资机会的目的，通过因素变化趋势结果的分析，利用连环替代法，可以判断出某一个因素变化的结果对盈利区域的影响，由此，也可以进一步判断潜在的投资机会。

（3）融资窗口识别模型。在一定的理财时空条件下，财务主体可以选择的融资机会是有限的。对于财务主体来说，正确识别融资时空变化是识别融资机会的前提。所谓融资窗口是指在一定财务状态下，可供选择的融资市场或融资渠道。由于财务状态和进入融资市场条件的限制，财务主体所拥有的融资渠道选择是一定的。但是，财务状态的变化和进入融资市场限制条件的变化又会导致融资窗口选择的变化，这种变化会带来新的融资机会。所以，融资窗口识别模型的关键问题是如何识别财务状态和进入融资市场条件的变化，及其可能带来的新的融资窗口。例如，中国企业可以选择在A股、B股、H股、S股、N股等不同市场发行股票融资，至于选择哪种窗口进行融资，需要识别财务主体的财务状态及每种市场融资条件及其变化。

此外，识别财务机会的方法有很多，如资本资产定价模型、套利定价模型、期权定价模型、净现值决策模型等。McDonald 和 Siegel（1984）以及Dixit和 Pindyck（1994）等在不确定性经济中将企业拥有的投资机会看成一个实物期权，采用结构化模型方法进行研究，提出了企业投资的相机决策问题，利用实物期权模型，财务主体可以做出等待、延迟或立即投资（或退出）的决策。

四、财务政策选择

（一）财务政策的定义

企业是利益相关者基于各自风险偏好与预期收益的不同而达成的关于资产选择的合约。投资者投入的是实物资本，其收益根据财务成果与持股比例确定；债权人投入的是货币资本，其收益根据债务契约而定；经营者投入的是人力资本，其收益根据投资者与经营者之间的薪酬合同确定；职工投入的是劳动力资本，其收益根据经营者与职工之间的劳资关系合同确定；政府投入的是公共物品，其收益依据税法而定；客户投入的是关系资源，其收益是满足消费需求，或低成本、高质量稳定获得原材料资源，降低原材料供应的不确定性。由此可以看出，利益相关者的风险结构与收益结构是不同的。由于利益相关者对风险偏好与预期收益的不同，他们对资产的选择也不同。每个企业的组织形式、融资结构、资产结构的不同决定了企业经营风险和财务风险的不同，在资本具有流动性的前提下，利益相关者会根据自己的风险偏好与禀赋状态选择不同的企业进行投资，所以，企业就是利益相关者关于风险收益组合的选择而达成的契约。

利益相关者通过外部控制市场和公司内部治理机制选择用“用手投票”或“用

脚投票”的方式调整他们持有的资产组合，直至最终实现企业的资产组合能够反映利益相关者的不同风险偏好与目标收益。由于对风险偏好与预期收益的不同，每个利益相关者的资产选择行为也不同，但是，企业最终的资产选择方案是唯一的，如何保证企业的资产选择方案符合利益相关者的风险偏好与预期收益呢？利益相关者如何约束经营者的资产选择行为呢？这就需要利益相关者根据各自的风险偏好与预期收益要求达成对经营者资本配置行为具有约束作用的财务政策框架。经营者面对的资本配置环境具有不确定性，经营者的资本配置行为具有相机性，其他利益相关者不可能与经营者就资本配置行为的具体方案，乃至每一个细节达成合约。所以，财务政策具有对经营者资本配置行为的微观调控作用。另外，由于利益相关者受理财环境不确定性的影响，其风险偏好与预期收益也在变化，利益相关者也需要选择不同的财务政策调控经营者的行为。

所以，财务政策的含义可以归纳为：在一定财务状态下，为了满足不同的风险偏好与预期收益，利益相关者对资本配置的原则、范围、方式、方法达成的合约，这种合约具有调控、约束经营者（代理人）财务行为的作用，是利益相关者共同选择的结果。

既然财务政策是利益相关者相互博弈、共同选择的结果，而且，财务政策对经营者行为具有指导作用，那么，财务政策选择的目标就是满足利益相关者的风险偏好，实现利益相关者的预期收益。

（二）财务政策的内容

财务政策包括投资政策、筹资政策、收益分配政策和财务治理政策。

1. 投资政策

根据资产的时间维度，投资政策可分为长期投资政策和短期投资政策。其中，长期投资政策主要是指资本预算政策，短期投资政策主要是指现金政策、存货政策和信用政策等。

资本预算政策是利益相关者基于长期资产的品种、规模与结构而达成的用以调控和约束代理人资产选择行为的财务政策。每一种资产收益的依存状态是不相同的，利益相关者通过制定资本预算政策使代理人选择满足自己风险偏好与预期收益的资产。

根据资本预算额度的增长率可将资本预算政策分为稳定型、扩张型、收缩型与混合型四种不同的资本预算政策。稳定型资本预算政策是一种保持长期资产规模相对稳定的政策，它适用于财务状态相对比较平稳，资产结构能够满足利益相关者的风险偏好与收益要求的企业。扩张型资本预算政策是一种保持长期资产规模持续增长的政策，它适用于财务状态持续向好，资产结构能够满足利益相关者的风险偏好与收益要求，规模扩张不会影响当前利益相关者的收益状态，会吸引更多潜在利益相关者加盟的企业。收缩型资本预算政策是一种降低长期资产持有比例，调整资产结构的政策，它适用于财务状态波动加大，资产组合风险超出利益相关者承受范围，需要通过出售、转让长期资产等手段调整资产结构的企业。混合型资本预算政策是指对不同的长期资产分别采取稳定、扩张与收缩等不同类型的政策，它适用于多元化战略调整的企业。

根据资本配置项目的风险程度划分，资本预算政策又可分为冒险型、谨慎型与保守型三种。冒险型资本预算政策是以追求超额收益为目标，资本的投向选择以高风险项目为主的投资政策，这种政策的特点是高风险高报酬，适用于风险管理能力较强的高成长型企业。保守型资本预算政策则是以追求稳健的收益为目标，资本投向以低风险项目为主的投资政策，这种政策的特点是低风险低报酬，适用于风险管理能力较低的规模维持型企业。谨慎型资本预算政策是介于冒险型和保守型之间的财务政策，以获取平均收益为目标，资本投向以预期风险与预期收益相匹配的项目为主，这种政策的特点是风险与收益匹配程度较好，适用于可持续发展的企业。

短期投资政策是指财务主体对现金及其等价物、存货、应收款项等流动性资产在资产组合中的比例及其余额确定的政策，包括现金管理政策、存货管理政策、信用政策等内容。

2.筹资政策

筹资政策是利益相关者关于资本筹集的数量、期限、方式而达成的用于约束代理人筹资行为的财务政策。筹资政策包括资本结构政策与筹资来源政策。

资本结构政策是关于资本筹集的数量与期限结构的政策。从产权的角度来看，资本结构是指债权资本与股权资本之间的比例关系，通常用产权比率、资产负债率来表示。从资本期限的角度看，资本结构是短期资本与长期资本之间的比例关系，对此，通常与资产结构相结合进行研究，即营运资金政策的研究。从利益相关者的风险偏好来看，不同资本结构的安排对他们各自的影响不同。对于所有者来说，希望提高资产负债率，发挥财务杠杆的作用，提高净资产报酬率；对于经营者来说，提高资产负债率会提高利息支出、增大财务风险，降低经营者对自由现金流量的支配额，增加了经营者的还款压力；对于债权人来说，提高资产负债率会降低企业的偿债能力，增加贷款损失风险。同样，由于利益相关者对资本时间的偏好不同，对资本的期限结构政策选择倾向也不同。所有者希望提高短期债权资本的比例，以降低资本成本，提高净资产报酬率；经营者则希望适度安排短期债权资本的比例，这样，一方面可以降低资本成本，另一方面可以缓解由于过度安排短期债权资本带来的还款压力；债权人则希望在不以牺牲企业偿债能力为前提的条件下安排资本的期限结构。

筹资来源政策包括内源融资政策、外源融资政策和平衡融资政策。其中，内源融资政策是指通过企业收益留成、固定资产折旧和负债自然增长等融资渠道筹集资金的政策；外源融资政策是指通过发行证券、银行借款等渠道筹集资金的政策；平衡融资政策则是指在保持目标资本结构不变的条件下，兼顾内源与外源两种不同渠道筹集资金的政策。内源融资风险小，能够满足保守型利益相关者的需要；平衡融资政策可以根据利益相关者的风险偏好与预期收益的要求，通过内源融资与外源融资两种渠道的组合筹集资金。

3.收益分配政策

收益分配政策是利益相关者对一定时期内形成的经营成果达成的分配政策。收益分配不同于股利分配，前者参与分配的主体是利益相关者，客体是未考虑人工成本的息税前利润；后者参与分配的主体是股东，分配的客体是净利润和留存收益。收益分配政策包括薪酬政策、偿债政策、股利政策。

（1）薪酬政策

薪酬政策包括员工工资政策与经营者薪酬政策。其中，员工工资政策是企业利益相关者对职工劳动报酬达成的分配政策。具体包括：固定工资政策、变动工资政策和混合工资政策。固定工资政策是员工的最低工资标准，适用于工作量相对比较稳定的工种；变动工资政策是为了反映员工对企业绩效的贡献程度，适用于工作量变动幅度较大的工种；混合工资政策则是指在为员工提供安全收入的同时，更好地调动员工的工作积极性而采取的工资政策。

经营者薪酬政策是利益相关者对经营者的激励政策。经营者薪酬政策包括工资奖金政策、年薪政策和股票期权政策。工资奖金政策是指每月按照合同支付经营者固定工资，年终按照业绩指标完成情况计提奖金的政策；年薪政策是一种高薪固定工资政策；股票期权政策则是指授予经营者在未来按照合约规定价格购买一定数量公司股票选择权的激励政策。

（2）偿债政策

偿债政策是指债权人与企业之间达成的按照合同规定履约还款，参与收益分配的政策。偿债政策包括偿债基金政策、抵押政策、担保政策与司法政策等。其中，偿债基金政策是为了保证到期能够还本付息，企业按期提取的用于偿还债务的基金；抵押政策是为了保证企业能够按期还本付息，债权人要求企业以一定的资产作抵押才能获取贷款的政策；担保政策是指为了保证企业能够还本付息，债权人要求企业有具有信用能力的单位为其提供担保，或提供担保品的偿债政策；司法政策则是指当企业拒不履行偿债义务，或实质性侵害了债权人利益时，债权人通过司法程序而采取的强制执行偿债义务或债务保全的偿债政策。

（3）股利政策

股利政策是投资者基于剩余收益而采取的分配政策，根据投资者的不同，股利政策可分为优先股股利政策和普通股股利政策。

优先股股利政策是利益相关者对优先股股东参与剩余分配而达成的收益分配政策。优先股的股利政策一般为固定股利政策，即按照约定的股利率在普通股股利支付之前支付，它的核心问题是如何确定股利率。

普通股股利政策是利益相关者对普通股股东参与剩余分配而达成的收益分配政策。根据是否分配股利可将其分为不分配政策和分配政策两种。根据股利增长情况可分为稳定的股利政策、变动股利政策、低正常加额外股利政策与剩余股利政策等内容。根据股利支付方式可分为现金股利政策、股票股利政策、实物股利政策、负债股利政策和配股政策等。

4.财务治理政策

财务治理政策是利益相关者关于财务关系治理模式选择的财务政策。财务治理政策包括所有者与经营者之间的财权委托代理关系的治理政策、经营者与下级经营者之间的财权委托代理关系的治理政策、债权人与企业之间债权债务关系的治理政策、职工与企业之间的劳资关系的治理政策等。

所有者与经营者之间的财权委托代理关系的治理政策包括股东至上的单边治理政策和利益相关者共同治理政策。以英、美为代表的公司体制中，实物资本是衡量权利、自由的唯一尺度，企业是股东投入实物资本创办的，公司财务治理政策崇尚股东至上的单边治理政策。以德、日为代表的公司体制中，虽然强调实物资本的地位，但是，并不排斥其他利益主体提供的债权资本、劳动力资本与社会资本的地位，公司财务治理政策崇尚共同治理政策。

经营者与下级经营者之间的财权委托代理关系的治理政策包括财务集权治理政策和财务分权治理政策。在科层关系相对简单的公司体制中，经营者往往奉行财务集权的治理政策；在科层关系比较复杂的公司体制中，经营者往往奉行财务分权的治理政策；在含有分公司、子公司的大型集团公司体制中，经营者往往奉行集权与分权相结合的治理政策。财务集权治理政策虽然可以降低代理成本，但是，不利于保持应对不确定性因素的灵活性。财务分权治理政策虽然可以保持应对不确定性因素的灵活性，但是不利于降低代理成本。经营者在选择财务治理政策时，需要权衡集权与分权政策的不同代理成本和财务灵活性带来的收益。

债权人与企业之间债权债务关系的治理政策包括经常治理政策和普通治理政策。在债权人不是股东的情况下，债权人对企业的治理主要是普通治理政策，即在债权人认为企业不具备履行偿债能力的条件下，债权人可以启动企业破产程序，达到控制企业财权的目的。在债权人同时又是股东的情况下，债权人对企业的治理主要是经常治理政策，债权人可以以股东的身份参与公司的财务治理。从关系型融资的角度看，债权人即使没有股东身份也具有经常参与公司财务治理的动机，因为债权人只有经常参与公司治理，才能够获得是否进一步提供贷款的决策信息。债权人采取何种财务治理政策取决于债务人的财务状态，即能否按期偿债的能力。

职工与企业之间的劳资关系的治理政策包括参与治理政策和非参与治理政策。德国和日本比较重视职工对企业经营业绩的贡献，职工对企业具有一定的忠诚度，劳资关系治理政策选择参与治理政策，即职工可以工会组织的形式选出职工利益代表参加公司的董事会和监事会。英国和美国也很重视劳资关系，但是并不赞成参与治理政策，而是以选择非参与治理政策为主。中国的公司法虽然也支持职工的参与治理政策，但是，实行职工参与治理政策的公司很少。

（三）财务政策选择

财务政策是财务管理的重要内容，面对财务的不确定性，企业如何选择与目标一致、与环境相适应的财务政策是权变财务必须回答的问题。

1.周期性财务政策选择

经济的周期性特征是财务政策相机选择的影响因素之一，只有将企业的财务政策与经济的周期性特征（如经济周期、行业周期、企业生命周期和产品寿命周期）相联系，才能实现财务政策目标。对此，罗福凯（2003）将宏观经济周期作为外生变量，提出了财务周期的概念及其相关的理论分析模型，为周期性财务政策选择提供了理论基础。吴树畅（2005）从企业生命周期的角度分析了企业不同周期阶段的财务特征及财务政策选择。基于宏观经济周期、行业生命周期、产品生命周期等不同角度的企业财务政策选择问题尚需进一步研究。

2.利益相关者财务政策选择

关于利益相关者财务政策选择的研究，吴树畅（2005）将利益相关者划分为控制性和非控制性，进而从风险承担与收益分享的角度分析了财务政策的选择问题；程宏伟（2005）通过隐性契约与显性契约的划分，以及专用性投资等不同视角，阐述了利益相关者财务政策选择问题。

根据企业财务状态的不同，利益相关者对财务政策选择作用的强弱也不同。在所有者结构中，由于持股比例不同，可将所有者分为控制型所有者和非控制型所有者。控制型所有者持有股份的比例较高而处于绝对控股地位，其风险偏好与预期收益对财务政策的选择具有直接作用；非控制型所有者持股比例较低，其风险偏好与预期收益对财务政策选择具有间接作用。经营者是资本所有者的代理人，由于其自身的信息优势和专业优势，对财务政策的选择会产生很大的影响，特别是在企业财务状态持续向好的情况下，经营者的态度将影响财务政策选择的结果。债权人在财务政策选择中的作用也因企业财务状态的不同而不同。在企业偿债能力较强、信用状况良好的情况之下，属于非控制型主体，债权人对财务政策选择的影响较弱；在存在风险性负债的条件下，债权人转变为控制型主体，债权人的态度直接影响到财务政策的选择。政府对财务政策选择的影响，一般是间接的，主要是通过宏观经济政策引导企业财务政策的选择，如产业政策、税收政策对财务政策的影响。但是，由于提高就业率是政府的目标之一，当对经济、金融、社会影响很大的企业处于破产状态时，政府的态度又会直接影响财务政策的选择。例如，政府对南方证券公司和新疆德隆公司的接管就是例证。职工、顾客对财务政策的选择也是间接的，职工根据人才市场的定价机制重新配置自己的劳力，顾客通过产品市场重新选择供货商对财务政策选择产生间接影响。

从企业财产的组织形式来看，由于财产所有权与经营权的依存状态不同，利益相关者所面临的风险状态与预期收益要求也不同，他们需要通过财务政策调控资本配置的行为，使企业的风险状态与收益满足自身的要求。

在财产所有权与经营权统一于财产所有者的前提下，财产所有者会根据经营环境的变化，及时调整财务政策，使资本配置的风险状态与预期收益满足自己的目标要求。如果所有者对企业的债务承担无限连带责任，此时，债权人有理由相信企业的所有者能够履行债务合约，债权人对企业财务行为进行政策调控的动力明显不足。如果所有者对企业的债务承担有限责任，此时，相当于所有者持有了一份卖出期权合约，当企业处于持续经营状态时，所有者会持有这份期权合约；当企业资不抵债时，企业的所有者会选择履行期权合约，将企业卖给债权人。企业的所有者具有将债权人的资金投放到比债务合约规定的风险更高的投资项目上的动机，所有者可以因此获得高风险带来的高回报的好处，而债权人的收益是合同事先约定的固定利息。当这种投资失败时，所有者可以通过选择执行期权合约，将企业转让给债权人，所有者只承担以剩余权益资本为限额的损失，而将其他损失转嫁给债权人。另外，所有者会选择再次发行债券或银行借款等增大财务风险的方式融资，使原债权人的风险比合同约定的风险更大。在这种情况下，债权人不仅可以通过签订详细的债务合约约束所有者的财务行为，同时，可以通过对所有者财务政策选择行为的干预而达到限制所有者财务行为的目的。此时，财务政策是所有者与债权人相互博弈、共同选择的结果。

在财产所有权与经营权分离的条件下，利益相关者中引入了经营者。之所以引进经营者是因为经营者的专业知识与风险管理能力的优势，经营者对企业的实际运营情况比较了解，所以，在财务政策选择方面比所有者更有优势。经营者具有自利行为，在选择财务政策时，具有机会主义倾向。所以，所有者不能将财务政策的选择权全部委托给经营者代理。在此情况下，财务政策是所有者与经营者之间，以及所有者与其他利益相关者之间相互博弈、共同选择的结果。

五、财务行为选择

（一）投资行为选择

在环境不确定条件下，风险收益权衡是投资行为选择的最基本问题。经典财务往往将环境假设为确知的，风险也可以有效控制，这与现实不确定的世界是相悖的。因此，国外学者关于公司投资行为的实证研究主要包括两个方面：一方面是基于不完全市场的融资约束与公司投资-现金流敏感性之间的关系（Fazzari、Hubbard和Petersen，1988；Kaplan和Zingales，1997；Cleary，1999）；另一方面是基于实物期权理论的不确定性和公司投资之间的关系（Leahy和Whited，1996；Ghoshal和Loungani，2000）。国内学者提出了资产组合轮盘理论（吴树畅，2005），认为在资产组合轮盘中，人力资产处于核心地位，对其他资产具有支配作用。人力资产和无形资产构成了企业的核心资产，是区别于其他企业的异质性资源，二者构成了企业的投资平台。核心资产决定了实物资产与虚拟资产的品种以及在资产组合中的数量比例关系。虚拟资产是实物资产符号化的、有价值的金融资产，其价值取决于实物资产的收益能力。环境资产是资产组合的安全性资产，通过环境资产投资可以降低内部与外部不确定性因素对财务系统正常运行产生的影响，资产组合轮如图10-1所示。假如将要素资产组合比喻成果实，那么，人力资产与无形资产是果核，实物资产与虚拟资产是果肉，环境资产是果皮。该理论实际上强调的是不确定性条件下财务主体的投资能力。财务主体只有加强核心资产的投资，才能提高财务动态能力，适时把握投资时机、转换资产，控制风险。

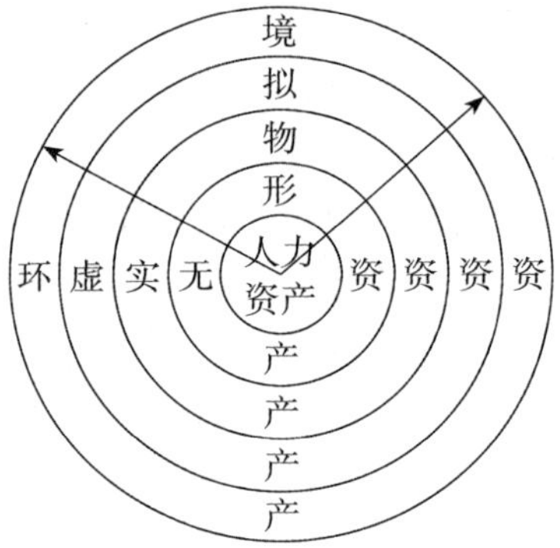

图10-1 资产组合轮

不确定条件下，财务主体可以根据实物期权模型和现金流贴现模型相机选择等待投资、分期投资、分散投资和放弃投资等不同策略。

在不确定性条件下，由于市场的不完全性，投资者很难做出立即投资与放弃投资的决策选择。立即投资可能造成财务失败，放弃投资又会丧失投资机会，选择等待是投资者在不确定性条件下较为明智的策略选择。因为，等待可以改善财务主体的决策信息依存状态，投资者通过观察、分析、调查等可以获得更多的决策相关信息，相关决策信息也会由不确定状态而逐渐明朗化，所以，等待可以降低投资的不确定性、规避系统风险。当等待获得的信息足以支持财务主体做出正确决策时，财务主体才会选择立即投资或放弃投资的策略。当然，选择等待投资的前提是等待的价值大于立即投资的价值，财务主体才会选择等待的策略。

在信息不对称的条件下，投资者可以采用分期投资策略，根据上一期投资获得的信息确定下一期的投资。如果投资项目的实际收益比预期收益高，可选择追加投资；反之，则减少投资或停止投资。这样，可以通过投资规模的控制防范风险的扩大。获得信息是有成本的，这种为降低不确定性付出的成本是投资者获得选择追加投资、减少投资或停止投资的期权价格。分期投资是否可行要权衡获得信息的成本与期权收益，如果获得信息的成本大于期权收益，则应放弃分期投资策略；反之，如果获得信息的成本小于期权收益，则应实施分期投资策略。

不确定性与收益是相生相伴的，投资决策管理的核心是风险与收益的匹配问题，即在收益一定的条件下实现风险最小化，或在风险一定的情况下实现收益的最大化。1952年，马可维茨的投资组合理论为管理不确定性提供了分析工具，他认为通过资产组合后的投资，其收益是各项资产收益的加权平均，而风险则比原来降低了。正所谓“鸡蛋不能放在一个篮子里”，财务主体在不确定性条件下投资应采取分散投资的策略。

任何影响财务主体决策的变量都可能因为自身或其他变量的原因而发生变化，也就是说现在看来有利的投资项目，随着时间的推移也有可能会变成不利的投资项目。所以，在不确定性条件下，财务主体应当考虑一旦条件变得不利，应马上变现资产，保全资本。对享有实物期权的投资项目，如果决策信息表明履行实物期权是不理性的，那么，财务主体可以放弃履行实物期权。

（二）融资行为选择

主流的资本结构理论有三种：权衡、顺序偏好和市场择时理论。权衡理论认为债务的好处与成本的比较决定了企业最优的资本结构。债务的一个主要好处是利息扣除所带来的税收节约，另一个好处是可以减少自由现金流量的代理问题。债务的成本则包括直接的破产成本以及债权人和股东之间利益冲突所导致的间接财务困境成本。在Myers（1984）的顺序偏好理论中，为了尽可能减少信息不对称给公司现有股东增加的成本，经理在为新项目融资时，总是先利用内部资金，如果需要外部资金，将首先发行最安全的证券，即债务优先于股票。随着外部资金需要量的增加，企业将按以下顺序融资，开始是无风险债务，接下来是风险债务，股票是最后的选择，只有当财务危机迫在眉睫时才会发行。如果内部产生的现金流超出了资本支出的需要，过剩现金将首先用于偿还债务而不是购回股份。与权衡理论不同，在顺序偏好模型中并不存在一个最优的资本结构，财务杠杆变化的驱动力是内部现金流与真实投资机会之间的不平衡，即融资缺口。同顺序偏好理论一样，市场择时理论也认为，资本结构只是以往外部融资决策的一个被动反映，其本身并不是经理所关注的一个主要目标。与顺序偏好理论不同的是，市场择时理论并不认为在外部融资中债务一定优先于股票。在确定发行何种证券时，经理将同时考察债务和股票的市场状况，哪个市场更有利，就选择发行哪种证券。换句话说，企业的外部融资偏好是随资本市场状况而变化的。

从权变的角度看，融资行为的选择要顺应财务环境的变化，一方面可以选择具有财务动态性的融资工具，如可转换证券；另一方面要保有再融资能力，也就是说，财务杠杆程度不能用到极致，要留有余地，保持资本结构的柔性，这样才能更好地应对财务环境的变化。基于此，融资顺序选择，应优先考虑内部融资，之后，再考虑外部融资；选择外部融资时，应先选择股权融资，然后，再考虑债务融资。为了提高资本结构的柔性，财务主体应保持动态目标资本结构，根据环境的变化，相机调整资本结构。

六、风险分散机制选择

（一）风险分散机制类型

1.企业的风险分散机制

企业是各种要素资本的组合及其反映的产权关系，要素资本所有者即利益相关者共同投资的结果表现为企业的资产组合，其产权关系表现为融资组合。融资组合是一定财务状态下的投资者风险合同交易的结果，资产组合是投资者风险合同交易的标的物。当资产组合的风险收益特征反映了利益相关者的风险偏好与预期收益目标要求时，资产结构与融资结构达到一种完美的结合状态；当资产组合的风险收益特征不能满足利益相关者的风险收益目标要求时，利益相关者的代理人会借助要素市场与产品市场实现资产交换，调整资产结构。资产结构的调整过程与融资结构优化的过程就是企业风险分散的过程。在企业风险分散的过程中，利益相关者之间资源优势互补，提高了各自的风险承受能力，使企业有了更多的财务机会和更多的选择空间。

当资产组合的风险收益特征完全满足投资者的偏好时，投资者愿意自己投资持有该资产组合，此时，企业的组织形式表现为独资企业；当资产组合的风险与收益特征超过投资者的承受能力，他会选择调整资产组合，或将风险收益组合部分出售给其他人，与其他人共同分摊资产组合的风险与收益。此时，可能是因为资本的限制，也可能是风险收益管理能力的限制。如果是资本的限制，他会选择举债借入资金，一方面，可以解决资产规模扩大带来的资本需求；另一方面，可以享受剩余收益的好处。如果是风险管理能力的限制，他会将以资产组合为标的物的风险合同部分或全部外包给具有这方面能力的经营者，或者做出妥协引入具有这方面能力的合伙人、战略投资者。这样，就形成了其他企业组织形式。

从以上分析可以看出，投资者对风险分散的不同需要产生了不同的企业组织形式，不同的企业组织形式具有不同的风险分散功能。至于选择哪种企业组织形式，要根据利益相关者的风险偏好与预期收益要求，以及资产组合的风险收益特征而定。独资企业虽然有利于股东实现剩余收益的目标要求，但是，独资企业单一股权结构决定了企业资本来源的单一性与风险管理能力的专用性，大大限制了企业可供选择的财务机会，不利于实现企业规模扩张与资产多样化组合分散风险的需求。合伙企业与公司制企业实现了股权结构的多元性与风险管理能力的普适性，能够有效改善独资企业风险分散的局限性，提高企业风险分散的功能。但是，合伙企业的所有者承担的是无限责任，公司制企业的所有者承担的是有限责任，二者的风险分散功能并不同。合伙企业的无限责任不仅不能满足投资者厌恶风险的偏好，而且限制了企业选择财务行为的机会，因此，合伙企业的风险分散功能受到了极大的限制。而公司制企业的有限责任则满足了投资者实现高风险高报酬的目标要求，扩展了企业的财务边界，有利于提高企业的风险分散能力。

2. 市场的风险分散机制

要素市场和产品市场的风险分散功能在于为投资者提供了可供选择的资产品种和信号传递的功能。因为投资者风险偏好与预期收益是有差异的，对资产品种、质量要求也不一样，市场的功能在于向投资者提供可供选择的资产品种。要素市场和产品市场在向投资者提供资产的同时，还通过价格向投资者传递资产供应与需求的信息，价格信息又为投资者调整资产组合，实现风险与收益的匹配提供了决策基础。

由于利益相关者的风险与收益结构的复杂性，以及要素市场和产品市场风险分散的局限性，有时，仅仅通过调整企业的资产组合，并不能完全实现利益相关者的风险收益目标要求。因为要素市场和产品市场提供的风险合同不能完全细分，资产组合不能严格按照马可维茨（Markowitz，1952）投资组合的比例要求实现风险分散。另外，资产的专用性与信息的不对称性也增大了资产交易的摩擦成本，因此，限制了投资者之间风险合同交易的规模与频率。所以，企业与要素市场和产品市场之间的交易是有局限性的，不能完全满足利益相关者的风险偏好与预期收益要求。

为了满足投资者风险分散的需要，弥补产品市场和要素市场的缺陷，客观上需要将每个交易主体持有的资产组合细分为相同的份额，并以合约的形式进行交易，而且，这种交易不需要实物的交割，只需要交换产权证明，因此，形成了资本市场。根据金融合约性质的不同，可以将资本市场划分为股票市场、债券市场等，其中，股票与债券是以一定资产组合为标的物的金融合约，这些金融合约代表了一定财产的权利。资本市场分散风险的优势在于：

（1）降低市场交易的成本。资本市场交易具有便捷、迅速的特点，节省了投资者大量的时间成本，提高了市场交易的效率。特别是在互联网时代，网上证券交易系统使投资者可以跨时空配置资本，拓展了投资者资产选择的边界。这不仅有利于降低市场交易的成本，而且更有利于投资者选择多样化资产分散系统风险。

（2）提供可供交易的细分资产。资本市场可以根据投资者的需要提供细分资产，这不仅满足了投资者资产品种需求的多样化，而且，为投资者不同风险收益目标下的资产组合定制提供了可能。而这正是产品市场和要素市场所不能完全提供的。

（3）传递决策有用的信息。要素市场和产品市场交易的过程复杂，所需时间较长；资产的专用性特征限制了市场交易的频率；而且，资产交易的场所相对比较分散。这些因素导致了产品市场和要素市场的价格信号传递功能弱于资本市场。因为资本市场是通过网络系统集合竞价完成的，不确定性因素信息很快会反映到证券价格的变化上。根据法玛（Fama，1970）的有效市场假说，完全有效的资本市场，证券价格可以反映现在的信息和预测信息；半强势有效的资本市场，证券价格能够反映现在的信息，不能反映预测性信息；弱势资本市场的证券价格只能反映过去的信息，对现在信息的反映具有滞后性。所以，在强势和半强势资本市场条件下，证券价格信息能够为投资者提供选择交易行为的决策有用信息。

（4）提供做空机制。资本的逐利性驱使投资者选择风险投资，同时，投资者又会承受风险的精神折磨。那么，怎样才能满足投资者风险投资的愿望，同时，又能减轻风险给投资者带来的折磨呢？资本市场就提供了这样的风险分散的机制——做空。资本市场交易的资产品种除了股票、债券等原生金融产品之外，还包括以股票、债券、金融指数等为标的物的衍生金融产品。衍生金融产品如期权、期货、远期合约、互换等为投资者持有原生金融产品提供了套期保值的功能，这种套期保值的功能为投资者提供了规避风险的可能性，但同时又能分享因冒风险而获取高报酬的满足感。

3.关系型合同的风险分散机制

市场与企业是两种性质不同的风险分散机制，在企业与市场之间还存在着一种风险分散机制，即关系型合同。所谓关系型合同是指投资者为了规避不确定性因素对其财务行为的影响而签订的远期合约。通过签订远期合约，投资者可以屏蔽未来不确定性因素的影响，转嫁风险，实现预期收益。市场交易主体双方的自利性导致了各自行为选择的相机性，交易行为的相机性增大了投资者收益的风险性，而关系型合同正是基于约束交易双方相机行为的一种有效的风险分散机制。但是，由于关系型合同规定了合约双方行为选择的边界，也因此增大了交易双方的机会成本，风险分散机制原理如图10-2所示。

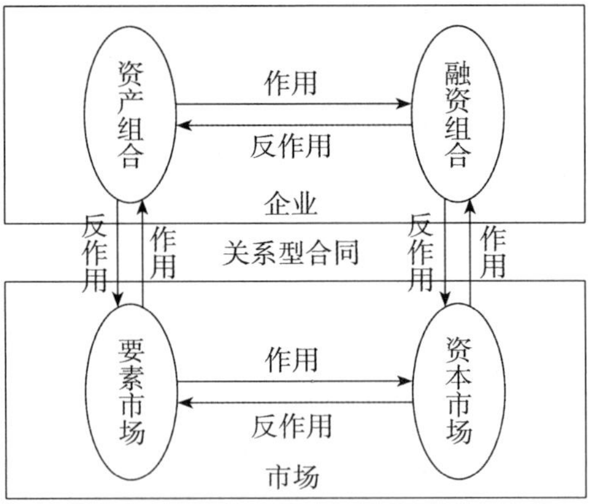

图10-2 风险分散机制原理

（二）风险分散机制的选择

私人财务主体分摊风险的机制性选择主要有市场与关系型合同。根据预期收入的变化，私人财务主体相机选择投资与消费的比例关系，并根据信息的完全程度选择配置资本的财务边界。由于人力资本的专用性，私人财务主体可以选择关系型合同规避劳动力市场的不确定性因素对其人力资本投资报酬的影响，也可以选择期货合同规避产品市场价格的不确定性因素对其实物资本投资报酬的影响。例如，粮农可以与政府、企业签订远期供货合同以规避小麦市场价格的波动，也可以根据小麦期货市场行情的变化预测未来小麦的价格走势，以确定投资于种植小麦的资本。但是，由于受到预算收入和知识结构的限制，私人财务主体承担风险的能力限制了其财务行为选择的边界。只有在预期收益较为确定的条件下，私人财务主体才会适当举债，扩大投资边界。之所以如此，是因为私人财务主体风险分摊机制的选择只有市场和关系型合同，而市场与关系型合同带给私人财务主体的是无限责任，抑制了私人财务主体冒险投资的冲动。

当市场与关系型合同风险分摊机制不能满足私人财务主体的风险偏好与预期收益要求时，企业就产生了。企业是各种要素资本的合同集，不同要素资本的组合提高了私人财务主体的风险承受能力。同时，有限责任企业相当于投资者持有的一份欧式卖出期权，为投资者冒险提供了制度保障。当投资者因冒险而不能偿还到期债务时，投资者可以执行期权，将企业的资产卖给债权人，而投资者只承受剩余资本损失。所以，企业是基于投资者因冒险而需要提高风险分摊能力以获得预期报酬而产生的。但是，获得企业风险分散功能需要付出一定组织成本，这些组织成本包括成立企业所需要的费用，以及保持并提高企业风险分摊能力所需要的费用。随着企业财务边界的扩大，外部不确定性因素对企业财务运行系统的影响在减小，但是，由于业务的复杂性和信息的非对称性，企业的组织成本也会随之上升。所以，是否选择企业风险分摊机制或提高企业在风险分摊中的作用，取决于财务主体边际收益与边际成本的权衡，如果能够因此而给财务主体带来净增收益，财务主体就会选择风险分摊机制或提高企业在风险分摊中的作用；否则，就会放弃或终止企业。

企业作为分散风险机制的优势在于利益相关者之间的资源优势，但是，作为市场竞争主体的企业，其财务行为要受到利益相关者自私心理的支配，而利益相关者的风险承受能力又决定了企业不可能选择着眼于改善一个国家或地区宏观经济状况的财务行为，因为这种财务行为超出了一般投资者的风险承受能力。为了改善一个国家或地区的宏观经济状况，政府可以通过宏观调控政策来校正企业的财务行为选择，而政府的这种调控作用是通过财务机制的传导作用实现的，受到预期不确定性因素的影响，政府的宏观调控作用也受到了限制。为了弥补政府宏观调控的缺陷，政府还可以作为出资人成立国有及国有控股公司，发挥国有资本边际风险分摊能力强的优势，加大国有资本的风险投资力度，平抑市场的剧烈波动、推进技术创新，促进宏观经济的稳定发展。但是，国家作为出资人成立国有企业，必须完善相应的法律法规、完善市场的替代机制、增加对违规处罚的力度，以此弥补国有资本公共产权的缺陷。

从以上分析可知，企业、市场与关系型合同都是投资者风险分摊机制的或有选择，是否选择一种风险分摊机制取决于一定财务状态下，财务主体选择一种风险分摊机制获得的净增收益。随着财务状态的波动，投资者选择风险分散机制具有相机性。同时，投资者还可以利用不同风险分散的优势，有效组合风险分散机制，以满足投资者风险状态依存的需要。所以，当利益相关者认为既定的风险分散机制不能改善自己的风险依存状态时，就会根据不同风险分散机制的风险分散功能进行相机选择。

● 第三节 未来研究展望

企业始终面对的是不确定的环境，如何提高企业的动态能力适应环境的变化，以及在不同状态下，企业应该选择何种战略及策略，实现预期理财目标，是一个充满活力，而又富于挑战的研究话题，它值得理论界不断深入挖掘、探索其内在的规律。具体有以下几个方面需要予以重点关注与研究。

一、基于周期性因素的财务行为研究

经济周期性交替变化的规律要求财务主体相机选择适应型的财务行为，对此，美林证券全球战略资产配置团队2004年将宏观经济状态按照经济增长率与通货膨胀率进行阶段划分，然后，提出在每种状态下哪些金融资产将获得最佳的收益，创造了金融投资时钟（investment clock）理论。近年来，一些学者（如曾爱民等，2011、2013）研究了2008年金融危机冲击对于企业投资、融资的影响以及企业如

何储备财务柔性加以应对。对于实体企业来说，实物是其主要投资对象，那么，面对经济周期、行业周期、产品生命周期和企业生命周期，企业实物投资的特点、规律是什么，能否创造企业实物投资时钟理论；与此同时，企业又应该如何动态优化它的资本结构，其演进变化的规律又是什么，财权应如何配置等问题，需要进一步研究。

二、不确定条件下企业财务动态能力研究

适者生存，不适者被淘汰是企业竞争、进化的自然规律。2008年至2010年发生的金融危机给我们以深刻的教训，雷曼兄弟、通用汽车等国际知名的大公司破产、倒闭；丰田汽车因为扩张太快、质量控制不严，对市场出现的问题反应迟钝等原因而面临市场份额萎缩、或有赔偿负债巨大所带来的危机。这些知名的大公司为什么没有顺利渡过这次危机，它们的脆弱表现在什么地方，而有些不知名的公司却因为这次危机更加强大、更有竞争力，为什么？这就是企业的适应能力，从财务的角度看，就是企业的财务动态能力在起作用。财务动态能力是权变财务管理的核心，只有提高财务主体的财务动态能力才能降低权变财务风险，提高权变机会收益。因此，如何评价财务动态能力，评价的内容是什么，如何设定评价指标，这需要进一步实证分析的研究。近年来，一些学者围绕企业外部环境的不确定性进行了财务柔性、财务弹性、财务适应性、财务压力、财务松懈、财务保守、财务健康等相关研究，取得了较大进展。

三、财务机会分析框架与识别模型

不确定与机会相伴而生，对潜在机会加以分析、识别，有利于财务主体把握机会、规避风险。权变财务提出了财务机会这一概念，并做出了初步分析，提出了相关识别模型，但是，还不够深入，需要进一步研究、论证。第一，财务机会分析框架的构建。从哪些方面进行分析，分析的步骤是什么，判断财务机会存在的标准是什么。第二，财务机会识别模型的构建。可以从投资机会和筹资机会两个角度进行更加深入的研究。

四、权变财务与行为财务的融合研究

权变财务和行为财务都是研究不确定条件下财务行为的选择问题，但是，权变财务更为强调理性决策，如何借助行为财务研究方法进一步研究不确定性条件下企业的财务行为，这是将来需要研究的具有挑战性的前沿命题。在经济繁荣和经济衰退时期，企业的管理者、股东与债权人由于对风险的反应不同而表现出非理性的一面，导致财务行为选择的差异性，那么如何建立可靠的财务治理框架，以协调利益各方的不同态度、最终做出理性的决策，需要从一个新的视角研究行为财务治理问题。

思考题

1.如何从财务状态波动的角度衡量不确定性，并选择相关指标构建财务状态波动判别模型？

2.以2007年至2009年金融危机前后的上市公司财务数据为样本，评价中国上市公司的财务动态能力。

3.利用权变理论分析中国上市公司的融资行为，并对市场择时理论做出评价。

4.不确定性条件下，如何利用净现值决策模型和实物期权决策模型进行投资决策？

5.试用行为财务学分析方法分析雷曼兄弟公司破产的原因，并提出化解风险的对策。

6.企业风险分散机制与市场风险分散机制存在什么样的内在联系？

7.利益相关者如何调控公司的资本配置？

8.控股股东变更是怎样影响上市公司财务政策的？

9.谈谈汇率、利率、通货膨胀率变动对周期性行业财务管理的影响？

10.如何增强企业的财务动态能力？

11.试述财务松懈、财务弹性、财务柔性的差异性。

12.谈谈共享经济对企业财务的影响。

13.谈谈大数据、人工智能、云计算等技术变革下公司财务如何转型发展？

延伸阅读文献

1. FAZZARI S R. Glenn Hubbard and Bruce Petersen. Financing Constraints and Corporate Investment [J]. Brookings Papers on Economic Activity, 1988: 141-195.

2. HIGGINS S T, PETRY N M. Contingency Management: Incentives for Sobriety [J]. Alcohol Research & Health, 1999, Vol. 23 (No. 2): 122-127.

3. PINDYCK R S. Irreversibility, Uncertainty, and Investment [J]. Journal of Economic Literature, 1991, 29: 1110-1148.

4.阿姆拉姆，库拉蒂拉卡．实物期权：不确定性环境下的战略投资管理［M］．张维，等，译．北京：机械工业出版社，2001.

5.迪克西特，平迪克．不确定条件下的投资［M］．朱勇，黄立虎，丁新娅，等，译．北京：中国人民大学出版社，2002.

6.曹国华，等．不确定环境下资本结构的动态调整分析［J］．重庆大学学报，2002（11）．

7.陈黎明，等．不确定环境下新技术投资策略模型研究［J］．管理科学学报，2005（8）．

8.陈榕．基于动态能力的企业财务战略控制体系［J］．当代财经，2008（10）．

9.方卫国，等．企业组织结构与环境不确定性程度的关系［J］．系统工程理论方法应用，2005（5）．

10.顾乃康，等．国外资本结构动态性研究前沿探析［J］．外国经济与管理，

2008（9）.

11. 何朝林，等. 不确定性规避下的动态资产组合选择［J］. 系统工程学报，2009（2）.

12. 黄伟彬. 财务杠杆的动态变化：三种理论的实证比较［J］. 财贸经济，2008（4）.

13. 姜英兵. 论财务灵活性［C］. 第八届全国理财学科建设研究会论文集，2002.

14. 焦豪. 企业动态能力、环境动态性与绩效关系的实证研究［J］. 软科学，2008（4）.

15. 考特尼. 不确定性管理［M］. 北京新华信商业风险管理有限责任公司，译.北京：中国人民大学出版社，2000.

16. 李根道. 模型不确定下的收益管理动态定价策略研究［D］. 重庆：重庆大学，2009.

17. 李国重. 中国上市公司资本结构的动态目标调整：制度特征导向［J］. 会计研究，2006（12）.

18. 刘怀德. 不确定性经济学研究［M］. 上海：上海财经大学出版社，2000.

19. 麦金森. 财务理论［M］. 大连：东北财经大学出版社，2002.

20. 孟卫东，等. 不确定环境下并行研发联盟成员投资策略研究［J］. 科技进步与对策，2009（11）.

21. 特里斯曼，等. 风险管理与保险［M］. 裴平，等，译.大连：东北财经大学出版社，2002.

22. 王伟毅，等. 环境不确定性与创业活动关系研究综述［J］. 外国经济与管理，2007（3）.

23. 王欣，等. 基于财务权变理论的资本结构调整问题研究［J］. 会计研究，2012（10）.

24. 王益谊，等. 组织环境的不确定性研究综述［J］. 管理工程学，2005（1）.

25. 魏锋，等. 融资约束、不确定性与公司投资行为［J］. 中国软科学，2005（3）.

26. 吴树畅. 风险状态依存、风险分散机制与相机财务治理［J］. 财会月刊：理论版，2008（8）.

27. 吴树畅. 基于不确定条件下的投资决策模型评价与选择［J］. 财会月刊：会计，2003（5B）.

28. 吴树畅. 基于实物期权的项目投资决策模型及其应用研究［J］. 审计与经济研究，2007（2）.

29. 吴树畅. 融资结构、资产结构对企业绩效的影响［J］. 统计与决策，2003（8）.

30. 吴树畅. 相机财务论——不确定条件下的财务行为选择研究［M］. 北京：中国经济出版社，2005.

31. 吴中春. 企业动态财务规划系统研究［J］. 会计研究，2009（4）.

32. 徐元栋，等. 奈特不确定性下的行为决策理论研究综述［J］. 系统管理学报，2008（5）.

33.薛明皋，等. 多个不确定性因素下跨国公司投资策略［J］. 中国管理科学，2007（2）.

34.严太华，等. 企业资本结构动态优化模型研究及实证［J］. 系统工程理论与实践，2003（5）.

35.弋亚群，等. 不确定环境下的企业战略设计模式［J］. 当代经济科学，2003（4）.

36.左志方. 产业生命周期与资本结构动态调整［J］. 经济理论与经济管理，2009（6）.

37.王文兵，等. 企业财务松懈行为研究［J］. 江淮论坛，2013（1）.

38.林斌. 论不确定性会计［M］. 北京：中国财政经济出版社，2000.

39.于国连. 不确定性与会计职业判断［J］. 财经问题研究，2004（7）.

40.吕敏. 上市公司或有事项披露：现实与改进［J］. 经济理论与实践，2008（5）.

41.汪航涛. 财务柔性、不确定性与公司信用风险［J］. 金融理论与实践，2016（5）.

42.李浩举，等. 经济政策不确定性、营运资本管理与企业价值［J］. 中央财经大学学报，2016（3）.

43.周兰. 宏观经济波动、经营负债与企业价值［J］. 东岳论丛，2016（3）.

44.章琳一. 现金流不确定性、金融发展与非效率投资［J］. 财会月刊，2016（6）.

45.曾爱民，等. 金融危机冲击、财务柔性储备与企业投资行为［J］. 管理世界，2013（4）.

46.曾爱民，等. 金融危机冲击、财务柔性储备与企业融资行为［J］. 金融研究，2011（10）.

47.潘柳云，等. 产品市场竞争、金融发展与财务柔性储备［J］. 商业会计，2016（8）.

48.马春爱. 企业财务弹性指数的构建与实证分析［J］. 系统工程，2010（10）.

49.赵蒲，等. 财务保守行为：基于中国上市公司的实证研究［J］. 管理世界，2004（11）.

50.干胜道. 企业财务压力：来源与管控［J］. 会计之友，2016（9）.

51.郑祥风. 中国上市公司动态最优资本结构的理论模型［J］. 中国管理科学，2015（3）.

52.李凤羽，等. 经济政策不确定性影响基金资产配置策略吗？——基于中国经济政策不确定指数的实证研究［J］. 证券市场导报，2015（5）.

53.李玉娇，等. 基于动态财务模型的概率分布研究［J］. 统计与决策，2015（9）.

54.李慧. 不确定环境下的资本市场投资组合策略［J］. 统计与决策，2015（16）.

55.朱南，等. 我国财务公司资金使用效率、动态变化及影响因素研究——基于DEA方法的实证分析［J］. 金融研究，2015（11）.

56.李凤羽，等. 经济政策不确定性会抑制企业投资吗？——基于中国经济政策不确定指数的实证研究［J］. 金融研究，2015（4）.

57.姚海祥，等. 不确定终止时间和通货膨胀影响下风险资产的最优投资策略［J］. 系统工程理论与实践，2014（5）.

58.张新华，等. 投资政策不确定条件下的寡头发电容量投资分析［J］. 中国管理科学，2014（9）.

59.余应敏，等. 财务机器人对会计行业的影响及其应对策略［J］. 会计之友，2018（7）.

60.周国光，等. 共享经济模式下的财务问题［J］. 会计之友，2018（1）.

61.施先旺，等. 基于业财一体化的对外投资活动大会计研究［J］. 财会月刊，2018（1）.

第十一章

财务战略管理理论

第一节 财务战略管理的发展概述

一、财务战略管理的发展历程

财务战略管理近年来发展迅猛，不同学者从不同角度进行研究，丰富和充实了其内容。从财务战略管理产生和发展的历史上看，其演进过程大体经历了三个阶段。

（一）财务战略的孕育期

从时间上看，这一阶段是从20世纪30年代至50年代。20世纪30年代初爆发的全球性经济危机，导致大批企业纷纷倒闭，经济处于一片萧条之中。然而，正是这场史无前例的危机促使了财务管理理论从“传统型公司财务论”向“综合的财务管理论”转化，财务管理走进了财务决策时代。洛夫在《企业财务》一书中首先提出了企业财务除了要筹集资金外，还要对资金周转进行有效的管理，从筹资决策向投资决策转化。不久，麦金西和格拉哈姆在其合著的《财务管理理论》一书中指出，企业是为了获得利润而筹措资金的，如果不能有效地运用这些资金，也就无法达到筹措资金的目的。这时，危机中的财务管理工作者们越来越清楚地意识到，要在残酷的市场竞争中维持企业的生存和发展，避免出现“黑字破产”（black crisis，意指账面有利润但现金短缺引发支付危机的情况），就必须重视用科学的方法控制、管理和使用资金。此后，英国的希哈伯在其所著的《企业管理学》一书中更为系统地强调了财务管理对内与对外两部分的重要功能，对内的财务管理包括计划、调度、控制企业的资金；对外的财务管理，则指企业资金的筹措与投资者的协调。这些理论在一定程度上推动了将可提高企业盈利能力和资金使用效果的财务分析技术运用到企业中，如实施预算管理、强化成本意识、开展财务活动分析和考核投资经济效益等，以提高资金使用效果，增强企业的竞争力。谋求长期持续发展的观念开始渗入到财务管理的理论与实践中，财务战略管理进入了孕育阶段。

（二）财务战略管理的萌芽期

从时间上看，这一阶段是20世纪的60年代至80年代。第二次世界大战以后，特别是20世纪70年代以后，世界经济形势发生了重大变化，资本主义经济危机不断发生，第三世界民族经济迅速发展和壮大，加之严重的通货膨胀和石油危机，市场竞争更加激烈，西方企业经营困难重重，资金投放决策日趋复杂。面对这种形势，企业经营者逐渐认识到，仅采用现代化的科学技术提高企业经营效果，这种成果难以保持和扩大，必须使企业财务管理尽快实现现代化，才能适应经济形势变化的需要。这就促使西方企业财务管理从内部控制财务管理阶段向现代财务管理阶段转化。在这一阶段，人们对财务管理的意识在企业中从上到下得到了加强，同时，重视实际财务管理技术方法的运用，力求采用新的管理技术方法以实现财务决策的最优化成为企业管理优化的一种趋势。价值分析、量本利分析、变动成本法、边际分析法、全面预算控制、作业成本法、标准成本控制等被广泛地引入企业，战略成本管理思想在企业受到了广泛的重视和欢迎。正如所罗门在《财务管理论》一书中所说，随着运用财务控制于内部经营程序的开展，现代财务管理逐渐变成企业管理的一个日益重要的角色，以战略控制为导向的财务管理体系逐渐形成。财务战略管理进入了萌芽阶段。

（三）财务战略管理的诞生

1.环境变化的冲击

从时间上看，这一阶段是从20世纪80年代至今。20世纪80年代以后，世界经济格局进一步发生深刻变化，不仅以西欧、日本为代表的发达国家在国际市场上与美国展开了激烈的争夺，而且新兴的发展中国家经济实力也日益增强，形成了独立与欧美抗衡的经济力量。经营的全球化格局导致市场竞争与经营风险的加剧，消费者需求不断变化，新技术、新产业层出不穷，而作为企业资金主要来源的金融资本市场更是呈现出金融衍生产品及融资渠道多样化、汇率风险与利率风险加剧化等特征。环境的剧变猛烈地冲击着企业财务管理理论与实务的发展，促使财务管理的研究重心不得不由过去的着重内部职能协调转为重视内外协调和谋求长期稳定发展，财务战略管理诞生的外部条件已经具备。

2.传统财务管理自身缺陷的暴露

（1）研究方法上的局限

在研究方法上，目前财务管理理论所采用的方法似乎更接近于经济学的研究方法，而非管理学的方法。它以资本市场的运转和各种金融资产的估价为主要研究对象，以微观经济学的最优化理论、效用理论和风险理论等为基础，再依据一系列的假设建立数学模型，作为企业筹资、投资和股利分配等财务管理活动的理论与方法指南。这种所谓“严谨的数量化”的财务管理理论，较多地侧重于对那些数字本身的研究，而忽略了对数字的形成过程以及其他一些难以量化或根本无法也无须量化的因素（如管理者的过度自信或过度悲观）的研究，而这些因素可能正是对企业的长远发展起决定性作用的因素。

（2）研究范围的局限

由于研究方法上的局限性，导致财务管理理论在研究范围上也存在着一定的局限性。例如，资本预算过程对企业管理实践来说是一个非常重要的问题，但目前的财务管理理论对此问题的研究主要集中在投资项目评价这一领域，而很少研究这一过程的整体及其他重要环节，尽管它们对于做好投资决策也许更为重要。再如人力资本、核心竞争力、经营风险等要素，均因会计的货币计量假设所限没有得到足够的重视与研究。可见，当理论界花费太多的力气来试图模仿自然科学在数量上的精确性时，不应忘了我们处理的是复杂的社会科学，我们可以获得的量化数据的影响因素实在是太有限了，而且其中不一定已将最为重要的因素包括在内。

（3）财务假设的局限

研究方法与范围的局限性，特别是作为财务管理理论基础的一些假设的非现实性，导致某些财务管理理论与方法不完全符合企业战略的观点。我们知道，最纯粹形式的财务管理理论主要基于下述这些假设：

① 所有的市场是完全竞争性的。

② 信息是完备的且不需代价的，交易成本为零。

③ 不存在税收。

④ 投资者偏好较多的消费而不是较少的消费。

⑤ 股东管理者不会使用其投票权来获取作为管理者的利益。

无疑，以上假设的情况与现实情况并不一致。尽管在以后的研究中，上述假设条件在不同程度上被放宽，但与现实之间的距离仍然很大，由此产生的成果与企业管理实践，特别是与复杂多变环境下企业长期稳定发展的要求难以完全吻合。

再如，资本结构的加权平均资本成本理论实际上隐含着这样一种假设，即认为外部资源无限，企业总是可以筹集到它所需要的资本（即没有外部约束），而且资本来源结构是任意变化的。在这种假设下，企业筹集资本当然无须考虑其他因素，而只需关注何种资本来源结构能使企业的资本成本最低，从而选择实施就可以了。但在现实中，很少有企业能完全做到这一点。

3.相关学科发展的推动

科学发展史证明，任何理论的发展都在很大程度上受到与其密切相关的理论与学科发展状况的影响与制约，有时这种影响甚至具有决定性意义。以1965年美国著名管理学家安索夫所著的《企业战略论》一书问世为标志，战略管理开始进入企业的经营决策。短短二三十年，战略管理就以其强调外部环境的影响，重视内外协调和面向未来等鲜明的特点而迅速成为企业管理中的一个重要范畴，已为世界上许多国家的企业所采用，并成为企业繁荣成长的重要保证。企业战略是对企业全局的、长远的和决定性的谋划，是“计划的计划”。它指明企业行动的方向，规定其行动方针，是企业经营的行动纲领。因此，它一经制定出来，就成为企业整体在未来一个较长时期内的行动指南。而战略的内部一致性既是衡量战略优劣的一条标准，又是战略成功的重要保证。财务管理作为企业的一项重要职能活动必须服从和支持企业战略，它与企业战略的协调与支持程度，对企业战略的成功与否具有至关重要的作用。但从目前的实际情况看，“无论是在理论上还是在实务上，战略管理与财务资源管理之间并没有形成足够紧密的关系”（安索夫，1965）。[①]财务理论的研究仍然把一体化的企业战略与财务管理人为地分割开来，一方面，企业管理理论关注整体战略管理领域，以此来指导企业的经营活动，提高企业的竞争力，使其能持续经营发展；另一方面，财务管理理论仍然依循传统的经济学研究方法，忽略管理学的方法，未将战略理念引入财务理论研究，结果使财务管理理论脱离企业战略理论，不能满足企业战略的要求，限制了财务理论的研究领域。例如，依据企业财务管理理论为企业经营活动配置资金时所应用的财务标准常常与战略规划的需要或要求相矛盾。因此许多净现值为负的项目会由于“战略原因”而被采纳，而一些明显具有很高净现值的项目则会由于不符合企业的战略目标而被拒绝。这是贴现的现金流量法（discounted cash flow method，DCF）在战略投资评价中基本未被采用的重要原因。S.C.梅耶斯（S.C.Myers）指出，“尽管财务理论取得了很大的发展，但它对战略规划却几乎无影响……”。如果不顺应战略管理时代发展的要求，对财务理论进行扩展变革，那么企业的财务决策或计划可能将没有任何价值[②]。

由此可见，把战略问题及其要素引入财务管理领域，从而将其推向财务战略的新阶段，是战略管理理论蓬勃发展并受到广大企业重视的一个必然趋势，是现行财务管理在理论上的一个符合逻辑的自然扩展。

二、财务战略管理的研究综述

尽管企业战略管理从诞生至今已有几十年的历史，并且战略管理也成为一个重要的管理学研究分支，但作为战略管理在财务管理中延伸与应用的财务战略，其研究的历史却并不长，成果也不多，大部分研究都集中在筹资、投资、分配、并购等传统财务管理领域。国内理论界对这一领域的探讨显得更加贫乏，相关的研究可以说正处于起步阶段。近二十年来的财务战略理论研究状况如下：

（一）国外研究现状

国外对财务战略的研究始于财务战略的概念与对其重要性的认识。“战略财务管理”这一术语早在20年前就已经出现在财务管理的文献中，尽管有许多论文以此为主题，但很少有明确的定义，很少有实际应用的例子[③]。可见，理论界对“企业财务战略”这一概念还没有达成一致的认识，但西方对于财务战略的重要性已经形成了基本一致的意见：“如果在财务（资金）上不可行，一项战略计划就是无效的”[④]（W.O.Cleverley，1989）。国外一些教授已将“财务战略”作为一门专业课程向商学院的学生们传授。在哥伦比亚大学的工商管理专业也开设了“财务战略”课程。课程指导教授加维（G.Garvey）认为“财务决策是任何可选

① 王满．基于竞争力的财务战略管理研究［M］．大连：东北财经大学出版社，2006：38.
② 刘志远．企业财务战略［M］．大连：东北财经大学出版社，1997：30.
③ 王满．基于竞争力的财务战略管理研究［M］．大连：东北财经大学出版社，2006：24.
④ 刘志远．企业财务战略［M］．大连：东北财经大学出版社，1997：35.

战略的一个关键部分"[①]。对于财务战略的内容及构成，不少学者也展开了积极的研究。皮尔斯（J.A.Pearce Ⅱ）和罗宾逊（R.B.Robinson）在其《战略管理学》一书中提出了"财务策略（finance tactics）"的概念，并指出企业财务策略包括资金筹集、资金分配（投资）以及分红与营运资金管理三大方面[②]。对于财务战略的目标、核心及职能，西方学者也都有所研究。Allen作为财务战略管理研究的先行者，在《财务战略管理》(1991）一书中提出，战略财务管理是管理者为寻求实现其战略目标而设计的一套战略管理系统，目的在于保证企业财务状况的长期健康发展。Sandberg等（1987）认为财务战略研究的核心是融资决策中的财务杠杆使用度。[③]南加州大学马歇尔商学院的曼德哈万（A.Madhavan）开设的"公司财务战略"课程中，将企业如何在与经营战略和经营环境保持协调一致的前提下，综合考虑各内外资金来源的利弊而筹集所需的资金——负债杠杆与股利决策作为财务战略模块的重点。[④]加维（G.Garvey）则认为财务战略的核心内容是资本结构、杠杆与融资决策的观点基本一致。戴维（Fred R.David）从企业战略实施过程中对财务职能的要求进行了分析，主要有四个方面：筹集所需的资金、进行资本预算、编制预计财务报表、评估业务价值。[⑤]除了理论探索，国外的学者们也积极致力于财务战略在企业经营中的应用研究。Ellis在《公司战略与财务分析》(1993）一书中将财务战略分析作为全书的一个重要部分，从会计的角度对利润、现金流量、竞争力等进行了分析。Kaplan（1996）研究的平衡计分卡从整合性财务战略的视角出发，提出了将愿景、战略分解成为财务、客户、内部过程、员工学习与创新的评价衡量机制，并利用特定的信息化平台支撑以保障企业战略的有效执行。Ground在其《公司财务战略探究》(Exploring Corporate Financial Strategy, 1998）一书中从战略与价值关系的角度对企业财务战略管理的过程和相关问题进行了论述，将战略管理会计、战略成本管理都纳入财务战略管理的研究体系。Bender和Ward在其合著的《公司财务战略》一书中提出以生命周期为主线，根据组织所处的发展阶段制定财务战略，研究财务管理在战略调整中的作用等问题；根据产品生命周期将公司划分为引入期、成长期、成熟期和衰退期；强调经营风险和财务风险的反向搭配战略。麻省理工学院斯隆管理学院教授Charles（2002）与通用汽车公司的研究人员一起，经过在通用汽车公司几年的实地研究，提出了"价值链战略决策制定架构"，通过定量和定性相结合的方法为战略执行和决策过程提供了基础。Mehra（2002）在《战略财务管理》一书中从价值创造的角度对财务与战略进行了融合。

---

① 李彦. 基于价值链的企业财务战略管理研究［D］. 成都：西南财经大学，2007.

② PEARCE J A, ROBINSON R B.Strategic Management［M］. 8th ed.大连：东北财经大学出版社，1998：308-320.

③ SANDBERG C M, LEWELLEN W G, STANLEY K L.Financial Strategy: Planning and Managing the Corporate Leverage Position［J］. Strategic Management Journal, 1987.

④ 作者根据相关资料整理。

⑤ DAVID F R.Strategic Management［M］. 7th ed.北京：清华大学出版社，1997：229-240.

（二）国内研究现状

国内学者对战略管理的研究起步较晚，研究内容与角度与国外基本相似。其研究方向有三大类：

第一类是从财务战略的职能、研究对象、实施与控制等角度展开研究。刘志远是国内最早系统研究财务战略思想的学者，他于1997年出版的《企业财务战略》一书从现代理财环境下财务战略管理过程的角度系统地研究了财务战略的基本范畴与具体内容。对企业资金投放战略、企业资金筹措和分配战略的目标与原则、生成方法和类型等进行了论述。同年，吉全贵出版了《现代财务战略与策略》一书，主要介绍了企业财务战略的含义、分类、特点和程序，论述了利润战略、成本战略、投资战略、融资战略、周期财务战略和竞争财务战略。罗福凯在其所著的《战略财务管理》一书中认为财务战略的研究对象是资金运动引起的财务活动和财务关系，财务战略的内容包括财务活动战略和财务关系战略。郭复初（2001）认为企业财务发展战略应包括财务战略思想、战略目标与战略计划。此外，周朝琦（2001）从财务战略管理的环境角度，对企业筹资、投资、分配等主要财务决策问题进行了研究。常树春（2006）认为财务战略管理具有全局性、长期性、综合性、从属性、导向性五个特征，并从资金筹集、资金投资、收益分配三个方面分析了财务战略的内容。胡国柳（2004）从控制的角度研究了财务战略与财务控制的关系。蓝海林、胡建绩、赵德武等学者从财务战略在战略体系中的地位和作用出发，研究了财务战略作为一种职能战略，在其制定过程中的出发点、战略目标以及要重点考虑的问题。

第二类是针对不同类型的企业财务战略展开研究。1999年，陆正飞撰写的《企业发展的财务战略》一书，是国内第一本针对中小企业、集团企业、跨国企业三类不同企业展开研究的著作。该书以企业财务目标作为企业发展财务战略分析的逻辑起点，针对不同类型企业的内部外部环境、自身规模、实力差距，提出了三种可选择的财务战略类型：积极型财务战略、稳定增长型财务战略、收缩型财务战略。其后，不少学者针对不同类型企业财务战略的相关问题展开了研究，冯建（2000）在《企业集团财务运作》一文中论述了企业发展战略与财务管理体制、集团财务公司与融资渠道、集团投资策略和集团企业的利益分配。刘志远、刘超（2003）对中小企业的财务战略与控制进行了研究。张延波（2002）在其著作《企业集团财务战略与财务政策》中研究了企业集团的治理结构、财务管理体制、财务战略、预算控制体系、投资政策、固定资产投资和风险监测预警体系等内容。

第三类是从战略管理的角度研究财务战略的拓展与应用，其拓展研究的角度主要有三方面：第一个方面是生命周期角度。2001年，魏明海在其《财务战略：着重周期性因素影响的分析》一书中，以内部公司治理结构作为制度基础，从风险管理的视角出发，通过分析财务风险的周期性因素对财务战略的影响和财务战略生成的理论框架，提出战略财务的内控机制，以保障财务战略的有效执行。龚红梅

（2009）以企业生命周期为线，研究了如何在企业不同的发展阶段运用柔性理念实现对环境的动态适应性和自我调整，以实现变而不乱的柔性财务战略目标。第二个方面是从财务战略与企业价值的角度展开探讨。徐鸣雷（2004）以企业的生命周期为线，着重从价值管理的角度探讨财务战略的制定与实施。姚树中（2006）从企业战略的实施的角度研究了如何以经济增加值为核心，将财务战略的各个组成部分与绩效的评价激励有机结合起来，提高企业价值。张瑞君、朱以明和夏坤（2007）从集团财务执行角度出发，阐述了优化纵向价值链与提升集团财务战略执行力的关系。朱明秀（2007）从三维价值驱动的角度研究了通过构建价值驱动财务模式来实现可持续增长这一财务战略目标。李彦（2007）以价值链分析为基础对财务战略进行了探讨。姚文韵（2008）通过建立可持续增长的财务战略模型，研究了财务战略的实施、控制与评价标准。王满（2008）从建立核心竞争力的角度探讨了财务战略的决策选择、执行、控制与评价的过程。第三个方面是从国家财务战略高度展开研究。国家财务战略研究是以国有资本为研究对象，以郭复初的国家财务论为基石，对国家经济发展中的国有资本优化配置、深化国有资产管理体制改革、调整国有经济布局和结构等财务战略问题的研究。王锋（2006）出版了《发展财务战略研究》一书，在该书中，王锋将经济发展理论与国家财务理论有机结合，从经济发展角度，由资本积累和结构优化这两个推动经济发展的一般条件，推演出优化价值结构战略和构建资本平台战略这两个国家财务基本战略，并将微观的企业财务战略向宏观的国家财务战略进行推演，形成了国家筹资战略、投资战略、收益分配战略和资本重组战略这四个国家财务基本战略，并进一步构建了包括八项具体战略的国家财务战略框架。

综上所述，国内外对财务战略理论与实务的研究内容与范围基本类似。都是通过将战略与财务管理相结合的方式拓展财务管理的视野和研究范围。所有的研究都充分认识到，财务管理上升到财务战略应具有全局性和长期性，是从财务的角度对企业总体发展战略所做的描述。但就总体发展状况而言，都未形成较为成熟的理论体系，仍处于发展探索阶段。

第二节　财务战略概述

一、财务战略的概念

财务战略涉及企业战略和财务管理两大领域。系统的战略管理思想起步较早，可以追溯到2 500年前的“孙子兵法”，其中“战略”一词最初用于军事领域，主要用于解决对战争的发生、发展及其特点、规律的分析与判断，战略方针、任务、方向和作战形式的确定等。1962年，随着美国管理史学家钱德勒（Chandler）《战略与结构》一书的出版，战略这一概念首次被引入了管理学。三年后，以美国学者安索夫（H.I.Ansoff）在1965年出版的《企业战略论》一书中将决策划分为业务决策、管理决策和战略决策为标志，“战略”一词正式进入企业经营管理领域，一种全新的管理理论——战略管理也随之诞生了。其后的二三十年，企业战略管理等到了迅速的发展，但20世纪90年代以前，理论界对财务管理和战略管理的研究一直分属于两个不同的领域，彼此在研究方法、研究范围和研究假设上有较大的差异。随着经济环境的不断变化，企业面对的竞争更加激烈，战略管理思想因其先进性，已逐步向营销、人力资源以及财务等企业的各个职能领域延伸和渗透，因而也就对传统的财务管理系统提出了按照战略管理进行适应性变革的要求。但财务战略的发展进程总体来讲相对较慢，目前国内外学者对“企业财务战略”这一概念还没有达成一致的认识，本书列举了其中较有代表性的观点，见表11-1。

表11-1　**国内外经济学家对财务战略定义的列表**

提出人	提出时间	定义内容
David Allen	1988	财务战略是一个模型，在这一模型结构中，财务的规则能够被运用到战略标准的管理当中，是为了寻求计划现金流量按资本成本折现的净现值（NPV）最大化
Roger G. Clarke，Brent D. Wilson，Robert D.Daines	1988	财务战略是一个指导选择公司财务事件决策性质和方向的框架，并且是基于各种不同情况和对手公司的行动所做出的动态的和相互关联的一系列反应
James E.Walter	1990	财务战略是以获取股东的收益为目标而制定的关于经营类型、资金管理、杠杆利用程度即调整流动性以及股利分配等内容的综合策略，作用是为了有效利用企业的经营，实现对现金流量的管理
G.P.Jakhotiya	1990	为了使公司得到发展和增值而从成本管理、销售和收入管理、资本筹集、资本扩张、成本利润分析等方面制定的长期的、灵活的、能够使公司获得持续成功的策略
Stanley F.Slater，Thomas J. Zwirnein	1996	财务战略是以创造股东价值为检验标准的公司投资、筹资和股利分配决策的集成，决定了公司投资机会竞争中的资本分配、公司的最佳资本结构以及公司收益再投资和分配的比例
David Allen	1997	财务战略是一种长期的、以企业现值最大化，即企业现金流量折现最大化为目标的，以确定合适的投资水平、协调相互影响的经营战略，制定预算为内容的综合决策
Janette Rutterford	1998	财务战略是为了对股东实现不依赖于产品和市场决策的价值增值而对企业制定适当的投资决策、筹资决策和风险管理策略的总和

续表

提出人	提出时间	定义内容
Tony Grundy	1998	财务战略就是通过将战略的思想与财务计划、财务分析以及财务控制活动相整合而得出的战略决策
E.F.Harrison，C.H.John	1998	企业为配合其发展与竞争战略的实施而应提供的资本结构与资金的计划，该计划包括一系列的财务决策，如合适的负债杠杆、资金来源、资金计划、资本与费用预算、各利益相关集团的财务利息以及股利政策等
J. A. Pearce Ⅱ，R. B. Robinson	1998	企业财务策略包括资金筹集、资金分配（投资）以及分红与营运资金管理三大方面
Ruth Bender，Keith Ward	2002	财务战略是为企业通过采用最适当的方式筹集资金并且有效管理这些所筹资金的使用，包括企业所创盈利再投资或分配的决策
ACCA	2003	财务战略是指主要涉及财务性质的战略决策，因此是属于财务管理范畴的战略，涉及公司战略、竞争战略和经营战略三个层面，其出发点是认定或制定目标
陈立人	1992	企业财务决策者为使企业在较长时期（5年、10年）内能生存和发展，在充分估计影响企业长期发展的内外战略环境中各种因素的基础上，对企业财务所做的长远规划
胡建绩	1996	企业财务战略的主要任务是在对现有的资金市场充分认识的基础上，根据企业实际财务状况选择企业的投资方向，确定融资渠道和方法，调整企业内部财务结构，保证企业经营活动对资金的需要，以最佳的资金利用效果来帮助企业实现战略目标
刘志远	1997	财务战略是为谋求企业资金均衡有效地流动和实现企业战略，为增强企业财务竞争优势，在分析企业内、外环境因素对资金流动影响的基础上，对企业资金流动进行全局性、长期性和创造性的谋划并确保其执行的过程
郭复初	1998	公司在一定时期内，根据宏观经济发展战略和公司的经营方针、经营战略，对财务活动的发展目标、方向和道路，从总体上做出的一种客观而科学的描述

续表

提出人	提出时间	定义内容
陆正飞	1999	财务战略是对企业总体的长期发展有重大影响的财务活动的指导思想和原则
罗福凯	2000	战略财务管理是企业运用经济管理战略原理，对复杂而重大的、决定全局命运的财务活动和财务关系进行管理的方式和方法，以后高级财务管理的主要内容应是战略性管理
魏明海	2001	财务战略是指在企业战略统筹下，以价值分析为基础，以促进企业资金长期均衡有效的流转和配置为衡量标准，以维持企业长期盈利能力为目的的战略性思维方式和决策活动
周朝琦	2001	财务战略是指为谋求企业资本均衡有效的流动，提高资本运营质量和效益，实现企业战略目标，为增强企业竞争优势，在分析企业内、外部理财环境因素对资本流动影响的基础上，对企业资本流动进行全局性、长期性和创造性的谋划，并确保其执行的过程
张延波	2002	财务战略是为适应公司总体的竞争战略而筹集必要的资本，并在组织内有效地管理与运用这些资本的方略，是企业整体战略的重要组成部分
吴长煜	2002	财务战略是对企业总体战略有重大影响的理财活动的指导性纲领及原则
胡国柳	2004	财务战略是指在企业战略统筹下，以价值分析为基础，以促使企业资金长期均衡有效地发展流转和配置为衡量标准，以维持企业长期盈利能力为目的的战略性思维方式和决策活动
朱谊辉	2004	企业财务战略是企业财务目标、资源和环境的函数。用公式表示，则为Fs=f（g，r，t）。此处，Fs代表企业财务战略；g代表财务战略目标；r代表财务资源；t代表企业环境
汤谷良	2007	财务战略是指企业在总体战略统筹下，以促进企业财务资源长期均衡有效地流转和配置为衡量标准，以资金筹划与使用方向为重点，以维持和提升公司长期的盈利能力和价值增值为目的的战略范畴

尽管国内外不同学者对财务战略的定义还未达成共识，其研究的角度和重点也不尽相同，但综观各家之说，在一些基本认识上却也不乏共识。这主要反映在以下几个方面：

第一，在空间上，财务战略是为了保证企业整体战略管理目标的实现而制定的一系列财务决策。

第二，在时间上，财务战略是针对企业长期发展目标而制定的一系列财务决策。

第三，在依据上，财务战略是在对企业外部环境和内部环境深入分析和准确判断的基础上形成并实施的。企业内外环境的任何重大变化都将对企业财务战略的制定与调整产生深刻影响，对环境的重视成为企业财务战略区别于传统财务的一个重要标志。

第四，在重大程度上，财务战略对企业未来经营具有决定性的影响。没有配套财务战略的支持保证，任何一项企业战略规划都会落空。

第五，在目标上，财务战略是在企业战略管理目标的指导下，通过谋求企业资金均衡有效的流动来实现股东价值的保值增值和企业的长期健康发展。

综合以上几点，财务战略管理是在企业战略管理目标的指导下，以企业内外环境影响因素分析为基础，以实现股东价值的保值增值和保持企业长期竞争优势为目标，而对企业资源进行全局性的、长期性的和创造性的决策、计划、实施与控制的过程。

二、财务战略在企业战略管理中的地位与作用

对于大多数企业来说，其战略一般包含三个层次：总体战略、业务单元战略和职能战略。这三个层次战略的地位和内容各不相同，它们之间的关系是：总体战略分解为业务单元战略、业务单元战略分解为职能战略。企业战略层次关系图如图11-1所示。

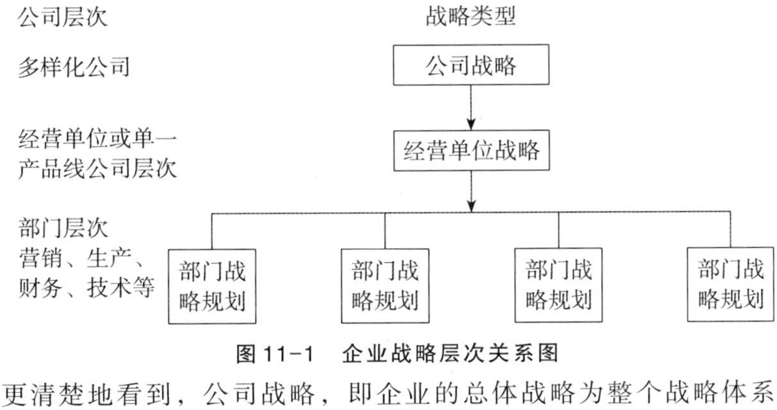

图11-1　企业战略层次关系图

可以更清楚地看到，公司战略，即企业的总体战略为整个战略体系的最高层，主要研究“企业应该经营哪些事业以使企业长期获利”等问题，它是企业的战略总纲领，是企业最高管理层指导和控制企业一切行为的最高行动纲领。对于多元化经营公司，业务单元战略即为经营单位战略。职能战略位于整个企业战略体系的最底

层，主要研究如何有效地组合企业内部资源来实现企业总体战略，而财务战略正好属于企业的职能战略之一。它与企业总体战略之间是整体与部分、主战略与子战略的关系。财务战略虽然只是一个职能战略，但由于资金是决定企业生存发展的最重要的驱动因素之一，故财务战略也就往往构成企业战略的中坚部分，这种关系可以从以下几个方面加以理解：

（一）统驭与服从的关系

企业战略与财务战略之间并不是相互平行、相互独立的关系，而是企业战略居于主导地位，对财务战略具有指导作用，而财务战略则居于从属地位，它的制定和实施必须服务并贯彻企业战略的总体要求。制定并实施财务战略的根本目的是支持和完成企业总体战略和竞争合作战略。由于“较高层次的战略决策对较低层次上的战略决策起着决定作用”，因此它的制定必须遵循财务战略与企业战略的一致性原则，这是企业战略获得成功的必然要求。

（二）相对独立、制约与协调的关系

企业财务战略并不仅仅是单纯地执行企业战略的要求，或被动地支持其他子战略，它具有自己的相对独立性，并对企业战略及其他子战略的制定与修订具有不可忽视的作用。这主要表现在：首先，财务战略对企业战略及其他子战略具有制约作用。在战略的制定过程中，或在其投入实施之前，必须首先检验其在资金上的可行性如何。如果战略所需的资金无法得到满足，则该项战略就必须修改。其次，对于一个成长性的企业来说，从金融市场上筹集外部资金几乎是必需的，财务在其中发挥重要的作用。再次，企业战略的目标中，必须包含有关企业资金效益方面的目标，因为对资金增值的要求，是企业的本质特征之一。所以，制定企业战略时必须注意它与财务战略目标的协调性。最后，财务战略是一个综合性的子战略，是协调企业其他子战略的一个有力工具。财务战略决策除了要贯彻企业战略的总体要求外，还必须考虑其他子战略对资金方面的具体要求，即在制定财务战略时还必须确保财务战略与各职能部门之间战略的一致性。只有充分反映这些要求，财务战略才会真正对企业战略中各项职能战略的成功起到支持和促进的作用。

综合以上几点，企业战略与财务战略之间呈现为一种辩证关系，即一方面企业战略居于主导地位，对财务战略有指导作用；另一方面财务战略又具有一定的相对独立性，对企业战略起着制约和支持的作用。这种关系如图11-2所示。

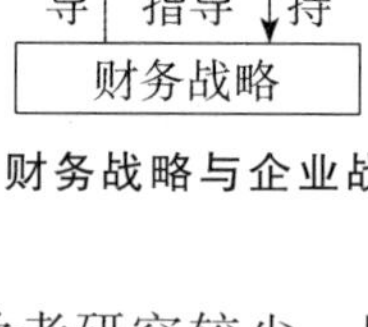

图11-2 财务战略与企业战略的关系

三、财务战略的特征

关于财务战略的特征，国外学者研究较少，国内部分学者进行了相关研究。比较有代表性的有：刘志远（1997）认为企业的财务战略应具备从属性、导向性、长期性、系统性、风险性、重大性，共六大特性。罗福凯（2000）认为同其他管理战略相比，财务战略除具有企业战略的基本特征外还具有综合性、货币性、收益性、风险性、数学模型性等特征。魏明海（2001）认为财务战略的特征包括从属性、综合性、长期性、风险性。彭娟（2008）认为财务战略的特征为综合性、长期性、动态性、外向性。总结各位学者对财务战略的研究成果，可以归纳财务战略的特性主要包括以下几点：

（一）系统性

Allen（1991）认为战略财务管理是一种针对短期行为的“解毒剂”，它以企业财务状况的长期健康发展为标准，向管理者提供了一种战略导向、决策制定和结果控制的专业语言。它不仅包含了战略的各个方面（如弹性、质量、变化、服务、定价和品牌），而且也将其融入了有凝聚力的经营战略之中，同时也将经营战略与整个公司战略融为一体。这说明财务战略应具有系统性。所谓系统性是指企业财务战略是把企业资金运筹当成一个系统来对待，注重它与企业整体战略的关系，与企业内、外环境之间的关系和其自身各要素之间的关系，并且从整体的角度来协调好这种关系。因此在制定财务战略时，为了保证财务战略的系统性就要有整体的、联系的、动态的和调控的观点。具体体现为以下三点：

1.导向性

导向性指企业财务战略一经制定，就成为指导企业具体资金运筹行为的行动指南。财务战略不是详细的、具体的资金运筹实施计划，而是用来指导企业在一定时期内各种资金运筹活动的一种纲领性谋划，规定着资金运筹的总方向、总目标和总方针等重要内容，是制订各种具体资金运筹计划和措施的依据。

2.支持性

支持性指企业财务战略作为企业战略的一个子战略，不应独立于企业战略之外，而应该服务于企业战略，与之协调一致，从资金上支持和促进企业战略的实施直至完成。财务战略的目标、计划都必须支持和反映企业战略的要求。当然这种支持性并不表明财务战略是简单地服从于企业战略，而是两者之间在各个环节上要保持内在的逻辑一致。

3.动态性

动态性指企业财务战略必须保持动态的调整过程。一般来说，战略均立足于长期规划，具有超前性。但是，战略是环境分析的结果，环境的变动则是经常性的。战略的作用在于主动地“以变制变”，而不是被动地“以变应变”。这种以变制变表现在：当环境出现较小变动时，一切行动必须按战略行事，体现战略对行动的指导性；当环境出现较大变动影响时，财务战略应随之调整。

（二）长期性

长期性指企业财务战略的着眼点不是企业的当前，不是为了维持企业的现状，而是面向未来，为了谋求企业的长远发展。因此，在制定财务战略时，不应当急功近利，而要从企业长期生存和发展的观点出发，有计划、有步骤地处理基本矛盾，这也是战略管理要解决的根本问题。不能适应环境变化称不上战略，没有稳定的方针也称不上战略。

（三）风险性

风险性指企业财务战略不能完全消除风险，但财务战略可以指导企业善于冒风险。因为财务战略注重资金运筹与企业内、外环境之间的关系，注重对环境变化的灵敏性（或适应性），所以它能使企业对各种可能发生的风险做到心中有数，准备好应急策略，帮助企业抓住风险机会，规避风险威胁。可以说，出色的财务战略是勇气、科学的预见力和丰富的想象力与创造力相结合的产物。

（四）重大性

重大性指企业财务战略的影响或作用重大。财务战略一旦实现，会给整个企业带来勃勃生机和活力，使企业得到迅速发展。但是财务战略一旦失败或落空，也将会给企业带来较大损失，甚至陷入破产、倒闭的局面。所以，企业必须高度重视财务战略的制定和实施。

四、财务战略的内容

对于财务战略的研究内容及研究对象，国外的研究更多从概念中体现，相对而言，国内系统研究的文献较多。刘志远（1997）认为由于战略含义的复杂性和各企业的独特性，导致财务战略的内容是一个有弹性体系，企业的内外环境不同，面对的问题不同，财务战略的内容范围和时效就会不相同。但相对资金使用、资金耗费和资金收回活动而言，资金的筹措、投放与收益分配活动更具有战略意义。因此他认为企业财务战略主要包括以下三个方面的内容：①企业资金筹集战略，主要解决战略期间企业筹集资金的目标、原则、方向、规模、结构、渠道和方式等重大问题。②企业资金投放战略，主要解决战略期间企业资金投放的目标、原则、规模、方式和时机等重大问题。③企业收益分配战略，主要解决战略期间内企业纯收益，特别是股份制企业的股利如何分配的重大方针政策等问题。

罗福凯（2000）认为，财务战略是企业对资金运行流动引起的财务活动和财务关系进行的全局性、长期性、纲领性的谋划。故从财务管理内容看，财务战略包括财务活动战略和财务关系战略两大部分。其中财务活动战略又具体细分为资金筹集战略、资金投放战略、资金耗费战略（即成本管理战略），以及资金收回战略和资金分配战略等子战略或孙战略；财务关系战略则又具体细分为财务竞争战略、财务冲突化解战略和财务合作战略，以及银企联合战略、政企联合战略、公私联合战略等。

郭复初（2001年）认为，企业财务发展战略包括财务战略思想、战略目标与战略计划。

王满（2006）认为，企业财务战略决策的选择，决定着企业财务资源配置的取向和模式，影响着企业理财活动的行为与效率，决定着企业竞争能力的高低。财务战略的选择、控制和评价是建立在企业保持持续竞争优势这一财务战略本质的基础上的，应从战略的角度研究企业的财务问题，突出财务战略管理的特征。故财务战略的研究内容应为财务战略的决策、实施、控制、计量与评价。

以上的观点分歧主要源于研究者是更多地站在战略管理的角度还是站在财务管理的角度做出分析。财务战略是战略管理在财务中的应用，故其研究对象主要仍是企业的资金运动或资源的合理配置。但财务战略管理又必须站在战略的高度，以企业战略管理的总体目标为最高目标，注重自身的系统性，从战略全局的角度来考虑和规划企业的财务安排，协调各部门运作，减少内部职能失调，保证财务战略有序的实施过程。正如2000年5月在伦敦（IFE，2000）召开的一次会议上，全球多家大公司的首席财务官们提出对财务职能革命的主要思路：财务主管的作用是进行以价值为基础的管理；用财务管理来支撑战略计划；在财务实践中创造核心竞争力；运用证券计划作为公司战略的一部分以规避风险；协调与投资人的关系。这些都表明了未来财务管理应该在企业战略中承担的深度和广度。故财务战略管理的研究内容应是企业资源配置的战略决策、计划、实施、控制、计量与评价，具体来说既包括财务活动战略，也包括财务关系战略。

五、财务战略的类型

企业财务战略的类型因采用不同的分类标准而不同：

（一）按公司采用的经营方针将财务战略分类

1.扩张型财务战略

扩张型财务战略是以实现企业资产规模的快速扩张为目的的一种财务战略。实施这种战略的前提是公司的经营风险相对较小。为了实施这种扩张的财务战略，企业往往需要将绝大部分甚至全部利润留存的同时，大量地进行外部筹资。在进行外部筹资时，更多地利用负债而不是股权筹资。因为负债筹资既能为企业带来财务杠杆效应，又能防止净资产收益率和每股收益的稀释。扩张型财务战略一般会表现出“高负债、高收益、少分配”的特征。

2.稳健型财务战略

稳健型财务战略是以实现企业财务绩效的稳定增长和资产规模的平稳扩张为目的的一种财务战略。实施稳健型财务战略的企业，一般将尽可能优化现有资源的配置和提高现有资源的使用效率及效益作为首要任务，将利润积累作为实现企业资产规模扩张的基本资金来源。为了防止过重的利息负担，这类企业对利用负债实现企业资产规模和经营规模的扩张往往持十分谨慎的态度。所以，实施稳健型财务战略的企业的一般财务特征是“适度负债、中等收益、适度分配”。

3.防御收缩型财务战略

防御收缩型财务战略是以预防出现财务危机和求得生存及新的发展为目的的一种财务战略。实施这种战略的前提是公司的经营风险相对较大。采取防御收缩型财务战略的公司，一般将尽可能减少现金流出和尽可能增加现金流入作为首要任务，通过削减分部和精简机构等措施，盘活存量资产，节约成本支出，集中一切可以集中的人力用于企业的主导业务，以增强企业主导业务的市场竞争力。由于这类企业在以往的发展过程中曾经遭遇挫折，也很可能曾经实施过扩张的财务战略，因而历史上所形成的负债包袱和当前经营所面临的困难就成为迫使其采取防御收缩型财务战略的两个重要原因。“低负债、低收益、高分配”是实施这种财务战略的企业的基本财务特征。

（二）按财务管理对象将财务战略分类

1.企业资金筹措战略

企业资金筹措（简称筹资）战略包括筹资的目标、筹资的原则、筹资的方向、筹资的规模、筹资的结构、筹资的渠道、筹资的方式等。

2.企业资金投放战略

企业资金投放（简称投资）战略包括投资的目标、投资的原则、投资的规模、投资的方式、投资的时机、闲置资金管理原则等。

3.企业收益分配战略

企业收益分配战略包括股利如何分配、内部转移价格如何确定以及薪酬管理等。

六、财务战略环境

存在于企业外部和内部影响企业资金流动的各种因素的总和，被定义为企业财务战略环境。企业财务战略环境可分为外部环境和内部环境两部分。存在于企业外部的影响企业资金流动的客观条件和因素的总和，称为企业财务战略外部环境。存在于企业内部的影响资金流动的条件和因素的总和，称为企业财务战略内部环境（或内部条件）。外部环境和内部环境相互影响，相互作用，共同构成完整的企业财务战略环境。

（一）财务战略的外部环境

财务战略的外部环境按对企业发展的影响可以分为总体市场环境与行业环境。其中，总体市场环境是指对市场内所有企业均产生影响的宏观环境因素。具体而言，有以下几方面：

1.政治法律环境因素

主要包括政治主体的目标，纲领和政策，法律和法规体系，对外方针、政策以及各社会利害关系集团之间相互作用的过程等。政治环境的安定是企业资金均衡有效流动的重要条件，各项政策和立法措施对企业的资金流动有重大影响。

2.经济环境因素

经济环境表明了经济资源的分配和使用方式，它的内容很广泛，包括经济增长率、产业结构、国民收入、物价变化、利率变动、财政投资动向、国际贸易等。企业是经济组织，因此在一般环境因素中，企业受经济因素的影响最大、最直接。经济环境的变化将影响资金供给与需求的总规模，影响资金的流向与成本等，从而对企业资金流动产生重大影响。

3.金融环境因素

在市场经济条件下，企业筹措资金、投放资金等都必须借助于金融环境，所以金融环境的状况对于企业资金流动具有至关重要的影响。其具体内容包括金融机构的种类和数量、金融业务的范围和质量、金融市场的发展程度、金融传统、人们的金融意识、有价证券的种类等。企业财务战略必须适应金融环境的变化与要求，充分利用这些变化给企业筹资和投资提供的机会，避开或减少它们可能产生的风险，促使企业资金均衡、有效地流动。

4.社会文化环境因素

这种因素反映了企业所处的社会特点，包括社会阶层的形成和变动、人口的地区性流动、年龄结构的变化、交通和信息系统的发展、社会中的权力结构、人们的生活方式与价值观及风俗习惯等。社会文化环境的变化必然影响到整个社会资金的积蓄、分配和运用的方式，并最终反映到企业中来，对企业的资金流动产生各种各样的影响。

5.技术环境因素

科学技术是第一生产力，它既包括自然科学技术，也包括组织技术、管理技术和信息技术等内容。自然科学技术、组织技术、管理技术和信息技术的进步，对于生产合理化和提高生产率具有重要作用，同时对资金流入、流出企业的模式也具有极为显著的影响。

企业所处的行业不同，其面临的经营环境、风险、利润率以及对总体市场环境变化的反应程度、方式都有极大的差异，而这些因素将对企业经营的成败产生直接的影响。对企业长期经营有重大影响的行业环境因素有以下几方面：

（1）市场规模

市场规模大小表明了一种产品从市场获得收入去补偿所投入成本的可能性。一般而言，相对于小市场，大的市场更有细分的可能性，更能吸纳不同规模的企业。因此，无论是大型公司还是小型公司都会认为大的市场更具有吸引力。

（2）市场增长率

行业的市场增长率是波士顿咨询公司所推崇的评价行业吸引力的关键市场因素。如果行业增长率大于整个经济的增长水平，就具有较高的增长率；反之，就具有较低的增长率。与低行业增长率相比，较高的行业增长率意味着美好的前景和机会；而较低的行业增长率则隐藏着黯淡的前景和威胁。因此，行业的增长率就在一定程度上影响着企业的扩张方向。

（3）行业生命周期

不同的时期有不同的环境。企业如果不能正确识别所处时期的环境特征，就不能制定正确的财务战略，不能对环境的变化做出恰当的反应。周期性因素主要包括商业周期、产品生命周期，以及季节性因素等。

（4）行业的竞争结构

行业结构强烈地影响着竞争规则的确立以及潜在的可供公司选择的战略，它通常对行业内在的盈利能力起决定性的作用。因此，为了保证企业的长期盈利能力，企业的财务战略就需要对行业竞争结构进行分析。波特在他的《竞争战略》一书中提出了一种被人们所普遍接受的行业结构分析模型。这个模型包括了五种竞争作用力，即新进入者的威胁、买方的议价能力、现有公司间的竞争、替代品的威胁和供方的议价能力。这五种力量决定着企业产品的价格、成本和投资，因此也就决定了行业的长期盈利水平。五种竞争力量是行业竞争结构的函数，构成了行业结构的共性。由于在每一行业中这五种力量的大小不同，又使得每个行业都有自己独特的结构，具有独特性。同时，五种力量的大小会随行业的发展而有所变化，这就使得行业的结构也随之发生变化。正是行业竞争结构的这种独特性和变动性，使行业结构分析必然是一个反复不断的过程，这个过程对于制定战略时预测行业未来的发展潜力，战略执行过程中对战略的调整，以及维持长期盈利能力、创造企业价值都起着重要的作用。

（二）内部环境

内部环境状况是决定企业财务战略的内因，脱离一定的企业内部环境，要制定一个良好的财务战略并加以实施是不可能的。不同企业的性质不同，内部环境也是不同的，具有各自的特点。对于财务战略来说，一般可分为组织、人事、生产、营销和其他因素五个方面，每一个方面又可具体细分。例如，组织因素可具体分为组织结构、目标层次、管理能力、政策规则等。研究分析企业财务战略内部环境，就是要搞清这些因素对企业资金流动的影响，同时发现企业自身的长处与短处，分析造成这种情况的原因，以充分挖掘潜力，发挥优势，结合外部环境制定企业的财务战略。

第三节　财务战略的制定

一、财务战略制定的程序

企业财务战略作为企业战略的一个子战略，虽然它涵盖的范围较企业战略狭窄，关心的主题也较企业战略单纯，但财务战略在许多方面仍具有企业战略的一般特征，故其制定可以采用与企业战略类似的程序。目前，国内外的专家学者们曾就企业战略制定的程序提出过许多模式。总体来看，这些模式大同小异，总体上都包含这样三个阶段：企业内外环境分析、制定战略、战略的实施与控制。由于财务战略是企业战略的一个子战略，故在其制定过程中必须考虑到企业战略的总体要求，即企业战略是财务战略的一个基本决定因素。如果我们把企业内、外部环境分析统一起来称之为战略环境分析，则企业财务战略制定的程序可表达为如图 11-3 所示的形式：

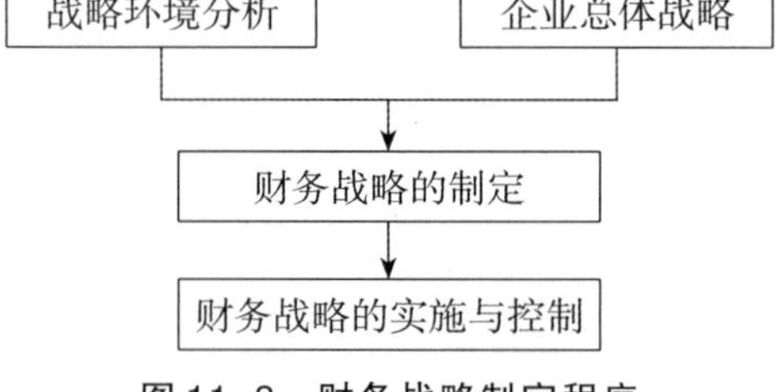

图 11-3　财务战略制定程序

二、战略环境的分析

战略环境的分析包括对财务战略外环境与内环境的分析。由于外环境是财务战略环境中相对更具主导作用、更活跃的因素，因此，对其的分析显得尤为重要。对外环境的分析首先应从总体市场环境入手，在把握国际经济发展大趋势与国内经济政策走向的前提下，重点分析国家的经济政策导向与金融调控方向，为未来资金投向与融资方式、结构进行一个总体规划。在充分明确行业发展的前景后，接下来就应进行最重要的一步，即对行业环境的分析。对企业发展有重大影响的行业环境因素很多，进行环境分析时不仅应对单个环境因素进行分析，还应对其交互影响进行分析。例如，行业的增长率在一定程度上影响着企业的扩张方向，但企业在做出追加投资或进出市场的决策时必须结合行业生命周期加以考虑。企业不仅要看到目前的市场增长，还要注重预测整个战略规划阶段的市场增长。如果当前或短期内市场增长率较高，但该行业已进入了衰退期，企业若原有继续追加投资或正欲进入该行业计划的则应重新审视原计划的合理性。

由于相对于外部环境，企业内部环境具有稳定性和可控制性的特点，故企业在内部环境的战略分析中，应以改善内部环境、提高战略价值为目标，充分挖掘自身的优势资源和有利驱动因素，从而制定正确的财务战略，以适应外部环境的状况和趋势。例如，企业分析出自身的优势在于成本领先，那么成本领先的主要驱动因子有哪些？是规模经济、学习曲线、生产力利用模式、还是资源垄断或政策倾斜？这些因素中哪些能持久？哪些是短期的优势？哪些还有继续开发的潜力？通过挖掘和进一步发挥自身优势资源和有利驱动因素，企业可以更好地适应外部环境，取得长期的战略领先优势。

三、财务战略制定的方法

在正确进行环境分析和明确企业战略要求的基础上制定相应战略是企业财务战略的中心环节。财务战略是否正确，能否有效地促进企业发展，关键在于这一环节的工作是否合理，是否成功。目前，国内外学者对财务战略的制定进行了比较全面和深入的探讨，主要是按照以下两条主线开展的：一种思路是按照财务活动基本框架制定财务战略，即分别就投资、筹资和分配过程制定财务战略，其制定的方法也主要沿袭传统财务管理的方法，但主要从长期资金来源的性质、成本、发展与竞争的角度进行考虑，如投资战略主要解决企业投资的目标、规模、进度和时间等问题，该战略构成了企业战略不可分割的一个子战略。另一种思路则是发展深化的财务战略制定研究，如从风险角度、生命周期配合的角度和企业自身特点的角度研究财务战略的制定，其制定的方法更多是借鉴企业战略的制定方法，主要包括以下方法：

（一）波士顿矩阵法

波士顿矩阵法（the Boston consulting group growth-share matrix，BCG）是由美国波士顿咨询公司首创的，它的全称是“波士顿咨询集团增长份额矩阵”。利用这种方法，管理者可确定企业不同经营活动的现金流量要求，从中发现机会，进而制定资金投放战略及其组合。波士顿矩阵法主要由三个步骤构成：首先，划分战略经营单位，即把整个企业划分为若干个与规划目的相关的战略经营单位（strategic business unit，SBU），在企业实践中，战略经营单位一般都是按所处的产品市场情况来划分。其次，要根据相对市场占有率和行业增长率两个指标对其进行评估。所谓相对市场占有率是指某个SBU的市场份额与本行业中最大的竞争对手的市场份额之比。评估某个行业增长率就是把它与整个经济的增长率加以比较，如果行业增长率大于整个经济的增长水平，就具有较高的增长率；反之，就具有较低的增长率。确定行业增长率的目的是看行业是为企业的扩展提供了有利机会，还是对SBU构成了威胁。最后，构造波士顿矩阵（如图11-4所示），并对各个SBU进行比较评价。

行业增长率	相对市场份额：高	相对市场份额：低
高	第一区：明星	第二区：问号
低	第三区：现金牛	第四区：瘦狗

图11-4　波士顿矩阵

波士顿矩阵共有四个区，分别是明星、问号、现金牛和瘦狗。

所谓“明星”就是不仅处于高增长行业中，而且拥有较高的相对市场占有率，因此可以为企业提供长期的利润和增长的可能性。“问号”是指该区域内的SBU虽具有较低的相对市场份额，但由于它们处于高速增长的行业之中，如果经营得当，很可能成为明日的“明星”。“问号”区内的SBU代表了未来潜在的长期获利和发展的机会。“现金牛”区内的SBU处于低增长率行业（成熟行业）之中，但相对市场份额较高（竞争能力强），这些SBU往往能保持高利润，产生大量正的经营活动现金净流量。“瘦狗”区内SBU处于低增长行业，同时市场份额也低。由于其所在的行业没有吸引力，本身又缺乏竞争能力，即使能带来正的经营活动现金净流量，其利润也很低或亏损。

建立波士顿矩阵的意图就是通过对企业战略经营单位SBU的分类与评价，统一调配企业资金的投向，以寻求企业现金资源的最佳使用方法，实现利润的长期稳定增长。具体可从以下三方面考虑：

①为谋求长期稳定获利，应把当前来自“现金牛”的大量现金用于对很可能成为未来“明星”的“问号”的开发，并巩固现有“明星”的地位。

②从风险与报酬权衡的角度，应停止对“瘦狗”的投资。如果对企业经营全局没有影响，也不存在退出障碍的话，可考虑退出所在行业。同时应减少或停止对远景不明或不确定的“问号”的投资，以避免或减少企业现金资源的浪费。

③如果企业缺少足够的“现金牛”、“明星”和“问号”，就应采取兼并或退出等战略对整个组织加以全面的调整。一个企业拥有足够的“明星”和“问号”，才

能确保利润和发展；拥有足够的“现金牛”，才能保证对“明星”和“问号”的资金支持。

（二）生命周期矩阵法

查尔斯·霍弗把行业生命周期理论和企业竞争地位结合起来，提出了生命周期矩阵分析法，也叫产品/市场发展综合矩阵分析法。该方法通过建立生命周期矩阵分析表将企业产品/市场的竞争地位划分为三种而进行投资战略分析，见表11-2。其中，竞争地位“强”是指企业业务在市场上处于领先和主导地位：“中”是指企业的产品或服务尚受欢迎；而“弱”是指企业在市场上的地位很弱，处于边际或低于边际的状况。

表11-2 **生命周期矩阵分析**

生命阶段＼竞争地位	强	中	弱
引进阶段	盈	问号	亏
发展阶段	盈	盈或问号	可能亏
成熟阶段	盈	盈	亏
衰退阶段	盈	问号	亏

生命周期矩阵法强调对企业内各部门或业务的分析应结合其所处的生命阶段进行。例如，同是在市场中拥有较强竞争力且盈利的部门，如果该部门或业务处于引进阶段，则就应追加投资以迅速扩大规模和巩固其市场领先地位；而对处于衰退阶段的部门或业务，即使其当前的盈利还十分可观，但由于市场在逐渐消失，也不能再大力追加投资而应逐步做好撤资退出的打算；同样，对于竞争地位较弱，经营亏损的部门或业务，若其是处于引进和发展阶段而“亏损”的业务或部门，由于其尚有提高市场竞争地位的可能，只是需要追加大量的资金，则应综合分析竞争环境及发展前景，做出是否继续投资以扭亏为盈的决策；但对于处于成熟和衰退阶段的“亏损”业务或部门，一般应做好撤资退出的准备。

Render和Ward在其所著的《公司财务战略》（2002）一书中，提出了根据产品的生命周期进行财务风险和经营风险的反向搭配，并根据各阶段的风险特点做出相应的融资决策和股利分配决策，其决策的方式见表11-3。

表11-3 **生命周期矩阵分析应用表**

产品生命周期阶段	经营风险	财务风险	融资来源	股利支付率
引入期	非常高	非常低	权益融资（风险资本）	0
成长期	高	低	权益融资（增长的投资者）	一般
成熟期	中等	中等	债务与权益资本（留存收益）	高
衰退期	低	高	债务融资	100%

对上述生命周期分析应用表可以这样理解：既然在产品的整个生命周期里，经营风险呈不断下降的趋势，如果没有公司股东和债权人完全不能接受的综合风险产生的话，财务风险应该会增加，即财务风险与经营风险应该反向搭配。那么在产品的引入期，极高的经营风险就该对应极低的财务风险；相应地，只有通过发行股票这样的权益融资方式才能保证极低的财务风险。在投资者对现金股利与资本利得没有特别偏好，且企业可以获得具有吸引力的再投资机会的前提下，由于引入期的企业的现金流量多为负数，从长期发展的资金决策角度，该阶段的股利支付率应为零。相反，在衰退期，由于债务融资产生的较高财务风险可以被低的经营风险抵消，不会产生高的综合风险，而债务融资的财务杠杆效应又会增加企业的留存收益，因此，衰退期的资本结构应以债务资本为主。一旦进入衰退期，未来企业会呈现金负增长态势，股价没有了上涨的空间，企业就没有必要进行再投资。不重置固定资产，保持现有的固定资产规模必定会有折旧费，衰退期企业的自由现金流量增加，从而可以向股东支付股利，再加上利息的税盾效应，股利会进一步增加，故处于衰退期的企业，其股利支付率可超过100%，其中一部分实际上是表示对股东股本的返还，与对成长期与成熟期的分析类似，本书在此不再赘述，请读者自行分析。

（三）波特分析法

波特在《竞争优势》《竞争战略》等著作中阐明了自己的观点。他的方法主要包括三部分：

第一，通过分析关于竞争的五种力量，选择一个有吸引力的行业。在战略环境的分析一节中，我们提到了波特认为一个行业的竞争结构取决于五种竞争力量：新进入者的威胁、买方的议价能力、现有公司间的竞争、替代品的威胁和供方的议价能力。而每种力量又分别受一些相关因素的影响，五种力量各自的主要影响因素见表11-4。

表11-4 **波特五力分析表**

决定新进入者威胁的因素	进入壁垒（规模经济、产品差异化、资本需求、转换成本、销售渠道、成本劣势、政府的政策）、预期的报复等
决定买方议价能力的因素	购买的数量、购买的产品无差异化、买方后向整合的威胁、转换成本低、买方盈利低、买方对产品无偏好、掌握充分信息等
决定现有公司间竞争的因素	众多势均力敌的竞争者、行业增长缓慢、高固定成本、产品缺乏差异、退出壁垒高等
决定替代品威胁的因素	替代品数量的多少、替代品的相对价格、买方对替代品的购买倾向等
决定供方议价能力的因素	供应商高度集中、供应的商品无替代品、产品的差异化、转换成本高、供方产品是买方业务的主要投入品、供方前向整合的威胁等

表11-4通过分析一个行业竞争的激烈程度和获利能力，不仅可以帮助企业做出进出一个行业的决策，还可以找出行业竞争中的薄弱点或获利点，从而做出有效的财务战略决策。

第二，通过成本领先、产品差异化和专一化三个基本战略来获取企业的竞争优势。成本领先战略的战略目标就是使企业产品的单位成本低于产业范围内的其他竞争对手，实现成本领先的途径有规模经济、学习曲线、生产力利用模式等。根据经验曲线可知，由于专业化、经验的累积和规模效应的存在，产品的单位成本将随历史产量的增加而呈几何速度下降，累积产出最大的企业的生产成本是最低的。因此，企业若采用先入为主适当降价让利等策略，将会因产量的扩大而使单位成本降低，从而具备先动优势。

产品差异化战略是提供标新立异的产品或服务，形成一些在全产业范围内具有独特性的东西，找出可能产生经营差异化的环节。因为差异化可以给企业带来有别于竞争对手的特征，如果企业因差异化而获得的溢价超过为此追加的成本，那么差异化就会使企业获得较好的业绩。可用价值链分析法识别造成差异化的独特性因素，这些因素包括：公司政策选择、价值链的内外部联系、时间性、地理位置和制度等因素。通过了解独特性驱动因素，企业就可以在保持差异化的持久优势方面做出努力。

专一化战略，或称目标集聚战略则是主攻某个特定的顾客群、产品系列的一个细分区段或地区市场。低成本与差异化战略都是要在全产业范围内实现其目标，专一化战略是围绕着很好地为某一特殊目标服务这一中心建立的，它所开发推行的每一项职能化方针都要考虑这一中心思想。这一战略的前提思想是：公司业务的专一化能够以较高的效率、更好的效果为某一狭窄的战略对象服务，从而超过在较广阔范围内的竞争对手。

波特认为："一个公司未能沿三个方向中的至少一个方向制定自己的竞争战略……这样的公司正处于极其糟糕的战略条件下。"

第三，发展有吸引力的价值链。价值链是指企业在向顾客提供产品或服务的过程中，为了最终满足顾客的需要而设计的"一系列活动"。Porter的价值链通常被认为是传统意义上的价值链，所谓"发展有吸引力的价值链"是站在单个企业的角度综合分析企业的价值创造活动、企业与供应商和顾客可能的连接，并据此设计出一条企业经营活动链，使之能最大可能地满足顾客的需求，从而获得竞争的优势。

（四）SWOT分析方法

SWOT分析法，也称TOWS分析法、道斯矩阵，或态势分析法。它是由旧金山大学的管理学教授韦里克于20世纪80年代初提出来的。SWOT四个英文字母分别代表：优势（strength）、劣势（weakness）、机会（opportunity）、威胁（threat）。应用SWOT分析法，可以对研究对象所处的情景进行全面、系统、准确的研究，帮助企业把资源和行动聚集在自己的强项和有最多机会的地方，从而根据研究结果制定出正确的财务战略及对策。

运用SWOT分析方法首先是将与研究对象密切相关的各种主要优势、劣势、机会和威胁等，通过调查列举出来。其中“优势”指能使组织处于一种相对优势地位或主动态势的因素；“劣势”则指所有能使组织处于一种相对劣势或被动态势的因素。这两类因素大多来自于组织内部，一般都是可以改变或控制的，而且多是由以往的组织决策造成的，其分析的主要着眼点应在企业自身的实力及其与竞争对手的比较上。“机会”是企业业务环境中的重大有利形势；“威胁”是环境中的重大不利因素。“机会”与“威胁”是两个相对可变的概念，对一个企业是机会的因素，可能对另一个企业却构成了威胁。相对于内部的“优势”和“劣势”，“机会”与“威胁”属于外部条件，战略管理者通常无法直接控制，因而也就难以使之改变。企业管理层所能做的只能是通过巩固内部力量、减少内部弱点，以充分利用外部机会，避免或克服外部威胁，以做出正确的财务战略决策。

接下来就将所列举的各个要素依照矩阵形式排列，然后用系统分析的思想，把各种因素相互匹配起来加以分析，从中得出一系列相应的结论，而结论通常带有一定的决策性。图11-5以投资战略为例，说明企业如何针对不同的外部环境（机会与威胁），结合自身的优势与劣势做出相应的投资战略决策。

	优势S	劣势W
机会O	增长区域 SO战略：集中化投资 合并或兼并投资	克服弱点区域 WO战略：合资 纵向一体化投资 无关的多元化投资 合并或兼并投资
威胁T	转移优势区域 ST战略：相关的多元化投资 合并或兼并投资	退缩区域 WT战略：重组 撤资退出

图11-5 SWOT投资分析表

（五）其他方法

目前，国内外关于生成或制定财务战略的方法大多数都是在借鉴管理战略制定方法的基础上产生的，除了以上几种常用的方法外，还有适应性方法及麦肯锡矩阵分析法等。其中适应性方法要求在环境不确定和竞争对手行为及反应不确定的条件下，把企业的资源与投资机会配合起来。因此，企业会采取反复进行的程序来制定财务战略，并力求与环境保持一致。麦肯锡矩阵分析法（McKinsey matrix），也称为通用电气经营矩阵分析法（GE matrix）、业务评估矩阵（business assessment array）或GE业务荧屏（GE business screen）。麦肯锡矩阵是对公司的战略事业单元进行业务组合分析的一个管理模型。它是在波士顿矩阵法（BCG）的基础上改进形成的。只是对行业吸引力和企业竞争力这两个评估指标进行了详细的分类，并对每一个指标按其相对重要程度赋予一定权值，再对各个SBU评分并计算加权分值的方法形成矩阵进行评价。鉴于这些方法使用的频率相对低一些，本书在此不再赘述。

四、财务战略的实施与控制

（一）财务战略的实施

财务战略的实施是财务战略管理的关键。目前，国内外与财务战略实施相关的理论研究成果还较少。大多从战略评价和反馈指导角度进行研究，也有从战略实施的影响因素及财务预警角度进行研究的，如刘志远（1999）借鉴美国学者Samuel C.Certo和Peter Purl提出的五任务阶段的战略实施模式研究了资金投放战略的实施与控制。吴长煜（2000）建议通过企业财务危机的预警管理来保证财务战略的有效实施，建立了财务战略控制网络。张延波（2002）提出通过强化竞争观念、确立战略意识保证财务战略的有效实施。Clarke等（1988）创新地从价值循环的角度对财务战略活动的实施进行研究，并提出了一个财务战略实施的新思路，即成功的财务战略应在财务战略实施中关注财务活动价值循环过程中的五点关键关系：基本经济原则和现金流量的关系；新生现金流量与现金内部使用的关系；收益性、现金流量和公司债券市场价值的关系；外部资本市场和公司进入这些市场的渠道的关系；可利用的投资机会和公司将来竞争地位的关系。但关于财务战略实施的机理与具体运作原则目前仍缺乏相应的探讨。

从财务战略管理的全过程来看，财务战略的实施就是将财务战略付诸实施的过程，它是战略管理过程的行动阶段，也是一个自上而下的动态管理过程。所谓“自上而下”主要是指，战略目标在公司高层达成一致后，再向中下层传达，并在各项工作中得以分解、落实。所谓“动态”主要是指在财务战略实施的过程中，常常需要在“分析—决策—执行—反馈—再分析—再决策—再执行”的不断循环中达成最终目标。财务战略的实施一般分为以下几个步骤：首先，对现有的组织结构进行分析，按财务战略目标调整并组建一个与实施财务战略相适应的财务组织结构。其次，合理配置财务资源，并根据财务战略目标制定出详细的财务战略规划的预算。最后，通过建立行政支持系统并调动群体的积极性来实现战略计划。

（二）财务战略控制

财务战略控制主要是指在财务战略的实施过程中，为了实现财务战略目标，保证财务战略计划的顺利实施所进行的各项检查、评价、比较与纠偏的活动。战略实施控制得好坏将直接影响企业战略决策实施效果的好坏与效率的高低，因此对企业战略实施的控制虽然处于战略决策的执行地位，但在战略管理中却是必不可少的。财务战略实施过程中的控制可以分为事前、事中和事后控制。传统的财务控制更多的是指事后控制，即由制定战略评价标准、比较实际成效与标准以及针对偏差纠偏三部分组成。但在财务战略控制中必须重视事前控制。事前控制要求在战略行动成果尚未实现之前，通过预测发现战略行动的结果可能会偏离既定的标准，而财务战略资源的投入与内外环境的变化是事前控制预测的重点。与事后再采取补救措施的事后控制相比，事前控制具有事半功倍的效果。而过程控制、事中控制在财务战略控制中也尤为重要。这种控制方式将权变的观念贯穿于财务战略控制的始终。所谓“权变”的观念就是要求识别战略实施中的关键变量，并对它做出灵敏度分析，提出当这些关键变量的变化超过一定范围时，原定的战略就应当调整，并准备相应的替代方案，即通过对关键性的战略措施进行随时控制来保证财务战略目标的实现。

● 第四节　对财务战略管理发展的评论与展望

一、现行财务战略研究的缺陷

（一）财务管理与战略管理的融合貌合神离

正如Ansolf（1976）所说，“无论是在理论上还是在实务上，战略管理与财务资源管理之间都没有形成足够紧密的联系”。这一现象不仅在财务战略诞生之初存在，现在表现依然明显，我们不妨以财务战略管理的理论研究方法为例来说明。现行的财务战略研究方法是将战略与财务管理的传统职能相结合，仍带有强烈的就财务论财务的色彩。以财务管理的筹资、投资和成果分配为主要内容，并将战略融入其中，试图提炼出带有战略色彩的财务管理，如战略筹资、战略投资和战略成果分配等。基本上所有学者所进行的基于企业生命周期的财务战略研究都可以归纳为以下三大特点：第一，以企业生命周期理论的四个不同的阶段，即初创期、成长期、成熟期、衰退期为战略分析矩阵定位的纵坐标，再以传统财务管理的三大职能，即筹资、投资与分配为战略分析矩阵定位的横坐标，构建出企业的战略分析矩阵。第二，对以上两种划分组成的矩阵定位企业，给出以下战略方案：在企业的初创期和成长期企业应采取扩张型财务战略，在成熟期则一般采用稳健型财务战略，而在衰退期企业应采取防御收缩型财务战略。第三，在此基础上再单独讲述企业重组、并购以及财务危机处理等特殊、重大财务运作行为。对于按此框架研究财务战略固然无可非议，但由此要得出对所有企业都适用的财务战略原则却是值得商榷的。即使是都处于初创期的企业，其所面临的宏观经济环境、行业竞争态势、筹资投资选择及企业总体战略目标约束也必定是千差万别的，且财务战略要与企业的其他职能战略（如市场战略、人力资源战略以及销售战略等）协调配合。在这些因素中，任何一个因素的差异都可能导致同一生命期的企业做出完全不同的财务战略决策。简单地将战略管理的原则方法引入财务管理，而不从管理的高度去研究两者实质的融合，这种做法难以产生对企业管理真正有效的财务战略思想。

（二）财务战略管理研究难以自成体系

财务战略管理尽管是战略管理原理在财务管理中的应用与发展，但作为财务管理的一个相对独立的分支，应该具有自身相对完整的理论体系。然而，从财务战略当前的研究成果来看，不论是财务战略的目标、研究对象、研究内容，还是决策与评价的方法等，都或与财务管理的相关部分基本类似，或与企业战略管理相关内容基本雷同。例如，财务战略的制定方法或者沿袭传统的财务模型决策制定法，或者套用企业管理中战略的制定方法，专门针对财务战略制定方法的研究却很少见。再如，财务战略的实施作为财务战略管理的一个极其重要的部分，其研究的缺陷有两方面：其一是相关的理论研究成果还较少。国外学者多研究了对战略实施的评价，国内学者多处在探讨影响财务战略实施成功的影响因素阶段，缺乏对结构、运行机理等实施财务战略的关键因素的全面、系统、整合的研究。其二是财务战略实施过程常常与财务战略目标脱节。多数学者没能以战略目标为主线研究战略管理，或者目标多元、不明确，使得战略管理活动缺乏目标导向性而显得比较零散，并没有实现真正意义上的财务管理与战略思想的融合。正如Booth Rupert（1992）所指出的，企业战略不仅应该是形成竞争优势的基础，还要求有相应的实施过程来伴随着它的实现。但是很少有企业能够极为有效地实施其战略，大部分企业常常是有计划无行动，或者是有行动无计划。

（三）财务战略信息体系的缺乏是其发展的瓶颈

任何一项成功的财务战略的制定都建立在大量的、有效的信息基础上。无论是对企业本身财务资源的把握还是对企业外部财务环境的分析，都无法离开信息的支持。因此要想制定一项成功的财务战略，就必须建立一套有效的信息支持系统。现有财务战略信息支持系统的信息主要来源于会计信息，而会计信息主要是可以用货币计量的历史信息，且可能存在众多人为操纵的因素，即信息的完整性、可靠性、相关性与及时性都难以保证，而这些因素对于战略决策却是极其重要的。同时，财务战略是在企业战略目标的指导下以财务环境分析为基础对资源进行的配置与策划，而现行的财务管理系统在如何获取财务环境与战略资源信息并进行分析方面没有什么具体可靠的措施或方案，缺乏获取和分析财务环境与资源信息的途径是制约财务战略发展的瓶颈所在。

二、财务战略研究的发展趋势

（一）价值链与财务战略研究的有机结合

自波特（Michael Porter）1985年在其出版的著作《竞争优势》中提出价值链的基本概念后，价值链理论已经历了从传统的作业价值链到虚拟价值链，再到价值网的发展跨越，价值链方法当前已成为研究企业竞争优势的有力武器。而价值链管理实质上就是通过寻找本企业最有优势的价值活动，并与上下游企业价值活动相协调，不断构造和优化价值链，为顾客创造价值，保持企业的长期竞争优势，实现企业经营的最终目标——企业价值最大化，这与企业的财务战略目标不谋而合。从这个角度看，财务战略与价值链之间具有天然的结合研究的可能性和必要性，将两者结合研究，必将对企业的财务战略理论研究有所裨益。

国内外将价值链与财务管理、会计、管理会计、成本会计结合研究的论文相对较多，但将价值链与财务战略结合研究的成果却寥寥无几。骆骢（2005）是国内较早将价值链理论与财务战略结合起来系统进行研究的学者，他以价值链活动顺序和价值链资金为主线，分别研究了上游供应商战略、下游客户战略、价值链库存战略及外包、并购、税收等战略。李彦（2007）在其博士论文中，以企业价值创造体系作为价值链理论与财务管理的契合点，提出建立基于价值链的财务管理模式，并以外部价值链和内部价值链的一体化以及与财务战略的结合为线，探索将现代价值链理论应用于财务战略的具体方法和途径。

纵观当前少量的关于价值链理论运用于财务战略的研究，多数是将价值链作为财务战略环境分析的工具，为财务战略定位增加一种新的视角，或者将某一项具体财务活动与价值链管理相结合，以提高该项财务活动的效率。对于如何从现代企业竞争实质——企业价值创造出发来探讨价值链与财务战略相结合的创新财务战略研究的并不多；能将企业内外价值链的整合与企业的财务战略决策、实施有机结合起来的研究更是少见；将价值链与财务战略的结合延伸到企业具体实践研究的论文也不多见。因此，涉及如何在信息化基础之上加强价值链与财务战略的有机结合，或如何从企业具体的案例出发对价值链与财务战略的结合应用进行探讨等类似的研究都是富有价值与意义的。价值链理论在世界管理领域的应用与发展已是有目共睹的，如何将价值链与财务战略在理论研究与实践应用上进行有机整合，并提出一套基于价值链的企业财务战略的系统理论是当前财务战略研究的重要任务。

（二）可持续增长理论、生命周期理论在财务战略中的应用

从企业战略管理理论的发展历程来看，大致经历了以环境因素为基础的传统战略管理理论阶段，以产业竞争结构为基础的竞争战略理论阶段，以资源为基础的核心竞争力理论阶段和以能力为基础的战略能力理论阶段。战略发展的历史已证明资源和能力才是企业获得持续竞争优势的源泉（Penrose，1984）。价值链理论主要为发现企业的竞争优势资源和能力提供了有力的分析工具。但优势资源不可能永远存在，企业的核心竞争能力可能随环境的变化，或因企业成长的路径依赖特点而成为企业发展的阻碍。企业成长是一个持续不断的过程，是在不平衡的资源条件下寻求内部资源的平衡利用的成长过程，也是通过管理能力积累不断地挖掘未利用资源的无限过程。如何在企业的成长过程中处理好企业管理能力与企业资源交互作用的动态关系，争取企业的持续不断成长便是可持续增长理论研究的内容。但企业成长期的延伸或持续总是相对的。根据彼得·圣吉（Peter M.Senge，1996）可持续增长的上限理论，任何个人、组织乃至人类社会本身是一个不断反馈的环路系统。在这个系统中存在增强的反馈[①]（reinforcing feedback）、反复调节的反馈[②]（balancing feedback）和反馈时滞[③]三大基本元件。企业成长总会碰到各种限制与瓶颈，甚至于成长可能会停止。这是因为不断增强的反馈环路一方面促进了企业的快速成长，另一方面也常在不知不觉中触动了一个抑制成长的调节环路，正是增强环路和抑制环路的同时存在，形成了“企业成长上限”。即使是进行价值链的行业整合发展，改变限制因素，突破企业成长上限，产品或行业也仍有其生命周期，不可能永远处于高速成长或发展成熟之中。如何在行业或产品走向衰退之前，及时转入有吸引力的产业并形成相对优势，这还必须借助企业的生命周期理论。行业或产品的生命周

① 增强的反馈影响可以是正面的或负面的，正面的反馈能产生良性的放大作用，负面的增强反馈会造成组织的迅速衰败。

② 依照给定目标反复调节以寻求稳定的反馈。

③ 反馈环路中经常会存在时间延滞，即一个变量对另一个变量的影响需经一段时间后才能够显现。

期是有限的，但企业的生命周期却可以超越这种界限。这就要求企业在做战略决策时要将企业的可持续发展和产品及行业的生命周期结合在一起来考虑。落实到财务上就体现为根据行业或产品的不同生命周期采用不同的财务战略：如引入期财务战略求稳，融资及分配上充分考虑高经营风险，主要运用权益筹资与零股利政策，以保证后续成长的可能；成长期财务战略倾向于采用相对稳健的筹资战略和适度分权的投资战略；成熟期转向激进的融资战略与试错式的投资战略。在产品或行业进入衰退前，企业就应从筹资、分配上为未来的经营转向（新的投资）做出财务策略上的调整，这样才能使企业的生命超越行业与产品的生命，不断地延续下去。

以企业价值最大化为目标导向，以风险和战略环境分析为基础，以生命周期理论、可持续增长理论作为宏观调控的理论基础，将价值链与财务战略结合研究将是未来财务战略研究的一个必然发展方向。

思考题

1.传统财务战略与现代财务战略的区别与联系分别是什么？
2.财务战略与企业总体战略的关系是什么？
3.你如何看待财务战略的产生与发展的可能性与必然性？
4.你认为财务战略决策中最重要的因素是什么？
5.投资、筹资与分配的一般财务决策与其对应的财务战略决策的差异是什么？
6.财务战略制定的几种方法的优缺点分别是什么？
7.价值链与财务战略决策的关系如何？
8.如何处理产品或行业生命周期与企业可持续增长的关系？
9.你认为现行财务战略研究的不足主要体现在何处，应如何改进？
10.你如何看待未来财务战略研究发展的趋势？

延伸阅读文献

1. ALLEN D. Financial Management: Managing for Long-term success [M]. London: Financial Times Business Information, 1988: 13-15.

2. ALLEN D. An Introduction to Strategic Management [M]. London: Kogan Page Limited, 1997: 9-10.

3. ALLEN D. Strategic Financial Management in Practice [M]. London: Financial Times Business Information, 1991: 13-15.

4. ANSOFF H I, et al. From Strategic Planning to Strategic Management [M]. [S.l.]: John Wiley & Sons, Ltd., 1976: 145.

5. BABITA M M. Strategic Financial Management [J]. Delhi: Finance India, 2002, 16 (1).

6. BEHESHTI H M. Gaining and Sustaining Competitive Advantage with Activity Based Cost Management System [J]. Industrial Management Data Systems, 2004, 104 (516): 377.

7.BENDER R, WARD K.公司财务战略 [M]. 干胜道, 译. 北京: 人民邮电出版社, 2003.

8. CLARKE R G, WILSON B D, DAINES R D , et al. Strategic Financial Management [M]. American: Richard.D.Irwin.Inc., 1988: 1-9.

9. COPELAND T, KOLLER T, MURRIN J. Valuation: Measuring and Managing the Value of Companies [M]. 3rd ed. 北京: 电子工业出版社, 2002.

10. DAVI F R. Strategic Management [M]. 7th ed. Beijing: Tsinghua university press, 1997: 229-240.

11.HARRISON J S, JOHN C H S. 组织战略管理（英文版）[M]. 8版. 大连: 东北财经大学出版社, 1998.

12.JAKHOTIYA G P.Strategic Financial Management [M]. Mumbai: University of Umbai (Bombay), 1990: 45-49.

13.MYERS S C.Finance Theory and Financial Strategy [J]. Interfaces, 1984: 126.

14.Michael A, Hitt R, Duane Lreland Robert E. Strategic Management [M]. 8th ed. 大连: 东北财经大学出版社, 1998.

15. PIKE R, DOBBINS R. Investment Decisions and Financial Strategy [M]. 8th ed. Oxford: Philip Allan Publishers Ltd., 1998: 308-320.

16. RABIN J, et al. Handbook of Strategic Management [M]. Marcil: Dekker. Inc.1989: 280.

17.RUTTERFORD J.Financial Strategy: Adding Stockholder Value [M]. [S.l.]: J Grate Britain by Biddles Ltd., 1998: 54-69.

18. SANDBERG C M, LEWELLEN W G, STANLEY K L. Financial Strategy : Planning and Managing the Corporate Leverage Position [J]. Strategic Management Journal, 1987.

19.SHANK J K, GOVINDARAJAN V.Strategic Cost Analysis: The Evolution from Managerial to Strategic Accounting [M]. [S.l.]: Richard D.Irwin.Inc., 1989.

20. SLATER S F, REDDY V K, ZWIRNEIN T J. Evaluating Strategic Investment Completing Discounted Cash Flow Analysis with Opinions Analysis [J]. Industrial Marketing Management, 1998, 27: 447-458.

21. WALTER J E. Financial Strategies for Managers [M]. [S.l.]: John wiley & Sons, Ltd., 1991: 170-173.

22. WARD K, GRUND Y T. The Strategic Management of Corporate Value [J]. European Management Journal, 2002, Vol.14 (No.3): 321-330.

23.迟晓英, 等. 价值链研究发展综述 [J]. 外国经济与管理, 2000 (1).

24.邓彦，等．基于价值管理的战略财务管理［J］．商场现代化，2007（12）．
25.冯巧根．基于供应链的竞争财务分析［J］．商业经济与管理，2001（7）．
26.龚红梅．浅谈企业柔性财务战略［J］．中国商界，2009（7）．
27.郭复初．财务新论［M］．上海：立信会计出版社，2002.
28.郭复初．公司高级财务［M］．北京：立信会计出版社，2001.
29.韩晓琳，等．价值链管理在商业银行客户关系管理中的应用［J］．黑龙江金融，2004（8）．
30.胡国柳．企业财务战略与财务控制［M］．北京：清华大学出版社，2004.
31.胡建绩，等．企业经营战略管理［M］．上海：复旦大学出版社，1996.
32.吉全贵．现代财务战略与策略［M］．北京：中国轻工业出版社，1997.
33.贾明月．民营企业的财务战略［M］．上海：三联书店，2005.
34.李彦．基于价值链的企业财务战略研究［D］．成都：西南财经大学，2007.
35.廖能成．财务战略策划［M］．武汉：武汉理工大学出版社，2006.
36.林漫，等．从价值链角度看企业国际化战略的运用——海尔与海信国际化战略的比较［J］．经济理论与经济管理，2001（7）．
37.刘开崧．企业供应链边界分析与财务战略［J］．价值工程，2002（5）．
38.刘志远，刘超．中小企业财务战略与控制［M］．天津：天津人民出版社，2003.
39.刘志远．企业财务战略［M］．大连：东北财经大学出版社，1997.
40.陆正飞．企业发展的财务战略［M］．大连：东北财经大学出版社，1999.
41.罗福凯．战略财务管理［M］．青岛：青岛海洋大学出版社，2000.
42.骆骢．基于价值链的财务战略研究［D］．成都：四川大学，2005.
43.彭娟．战略财务管理［M］．上海：上海交通大学出版社，2008.
44.齐振彪，等．创造企业竞争优势之路——价值链管理［J］．企业经济，2003（8）．
45.石友蓉，等．财务战略管理［M］．武汉：武汉理工大学出版，2006.
46.汤谷良，等．打造框架下的价值型财务管理模式［J］．会计研究，2003（12）．
47.汤谷良．战略财务的逻辑：我的偏执［M］．北京：北京大学出版社，2011.
48.王斌．企业集团组建与运行中的财务与会计问题研究［M］．北京：经济科学出版社，2002.
49.王锋．发展财务战略研究［M］．北京：中国经济出版社，2003.
50.王辉，等．价值链理论在企业营销策划中的应用研究［J］．工业技术经济，2005（8）．
51.王满．基于竞争力的财务战略管理研究［D］．大连：东北财经大学，2006.
52.威廉姆．ACCA财务战略［M］．刘伟华，译．北京：北京中信出版社，2002.
53.魏明海．财务战略：着重周期性因素影响的分析［M］．北京：中国财政经济出版社，2001.

54.吴长煜．风险环境下的企业财务战略［M］．北京：经济管理出版社，2003.

55.徐光华，等．企业共生财务战略及其实现路径［J］．会计研究，2011（2）.

56.阎达五，等．论财务战略的相对独立性［J］．会计研究，2000（9）.

57.奈特.基于价值的经营［M］．北京天则经济研究所，北京江南天慧经济研究有限公司，选译．昆明：云南人民出版社，2002.

58.张瑞君，等．集团财务战略执行力：纵向价值链的优化与信息集成策略——以中国电子信息产业集团为例［J］．管理世界，2007（4）.

59.张新民．战略研究：财务质量分析视角［M］．北京：对外经贸大学出版社，2007.

60.张旭波．公司行为与竞争优势——评迈克尔·波特的价值链理论［J］．国际经贸探索，1997（3）.

61.张延波．企业集团财务战略与财务政策［M］．北京：经济管理出版社，2002.

62.张志刚．集团公司理财［M］．北京：中国财政经济出版社，2002.

63.赵月园．跨国公司财务战略管理——入世后我国企业进军国际市场的现实选择［M］．北京：中国财政经济出版社，2002.

64.周朝琦，等．企业财务战略管理［M］．北京：经济管理出版社，2001.

65.朱谊辉．企业财务战略管理若干问题的研究［D］．长沙：湖南大学，2004.

66.朱元午．企业集团财务理论探讨［M］．大连：东北财经大学出版社，1999.

67.戴天婧，等．财务战略驱动企业盈利模式——美国苹果公司轻资产模式案例研究［J］．会计研究，2012（11）.

68.蔡维灿，等．基于相关者利益最大化的企业财务战略［J］．经济管理，2012（7）.

69.张敦力，等．财务战略、可置信承诺与专用性资产投资的信号作用［J］．中南财经政法大学学报，2013（1）.

70.高洁，等．企业知识资产及其战略体系构建——基于财务的视角［J］．财经科学，2013（6）.

71.王希胜．集中股权结构上市公司高层管理团队异质性对企业财务战略的影响研究［J］．管理学报，2016（7）.

72.朱杰．财务战略影响公司商业信用融资能力吗？［J］．审计与经济研究，2018（6）.

第十二章

财务预警理论

第一节　财务预警研究的国内外研究现状

优胜劣汰、适者生存。在市场经济中，市场环境的多变性、市场竞争的激烈性、行业经济的脆弱性以及企业内部管理中的各种问题，都可能使企业陷入财务困境，甚至破产。陷入财务危机给员工、投资者、供应商、银行等利益相关者带来各种经济损失。而企业陷入财务困境往往具有一些先兆，具有一定的可预测性。因此，对企业可能发生的财务困境进行预测，从而防范财务困境，是财务学中一个重要的研究方向。有效的财务危机预测，有助于企业寻找财务失败发生的根源，及时采取对策，防止情况进一步恶化；投资者和债权人可用它做出正确的投资决策；银行等金融部门可用其进行企业的信用风险评估，决定贷款的发放对象。国内外的许多学者都致力于企业财务预警研究，并得出了许多重要的结论。

一、国外的研究

虽然财务危机预测研究的基础经济理论仍处于探索阶段，但在西方国家，由于市场对其存在巨大的需求，所以无论是学术界还是企业界都在不懈地探索和改进研究方法，以提高预测的准确性。国外学者提出的财务预警模型主要有以下几种：

（一）单变量分析法

单变量分析是最早应用于财务预警的模型，其主要思想是通过比较财务困境企业和非财务困境企业之间某个财务指标的显著差异，对财务困境企业提出预警。Fitzpatrick（1932）最早利用单变量分析法进行破产预测研究。他以19对破产和非破产公司作为样本，运用单个财务指标进行预测，结果发现判别能力最高的两个指标是“净利润/股东权益”和“股东权益/负债”。

Beaver（1966）最早运用统计方法研究了公司财务失败问题，提出了较为成熟的单变量分析模型。他分别采用了均值比较、二分法分类测试、似然比率分析三种方法对企业财务困境进行了预测。通过对1954—1964年79家失败企业和相对应的

79家成功企业的比较，研究发现对公司财务困境具有良好预测性的财务比率依次为：现金流量/债务总额、净收益/资产总额和债务总额/资产总额等。

Beaver（1966）的研究为企业财务预警奠定了基础，而在其1968年的进一步研究中，他发现除了可以采用财务指标进行财务困境预测外，公司股票的价格变化也可用来对企业财务困境进行预测。用股票收益率指标进行财务困境预测与采用财务会计指标进行预测的方法一样，是根据收益率大小先进行排序，然后确定最佳判别点，低于最佳判别点则判定为财务困境企业。很明显，这种方法的误判率会高于采用财务会计指标进行预测的结果，因为股票收益率的波动受多种因素影响，甚至有可能被人为操纵。但Beaver（1968）的研究发现，从时间序列角度来看，股票收益率指标能比财务会计指标更早地预测企业的财务困境，这有可能是因为投资者不仅可以根据财务会计指标进行判断，而且还综合考虑了其他因素，这些信息全部反映在股票价格的波动上。

单变量分析法是最早应用于企业财务预警的实证方法，开创了财务预警实证研究的先河，但是其具有明显的局限性，主要体现在以下几方面：（1）单个财务指标所包含的信息不足以反映企业的整个财务状况。（2）根据不同的财务指标进行判断有可能得出完全相反的结论，例如有的企业盈利能力较差而流动性稍好，根据流动性指标可被判为非财务困境企业，而如果根据盈利能力指标则可能被判为财务困境企业。（3）实证结果表明，从整体上看，单变量分析判别非财务困境企业的能力高于判别财务困境企业。

（二）多元判别分析

多元判别分析是运用多个财务比率来检查公司的财务状况有无不稳定现象，进而预测其是否存在财务困境。Altman（1968）首次采用多元判别分析的方法来建立财务预警模型，提出了Z模型，奠定了多变量财务预警模型的理论基础，即运用多种财务比率指标加权汇总而构造多元线性函数公式来对企业财务危机进行预测，其随后建立的已作为商业化应用的ZETA模型就是建立在此基础之上。Altman（1968）的研究随机选取了1946—1965年提出破产申请的33家制造业公司，另选取同样数量的资产规模、行业与破产公司相匹配的非破产公司。采用线性多元判别分析，他从22项财务比率中选择5个财务比率建立一个5变量的Z模型来区分财务困境公司和财务健康公司。其变量与模型为：

$$Z = 0.012X_1 + 0.014X_2 + 0.033X_3 + 0.006X_4 + 0.999X_5$$

式中，各变量财务意义如下：

X_1 = 营运资本/总资产

X_2 = 留存收益/总资产

X_3 = 息税前利润/总资产

X_4 = 权益资本的市场价值/总负债的账面价值

X_5 = 销售收入/总资产

Z值越低，企业出现财务困境的可能性就越大。在Altman（1968）的研究中，

Z模型在破产前1年预测精确度达到95%，前2年预测精确度达到72%，但是从破产前3年起精确度就小于50%了。Altman还提出了判断企业破产的临界值：当Z值超过2.99时，企业被划到不会破产的行列；若Z值低于1.81，则企业被列为破产类。在这两个值之间的区域被称为"未知区域"或"灰色区域"。Z模型将各种有关的比率合并成单一的预测指数，克服了单变量分析无法全面揭示企业整体财务状况的缺陷。

尽管Z模型自提出后无论在理论界还是在实务界都得到了广泛的认可和应用，但随着经济环境的变化和财务会计制度的改革，其应用受到了越来越多的限制。为此，Altman、Haldeman和Narayanan（1977）对Z模型的判别式分析及财务比率计算进行了一系列改进，提出了ZETA模型。他们的研究所采用的数据期间是1969—1975年，样本包括53家破产公司和58家非破产公司的配对样本。后者是按照所在行业和使用数据的年份与破产组进行配对的，样本中制造公司和零售公司的数量几乎一样。采用迭代的过程对27个财务比率的数量进行压缩后，最终选择了7个变量，分别为资产回报率、盈利的稳定性、债务偿付能力、累积盈利能力、流动性、资本化程度和资产规模。

之后，为了使Z模型适用于私人公司，Altman对原Z模型中的变量X_4以权益的账面价值代替市场价值，重新对模型进行估计，得到修订后的Z模型：

$$Z'=0.717X_1+0.847X_2+3.107X_3+0.420X_4+0.998X_5$$

$Z'>2.90$为安全区，$Z'<1.23$为危机区，$1.23\leq Z'\leq 2.90$为灰色区域。Z模型的又一个修订是为了使其适用于非制造公司和新兴市场，去除变量X_5，重新估计模型后得到：

$$Z''=3.25+6.56X_1+3.26X_2+6.72X_3+1.05X_4$$

式中，Z''小于0表示财务危机状况。

除了Altman经典的多变量财务预警模型外，国外其他学者也使用多元判别分析方法进行研究。Blum（1974）选取1954—1968年的115家财务危机公司，以现金流量的观点来评估企业发生财务困境的可能性。他使用多元判别分析方法，构建了一个包括流动性、获利性及变异性共12个财务比率、6个变异性指标的财务危机预测模型。研究结果显示，模型对企业发生财务困境前5年的预测正确率较高，均能达到70%。

虽然多元判别分析模型具有较高的判别精度，也是目前为止最为流行的财务预警方法，但是仍然存在着一些缺陷：第一，多元判别分析要求预测变量呈正态分布，并且财务困境样本组与配对样本组的预测变量的方差-协方差矩阵必须是相等的。但是，大多数财务比率并不满足正态分布的假设，因此，不满足模型的设定需求而仍使用该模型，其研究结论必然会令人质疑。第二，模型通过得分值来判断公司是否陷入财务困境，这个分值的划分标准目前还没有科学的方法。第三，多元判别分析要求在困境公司和非困境公司之间进行配对，但配对标准如何恰当地确定是一个难题。

（三）回归分析

回归分析是一种利用随机变量之间的函数关系实现定量预测的方法。在财务预警的研究中，主要运用逻辑（Logit）回归方法和概率比（probit）回归方法。

1. Logit模型

为了克服多元判别分析方法对样本分布的严格假定条件的限制，Logit回归分析方法被引入了财务预警研究。Logit模型的目标是寻求观察对象的条件概率，从而判断观察对象的财务风险。这一模型建立在累计概率函数的基础上，不需要自变量服从多元正态分布和两组间协方差相等的条件。Logit模型假设了企业破产的概率（破产取1，非破产取0），并假设可以用财务比率线性解释：

$$\ln[p/(1-p)]=a+bx$$

根据推导可得：$p=\exp(a+bx)/[1+\exp(a+bx)]$

从而可以计算出企业破产的概率，基于这一概率，企业可以被划分为破产企业与非破产企业。其判别规则一般为：如果p值大于0.5，表明企业破产的概率比较大，可以判定企业为即将破产类型；如果p值小于0.5，表明企业破产的概率比较小，可以判定企业财务正常。

Martin（1977）在财务预警研究中首次采用了多元Logit回归方法，进行了银行破产预测，取得了良好的预测效果。这一方法后来被Ohlson（1980）用于预测企业的财务困境。Ohlson（1980）选择了105家破产公司和2 058家非破产公司组成配对样本。破产公司在破产前三年内必须在股票交易所交易，非破产公司是随机选取的。他利用9个财务比率构建了3个Logit模型，实证结果发现，其中4项财务比率对破产概率具有统计显著性，分别为公司规模、资本结构、业绩和当前资产的变现能力。

Logit模型广泛应用于财务预警方面。继Ohlson之后，很多学者采用类似的方法进行研究，分别建立了适用于本国情况的Logit模型，如Zavgren（1985）、Platt和Platt（1990）等。

Logit模型的优点在于它克服了多元判别分析要求的变量必须服从正态分布的局限，但是它也有一些没有解决的问题，最为突出的是对于临界值的选定，目前仍有很多争议。

2.probit模型

probit模型同样假定企业破产的概率为p，并假设企业样本服从正态标准分布，其概率函数的p值可以用财务指标线性解释。probit模型一般也和Logit模型一样，取0.5作为临界值，计算出的p若大于0.5，该样本属于破产企业；若小于0.5，则属于非破产企业。

probit模型和Logit模型的思路很相似，但在具体的计算方法和假设前提上又有一定的差异，主要体现在三个方面：第一，probit模型假设企业样本服从标准正态分布，而Logit模型不需要严格的假设条件；第二，Logit模型采用线性回归方法求解，而probit模型采用极大似然函数求极值的方法求解；第三，Logit模型采用取对数方法求破产概率，而probit模型采用积分的方法。

虽然probit模型和Logit模型相似，但应用并不像Logit模型运用那么广泛，关于probit模型的研究文献较少，这可能是因为该模型包括了非线性估计，所以计算量较Logit模型大。

（四）神经网络模型

前面所介绍的传统的财务预警模型，无论是线性回归还是非线性回归，其回归函数形式都是已知的，只是其中参数待定，所以称为回归。参数回归模型的最大优点是回归结果可以外延，但是由于回归形式固定，并且该回归形式很可能并不符合财务困境公司的真实情况，因此，模型的拟合效果较差。于是，越来越多的学者开始使用非参数模型来预测财务困境。其中，预测效果较好，运用较广泛的是神经网络模型。

人工神经网络是一种平行分散处理模式，其建构理念植根于对人类大脑神经运作的模拟。模型是由大量的简单处理单元相互连接组成的复杂网络系统，具有高度并行计算能力、自学习能力和容错能力。神经网络模型通常由输入层、输出层和隐藏层组成，其信息处理分为前向传播和后向学习两步进行。网络的学习是一种误差从输出层到输入层后向传播并修正数值的过程，学习的目的是使网络的实际输出逼近某个给定的期望输出。

神经网络模型适用于解决真实世界问题，特别是变量服从未知分布，并且协方差矩阵不相等的情况，这样的情况经常出现在财务困境样本中。在财务困境预测中，输入层元素是指所采用的财务指标。在财务预警研究中，如果陷入财务困境，则输出为-1；如果未陷入财务困境，则输出为1。在BP神经网络训练中，隐藏层和输出层之间采取线性函数，选练结束以后，对预测样本，如果输出小于或等于0，则视为-1（陷入财务困境）；如果大于0，则视为1（未陷入财务困境）。

Odom和Sharda（1990）利用BP神经网络模型预测财务困境，他们以Altman所构建的5个财务指标作为研究变量，使用类神经网络与判别分析做验证比较，结果发现训练样本的正确率高达100%，保留样本失败与正常的正确率分别为81.75%和78.18%，显示类神经网络模型具有较好的预测能力。

Tam（1991）采用人工神经网络进行财务预警研究，通过对人工神经网络的模拟，得出结论认为神经网络可以用于财务预警，并且具有较高的预测精确度。

Altman等（1994）使用神经网络来预测意大利公司的财务困境，得出的结果比多元判别分析方法更理想。而且，数据网络的非线性性质使其更为灵活和一般。但在应用中仍然存在着一些问题：（1）模型拓扑的定义；（2）比起其他模型计算量更大；（3）难以解释模型的判别能力。Altman等（1994）指出，神经网络决策过程正如一个黑匣子，使得其难以被接受，从而不能得到更为广泛的应用。

二、国内的研究

与国外相比，我国的资本市场建立和发展较晚，结构特征和成熟程度也与国外不同，破产法规和财务信息披露制度也不够完善，因此，国内财务预警研究起步较晚，且早期的研究大多以财务指标建立预测模型。但一批学者在此领域内做出了可贵的探索。

周首华等（1996）在Altman的Z模型的基础上，加入现金流量这一预测自变量，建立了F模型。

自从1998年我国股票市场对上市公司实行ST制度以来，国内对财务预警的研究多为实证研究。很多财务预警的实证研究多以财务指标（且主要是会计比率）为预测变量，借鉴国外的财务预警模型进行研究或加以改进，建立新的模型。陈静（1999）使用Beaver（1966）和Altman（1968）的模型，以1998年27家ST公司和27家非ST公司为样本，使用1995—1997年的财务报表数据进行分析，发现在负债比率、流动比率、总资产收益率、净资产收益率4个指标中，流动比率和负债比率误判率最低；在多元线性判定分析中，由资产负债率、净资产收益率、总资产收益率、流动比率、营运资本/总资产和总资产周转率6个指标构成的判别函数，在ST发生的前3年能较好地预测出ST公司的情况。陈晓和陈治鸿（2000）将多元Logit模型引入我国上市公司的财务困境预测。他们的研究以38家ST公司和132家非ST公司作为样本，通过试验1 260种变量组合，发现负债权益比、应收账款周转率、主营利润/总资产、留存收益/总资产等指标对中国上市公司的财务困境有显著的预测作用。张玲（2000）以120家上市公司为对象，使用其中60家公司的财务数据估计了二类线性判别模型，并使用另外60家公司进行模型检验，发现模型具有超前4年的预测结果。张爱民等（2001）在Altman的Z模型的基础上，采用主成分分析方法，建立了一种新的预测企业财务失败的模型——主成分预测模型。吴世农、卢贤义（2001）选取了70家处于财务困境的公司和70家财务正常的公司作为样本，应用单变量判定、多元线性判别和多元Logit模型方法，分别建立了ST公司预测模型，结果表明，这些模型均具有较高的判定精度，在财务困境发生前4年的误判率在28%以内，而Logistic预测模型的误判率最低。杨淑娥、徐伟刚（2003）采用主成分分析方法，在借鉴Altman的Z模型的基础上，以沪深两市的上市公司为样本进行实证研究，提出了企业的财务预警模型——Y分数预测模型。吕长江、周现华（2005）采用中国制造业上市公司1999—2002年的数据，分别运用多元判别分析、逻辑线性回归和人工神经网络模型对财务状况处于困境的公司进行预测比较分析。结果表明，尽管各模型的使用有其特定的前提条件，但这几个主流模型均能在公司发生财务困境前1~3年较好地进行预测。其中，人工神经网络的预测准确率最高。

近年来，一些学者在采用国外学者的预警模型的基础上，对一些非会计比率，如现金流量、公司治理结构、股权结构、市场信息等因素对财务困境的影响进行研究。姜秀华等（2002）以42家ST公司和42家非ST公司为样本，从13个指标中筛选出毛利率、其他应收款与总资产的比率、短期借款与总资产的比率、股权集中系数4个变量，运用Logistic回归构造了一个判别上市公司财务危机的模型，模型的回判准确率为84.52%，而对2000年新增加的“ST”公司的判别准确率则达到了95.45%。姜国华、王汉生（2004）选取了2003年里被“ST”的公司作为财务失败的样本，采用Logit回归方法，以2000年的财务和股权结构数据来预测2003年的“ST”，发现主营业务利润率和第一大股东持股比例这两个指标能够在3年之前就显著预测公司的财务失败。吕长江等（2004）以流动比率小于1来定义财务困境，同时要求流动资产小于流动负债应该是一个持续的状态，这种状态应该是在1~3年甚至更长时间内不能逆转。研究以1998—2000年的财务困境公司和财务破产公司为研究对象，对公司财务困境和财务破产进行实证分析。研究结果表明，我国上市公司确实存在财务困境和财务破产两种不同的财务状况。盈利能力、资产负债率、公司规模同时对陷入财务困境和财务破产的公司有显著影响，它们是导致公司陷入财务困境和财务破产状况的重要原因，而现金流量信息对于我国上市公司的财务困境和财务破产皆没有解释力。鲍新中等（2016）研究发现：资产负债率是财务困境预警中必须给予高度关注的指标；在非财务指标中，行业类型对模型预警能力的影响最大，应针对不同行业建立不同的财务预警模型，外部审计师出具的加说明段的无保留意见以及保留意见可以作为判断公司陷入财务困境概率的参考依据；在预警过程中可适当降低临界点以减少对财务困境公司的误判率。

章之旺（2004）选取2003年度的40家财务困境样本和80家非财务困境样本，分别考察了现金流量信息在财务困境预测中的相对信息含量和增量信息含量。研究证实，现金流量，特别是经营性现金流量与应计制会计变量相比，既具有相对信息含量，又具有增量信息含量。这与吕长江（2004）的结论相反。邓晓岚等（2006）以2002—2003年被认定为财务状况异常的98家ST公司为财务困境样本，另选取98家财务健康公司与其配对。对盈利性、财务杠杆、流动性和营运能力等方面的14个财务变量提取公因子，将所得因子作为控制变量，运用Logistic回归分别检验股权结构、公司治理、市场信息等方面的10个非财务变量对财务困境的解释力，并应用刀切法（jackknife method）检验模型的分类预测能力。结果显示，年度累积超额收益率与审计师意见的预警效果较好，其他非财务变量均不显著，纳入了非财务因素的模型预测力更强。曹德芳和夏好琴（2005）认为不同的行业应该有与该行业特征性质相适应的财务危机预警模型。他们选取了2003—2004年的21家工业企业ST公司和104家非ST公司，利用这些公司对应的2000年和2001年的数据资料，通过实证研究发现，部分股权结构变量和部分财务信息变量对企业的财务危机有着显著的影响，之后采用主成分分析和Fisher判别分析方法建立了一个国有企业的财务危机预警模型，模型具有较高的预测准确率。王克敏、姬美光（2006）以2000—2003年128家ST公司和128家非ST公司为样本，在财务指标分析的基础上，引入公司治理、投资者保护等因素，综合分析了上市公司陷入财务困境的原因，并比较分析了基于财务指标、非财务指标及综合指标的预测模型的有效性。研究结果发现，在公司ST早期阶段，财务因素的影响并不十分显著，随着公司ST时间的临近，财务指标对ST的影响逐渐增强。在公司ST的早期阶段，公司治理等非财务因素比财务因素的影响显著。

综合预测模型的预测能力强于财务因素模型或非财务因素模型的预测能力，在财务指标基础上引入公司治理、关联交易、对外担保等非财务指标，可以大大提高公司ST的预测准确率。吴超鹏、吴世农（2005）根据“价值创造观”来考察“价值损害型公司”的动态变化及其影响因素，首次引入公司内外部治理变量，应用“排序因变量模型”分析财务状态变化的影响因素，并采用“人工神经网络技术”，预测价值损害型企业的五种变化趋势：财务康复、财务转好、财务维持、财务转差和财务困境。结果表明改善公司的盈利和营运等能力、提高独立董事比例、增加财务报表的可信度将有助于避免公司陷入财务困境，第一大股东持股比例越高，越可能向濒临困境的公司输送利益，支撑其走出困境。袁卫秋（2006）以2005年上半年沪深两市中首次被ST的52家公司和52家非ST公司为研究对象，采用Logistic回归模型来构建财务困境预测模型，研究发现除了会计信息对企业财务困境具有显著的预测作用外，社会公众股比例、第一大股东持股比例等公司治理信息对公司发生财务困境的可能性也有着显著影响。李秉成等（2005）选择1998—2002年期间的部分ST公司作为研究样本，利用归纳法总结了上市公司财务困境形成的原因，并通过管理记分法将定性因素量化，建立了上市公司财务困境的“A记分法”预测模型。钱爱民等（2008）以自由现金流量为基础构建了财务预警指标体系，选取机械制造行业2003—2005年新增ST公司和配对公司作为样本进行实证分析，建立了多元逻辑回归模型，并对2006年5家新ST公司和随机选取的5家非ST公司2004年报表数据用该模型进行预测，对ST公司判断的准确率为100%。郭德仁和王培辉（2009）提出了一种新的预警模型——基于模糊聚类和模糊模式识别模型。通过对40家沪市上市公司进行实证分析，模型的整体预警结果令人满意，正确率达到85%以上，较好地区分了正常公司与财务危机公司。吴芃等（2009）基于熵理论建立了一种新的上市公司财务状况预警模型，其对上市公司的财务预警不再局限于简单的危机和正常的二分类，而可对上市公司的财务状况进行排名。宋新平等（2009）提出了用遗传算法同时优化输入变量和支持向量机参数的方法对财务预警模型的变量进行筛选，并通过实证研究表明该同步方法在降低变量维数的同时得到较好的预测精度，其得到的优化变量集也具有较强的经济含义。张亮（2015）在SVM和Logistic回归两种数据挖掘模型的基础上，利用信息融合方法建立了财务预警模型。其实证研究结果表明，基于信息融合的数据挖掘方法的预测准确率要高于单独的SVM和Logistic回归两种方法。

第二节　财务困境研究主要争议问题

从国内外现有的财务预警研究结果看，研究所采用的样本、变量、模型等各不相同，也得出了多种多样的结论。从这些研究来看，其主要的争议问题主要有以下几个方面。

一、财务困境的定义

迄今为止，对于企业财务困境这一概念仍没有统一的界定，有许多种定义。

（一）定性描述

从定性的角度对财务困境加以描述的术语主要有失败、无力清偿、违约、破产等：（1）失败。按经济标准，是指投资回报率经过风险调整后，显著并且持续低于同等投资的平均回报率。失败可被用来描述财务困境。失败包括：停止经营或者破产；因无力偿还债权人的借款而被取消抵押品赎回权，扣押财产从而导致停止经营；自愿退出经营；实行破产监管、重组等法律事务；自愿与债权人和解妥协。（2）无力清偿。技术层面上的无力清偿即公司无法偿还它的现行债务，意味着该公司缺乏流动性。尽管它经常成为公司正式破产宣告的直接原因，但技术层面上的无力清偿也可能是公司暂时的情况。（3）违约。违约可以是技术层面的，也可以是法律层面的，它通常涉及债务公司与债权人的关系。技术层面的违约发生于债务人违反某项与债权人所签协议的情况下，它可能构成被付诸法律行动的基础。在实践中，这种违约通常可以通过和债权人再次协商的方式来解决，它是公司业绩恶化的一种信号。当公司没有按时履行某项贷款或合同的支付义务时，如定期的利息支付义务，就很可能构成法律层面的违约。（4）破产。一种形式的破产是指企业资不抵债，即资产净值为负；另一种形式的破产是指公司正式向法院申请破产。后者时常伴随着资产清算或者是重组。

（二）定量描述

在财务预警的实证研究中，国外大多数文献（Altman，1968；Casey和Bartczak，1984，1985；Platt和Platt，1994等）把企业提出破产申请作为其进入财务困境的标志。Beaver（1966）把破产、拖欠优先股股利、拖欠债务和银行透支界定为财务困境。Deakin（1972）认为财务困境公司只包括已经经历破产、无力清偿或为债权人利益而已经清算的公司。

国内大多数研究都把被特别处理（ST）或进一步地以因财务状况异常而被ST的上市公司作为财务困境公司，如陈静（1999），陈晓和陈治鸿（2000），张玲（2000），吴世农和卢贤义（2001），邓晓岚等（2006）等。财务困境的这一界定，有其合理性，也有其现实的无奈，正如陈晓（2000）所说，这样界定财务困境的理由在于：（1）尽管将破产作为财务困境标志是西方学术界的普遍做法，但在中国股票市场上至今尚未出现一家破产公司，况且在目前阶段上市资格仍然是一种“壳”资源，即使上市公司面临破产，也会有其他公司将其接收（即所谓的买“壳”上市），不太可能出现申请破产的情况，因此，在目前阶段用破产来界定中国上市公司的财务困境是不适宜的。（2）特别处理是一个客观发生的事件，有很高的可度量性。（3）从摆脱特别处理的公司来看，大部分公司是通过大规模资产重组摘掉特别处理的帽子的，这说明特别处理确实在一定程度上反映出公司陷于财务困境。但是，上市公司被ST是否就一定表明其陷入财务困境，而摘帽是否就说明其走出了财务困境，对此，并没有专门的研究。但有关研究表明，中国上市公司中的ST公司和PT公司不仅仅面临获利能力持续低下的问题，而且面临的财务风险过高，因此可以将ST公司和PT公司视为相当于处于财务困境或情况更糟的企业。也有研究（张培莉和蒋燕妮，2006）得出不同的结论，认为退市风险警示（*ST）与财务困境之间并不存在必然的联系。而吕长江等（2004）认为财务困境不同于财务破产，财务困境是一个动态的、持续的过程和状态，陷入财务困境的公司要么走向财务破产，要么走出财务困境。他们用流动资产小于流动负债，即流动比率小于1来定义财务困境，同时要求流动资产小于流动负债应该是一个持续的状态，这种状态应该是在1~3年甚至更长时间内不能逆转的。

二、财务预警变量的选择

财务困境预测的理论基础相对比较薄弱，缺乏能够准确预测模型所应包括的预测变量的经济理论的支持，所以研究者主要是根据经验和直觉及出现财务困境公司严重恶化的指标，作为实证研究的备选预测变量组的依据，再通过大量的统计检验筛选在模型中相对比较显著的变量，寻求判别率比较高的判别模型。

纵观财务困境预测的现有文献，采用的预测变量可分为财务指标和非财务指标两大类。

大部分的财务预警研究都采用财务指标作为预测变量，如Beaver（1966），Altman（1968），Blum（1974），陈静（1999），陈晓和陈治鸿（2000），吴世农和卢贤义（2001），杨淑娥和徐伟刚（2003）等。

财务指标中最为常见的是会计比率类变量，但使用会计比率类指标作为预测变量，至少存在两个方面的问题（章之旺，2005）：其一，会计比率的计算均基于资产负债表和利润表的项目，而这两张报表均遵循应计制原则编制而成。不同企业之间会计政策的选择即使不考虑盈余管理因素往往也存在差异，由此造成不同企业之间会计比率缺乏可比性。其二，会计比率自身的局限性。会计比率的分子和分母在理论上应符合配比原则，但实践中并非如此。以销售利润率为例，利润的生成渠道不仅包括销售收入，还包括对外投资和其他非常项目，故利润/销售额并不能充分描述利润和销售额之间的关系。为此，有研究对财务变量的选择加以改进，采用现金流量类财务指标作为预测变量，如章之旺（2004）以现金流量作为财务困境的预测变量；张华伦和孙毅（2005）建立了一套现金类预警指标体系；钱爱民等（2008）以自由现金流为基础构建了财务预警指标体系。

但基于财务指标建立的预测模型，缺乏对财务困境原因及早期预警的系统分析。首先，大多数研究只是在完成财务指标与财务状况优劣的逻辑验证，并未从理论上深入剖析财务困境的深层原因；其次，其忽视了企业运营的市场环境和治理等因素对财务状况的影响；最后，由于财务报表数据具有事后性或可能被管理者粉饰，因此，必须寻找其他事前信息完善财务预警。

近年来，学者认识到财务指标作为财务预警变量的局限性，更多地选用非财务指标作为预测变量，研究其和财务困境之间的关系，完善财务预警模型。实际上，非财务因素对财务困境的影响早在Beaver（1968）的研究中就被指出，他发现除了可以采用财务指标进行财务困境预测外，公司股票的价格变化也可用来对企业财务困境进行预测。国内学者的研究对非财务变量的选择主要涉及公司治理因素。例如，姜秀华等（2002）把股权集中系数纳入财务预警中，曹德芳和夏好琴（2005）在预警模型中引入股权结构变量。邓晓岚等（2006）检验了股权结构、公司治理、市场信息等方面的10个非财务变量对财务困境的解释力，王克敏和姬美光（2006）在财务指标基础上引入了公司治理、投资者保护等非财务因素建立综合的财务预警模型。袁卫秋（2006）的研究也认为公司治理信息是财务预警中不可或缺的信息。何平（2009）较系统地对公司治理对财务困境的作用机理进行了计量分析。

也有一些研究从其他方面着手分析非财务因素对财务困境的影响，如李秉成（2005）从企业内、外部两方面分析财务困境的形成原因，将相关的十个定性变量定量化来构建财务预警模型。

三、研究样本的选择

在财务困境及其对照样本的选择上，存在这样一些问题：

1.为了获得足够的样本个体数量，大部分的研究选取几个年度的研究期间。但严格来讲，由于不同年度企业所处环境的差异，会导致企业的各项财务比率指标不可避免地受到与时间跨度有关的因素的影响，如宏观经济形势、经济周期等。如果在选样时未意识到这个问题，在构造模型时又未加以处理，那么研究结果中就会包含由于数据的时间性差异所带来的偏差，这种偏差会导致模型应用的外部有效性降低。

2.大部分选取的样本涵盖各个行业，没有考虑行业特征对公司财务困境的影响。而针对不同行业建立适用的财务预警模型是更富现实意义的。

3.大部分研究都采用非随机的配对法选取财务困境和非财务困境样本，配对比例多为1：1或1：2。这就使得财务困境样本在总样本中比例偏高，没有反映这两类公司的实际比例。但是根据Jewski（1984）的研究，若研究样本中财务困境与非财务困境企业的比例偏离总体中两类企业的比例，则会歪曲模型的预测能力。因此，也有一些研究在选择非财务困境样本组的时候，采用从财务健康的公司中随机抽取的方法。

四、预警模型的选择

（一）二分法与多状态预测模型

大多数研究在建立财务预警模型时，都假设所有公司要么是财务困境公司，要么是财务健康公司。但事实上，正如一些据此构建的预警模型本身所提到的（如Altman，1968等），很多公司处于灰色地带，介于财务困境和非财务困境之间。此外，从上文关于财务困境界定的讨论可知，财务困境的定义因研究目的的不同而异。但事实上，不同的财务困境形式与企业失败概率之间的相关性并不一致，这就意味着企业的不同利益相关者在评价同一个财务困境预测模型时，其有用性存在较大差异。因此，传统的二分法构建的财务困境预测模型很难同时满足企业的不同利益相关者的需求，这就使得多状态财务困境预测模型应运而生。

Lau（1987）按照财务困境的严重程度将研究样本分为五种状态，建立多元Logit回归模型，其中状态0为财务健康，状态1为削减或停发股利，状态2为技术性违约（technical default），状态3为申请破产保护，状态4为实际破产和清算。Lau的研究表明，特定的多状态预测模型比传统的二分法预测模型更具有决策相关性。

吴超鹏和吴世农（2005）以价值创造观为理论基础，将我国上市公司分为价值创造型、价值损害型、财务困境型三种类型。吕长江和赵岩（2004）将公司的财务状况分为五类，即财务闲置、财务充盈、财务均衡、财务困境和财务破产。

（二）线性模型与非线性模型

前已述及，财务困境预测研究最常用的方法之一是判定分析，而判定分析的应用依赖于一个基本假设，即解释变量满足多元正态分布。另外，大部分判定分析使用的线性分类原则要求组间等协差阵。而这两个假设在现实中并不成立。

在Lennox（1999）之前的财务困境预测研究均简化地假定预测变量同财务困境之间呈线性关系。Lennox以1987—1994年949家英国上市公司为样本进行财务困境预测研究，他通过异方差检验发现现金流量和杠杆作为解释变量存在非线性效应。当现金流量较少时，现金流量的增加对破产概率产生较弱的负效应；而当现金流量较多时，现金流量的增加对破产概率产生较强的负效应。当杠杆值较低时，杠杆的增加对破产概率产生较强的正效应；而当杠杆值较高时，杠杆的增加对破产概率产生较弱的正效应。在考虑上述两个变量的非线性效应之后，相关模型的预测精确度显著提高。

（三）参数模型与非参数模型

财务预警模型具体采用的预测方法可分为参数模型和非参数模型两类。

参数模型假定总体的理论分布类型是已知的，而分布中的若干参数是未知的，于是通过抽出的样本来估计这些参数。参数方法大都要求总体或预测变量服从正态分布或其他特定分布。具体而言，参数方法主要有单变量分析、多元判别分析和多元条件概率模型等。

财务困境预测的非参数模型不涉及总体参数或者说不依赖对总体分布的严格假定，即使样本或预测变量不服从特定分布也不影响预测效果。非参数方法主要包括神经网络模型、生存分析、基于案例的推理、DEA模型、决策树分析和粗糙集分析等。

参数模型和非参数模型都有各自的优缺点。首先，在假设前提方面，参数模型要求样本服从某一特定分布，而非参数模型解除了这种分布限制，更符合实际情况。其次，非参数模型能反映预测变量和财务困境之间的非线性关系，在拟合样本数据方面具有更大优势。再次，参数方法虽然预测的精度不高，但是建模样本与预测样本之间的预测精度并没有显著差异，而非参数方法的推广能力普遍不强，其原因是建模时往往伴随着对数据的过度拟合。最后，在结果的解释方面，参数模型的结果更容易形成合理的经济解释。因此，参数模型和非参数模型孰优孰劣，目前学术界没有明确一致的答案。

● 第三节 财务预警研究的未来研究展望

在财务学的其他领域，一般是先提出理论，再用实证研究结果来检验理论，然而财务预警领域的研究则相反，大量的研究采用不断发展的各种实证分析技术来预测公司的财务困境，而对企业为什么陷入财务困境的规范性理论探讨却远远落后于实证研究。今后的研究应从财务理论出发，全面系统地分析财务困境的影响因素，为建立有效的财务预警模型奠定基础。目前，有的学者（干胜道，2006）在财务预警的引导因素方面展开研究，财务安全、资金安全方面的研究也取得了一定的进展。

（一）多元的财务预警模型

财务困境作为一个连续、动态的过程，简单的财务困境与非财务困境的二分法不符合现实情况，财务困境研究的未来趋势将是财务困境的定义由单维向多维转变，预测模型由二元向多元转变。界定财务困境应根据预警模型的使用目的不同而有不同的衡量标准，对于不同的利益相关者，可能需要建立不同的财务预警模型。

（二）研究设计与预测技术的改进

在今后的实证研究中，在具体的研究样本、变量选择及采用的统计方法等方面，需进一步改进和完善。

在研究样本设计方面，采用适当的方法对可能的选样误差进行修正；在预测变量选择方面，在对企业陷入财务困境的作用机理进行理论研究的基础上，通过使用经调整的预测变量、引入动态指标和非财务指标来构造更为全面的备择变量组；在研究数据使用方面，尝试利用中报数据构造中报预测模型，努力使研究结果在提高预测及时性的同时，检验我国上市公司中报的信息含量；在预测精度判定方面，测定两类误差在我国资本市场的机会成本；在统计方法的运用方面，考察不同方法对我国预测研究的适用性，针对参数方法和非参数方法的特点，进一步利用已有方法的优点，克服存在的缺点，提高预测模型的精确度和实际应用。

（三）财务预警模型的应用研究

各种模型的应用都有误判和失效的可能性，这是模型能够应用的关键衡量指标。但在目前的研究中，关于模型使用的有效性评价还非常少。而仅以样本判别精度并不能解决应用需求，还缺乏评价模型预测结果的可靠性的系统方法。如何在模型失效时寻找合适的补救或替代方法，是将该领域研究成果进行实践应用所需解决的问题，也是今后研究的一个方向。此外，还需要结合应用领域的不断创新，除了在银行信用评价、公司财务管理、债券评价、审计意见决策支持等在西方具有应用历史的传统领域以外，公司财务困境预测在用于工具化的信用语言、资产组合预警、行业监管以及供应链企业财务风险管理中的研究已经起步。在公司财务风险管理日益工程化的发展趋势下，在这些方面继续深入研究，对提高与公司财务相关的各领域的风险管理是十分有价值的。

思考题

1. 财务困境的不同界定对财务困境预测模型的构建有何影响？

2. 以我国的ST公司作为陷入财务困境的标志来构建财务预警模型有何优点和局限性？

3. 财务预警模型的预测变量应如何选择？

4. 请分析公司治理对财务困境的作用机理。

5. 在应用国外已有的财务困境预测模型时，我国上市公司财务预警模型的构建应考虑哪些问题？

6. 影响企业资金安全的因素有哪些？

7. 导致企业陷入财务困境的战略因素有哪些？

8. 如何控制影响企业财务安全的主要因素？

9. 内部控制制度的有效性是如何影响资金的安全管理的？

10. 企业摆脱财务困境的常用方法有哪些？

延伸阅读文献

1. ALTMAN E I. Financial Ratios, Discriminate Analysis and the Prediction of Corporate Bankruptcy [J]. The Journal of Finance, 1968, 23 (9): 589-609.

2. ALTMAN E I, HALDEMAN R C, NARAYANAN P. Zeta Analysis: A New Model to Identify Bankruptcy Risk of Corporation [J]. Journal of Banking and Finance, 1977, 1: 29-45.

3. ALTMAN E I, EDITH H. Corporate Financial Distress and Bankruptcy—Predict and Avoid Bankruptcy, Analyze and Invest in Distressed Debt（中译本）[M]. 大连：东北财经大学出版社，2007.

4. ALTMAN E I, EBERHART A. Do Seniority Provision Protect Bondholders Investments [J]. Journal of Portfolio Management, 1994 (Summer).

5. BEAVER W H. Financial Ratios as Predictors of Failure [J]. Journal of Accounting Research, 1966 (6): 71-102.

6. BEAVER W H. Market Prices, Financial Ratios, and the Prediction of Failure [J]. Journal of Accounting Research, 1968 (6): 179-192.

7. BLUM M. Failing Company Discriminant Analysis [J]. Journal of Accounting Research, 1974 (15): 1-25.

8.CASEY C J, BARTCZAK N J.Cash Flow-It's Not the Bottom Line [J]. Harvard Business Review, 1984, 62 (7-8): 61-66.

9. CASEY C J, BARTCZAK NJ. Using Operating Cash Flow Data to Predict Financial Distress: Some Extensions [J]. Journal of Accounting Research , 1985, 23 (Spring): 384-401.

10. DEAKIN E B A. Discriminate Analysis of Predictors of Business Failure [J]. Journal of Accounting Research, 1972, 10 (Spring): 167-179.

11.FITZPARTRICK P J.A Comparison of Ratios of Successful Industrial Enterprises with Those of Failed Firms [J]. Certified Public Accountant, 1932.

12.HARLAN D P, MARJORIE B P, PEDERSEN J G.Bankruptcy Discrimination with Real Variables [J]. Journal of Business Finance & Accounting, 1994, 21 (4): 491-510.

13. HARLAN D P, MARJORIE B P. Development of a Class of Stable Predictive Variables: The Case of Bankruptcy Prediction [J]. Journal of Business Finance & Accounting, 1990, 17 (1): 31-51.

14. LAU A H. A Five-State Financial Distress Prediction Model [J]. Journal of Accounting Research, 1987, 25 (1): 127-138.

15.LENNOX C.Identifying Failing Companies : A Revaluation of the Logit, Probit and DA Approaches [J]. Journal of Economics and Business, 1999, 51: 347- 364.

16.MARTIN D.Early Warning of Bank Failure : A Logit Regression Approach [J]. Journal of Banking and Finance, 1977 , 1: 249-276.

17. ODOM M, SHARDA R A. Neural Network for Bankruptcy Prediction [J]. International Joint Conference on Neural Networks, 1990.

18.OHLSON J A.Financial Ratios and the Probabilistic Prediction of Bankruptcy [J]. Journal of Accounting Research , 1980 , 19 (Spring): 109-131.

19.TAM K Y, KIANG M Y.Managerial Applications of Neural Networks: The Case of Bank Failure Predictions [J]. Management Science, 1992, 38 (7): 926-947.

20. ZAVGREN C Y. Assessing the Vulnerability to Failure of American Industrial Firms: A Logistic Analysis [J]. Journal of Business and Accounting, 1985, 12 (1): 19-45.

21. ZMIJEWSKI M E. Methodological Issues Related to the Estimation of Financial Distress Prediction Models [J]. Journal of Accounting Research , 1984 , 2: 59-82.

22. 曹德芳, 等. 基于股权结构的财务危机预警模型构建 [J]. 南开管理评论, 2005 (6).

23. 陈工孟, 等. 现代企业财务困境预测 [M]. 上海: 上海财经大学出版社, 2006.

24. 陈静. 上市公司财务恶化预测的实证分析 [J]. 会计研究, 1999 (4).

25. 陈晓，等. 我国上市公司的财务困境预测［J］. 中国会计与财务研究，2000（2）.

26. 邓晓岚，等. 非财务视角下的财务困境预警——对中国上市公司的实证研究［J］. 管理科学，2006（6）.

27. 干胜道. 企业资金安全性控制研究——基于信息不对称的分析框架［M］. 大连：东北财经大学出版社，2006.

28. 谷祺，等. 财务危机企业的投资行为分析与对策［J］. 会计研究，1999（10）.

29. 郭德仁，等. 基于模糊聚类和模糊模式识别的企业财务预警［J］. 管理学报，2009（9）.

30. 何平. 公司治理对财务困境作用机理的计量分析［M］. 北京：中国财政经济出版社，2009.

31. 姜国华，王汉生. 财务报表分析与上市公司ST预测的研究［J］. 审计研究，2004（6）.

32. 姜秀华，等. 上市公司财务危机预警模型研究［J］. 预测，2002（3）.

33. 李秉成，等. 上市公司财务困境“A记分法”预测模型研究［J］. 管理评论，2005（9）.

34. 吕长江，等. 上市公司财务困境与财务破产的比较分析［J］. 经济研究，2004（8）.

35. 吕长江，等. 上市公司财务困境预测方法的比较研究［J］. 吉林大学社会科学学报，2005（6）.

36. 马若微. 上市公司财务困境预测模型研究［M］. 北京：知识产权出版社，2008.

37. 彭韶兵，等. 公司财务危机论［M］. 北京：清华大学出版社，2005.

38. 钱爱民，等. 基于自由现金流量的财务预警指标体系的构建与检验［J］. 中国软科学，2008（9）.

39. 宋新平，等. 基于遗传算法的同步优化方法在财务困境预警中的应用［J］. 预测，2009（1）.

40. 王克敏，等. 基于财务与非财务指标的亏损公司财务预警研究——以公司ST为例［J］. 财经研究，2006（7）.

41. 吴超鹏，等. 基于价值创造和公司治理的财务状态分析与预测模型研究［J］. 经济研究，2005（11）.

42. 吴芃，等. 基于熵理论的上市公司财务预警模型的构建与实证研究［J］. 现代管理科学，2009（9）.

43. 吴世农，等. 我国上市公司财务困境的预测模型研究［J］. 经济研究，2001（6）.

44. 徐光华，等. 企业内部控制与财务危机预警耦合研究［J］. 会计研究，2012（5）.

45. 杨淑娥，等. 上市公司财务预警模型——Y分数模型的实证研究［J］. 中国软科学，2003（1）.

46. 袁康来，等. 财务危机预警实证研究［M］. 北京：社会科学文献出版社，2009.

47. 袁卫秋. 上市公司财务困境预测模型——基于会计信息和公司治理信息的实证研究［J］. 河北经贸大学学报，2006（5）.

48. 张爱民，等. 上市公司财务失败的主成分预测模型及其实证研究［J］. 金融研究，2001（3）.

49. 张玲. 财务危机预警分析判别模型及其应用［J］. 预测，2000（6）.

50. 张鸣，等. 企业财务预警研究前沿［M］. 北京：中国财政经济出版社，2004.

51. 张培莉，等. 上市公司财务困境成本与股权结构［J］. 经济管理，2010（6）.

52. 张培莉，等. 退市风险警示与财务困境关系研究［J］. 会计之友，2006（4）（上）.

53. 张培莉，等. 基于公司财务状况结构的财务困境预测［J］. 华东理工大学学报：社会科学版，2013（1）.

54. 张培莉，等. 渐进型财务危机与突发型财务危机比较研究［J］. 会计之友，2009（2）（下）.

55. 张友棠. 财务预警系统管理研究［M］. 北京：中国人民大学出版社，2004.

56. 章之旺，等. 财务困境预测的若干问题探讨［J］. 商业研究，2005（16）.

57. 章之旺. 现金流量信息含量与财务困境预测［J］. 现代财经，2004（8）.

58. 周首华，等. 论财务危机的预警分析——F分数模型［J］. 会计研究，1996（8）.

59. 吴星泽. 财务危机预警研究：存在的问题与框架重构［J］. 会计研究，2011（2）.

60. 吴星泽. 财务预警的非财务观［J］. 当代财经，2010（4）.

61. 张友棠，等. 基于行业环境风险识别的企业财务预警控制系统研究［J］. 会计研究，2011（3）.

62. 李帆，等. 企业财务预警模型：理论回顾及其评论［J］. 管理评论，2011（9）.

63. 孔宁宁，等. 基于主成分分析和Logistic回归方法的财务预警模型比较——来自我国制造业上市公司的经验数据［J］. 经济问题，2010（6）.

64. 吴战篪，等. 企业集团资金安全预警体系研究［J］. 会计研究，2013（2）.

65. 张亮，等. 基于信息融合的数据挖掘方法在公司财务预警中的应用［J］. 中国管理科学，2015（10）.

66. 鲍新中，等. 基于面板离散选择模型的企业财务预警及其行业适用性［J］. 系统管理学报，2016（1）.

67.白哲，等．基于条件破产概率的保险公司财务预警与资本分配［J］．中国管理科学，2016（7）．

68.夏季芳，等．企业财务困境预警研究综述［J］．会计之友，2018（13）．

后　记

财务理论内容繁多，流派林立，本书从适合研究生教学的角度选择了其中的主要理论和学者们的研究成果进行介绍。

本书是由全国十多所高等院校的教师合作完成的。他们对所写章节内容非常熟悉并且有较深入系统的专门研究，发表了大量学术论文。各章的撰写分工为：导言，刘博；第一章，干胜道；第二章，李传宪；第三章和第十一章，郑蓉；第四章，胡盛昌；第五章，马会起；第六章，陈霞；第七章，叶陈毅；第八章，衣龙新；第九章，杜勇；第十章，吴树畅；第十二章，张培莉。干胜道教授在尊重各位作者学术风格的基础上对全书进行了总纂、修改、定稿。

感谢深圳读者邢德修会计师对本次修改提出的上百条具体修改意见。感谢邦信资产管理有限公司副总经理韩勇博士、福建莆田学院周惠明副教授、东北财经大学出版社李智慧副编审等对本书第三版的关心与支持!

在对本书第三版的修改完善中，各位撰写者认真严谨，使得内容与时俱进，反映了学术界与实务界最新的变化与趋势。

本书可以作为财务管理、会计学、企业管理、金融学专业及相近专业的硕士研究生教材，也可供对财务理论有兴趣的读者研究参考。在撰写和修订过程中，我们参阅了国内外上百位专家学者的研究成果，在此特向他们表示真诚的谢意!由于水平、时间和精力所限，书中难免存在一些疏漏之处，恳请读者继续批评指正!

干胜道

2019年6月